연금술
현자의 돌

앨리슨 쿠더트 지음

박진희 옮김   임상훈 감수

연금술
현자의 돌

2026년 4월 10일 초판 1쇄 인쇄
2026년 4월 20일 초판 1쇄 발행

지은이 앨리슨 쿠더트
옮긴이 박진희
감수자 임상훈

편집 김동석
펴낸이 임상훈

펴낸곳 서로빛나는숲 　**출판등록** 2013년 1월 21일 제2015-000045호
주소 경기도 고양시 덕양구 화중로130번길 16, 314-3호
전화번호 010-2667-9841 　**팩스번호** 0504-075-9841
전자우편 radiating.forest@gmail.com 　**홈페이지** http://www.radiatingforest.com

디자인 김동석 　**종이** 타라유통
인쇄 및 제본 영신사 　**물류** 해피데이

ISBN 978-89-98866-19-8　04180

책값은 뒤표지에 있습니다.

연금술
현자의 돌

앨리슨 쿠더트 지음

박진희 옮김   임상훈 감수

ALCHEMY: The Philosopher's Stone

서로
빛나는
숲

연금술의 주요 상징The Principal Symbols of Alchemy

솔로몬 트리스모신Solomon Trismosin, 『황금 양털*La Toyson d'Or*』, 1613.

Ｉ Yfe thow wilt thys warke begyn,
 Than ſchrevy the clene of alle thy Seyne :
Contryte in hert wyth alle thy thowght,
And ever thenke on hym that the der bowght.
Satisfaction thow make wyth alle thy myght,
Than thre fayre flowers thow haſt in ſyght ;
Yet nedeth the mor to thy concleſyon,
Take thow good hede nowe to thys leſſen ;
Thow muſt have Graſe, Nature, and Reſen,
Spekelatif, and Coning, wyth good Condition :
Yet thow muſt have more now herto,
Experience, wyth Pracktik, Prudent alſo ;
Patient that thow be, and Holi in Lyſyngs,
Thenke thow on thys in thy beginings ;
Thes fowrtyn Heſtys as I the ſaye,
Ever kepe thow man both nyght and day,
Of thy deſyres thow mayſt not myſſe,
And alleſo of heven that ſweʒt bleſſ.

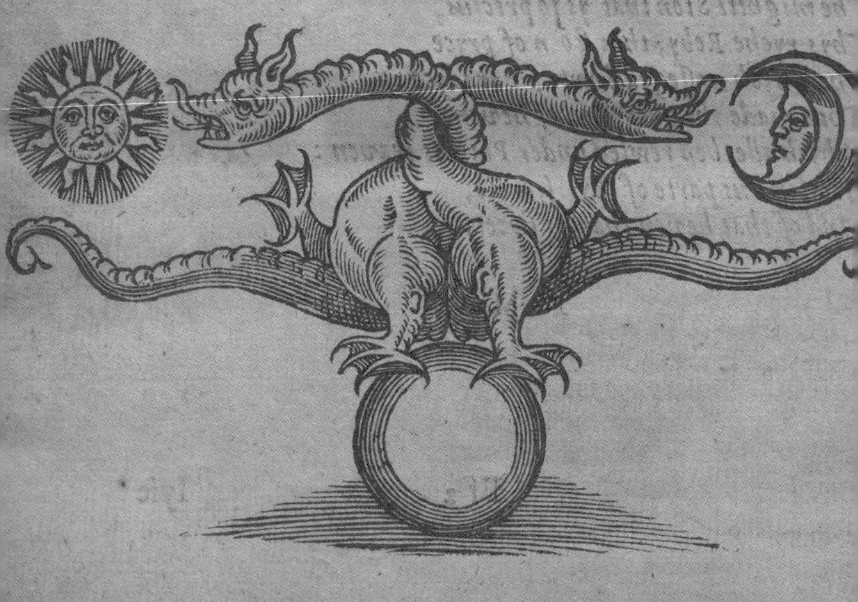

현자의 돌 The Philosopher's Stone

『영국 연금술 문헌집 Theatrum Chemicum Britannicum』, 1652.

차 례

No Chymique yet the Elixir got,
But glorifies his pregnant pot,
If by the way to him befall
Some oderiferous thing, or medicinall.

아직 어떤 연금술사도 엘릭서를 얻지 못했지만,
그럼에도 그는 자기의 신비한 도가니를 찬양하네.
가는 길에 우연히
향기로운 것이나 약효 있는 것을 얻기라도 하면.

존 던John Donne, 『사랑의 연금술*Love's Alchemy*』

머리말

12세기 중국, 건강에 광적으로 집착하던 임언진林彦振은 결국 의사가 처방한 단약(엘릭서)을 마시고 수은에 중독되어 서서히 고통스러운 죽음을 맞았다.* 1604년에는 스코틀랜드의 연금술사 알렉산더 시턴 Alexander Seton의 허풍이 가난하지만 탐욕스러운 작센Saxony 선제후** 크리스티안 2세의 귀에 들어갔다. 크리스티안은 작고 포동포동하게 살찐 이 연금술사를 궁으로 불러들여 변성變成, Transmutation의 비법秘法을 전수해달라고 애걸했다. 시턴이 거부하자, 그는 이 연금술사를 탑에 가두고 무려 40명의 간수에게 고문하도록 하여 비밀을 캐내려고 했다. 인두로 지지거나, 불에 태우거나, 폭력을 가하는 등 온갖 방법을 썼으나 시턴은 끝내 입을 열지 않았다. 그러다가 마침내 독방에 버려졌고, 간신히 탈출하긴 했지만, 이미 만신창이가 된 그는 곧 죽음을 맞았다. 1703년 이탈리아 제노바의 이름난 조각가 도메니코 파로디Domenico Parodi는 더 빠른 최후를 맞았다. 그는 조각 의뢰도 내팽개친 채 기저 금속base metal***을 금으로 바꾸는 연금술에 몰두하다가, 안티몬 화합물을 다루면서 나온 유독 가스를 한 모금 들이마셨고, 그 순간 그의 생명은 영원히 사그라들고 말았다.

2천 년 넘는 세월 동안 전 세계 연금술사들은 시간, 돈, 에너지, 때로는 자기 삶까지도 연금술이라는 위대하고도 무서운 여신에게 바쳤다. 그녀는 많은 것을 요구했으나, 그녀의 선택을 받은 이들에게는

요구한 것보다 큰 대가를 약속했다. 끝없는 부, 영적 완성, 영원한 생은 그녀가 줄 수 있는 축복이었으나, 반대로 가난은 가장 가벼운 벌이었고, 영혼의 파멸과 죽음마저도 실제로 닥칠 수 있었다.

성공 가능성은 작았지만, 어느 시대 어느 곳에서건 기꺼이 이 도박에 뛰어드는 유별나게 배짱 좋은(대부분 사람의 눈에는 무모해 보이는) 이들이 있었다. 부, 영성靈性, 영생, 다시 말해 완전함을 추구하는 여정에서 연금술사들은 관습, 과학, 종교, 심지어 이성마저 초월했다. 그들은 단 한 번도 기저 금속을 금으로 변성하거나 영생을 얻지 못했으나, 이들의 실험실에서 화학이 탄생했고, 심리학자들은 이들의 환상vision에서 배웠으며, 초현실주의는 그들의 예술에서 영감을 얻었다. 무엇보다 중요한 것은, 그들의 탐구가 오늘날 우리 삶을 비추는 거울이라는 점이다. 그들이 믿은 내용이 세세한 부분에서는 우리와 다를 수 있으나, 큰 그림으로 보면 그들의 희망이나 열광은 지금의 우리와 다를 바 없다. 우리가 연금술의 수수께끼에 대해 잠시라도 깊이 생각해본다면, 오늘날 잊히고 숨겨진 우리 자신의 어떤 면을 발견하게 될지도 모른다. 카를 융이 "하늘은 우리에게 공허한 공간이 되어버렸고, 한때 있었던 어떤 것에 대한 아름다운 기억으로만 남아 있다. 그러나 우리의 가슴은 여전히 타오르며, 정체 모를 불안이 존재의 뿌리를 갉아먹는다."라고 말한 것처럼.* 우리의 텅 빈 하늘과 달리, 연금술사들의 하늘은 해체된 용, 부패하는 시체, 독사, 교합하는 남녀, 자기 가슴을 찢어 피를 먹이는 펠리컨 등 기괴하고 화려한 이미지들로 가득 차 있었다. 홀을 든 왕과 보석으로 치장한 왕비는 태양 원반 위에 선 자웅동체雌雄同體, hermaphrodite,** 또는 타오르는 장작더미 위에 누운 존재들과 어깨를 나란히 했다. 독, 전쟁, 살인, 근친상간은 사랑, 결혼, 탄생, 영생의 어두운 면이었다. 인간 본성의 최고와 최악이 이 풍부하고 복잡한 연금술의 상징 속에 숨어 있다. 우리

* (원주) C. G. Jung, *The Integration of the Personality*. 다음에서 인용. J. Campbell, *The Hero with a Thousand Faces*, Meridian Books, 1956, p. 104, n. 24.

** 양성구유라고도 하며, 남성과 여성의 신체적 특성이 한 몸에 있는 것을 이르는 말이다.

가 이 언어를 다시 배우려 한다면, 그 이미지들은 다시 살아나 우리에게 말을 걸 것이다.

연금술은 모든 신화와 종교에 공통으로 등장하는 상징의 언어를 공유한다. 인간의 몸과 뇌가 수만 년 동안 거의 변하지 않았듯, 인간의 경험과 이를 묘사하고 설명하는 방식 또한 변하지 않았다. 탄생, 젊음, 성숙, 늙음, 죽음은 분명 어느 순간에나 존재했다. 아주 오래전부터 지금까지 사람들은 세상을 이해할 때 항상 상반 개념(예를 들면 생명과 죽음, 빛과 어둠, 남자와 여자 같은)을 놓고 생각했다. 이런 식의 사고방식은 지금도 여전히 우리가 세상을 바라보는 기본 틀이 되고 있다.

신화와 종교는 인간의 짧은 삶을 이해하고 받아들이게 하며, 그 안에서 의미를 찾고자 생겨났다. 신화와 종교는 본질적으로 보수적인 성격을 지니는데, 이는 전통을 신이나 조상, 또는 자연의 법칙 같은 더 높은 권위의 명령이라 포장함으로써 전통을 정당화하고 강화하기 때문이다. 또한, 이들은 사회가 선량하고 쓸모 있는 시민을 만드는 데 필요한 수준을 넘어서는 삶과 죽음의 의미 같은 더 깊고 어려운 질문들에 대한 실마리를 넌지시 제시하기도 한다. 연금술도 마찬가지로 이 두 가지 면에서 똑같이 작용했다. 건강이나 부, 장수를 위한 실용적인 면과 함께, 인간이 우주에서 어떤 존재인지를 설명하고 위안하는 면도 있었다. 이렇게 연금술은 두 얼굴을 지녔고, 각각은 서로 다른 부류의 사람들에게 매력이 있었다. 윌리엄 제임스William James*의 표현을 빌리면, '성격이 강인한tough-minded'**의 이들은 현세의 건

---

* 미국의 실용주의 철학자이자 심리학자. 미국을 대표하는 사상가로, 19세기 후반의 미국 사회에 큰 영향력을 미쳤다.

** 윌리엄 제임스는 이 둘의 성격에 대해 다음과 같이 논했다.

강인한 생각	유순한 생각
사실, 현실에 기반한 경험론자	원칙에 기반한 합리주의
선정적인, 확 와닿는 것 우선	지적, 논리적
물질적, 유물론적	이상적, 관념론적
비관적, 염세적	낙천적
무신론적 또는 신앙 없는	독실한 또는 경건한

강한 삶을 풍요롭게 하고자 했다. 그들은 끝없는 부와 영원한 젊음을 준다는 달콤한 환상에 끌려 연금술에 손댔다. 그러나 대부분은 결국 재산을 탕진하고 인생을 망치며, 기저 금속을 금으로 변성하거나 늙은 육체를 활기찬 젊은 육체로 되돌리려는 헛된 시도에 매달렸다. 이와는 반대로, '성격이 유순한tender-minded'의 이들은 인생이 덧없이 짧다는 것에 괴로워하며, 삶에서 더 깊은 의미와 평온함을 갈망했다. 이들은 연금술의 영적인 면에 끌려 영적 연금술사가 되었고, 저 너머 세계에서의 영적 풍요를 향한 여정에서 마침내 찾기 힘든 엘릭서를 발견했다. 하지만 어느 쪽이든 모두 결국에는 영원하지 않은 세상 속에서 안정과 영원성을 얻으려는 너무나 인간적인 욕망에 이끌린 것이며, 이 욕망은 오늘날 우리에게도 여전히 작용하고 있다.

숙명에 따르는, 운명론에 입각한	자유의지에 입각한
다원적	일원론적
회의론에 입각한	독단적, 교리/원리에 입각한

1. 연금술사의 신조信條*
The Alchemists' Credo

연금술을 통해 무언가를 익히려는 사람이라면,
철학적 기반을 갖춰야만 한다.

토머스 노턴Thomas Norton(1477)

프랑스의 가난한 필경사였던 니콜라 플라멜Nicholas Flamel은 헌신적인 아내 페레넬과 함께 파리에 살고 있었다. 어느 날 그는 황동으로 아름답게 장식한 낡은 책 한 권을 발견했고, 그 안에는 이상한 그림들이 가득 차 있었다. 플라멜은 이 책을 2플로린에 사서 집으로 가져와 자세히 살펴보았다. 며칠 동안 그는 이 책에 담긴 기이한 그림들에 골몰했다. 어떤 그림에는 모래시계를 머리에 이고 낫을 든 노인이 하늘에서 내려와, 날개 달린 발을 가진 젊은 신神 헤르메스의 발을 자르려는 장면이 있었고, 또 어떤 그림에는 북풍이 산꼭대기에 핀 붉고 흰 꽃 덤불을 거세게 불고, 그 아래에는 용과 그리핀Griffin**이 둥지에 평온히 앉아 있었다. 가장 무서운 그림은 헤롯 왕이 거대한 칼을 휘두르며 주위의 병사들에게 갓난아이들을 학살하라고 명령하는 장면이었고, 그 아이들의 어머니들은 무정한 병사들의 발밑에 엎드려 슬피 울고 있었다.*** 플라멜은 이 책이 유대인 왕자이자 대제사장, 레위 지파 사람이자 점성술사, 철학자인 아브라함이 자기 민족에게

---

* 신조Credo는 사도신경처럼 어떤 집단이나 종교의 신앙고백서 등을 뜻한다.

** 독수리의 머리, 날개, 발톱, 사자의 몸, 뱀의 꼬리를 지닌 환상 속 괴수.

*** (원주) 수백 년 후, 앙드레 브르통Andre Breton은 그의 두 번째 초현실주의 성명서에서 이 그림을 가장 완전한 초현실주의 그림으로 묘사했다. [감수자 주: 프랑스 시인, 작가, 편집자, 평론가, 화상畫商으로 초현실주의(쉬르레알리슴)를 본격적으로 주창했다. 이 책에서 말하는 「초현실주의 선언」은 1930년에 발표되었다.]

로마에 바쳐야 할 세금을 마련하고자 금을 제조하는 방법을 가르치려 쓴 것임을 알아냈다.

플라멜은 파리에서 가장 유명한 연금술사들을 찾아 자문했고, 그들에게 이 기이한 책에 담긴 이국적인 그림들에 관한 지식을 배웠다. 그러나 그는 정작 이 책 속에 수수께끼처럼 숨은 궁극의 비밀을 끝내 해독하지 못했다. 이후 그가 점점 낙담한 채 절망하자, 이를 걱정한 아내 페레넬은 그에게 무슨 고민이 있는지를 물어보았다. 플라멜은 아내에게 책을 보여주었고, 기쁘게도 그녀 또한 이 책에 강한 호기심을 가지고 있다는 사실을 알게 된다. 이후 21년 동안, 이 부부는 함께 이 '현자의 돌'에 관한 비밀을 풀고자 애썼다. 그러나 해답에 가까이 가지 못하자 결국 반쯤 포기하는 심정으로, 유대교의 신비 철학인 카발라Kabbala에 정통한 유대인을 찾아 스페인으로 떠나기로 한다. 그는 여행 끝에, 마침내 스페인에서 칸체스Canches라는 유대인 의사를 만났다. 이 의사는 플라멜이 보여준 책을 보고 크게 기뻐했는데, 이는 자신이 오래전에 잃어버린 줄로만 알았던 책 속 그림들을 다시 볼 수 있었기 때문이었다. 이들은 함께 프랑스로 돌아가기로 하고 여정을 시작했고, 칸체스는 여정 도중 그림 속에 담긴 신비로운 의미들을 하나하나 풀어 설명하기 시작했다. 그러나, 마지막 비밀을 밝히기 직전, 이 유대인은 병에 걸려 배 위에서 세상을 떠나고 말았다.

플라멜은 여행 이전보다 훨씬 더 다양한 지식을 얻은 채 사랑하는 아내 페레넬의 품으로 돌아왔다. 그러나 그는 연금술의 모든 비밀을 깨닫지는 못했다. 그 후 오랫동안, 부부는 실험실에서 정밀하고 고된 작업을 계속 이어나갔고, 끝내 부부는 연금술의 비밀을 밝히는 데 성공했다. 1382년 1월 17일 정오, 이들은 반 파운드(약 225그램)의 수은을 순은으로 변성했다. 4개월 후인 4월 25일 오후 5시경에는 같은 양의 수은을 순금으로 변성하는 훨씬 더 어려운 작업에도 성공한다.*

자녀가 없던 플라멜 부부는 이후 얻은 막대한 재산을 모두 자선사업에 바쳤다. 그들은 과부와 고아를 도왔고, 병원 14개소, 경당(작은

* (원주) *Nicholas Flamel, His Expositions of the Hieroglyphical Figures*, Eiraneus Orandus, London, 1624, pp. 9-10.

『니콜라 플라멜의 이해하기 어려운 형상들』

Nicolas Flamel his exposition of the Hieroglyphical Figures, 1624

예배당) 3개소, 교회 7개소를 건립했으며, 수많은 교회 묘지를 복구하는 데 힘썼다. 플라멜은 자신이 소장한 책 속의 수수께끼 같은 그림들을 성스러운 무고한 이들의 묘지에 있는 아치에 직접 그리게 했다. 이 그림들은 18세기 중반까지도 그 자리에 남아 있었고, 역사에 남은 연금술 성공담의 흔적이 되었다.*

* (원주) 니콜라 플라멜(1330~1418)은 파리에 살았던 서기로 자신의 재산을 자선금으로 남겼으며, 이노센트 교회 경내에 연금술 내용을 담은 상형문자 그림을 새기는 데 많은 돈을 기부했다고 기록돼 있다. 그의 무덤에서 나온 신비로운 명판을 현재는 클뤼니 박물관에서 보관하고 있는데, 이것은 성 베드로나 사도 바울의 형상과 달과 태양의 상징들로 장식되어 있다. (현재 전하는) 플라멜의 저작들은 사실 16, 17세기에 출간된 위작이다. 플라멜의 연금술에 관한 명성이나 그가 연금술로 쌓은 재산에 관한 내용은 학자들 사이에서 논란거리이다. 아래 문헌 참고.
J. Ferguson, *Bibliotheca Chemica*, 2 vols. , Glasgow, 1906.

파리 클뤼니 박물관에 소장되어 있는 니콜라 플라멜 무덤의 명판

　모든 연금술사가 니콜라 플라멜처럼 성공하지는 못했다. 르네상스 시기 이탈리아의 탁월하고 독창적인 화가인 파르미자니노Parmigiani-no의 이야기는 연금술에 빠진 예술가가 어떤 최후를 맞는지를 보여 주는 대표 사례다. 그는 연금술에 대한 치명적 집착으로 빈곤에 시달

L. Figuier, *L'Alchimie et Jes Alchimistes*, Paris, 1854, p. 217.

E. J. Holmyard, *Alchemy*, 1968 (초판 1957년 발행), pp. 239-49.

P. Lacroix, *Science and Literature in the Middle Ages*, London, 1878, p. 196.

A. E. Waite, *Alchemists Through the Ages. Lives of the Famous Alchemistical Philoso-phers*, New York, 1970 (초판 1888년 발행).

리다가 생을 마쳤다. 파르미자니노는 파르마Parma의 스테카타Steccata 성당 천장과 돔에 그림을 그려달라는 의뢰를 받았으나, 연금술 실험에 몰두한 나머지 붓 대신 화덕 앞에 앉는 날이 많아졌고, 아름다운 그림을 구상해 교회 벽에 그릴 시간에 불을 피우고 유리 용기를 만지면서 시간을 허비했으며, 주급週給보다 더 많은 돈을 하루 만에 날리기 시작했다. 스테카타 성당은 그가 더는 그림을 그리지 않는다는 사실을 인지하고 의뢰비 선지급금 반환 소송을 제기했는데, 파르미자니노는 심야를 틈타 카살마조레Casalmaggiore*로 도주했다. 그곳에서 그는 잠깐 연금술의 환상에서 벗어나 성 스테파노 성당을 위해 패널화 한 점을 그리는 데 집중했지만, 바사리**에 따르면 그마저도 오래가진 못했다.

결국 연금술에 마음을 온통 사로잡힌 파르미자니노는 다른 많은 이들처럼 완전히 미쳐버렸다. 한때 단정하고 고상했던 모습은 온데간데없이, 그는 덥수룩한 수염과 흐트러진 머리칼을 한 거칠고 낯선 사람으로 변해 있었다. 그렇게 쇠약해진 나머지 우울하고 기이한 성격이되어버린 그는 결국 심한 열병과 지독한 이질에 시달리다가 며칠 만에 더 나은 세상으로 떠나게 되었다. 그렇게 그는 자신이 고통과 근심으로 가득 찬 곳으로만 알았던 이 세상의 고난에서 끝내 해방되었다. 그는 유언에 따라 나체로 매장되었고, 그의 가슴 위에 노송나무 십자가가 놓였다.***

연금술사의 가슴에는 언제나 희망이 샘솟았다. 파르미자니노처럼 실패한 수많은 사례에도, 그들은 플라멜 같은 성공담을 수백 개쯤 인용할 수 있었다. "소원이 말을 낳는다면 거지도 말을 탈 것이다."라는 속담은 연금술사들에게 딱 들어맞는다. 그들은 상상의 말에 올라타,

*　이탈리아 북부 롬바르디아 지역에 있는 도시.

**　조르조 바사리Giorgio Vasari, 이탈리아 르네상스 시기 건축가, 미술가, 전기 작가로, 미술사의 시작을 알린 인물.

***　(원주) R. Wittkower, *Born Under Saturn*, New York, 1963, p. 313.

무지개 끝에 달린 황금 항아리를 향해 거침없이 질주했다. 그러나 연금술사들이 무작정 미친 듯 미지의 땅을 헤매는 바보는 아니었다. 오히려 그들은 고대 철학이라는 오래 닦인 길을 따라 달렸고, 그 길에서 마주치는 장애물은 존경받는 현자들의 지혜로운 조언으로 극복할 수 있었다. 인류가 오랫동안 갈망한 건강, 부, 영생이라는 목표를 향한 그들의 탐구에는 시대를 초월한 지혜가 총동원되었다. 이 희망과 이론은 연금술 속에서 너무나도 얽혀 있었기에, 둘 중 하나가 무너지면 나머지도 같이 무너질 수밖에 없었다.

만약 화성에서 온 작은 초록색 인간이 지구에서 나흘 동안 스카치위스키와 소다, 베르무트Vermouth와 소다, 브랜디와 소다를 마셨다고 하자. 그는 아마 소다가 자신을 취하게 만든다는 결론을 낼 수도 있다. 그 결론은 틀렸지만, 최소한 그는 관찰과 이성이라는 겉보기에는 완벽한 방식을 거쳐서 이를 믿게 된 것이다. 연금술사들도 다르지 않았다. 그들은 18세기까지 지식인 대다수가 받아들였던 물질에 대한 과학 이론을 믿었다. 그 이론은 아리스토텔레스에서 시작되어, 마치 덤불처럼 굴러가며 세월 속에서 이것저것을 덧붙여 나갔다.

변성은 삶의 한 부분이다. 애벌레는 나비로 변하고, 얼음은 물로 녹고, 작은 도토리는 거대한 참나무로 자라고, 먹은 음식은 곧바로 살이 된다. 이외에도 여러 변성이 자연 또는 실험실에서 일어난다. 연금술사들이 등장하기도 훨씬 전부터 (이에 대해) 사람들이 던졌던 질문은 '왜 그럴까?'였다.

아리스토텔레스는 2천 년 넘는 시간 동안 서양인 대다수가 만족할 해답을 제시했다. 그는 플라톤과 마찬가지로 모든 것이 형태가 정해지지 않고 잘 변하는 원료로 만들어졌다고 믿었다. 뜨거움, 차가움, 축축함, 건조함이라는 네 가지 성질이 이 최초의 원료에 녹은 밀랍에 찍힌 도장처럼 각인되면 네 개의 원소, 즉 흙, 공기, 불, 물이 만들어졌다. 모든 것은 이 네 가지의 원소가 다양한 비율로 결합한 것으로 이루어져 있었다.

아리스토텔레스가 네 원소를 선택한 것은 분명 임의적이었다. 중국인들은 오행五行을 받아들였다. 그러나 그의 이론은 물질의 많은 화학적, 물리적 성질을 분류하고 설명하는 그럴듯한 지름길을 제공했다. 고체는 다른 원소보다 흙 원소를 더 많이 함유했기에 단단했고, 액체는 주로 물로 이루어졌으며, 기체는 공기가 대부분이었다. 불 원소는 물체가 타려면 반드시 포함되어야만 했다.

물질의 분해는 쉽지 않았고, 종종 불가능하기도 했지만, 연금술사들은 푸른 나무가 탈 때 네 원소를 볼 수 있다고 여겼다. 타오르는 나무에서 올라오는 연기는 공기였으며, 증기는 물이고, 남은 재는 흙이었다. 불은 자연스레 나무가 탈 때 나는 불 자체였다.

아리스토텔레스의 사원소설은 비교적 최근까지 서양 사상의 근본이어서, 이 이론 없이는 과거의 문헌들을 이해하기 어렵다. 지금 보면 미쳤다고 생각하거나 어리석어 보일 수 있으나, 한 시대의 과학적 진리는 필연적으로 다음 시대의 웃음거리가 되기 마련이다. 20세기 초반에는 많은 저명한 의사들이 매독 말기에 보이는 마비 증상을 과도한 여행 탓으로 돌리기도 했다. 이는 어느 정도 옳았는데, 선원이나 자주 여행을 다니는 상인, 기관사 등은 업무의 성격상 집에서 머무는 사람보다 매독에 걸리기가 더 쉬웠기 때문이다.

물질은 끊임없이 변한다. 나타나고, 자라고, 부패하고, 줄어들다가 끝내 사라진다. 아리스토텔레스는 이를 물질 내 원소들이 끊임없이 변화하며 서로 바뀌기 때문이라 설명했다. 흙에서 물로, 물에서 공기로, 공기에서 불로, 다시 땅으로 변하는 것이다. 이 아리스토텔레스의 환상 속에서 숙련된 연금술사는 자연에서 일어나는 일을 의도적으로 할 뿐이었다. 연금술사는 물질 속 네 원소의 비율을 조절함으로써 한 물질을 다른 물질로 바꿀 수 있어야 했다. 『연금술, 그 진실의 거울*The True Glass of Alchemy*』의 저자는 "만약 한 금속을 다른 금속으로 변성하려면, 덧셈과 뺄셈을 거쳐 한 원소를 더하고 다른 원소를 덜어, 자신의 의도대로 잘 또는 나쁘게 섞으면 된다."*라고 썼다. 반대쪽의 그림은

* (원주) *The True Glass of Alchemy*, London, 1683, p. 126. 이 책은 로저 베이컨의 저서로 알려져 있었다. [감수자 주: 로저 베이컨은 13세기 프란체스코회 수도사, 스콜라 철학자, 자연과학자로, 경이驚異의 박사라고 부른다. 신학, 수학, 의학, 연금술, 점성술, 천문학을 넘어 경험론적 접근을 시도했다.]

이런 비율 조절 과정이 얼마나 쉽고 논리적인지를 보여준다.

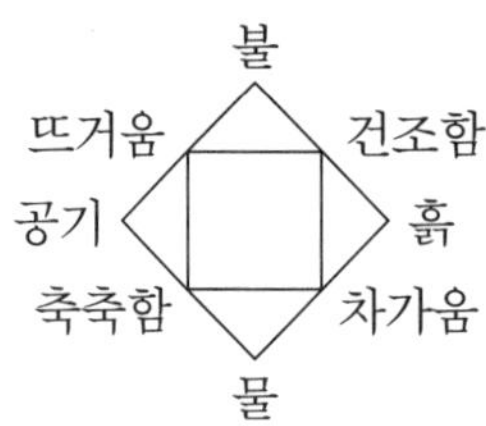

예를 들어 흙은 건조하고 차가운 성질이 최초의 물질(이하 원물질)에 더해졌을 때 생겨나는 원소다. 흙을 물로 바꾸려면 건조한 성질을 축축한 성질로 대체하기만 하면 됐다. 이와 같은 논리로, 물은 차가운 성질을 뜨거운 성질로 대체하면 공기로 변할 수 있었다. 이는 주전자 물이 끓을 때 늘 일어나지 않는가?

아리스토텔레스는 같은 이론을 다른 방식으로 설명했다. 각 물질은 원물질과 특정 '형상'으로 이뤄졌다. 이 '형상'은 마치 원시 DNA처럼, 그 물질의 모든 성질을 결정하며, 그 안의 원소 비율까지 포함했다. 따라서 사자의 형상은 그가 탐내는 양의 형상과는 완전히 달랐고, 납의 형상도 금의 형상과는 전혀 달랐다. 한 물질을 다른 물질로 바꾸려면 해야 할 일은 단 하나, 이 '형상'을 바꾸는 작업이었다. 연금술사들이 하려던 일은 바로 이 단순한 변성이었다. 그들의 목표는 금의 형상을 찾아내는 것이었고, 그것이 현자의 돌Philosopher's stone이었다. 성 토마스 아퀴나스의 선생이자 연금술사로도 유명한 성 알베르투스 마그누스Albertus Magnus*는 "연금술은 이처럼 진행된다. 즉, 특정 형상을 제거함으로써 하나의 물질을 파괴하고, 다른 물질의 특정 형상을 만들어낸다."**라고 설명했다. 알베르투스는 그 자신이 형상

---

* 13세기 독일의 도미니코회 수사. 제자인 성 토마스 아퀴나스의 후원자이자 옹호자로 유명하다. 자연과학자, 철학자, 신학자, 외교관 등 살아생전 폭넓고 정력적으로 활동했으며, 자연과학자의 수호성인이다.

** (원주) *Book of Minerals*, edited and translated by Dorothy Wyckoff, Oxford, 1967, III, i, 9, pp. 178-9.

을 바꾸는 대가였던 듯하다. 그가 신성로마제국의 왕이자 홀란트 백작인 빌럼 2세William II of Holland를 위해 준비한 저녁 만찬 이야기를 믿는다면 말이다. 한겨울임에도, 그는 쾰른 수도원의 눈 덮인 정원에 만찬상을 차리라고 명했다. 얼어붙을 듯한 강풍 속에서 놀란 왕이 자리에 식사하려고 앉자, 눈이 갑자기 멈추고 봄바람이 불어왔으며, 향기로운 꽃들이 언 땅을 뚫고 피어나기 시작했다. 나무에는 꽃이 만개했고, 나뭇가지 사이로 노래하는 새들이 날아다녔다. 그러나 식사가 끝나자마자, 마법에 걸렸던 정원은 다시 추운 겨울의 형상으로 되돌아갔다.*

알베르투스 마그누스를 비롯해서, 이름값을 하는 모든 연금술사는 어떤 것을 창조하려면 그 전에 다른 것을 파괴해야만 한다고 믿었다. 이는 결코 새로운 발상이 아니며, 오랫동안 역사 속에서 원시적 다산 의식多産意識의 근거로 자리 잡은 개념이었다. 탐무즈Tammuz,** 디오니소스, 아티스, 오시리스, 페르세포네의 죽음이나 인간 또는 동물의 희생만이 이듬해의 풍작을 보장할 수 있었다. 죽음으로부터 생명이 탄생한다. 연금술사들이 자주 인용한 「요한복음」 12장 24절처럼 말이다. "진실로 진실로 너희에게 이르노니, 한 알의 밀이 땅에 떨어져 죽지 아니하면 하나 그대로 있고, 죽으면 많은 열매를 맺느니라." 이처럼 죽음이 언제나 탄생의 전제라는 개념은 연금술의 핵심 주제이며, 왜 연금술 작업의 첫 단계, 어떤 물질에서 형상을 없애고 원물질로 되돌리는 과정을 '죽음', '고행을 통한 정화Mortification' 또는 '부패 Putrefaction'라 부르는지를 설명한다. 이 과정은 이후 금으로 정화될 기저 물질이 처음으로 거쳐야 하는 과정이었다.

연금술사들은 자연의 모든 존재가 완전함을 갈구한다는 아리스토텔레스의 생각을 받아들였다. 도토리는 참나무가 되려 하고, 아이는 어른이 되려고 성장한다. 금은 일곱 금속 중 가장 완전하고, 나머지

* A. E. Waite, *Alchemists Through the Ages*, 1970, p. 59. [감수자 주: 그러나 이 이야기는 그가 제자인 토마스 아퀴나스의 죽음을 지켜보는 것까지 기록했음에도, 이러한 일은 명확한 기록이 없기에 신빙성이 떨어진다.]

** 메소포타미아 신화 속 봄과 생명의 신.

여섯 기저 금속(은, 구리, 수은, 주석, 철, 납)은 완전에 도달하려 한다고 여겨졌다. 시간이 충분히 흐르거나 연금술사의 마법이 더해지면 그들도 결국은 금이 될 수 있다는 것이다. 14세기경, 페트루스 보누스Petrus bonus*는 이렇게 썼다. "금속 중 완전한 것은 오직 금 하나뿐이며, 금은 금속이 도달할 수 있는 최고의 상태를 보여준다."** 아부 알콰심 알이라키Abu'l-Qasim al-Iraqi도 연금술의 진리를 똑같이 경건한 이슬람 표현으로 담아냈다. "신께서 자비를 베푸시기를, 우리가 처음에 말한 바와 같이, 이 여섯 형태는 모두 본질적으로 금이며, 금이 곧 그들의 궁극적 한계이다."*** 금은 가장 안정된 금속이었기에 모든 금속 중 가장 완전했다. 그리고 가장 안정적인 이유는 네 원소가 너무 완벽히 섞여 있어 분리할 수 없기 때문이었다. 존 던John Donne은 「좋은 아침The Good Morrow」에서 이러한 생각을 사랑의 영역으로까지 확장한다.

무엇이든 죽는 것은 조화롭게 섞이지 못했기 때문,

What ever dyes, was not mixt equally;

만약 우리의 사랑이 하나이며, 너와 내가

If our two loves be one, or, Thou and I

너무도 닮은 사랑을 한다면, 누구도 사랑이 식지 않고,

Love so alike, that none doe slaken,

* 라틴어로 '선량한 베드로'라는 의미이다. 중세 후기의 연금술사로, *Margarita Preciosa Novella* 등의 저서를 남겼다. 그는 연금술의 철학적인 기반을 제시하려 했다.

** (원주) *The New Pearl of Great Price*, p. 220. 이 책은 약 1330년경에 쓰였고, 1546년 야누스 라치니우스Janus Lacinius가 축약, 의역해 출판했다. 이 작품은 인기가 높아 수많은 판본이 있었으나 라치니우스 판본은 매우 희귀한데, 이는 실험실 사고로 (많은 사람이) 고통받을 만큼 인기가 많았기 때문일 수 있다. 1894년, 아서 에드워드 웨이트A. E. Waite는 이 책을 더 축약해 번역했다.

*** (원주) Abu'l-Qasim al-Iraqui, *The Book of Knowledge Acquired Concerning the Cultivation of Gold*, edited and translated by E. J. Holmyard, Paris, 1923, p. 13.

우리의 사랑은 절대 죽지 않으리라.
none can die.

아리스토텔레스는 광물과 금속의 차이를 간단히 설명하기 위해 또 다른 이론을 제시했다. 금속과 광물이 기본적으로는 네 원소로 이루어져 있지만, 이보다 더 직접적인 구성 요소는 땅속에서 뿜어져 나오는 두 가지 '숨결', 즉 '흙 같은 연기'와 '수증기'였다. 흙 같은 연기는 불로 변화 중인 미세한 흙 입자들로 이루어져 있고, 수증기는 공기로 변해가는 물 입자로 이루어져 있었다. 돌과 광물은 흙 같은 연기에서 만들어졌기에 녹거나 액화할 수 없었다. 이와 달리 금속은 수증기에서 만들어졌기에 단단하지만 부서지지 않고, 모양이 바뀌는 성질을 띨 수 있다고 설명했다.*

연금술사들은 아리스토텔레스의 이론을 확대 해석해서 두 숨결이 '이상적' 형태의 유황과 수은의 일종이라고 보았고, 이 둘이 각각 다른 비율과 순도로 결합해서 다양한 광물과 금속이 만들어진다는 이론을 내놓았다. 이 '수은의 원리'는 당시 알려진 모든 금속이 녹으면 일반적으로 액체 상태인 수은처럼 된다는 사실을 그럴듯하게 설명해주었다. 그러나 이 이론을 받아들였던 연금술사라면 누구나 평범한 유황과 수은이 실제로 금속의 구성 성분이 될 수 없다는 것을 잘 알고 있었다. 이 둘을 섞으면 금속이 아니라 주사朱砂가 만들어지기 때문이다. 이 사실은 연금술사들이 아리스토텔레스의 이론을 포기하도록 만들 수도 있었지만, 그 대신 그들은 자신들이 말하는 유황과 수은을 '지혜로운', '철학적', '이상적' 또는 '세속적이지 않은' 유황과 수은이라고

---

* (원주) *Meterologica*, III, 6, 378a. 유황–수은 이론의 기원에 대한 다른 이론은 아래를 참고.

A. J. Hopkins, *Alchemy: Child of Greek Philosophy*, New York, 1934.

R. Hookyaas, *Chemical Trichotomy before Paracelsus*, Archive internationale d'histoire des sciences, 28 (1949), pp. 1063-74;

ibid. 'Die Elementenlehre des Paracelsus', *Janus* 39 (1935), pp. 75-88.

현자의 돌에 결합해 있는 철학적 유황과 철학적 수은
『화학의 즐거운 정원*Viridarium Chymicum*』, 1624

불렀다.*

　유황-수은 이론은 18세기에 근대 화학이 시작될 때까지 여러 보완
과 변형을 거치면서 살아남았다. 이 이론의 마지막 흔적이 화학에서

* 　(원주) *Nicholas Flamel, His Expositions of the Hieroglyphical Figures*, p. 23에서
플라멜은 "유황과 살아 있는 은(수은)은 통속적이지 않으며 상인이나 약사 들
이 구매한다. 그런데 그들은 우리에게 우리가 너무나 사랑하는 소중하고 깨끗
한 물질들을 선사한다."라고 언급한다.

완전히 사라진 것은, 라부아지에가 연소 작용이 물질 안에 있는 '불의 원리' 때문이라는 플로지스톤설에 결정타를 가했을 때였다.*

유황-수은 이론은 이슬람과 유럽 연금술의 핵심 개념으로 자리 잡았다. 벤 존슨Ben Jonson의 희극『연금술사*The Alchemist*』속 사기꾼 연금술사는 그의 거짓 연금술 지식을 자랑하며 유황과 수은을 '모든 금속의 부모'라 부른다.** 토머스 노턴Thomas Norton은 이 의인화한 표현을 한층 더 생생하게 "흰 피부의 고운 여인이 불그스레한 피부의 남성과 결혼했다."라고 묘사한다.***

노턴의 문구는 연금술사들이 어떻게 인간의 경험을 그들 주위 세계에 투사했는지를 잘 보여주는 예다. 연금술사들은 자신과 자연 사이에 아무런 구분을 두지 않았고, 세상 모든 것을 인간 중심의 언어로 표현했다. 금속과 광물은 태어나서 자라고, 결혼하며 서로 관계하여 자손을 낳고 죽어간다. 바위나 돌도 육체, 영혼과 감정과 욕망을 지닌 존재로 여겨졌다. 연금술사들은 화학반응에 대해서도 우리처럼 극히 단조로운 수식으로 늘어놓는 것이 아니라 사랑과 증오라는 정열적인 언어로 묘사했다.

16세기, 과학사에서도 가장 기이한 인물의 하나인 필리푸스 아우레올루스 테오프라스투스 봄바스투스 폰 호엔하임Phillipus Aureolos Theophrastus Bombastus von Hoehenheim, 즉 파라켈수스Paracelsus는 유황-수은 이론을 수정했다. 그는 스스로 그리스의 명의 켈수스Celsus보다 더 위대하다고 여겨 파라켈수스라는 이름을 썼다. 파라켈수스는 자기 의견을 발표하면서 겸손하지도 않았고, 표현 방식도 거칠기 짝이 없었다. 그는 당대의 과학계·의학계에 맹렬한 비판을 퍼부었다. 의사들을 환자의 건강은 아랑곳없이 환자의 재산만 노린다고 비난했고, 환자들에게 사혈瀉血을 처방하거나 관장으로 치료하려 하거나 그

---

* (원주) 이 책 311-312쪽 참고.

** (원주) II, ii, 154. 벤 존슨,『연금술사』2장 2막.

*** (원주) *The Ordinall of Alkimy*, in Elias Ashmole's important collection of British alchemical treatises, *Theatrum Chemicum Britannicum*, London, 1652, p. 90.

마저도 실패하면 평범한 사람의 수입으로는 턱도 없는 값비싼 고급 요리로 채워진 식단을 처방하는 당시 관행을 조롱했다. 그의 독설에 격분한 당시 의사들은 똑같이 비난으로 맞섰고, 파라켈수스의 결점들을 들추면서 통쾌해했다. 의사들은 그가 늘 술에 취해 있고, 이성에 관심이 이상하리만치 없으며, 한번 옷을 입으면 글자 그대로 옷이 다 해질 때까지 벗지 않는 역겨운 습관을 지녔고, 깜짝 놀랄 만큼 갑자기 자다 깨서는 검을 빼 들고 눈에 불을 켠 채 잠자리를 뛰어오르곤 했다고 비꼬았다.* 그러나 그 모든 기행에도, 파라켈수스는 의료계를 뒤흔드는 데 성공했으며, 그 과정에서 연금술 이론에도 중요한 수정을 가했다. 그는 유황과 수은에 더해 소금을 물질의 세 번째 구성 원리로 추가했다. 파라켈수스는 황, 수은, 소금이 물질을 이루는 세 원리라는 주장을 입증하고자, 오래전부터 쓰이던 장작이 타는 예를 자신의 주장에 유리하게 각색했다.

모든 물질은 세 가지로 이루어져 있다. 이 세 가지의 이름은 유황, 수은, 소금이다. 이 셋이 결합해 우리가 말하는 하나의 물질이 된다. (중략) 이제 이 개념을 이해해보자. 먼저 예를 들어 나무를 생각해보자. 나무는 하나의 물질이다. 이것을 태워보면, 타오르는 것이 유황이고, 기체로 증발하는 것이 수은이며, 재로 남는 것이 소금이다.**

파라켈수스와 그의 추종자들이 소금, 유황, 수은에 부여한 성질은 우리가 일반적으로 기대하는 것과는 완전히 일치하지 않는다.***

* (원주) 이 내용은 그의 조수 요하네스 오포리누스Johannes Oporinus가 언급했던 파라켈수스의 이야기들이다. D. Sennert, *De Chymicorum cum Aristotelis et Galenicis Consensu ac Dissensu Liber*, 1633, pp. 32-3. 파라켈수스에 대해서는 다음을 참고. W. Pagel, *An Introduction to Philosophical Medicine in the Era of the Renaissance*, Basel, 1958.

** (원주) 다음에서 인용. J. M. Stillman, *The Story of Alchemy and Early Chemistry*. New York, 1960 (first published 1924), pp. 320-1.

*** (원주) J. Read, *Prelude to Chemistry*. Mass. 1966 (first published 1936), p. 27.

수은	유황	소금
금속성, 가용성, 휘발성	가연성	불가연성, 정착성
휘발성 및 불에서의 불변성	휘발성 및 불에서의 불변성	재로 발견
정신	영혼	육체
물	공기	흙

이처럼 화학물질과 그 화학적 성질을 영, 혼, 체와 결합해 바라보는 이 방식은 연금술이 얼마나 현대 화학과 다른지를 잘 보여준다. 연금술사들의 실험실에서 모든 것은 살아 있는 존재였고, 무기물이라는 개념은 존재하지 않았다. 물질의 화학적 성질은 그 안에 깃든 영과 혼에 의해 결정되었다. 한 연금술사는 "수은, 황, 소금을 정제해 금속의 영과 육신이 금속의 혼을 통해 떨어질 수 없이 하나가 되도록 할 수만 있다면, 당신은 사랑의 사슬을 단단히 엮어내 대관식이 열릴 궁전을 마련하게 될 것이다."*라고 조언한다. '사랑', '궁전', '대관식'과 같은 표현이 화학 공식에는 어울리지 않게 느껴진다면, 이는 현대의 과학 개념과 연금술의 개념 사이에 얼마나 큰 간극이 있는지를 드러낼 뿐이다. 연금술사들에게 이런 표현은 비유적이지만, 명확한 암시였다. 이 말들은 연금술 작업의 최종 단계, 곧 현자의 돌이 소금, 유황, 수은 또는 육체, 영, 혼의 사랑을 통해 결합해 탄생하고, 모든 물질의 왕이 되어 왕관을 쓰는 순간을 가리키는 것이었다.

연금술사들은 네 원소, 두 숨결, 세 원리를 물질의 기본 구성 요소로 받아들였기에 우리가 보기에는 부정확하거나 모순된 듯이 보일 수 있다. 그러나 연금술사들은 이러한 모순에 조금의 혼란도 느끼지 않았다. 데카르트 철학이라는 감옥에 갇혀 있는 현대인들과는 달리, 연금술사들은 하나의 사물이 물질적, 상징적, 영적 등 여러 층위에서 동시에 해석될 수 있는 세계 속에서도 아무런 불편함 없이 살아갔다.

* (원주) *The Hermetic Museum*, translated by A. E. Waite, London, 1893 (reprint 1973) i, p. 319.

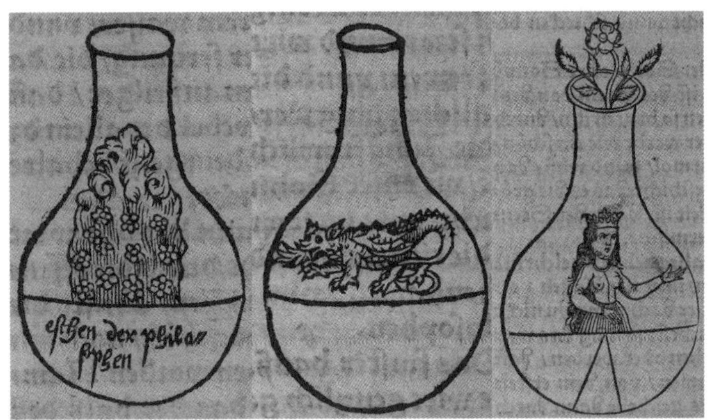

파라켈수스의 세 원리The Three Principles of Paracelsus

월터 페이글Walter Pagel, 『파라켈수스: 화학 입문Paracelsus: An Introduction to Chemistry』

유명한 수도사이자 연금술사 바질 발렌틴Basil Valentine은 안티몬의
효과를 눈치채지 못한 동료 수도사들에게 몰래 실험했다고 전해지며,
이 때문에 사람들 사이에서 안티몬Antimon이라는 이름이 수도사에게
해롭다는 뜻의 프랑스어 Anti-monk, anti-moine에서 나왔다는 말
도 떠돌았다. 그는 인간을 설명하면서 여러 요소를 함께 써도 모순이
라 느끼지 않았다. 그는 "살아 있는 인간은 네 원소의 조화로운 혼합
이며, 아담은 흙, 물, 공기, 불에서 만들어졌고, 혼, 정신, 육체에서, 그
리고 수은, 유황, 소금에서 비롯했다."*라고 말했으며, 또 다른 연금술
사는 이러한 진리를 훨씬 더 역설적으로 표현했다. "하나는 둘이고,
둘은 셋이며, 셋은 넷이다. 그리고 넷은 셋이고, 셋은 둘이며, 둘은 하
나이다."** 이처럼 연금술의 세계는 수치나 논리로 바꿀 수 없는 여러
측면을 지닌 상징적 사고 공간이었으며, 그들에게는 그 자체로 완벽

* (원주) *The Hermetic Museum*, i, p. 342.

** (원주) *Theatrum Chemicum præcipuos selectorum auctorum tractatus de Chemiæ
et Lapidis Philosophici Antiquitate, veritate, jure præstantia, et Operationibus continens
in gratiam veræ Chemiæ et Medicinæ Chemicæ Studiosorum (ut qui uberrimam unde
optimorum remediorum messem Facere poterunt) congestum et*, Ursellis, V, 1622, p.
86. (이하 이 책에서는 *Theatrum Chemicum*로 표기)

바질 발렌틴 초상화

한 조화이자 진리였다.

아리스토텔레스의 철학은 연금술 이론과 실험에 기초이자 기틀을 제공했지만, 다른 철학들도 연금술의 구조를 완성하는 데 이바지했다. 스토아학파의 프뉴마Pneuma(영혼)에 대한 개념은 연금술에 처음부터 내재해 있던 생기론生氣論, vitalism*적 관념을 다시금 강화했다. 프뉴마는 극히 희박하고 영적인 물질로 여겨졌으며, 우주를 떠돌며 물질을 조정하고 조직하는 역할을 했다. 스토아학파는 동식물이 일정한 형태(지금은 '유전학적 형질'이라 불리는)에 따라 번식한다고 믿었는데, 그것은 각 존재가 자기만의 고유한 프뉴마, 즉 '근본 원리Logos spermatikos' 또는는 '생식生殖의 원칙seminal principle'을 지니고 있기 때문이라 생각했다. 이 근본 원리는 아리스토텔레스의 '형상'과 비슷한 방식으로 작용해 형태 없는 물질을 예측할 수 있는 방식으로 주조鑄造했다. 금속이 근본 원소, 혹은 씨앗에서 자라난다는 생각은 연금술의 중심 개념 중 하나가 되었고, 연금술사들이 그들의 작업을 농사나 원예에 비유하는 수많은 비유의 토대가 되었다. 기원후 3세기, 초기 여성 연금술사 중 한 명인 클레오파트라는 이렇게 말했다. "보라, 형제들이여, 네가 땅에 어떻게 물을 주고 씨앗을 기르는지를! 그래야 제철이 되면 열매를 맺게 하느니라!"** 1300년 후, 모라비아*** 지방의 연금술사 미하일 셍지보이Michał Sędziwój**** 역시 비슷하게 비유

---

*　활력설이라고도 한다. 200여 년 전에 프랑스의 철학자 앙리 루이 베르그송 Henri Louis Bergson이 주창한 이론이다. 그는 생명은 절대 기계론적으로 설명할 수 없으며, 모든 생명에는 무기물에 존재하지 않는 생기력elan vital이 있다고 여겼다.

**　(원주) C. A. Browne, 'Rhetorical and Religious Aspects of Greek Alchemy', *Ambix* 3 (1948), p. 23.

***　지금은 체코에 속한 지역. 12세기 신성로마제국 프리드리히 1세에 의해 지역이 성립했고, 보헤미아 왕국에 속했다.

****　폴란드 및 신성로마제국에서 활동한 연금술사. 1590년대에는 루돌프 2세의 프라하 궁정에서 주로 활동하며 광산, 주조소 설계자로 명성을 얻었다. 이후 고향인 폴란드 크라쿠프로 귀향해 활동을 이어가다가 말년에 합스부르크 황제가 모라비아에 영지를 주어 정착해 그곳에서 숨을 거둔다.

했다. "금속에 씨앗이 없다고 믿는 자는, 우리 학문의 신비를 이해할 자격조차 없다."*

서양 연금술은 영지주의Gnosticism에서 깊은 영향을 받았다. 영지주의는 기독교 등장 전후, 그리고 더 훗날까지도 번성했던 이원론적 철학이다. 영지주의에는 다양한 분파가 있었는데, 그중 마니교가 그중 가장 유명하거나 악명 높을 것이다. 마니교는 성 아우구스티누스 St. Augustinus**에게 큰 영향을 주었고, 이로써 기독교에도 깊은 영향을 미쳤다. 그렇지만 영지주의자들 모두가 세계에는 두 개의 동등한 힘, 선한 신과 사악한 데미우르고스가 대립한다고 믿는 점은 같았다. 선한 신은 인간이 알 수 없는 존재로, '눈물 골짜기'라 부르는 세상*** 너머의 초월적인 영역에 존재하며, 세계 창조에는 아무런 관여도 하지 않은 존재였고, 악한 데미우르고스는 교묘하게 이 세계를 끔찍한 감옥으로 만들고, 그 속으로 인류를 유인해 가두었다. 영지주의자들에게 인간은 신성과 연결된 존재이며, 자신의 잘못 없이 어둠에 휩싸인 빛의 불꽃, 즉 잘못 놓인 신성의 조각이다. 인간은 이 죽음 같은 삶(영지를 모르는 자들은 이것을 삶이라 착각한다)에서 벗어나, 인류가 본래 있던 곳인 천상으로 돌아가려 투쟁해야 하나, 그 투쟁은 쉽지 않다. 지금 인간은 잠시 자신의 본성을 잊고 있으나, 영지靈知, Gnosis(지식을 뜻하는 그리스어)를 체험함으로써 이를 다시 기억해낼 수 있다. 이런 깨달음을 통해 인간은 아직 육신을 지닌 채로도 신의 자식이 될 수 있다. 이런 계시를 중시했기에, 이들은 '알고 있는 자들The knowing ones'이라 불렸다.****

서양 연금술의 비밀스럽고 영적인 측면은 대부분 영지주의 사상

* (원주) *The Hermetic Museum*, ii, p. 94.

** 기독교 4대 교부로 추앙받는 성인이지만, 기독교 귀의 이전에는 열성적인 마니교도였다.

*** 기독교에서 천국으로 가기 전, 인간이 겪는 시련의 세상을 말한다.

**** (원주) 그노시즘에 대해서는 다음의 문헌들을 참고. A-J Festugiere, *La Revelation d'Hermes Trismegiste*, Paris, 1950-54; H. Jonas, *The Gnostic Religion*, Boston, 1970; H. Leisegang, *Die Gnosis*, Leipzig, 1924.

에서 유래했다. 특히 초기 그리스계 영지주의 연금술사들, 멘데스의 볼로스Bolos of Mendes, 조시모스Zosimos,* 클레오파트라Cleopatra**와 헤르메스 트리스메기스투스Hermes Trismegistus라는 이름으로 글을 남긴 이들을 보면 그 영향이 도드라지게 나타난다. 이들은 화학작용을 영지주의 용어로 설명했으며, 영지주의 교리를 화학의 언어로 치장했다. 그들의 연금술 도가니 안에서는 이들이 화합 물질을 탄생시키고, 파괴하며, 다시 새롭고 더 순수한 형태로 되살려낼 때마다 선과 악의 힘이 싸움을 벌였다. 조시모스는 연금술에 관한 환상에서 이 영지Gnosis를 경험했고, 클레오파트라를 따르던 철학자 중 한 사람도 마찬가지였다. 그는 이렇게 말했다. "오, 클레오파트라여, 당신이 들려준 말에 나는 깊이 감탄했소, 그대에게 복을 내린 자궁은 참으로 복되도다."***

영지주의의 구세주, 헤르메스 트리스메기스투스, '세 번 위대한 헤르메스'는 서양 연금술의 전설적 창시자로 여겨졌다. 연금술사들은 자신들이 '헤르메스주의자Hermeticists'라고 불리는 것을 자랑스럽게 여겼고, 자기 일을 '헤르메스의 기술Hermetic art'이라 불렀다. 무려 3만 6000편에 달하는 '원본'들을 헤르메스 트리스메기스투스가 집필했다고 하는데, 그중 가장 영향력 있는 저작이 『에메랄드 평판*Emerald Tablet*』****이었다. 이 문서는 한 페이지도 채 되지 않을 만큼 짧고, 열

---

* 4세기경 그리스에서 활동했다고 알려진 파노폴리스의 조시모스를 말한다. 그는 연금술 용기를 세례반洗禮盤으로 표현했으며, 수은과 유황의 증기는 영지주의 입문자를 완전케 하고 구원할 세례의 정화수에 비유했다.

** 3~4세기경 알렉산드리아에서 주로 활동한 그리스 연금술사, 작가, 철학자 집단이 내세운 가명이며, 유명한 이집트의 클레오파트라 7세와는 전혀 연관되지 않았으나 다른 이들에 의해 혼동된다. 주로 잉태, 탄생, 삶의 변화에 대한 묘사를 주로 사용했으며, 작업을 깊이 고민하는 연금술사를 사랑하는 자식을 위해 먹이를 주는 어머니로 비유했다.

*** (원주) C. A. Browne, *Ambix* 3 (1948), p. 24. On 'Greek alchemy' see J. Lindsay, *The Origins of Alchemy in Greco-Roman Egypt*, London, 1970 및 참고 문헌에 수록된 F. S. Taylor와 H. S. Shephard의 관련 자료 참고.

**** 『에메랄드 평판/태블릿』은 타불라 스마라그디나Tabula Smaragdina 또는

헤르메스 트리메기스투스, 현자의 유황과 수은Sophie Sulphur and Mercury.
『황금 제단祭壇의 상징Symbola Aureae Mensae』, 1617

세 개의 간결하고 수수께끼 같은 격언들로 이루어져 있다.* 하지만
이 짧은 문장은 후대의 연금술사들에게 무한한 영감을 제공했다.

『에메랄드 평판』에 관한 모든 것은 그 기원부터 불분명하다. 전설
에 따르면, 알렉산드로스대왕이 헤르메스의 무덤에서 이 푸른 석판
을 발견했으며, 그 위에는 페니키아 문자로 된 격언들이 새겨져 있었
다고 한다. 그런데 또 다른 전승에 따르면, 아브라함의 아내 사라가
헤브론 인근에 있던 한 동굴에서 우연히 이 귀중한 평판을 발견했고,
헤르메스의 굳어버린 손가락에서 이를 억지로 떼어냈다고 한다. 아
랍 저술가인 이븐 아르파 라스Ibn Arfa Ras는 전혀 다른 이야기를 전
한다. 그에 따르면 헤르메스는 아담의 아들이었다. 그는 중국에서 태

스마라그딘 테이블Smaragdine Table이라고도 불린다.

* 수록 판본에 따라서 격언의 개수는 바뀌지만, 어느 판본이든 같은 내용을
담고 있다.

어나 인도(그 먼 옛날에도 수련 중인 현자들은 인도로 가야 했다고 한다)를 여행하다가 후에 실론(지금의 스리랑카)에 정착했다. 그곳에서 그는 값진 보물들이 숨겨진 한 동굴을 발견했는데, 그 안에는 아버지의 초상화도 있었다고 한다. 이 아름다운 보석 중에서도 단연 눈에 띄는 것이 있었으니, 그것이 바로 거대한 에메랄드 평판이었다.*

최근, 이 평판이 얻었던 최고最古라는 명성은 학계 논란이 되었다. 하지만 이 평판이 알려진 대로 가장 오래된 연금술 문헌의 하나인지, 아니면 중세 초기에 제작되었는지는 여전히 불확실하다.**『에메랄드 평판』이 언제 쓰였든, 또 어떤 전통에서 비롯했든 이 평판은 연금술사들의 신조信條가 되었고, 13세기 이후 연금술 문헌들에 깊이 영향을 미쳤다. 또한, 주로 영지주의 속의 신비주의와 실험실 화학이 결합한, 서양 연금술 특유의 성격을 형성하는 데 크게 기여했다. 이런 이유로, 아래에 평판의 내용을 싣는다.***

『에메랄드 평판』에 새겨져 있는 헤르메스 트리메기스투스의 전언

1. (이 내용은) 거짓 없이 참이며, 가장 확실하고 진실하다.

2. 유일한 기적을 완수하기 위해, 아래Below는 위Above와 같고, 위는 아래와 같다.****

3. 모든 것이 하나의 존재라는 단어를 통해 만들어졌기에, 모든 것이 이 존재로부터 적응한 끝에 만들어졌(기에 모두 하나로 연결되어 있)다.

4. 태양은 그것의 아버지이자 달은 그것의 어머니, 바람은 그것을

---

* (원주) E. O. van Lippmann, 'Some Remarks on Hermes and Hermetics', *Ambix* 2-3 (1938-9), pp. 21ff.

** (원주) E. J. Holmyard는 『에메랄드 평판』을 "가장 오래되고 오래 보존된 연금술 문서의 하나"로 여긴다. *Alchemy*, pp. 97ff J. Ruska는 이에 대해 신중론을 취한다. *Tabula Smaragdina*, Heidelberg, 1926, p. 121.

*** (원주) 다음에서 인용. J. Read, *Prelude to Chemistry*, p. 54.

**** (원주) "위의 작업들은 아래의 플라스크들과 같도다, 에메랄드의 성가聖歌는 이르노니, 모든 것이 꺼려하면서도 기뻐하도다…", 제임스 조이스James Joyce의 『피네건의 경야*Finnigans Wake*』(1939)에서 발췌.

자궁에 옮기며, 땅은 그것의 보모다.

5. 그것은 온 세상의 모든 완벽함의 아버지다.

6. 만일 이를 흙으로 바꾸게 되면 그 힘은 강/완벽해지리라.

7. 위대한 기술(연금술)로 거친 것/전체에서 부드러운/미세한 것을 신중하게 판단하여 분리하라.

8. 지혜의 극치로 땅에서 하늘로 올라가고, 다시 땅으로 내려오라. 그러면 모든 것의 아래Inferior와 위Superior에 있는 힘을 통합할 수 있을 것이며, 이로써 세상의 모든 영광을 얻게 되리니, 어둠은 너에게서 멀리 달아날 것이다.

9. 이것은 가장 강인Fortitude한 것으로, 모든 미묘한/미세한 사물/액체를 정복하며, 모든 단단한 것/고체를 통과할 수 있다.

10. 그렇게 이 세상이 창조되었다.

11. 여기에서 비롯되어 드러난 경이로움에 따르라.

12. 그러므로 나는 세상의 모든 철학을 이루는 세 부분을 가지고 있는 헤르메스 트리스메기스투스라 불린다.

13. (이 명판은) 태양의 운행에 관한 내용을 담고 있다.

이런 신탁과도 같은 격언들은 의미 없는 말로 일축되기도 하지만, 영지주의 특유의 간결하고도 상징적인 방식 속에 뛰어난 연금술의 논리가 담겨 있다. 모든 연금술사는 오로지 확실하고 진실한 것만을 말하겠다고 맹세하며, 헤르메스도 예외는 아니었다. 두 번째와 세 번째 격언은 연금술의 근본 교리인 물질의 통일성Unity을 가리킨다. 세상 모든 창조물은 하나의 신성한 '영혼–물질Soul-substance'에서 비롯하며, 그것은 무수한 물질적 형태를 취하고 끊임없이 변화한다. 그렇기에 생명에게 변성은 필연적이며, 연금술 용기 안에서 일어나는 반응들은 세상 전체의 변화를 축소해 보여주는 미시적 반영microcosmic reflection이다. 네 번째는 태양과 달, 즉 유황과 수은을 현자의 돌의 부모로 묘사하며, 이 돌은 태양(=불), 달(=물), 공기, 땅의 네 원소로 이루어져 있다. 다섯 번째, '모든 완벽함의 아버지'인 현자의 돌은 여섯 번째 격언에서 말하듯 그것이 '흙으로 변하거나' '고정'되어 휘발되지

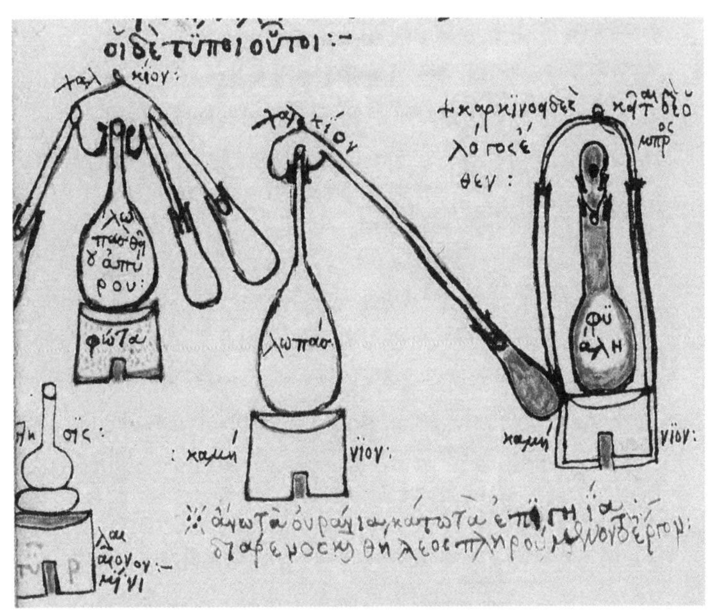

그리스 연금술에서 사용하던 기구들Greek Alchemical Apparatus
『고대 그리스 연금술사 문헌집Collections des Anciens Alchimistes Grecs』, 1888

않고 사라지지 않을 때에만 참된 효력을 발휘할 수 있다. 일곱 번째 내용은 변환 과정으로, 기저 금속 안의 거친 성분이 완전한 금의 정수에서 떨어져 나간다. 여덟 번째 내용은 케로타키스kerotakis에서 일어나는 환류 증류법reflux distillation*을 암호처럼 묘사한 것이다. 이 장치는 금속 조각을 증기 위에 매달아 여러 종류의 기체와 반응하도록 만들어졌으며, 고대 그리스 연금술사들이 기저 금속을 금으로 바꾸기 위해 가장 널리 사용한 방법이었다.

유럽 연금술사들은 영지주의와 기독교 사상이 지닌 공통점 때문에 영지주의 사상을 받아들이는 데 큰 어려움을 겪지 않았다. 양쪽 모두 구원, 구제救濟에 관심을 두었고, 죽음과 부활이라는 용어로 인간의 재생 경험을 설명했다. 그러나 이런 유사성은 겉보기일 뿐, 두 사상은

* 증류 과정에서 증류 기구 상단에서 응축된 액체를 일부 다시 기구 위로 되돌려 보내 증류 효율을 높이는 방식.

근본적으로 달랐다. 이 때문에 교회는 영지주의에 뿌리를 둔 연금술을 경계했다. 교회는 인간이 원죄 때문에 본질적으로 타락했다고 가르쳤지만, 영지주의는 인간이 신적인 존재, 즉 잠시 유배된 신과 같은 존재라 믿었기 때문이다. 영지주의가 연금술에 끼친 영향은 때때로 기독교적 연금술사들조차 이단의 경계를 넘게 만들었고, 어떤 이들은 대담하게 자신이 신이라고 주장하기도 했다. 교회는 이런 행위를 신성모독으로 여겨, 그에 상응하는 방식으로 대응했다.

연금술은 고대 세계에서 유럽으로 직접 전해지지 않았다. 6~12세기까지 유럽에서는 그리스 철학과 과학이 거의 잊혔으나, 아랍인들이 이 지식을 계승했다. 이들은 632년, 예언자 무함마드의 사망 직후 이슬람의 기치 아래 엄청나게 팽창하기 시작했다. 무함마드의 추종자들은 635년에 다마스쿠스를, 636년에는 예루살렘을 함락했다. 그 후 이집트, 팔레스타인, 시리아, 소아시아 대부분, 크레타, 시칠리아, 로도스섬, 키프로스, 북아프리카로 세력을 확장했다. 8세기 무렵에는 이베리아반도까지 진출했다. 그동안 유럽은 이들의 행보를 두려워하며 지켜보다가, 732년 투르·푸아티에 전투에서 카롤루스 마르텔Carolus Martel이 이들의 진군을 막아냈다.

그리스 학문의 아랍 전파는 알렉산드리아와 하란Harran, 니시비스Nisibis(현재 튀르키예의 누사이빈Nusaybin), 에데사Edessa, 곤데샤푸르Gondēshāpūr* 등 아랍 제국령의 여러 중심 도시에서 이뤄졌다. 아랍인들은 특히 네스토리우스파Nestorian**에게 많은 혜택을 받았는데, 이들은 고대 그리스 철학, 의학, 과학 저작 들을 보존하고 있었다. 계몽

* (원주) DeLacy O'Leary, *How Greek Science Passed to the Arabs*, London, 1949.

** 5세기경 시리아 성직자 네스토리우스가 인간(예수) 존재 속에 신성과 인간성 두 가지 본질이 각자의 위격位格을 갖춰 공존한다고 주장한 바를 따르던 초기 기독교 분파. 페르시아를 거쳐 중앙아시아, 몽골, 중국에까지 전파되었으나 14세기 말 티무르 제국의 영향으로 쇠퇴하기 시작했다. 현재 60여만 명의 신자가 남아 있는 것으로 알려져 있다.

된 바그다드의 칼리파Khalīfah*들은 이 기독교도 학자들을 고용해 아리스토텔레스, 유클리드, 아르키메데스, 히포크라테스, 갈레노스 등 그리스 사상가들의 저작을 아랍어로 번역하게 했으며, 8~13세기에 이러한 그리스 문헌의 번역과 지식의 흡수가 계속되었다. 그리스 학문을 가르치는 유명한 학교들이 바그다드, 다마스쿠스, 코르도바, 톨레도에 세워졌고, 여러 중요한 아랍 철학자들이 등장했으며, 그들이 서양 사상에 끼친 영향은 오늘날에도 여전히 높이 평가받는다. 유명한 철학자로 킨디Al-Kindi, 파라비Al-Farabi, 이븐시나Ibn Sina, 이븐루시드Ibn Rushd가 있다.

기독교 세계는 역설적으로 남유럽을 정복한 이교도인 이슬람교도들에게서 자신들의 고전 유산을 되찾았다.** 이 발견은 기독교인들이 시칠리아와 스페인 일부를 정복했던 11세기 초부터 시작되었으며, 이 정복으로 라틴어를 사용하는 많은 기독교인이 아랍어와 히브리어 학문을 접하고 다양한 책을 이해하게 되었다. 유럽인들은 스페인에 진출해 이 필사본들을 찾고 번역하기 시작했다. 톨레도 대주교 레이몽Raymond은 번역 대학La Escuela de Traductores을 세웠고 이곳에서 최초의 연금술 문헌이 아랍어에서 라틴어로 번역되었다. 이 책 제목은 『연금술의 구성에 관한 책Book of the Composition of Alchemy』이고 책의 저자에 대해서는 논란이 분분한데, 모리에누스Morienus라는 이름의 기독교 은둔자라고 여겨지며, 그는 아랍 왕자 칼리드 이븐 야지드Khalid ibn Yazid에게 연금술의 비밀을 가르쳤다고 한다.*** 이 책의 라틴어 번역본은 최초로 『쿠란』을 라틴어로 번역한 체스터의 로버트Robert of

---

Chester의 작품으로 여겨지며, 1144년 2월 11일에 완성되었다.*

서양인들이 무어인**들에게서 되찾은 고전 학문은 대부분 아랍의 영향을 강하게 받았다. 이는 연금술에서도 분명히 확인할 수 있다. 많은 영어 연금술 용어는 아랍어의 음역이다. 아래 단어들은 먼저 라틴어로 번역된 뒤 다시 영어로 번역되었다.***

아랍어	영어	한국어
Anbiq	Alembic	증류기
al-qali	Alkali	염기(알칼리)
al-Kimia	Alchemy	연금술
al-kuhl	Alcohol	알코올
al-majisit	Almagest	알마게스트****
al-tannur	Athanor(furnace)	화덕
al-zauq	Azoth(mercury)	수은
al-iksir	Elixir	엘릭서
matrah	Mattress	(침대) 매트리스
naft	Naphtha	나프타, 휘발유
natrum	Natrium(sodium)	소금
tutiya	Tutty(Zinc oxide)	산화아연

서양 연금술에 가장 큰 영향을 미친 아랍인 저자는 자비르 이븐 하

* (원주) 이에 대해 리 스테이븐헤이건Lee Stravenhagen은 이 책의 권위를 높이려 번역자를 체스터의 로버트 명의로 바꿨을 것이라 주장했다. *A Testament of Alchemy. Being the Revelations of Morienus, Ancient Adept and Hermit of Jerusalem to Khalid ibn Yazid ibn Mu'awiya* edited and translated by L. Stravenhagen, Hanover, New Hampshire, 1974.

** 중세 유럽의 이베리아반도에 거주하던 무슬림을 칭하는 말.

*** (원주) E. J. Holmyard, *Alchemy*, p. 110.

**** 2세기 중반 클라우디오스 프톨레마이오스가 쓴 천문학 서적. 아랍어판 제목 『가장 위대한 책*al-kitābu-l-majisṭī*』을 라틴어로 다시 옮긴 것으로, 지동설 확립 이전까지 세계적으로 영향을 미쳤다.

이얀Jabir ibn Hayyan이었다.* 그러나 그의 저서로 알려졌던 연금술 저작들은 실제로는 9, 10세기에 활동한 이슬람 시아파 분파인 이스마일파** 신비주의자 집단이 작성한 것으로 보인다. 이들은 영지주의 연금술사들처럼 실험적인 화학 지식과 신비주의적 교리를 결합했다. 자비르 문헌들이 연금술 이론에 가져다준 중요한 내용은 유황-수은 이론으로, 이 이론은 이 문헌들에서 처음 체계화되어 곧 서양 연금술 이론의 토대가 되었다. 또한, 자비르는 '균형의 방법Method of Balance'이라는 이론을 제시했는데, 이 이론의 자세한 모든 내용이 서양에 알려지지는 않았으나 연금술사들이 수와 측정에 매혹되었음을 잘 보여준다. 자비르의 '균형의 방법' 이론은 연금술을 수와 측량의 바탕 위에 새롭게 세우려 했는데, 이는 그 자체로는 매우 이성적인 시도였으나 자비르의 사고방식은 오늘날 우리가 알고 있는 논리적 수학 체계와는 달라서, 이를 이해하려면 상상력에 의존해 접근해야 한다.

자비르는 아리스토텔레스의 견해를 따라서 만물은 네 가지 성질과 네 가지 원소로 이뤄져 있다고 생각했다. 그는 물질에 각 원소가 얼마나 들어 있는지를 수학적으로 정확히 측정함으로써, 물질의 정확한 구성을 밝힐 수 있다고 믿었다. 이 작업을 수행하고자 그는 분리 증류fractional distillation(분류分溜)에 의존했고, 유기물을 분리 증류할 때 기체와 액체 성분이 먼저 증류된 뒤, 가연성을 띠는 성분들이 증류되며, 마지막으로 타고 남은 재 같은 찌꺼기만 남는다는 사실을 비교적 정확히 알아냈다. 고대 그리스 및 이후 유럽 연금술사들처럼, 자비르는 액체 성분을 '물', '기체'는 공기, 가연성 성분은 '불', 나머지 찌꺼기를 '흙'과 같다고 보았다. 네 원소의 비율을 알면, 이를 변성해 금을 만들 수 있다고 그는 믿었다. 필요한 것은 오직 적절한 정수精髓, 즉 각

---

* 8, 9세기경 연금술, 화학, 점성술, 천문학, 의학, 철학 등의 분야에 업적을 남긴 인물로, 자비르라는 이름이 라틴어로 옮겨지며 유럽에서는 게버Geber로 알려지기도 했다.

** 이맘파라고도 한다. 구세주 등장 및 역사의 종말이 먼 미래로 미뤄졌다고 주장했고, 이에 힘입어 교리에 신플라톤주의와 영지주의의 개념 들이 수용되었기에 이슬람 분파 중에서도 유독 영지주의, 신비주의 색채가 강하다.

기저 금속의 특성에 맞게 조제한 적절한 엘릭서Elixir뿐이었다.

엘릭서란, 몸 안에 있는 해로운 본성Nature을 누르고 이를 다스릴 새로운 본성을 불어넣는 것이다. 예를 들어, 어떤 물질에 물 원소가 남아돈다면, 여기에 불 원소를 더해 균형을 맞춰야 한다. 이때는 물질이 불에 타지 않도록 주의하면서, 필요한 만큼만 불 원소를 더해야 한다. 그렇게 하면, 불의 작용을 받은 물질은 점차 균형을 이루게 되고, 궁극적으로 원하는 상태에 도달하게 된다.*

자비르는 놀라울 정도로 수학적인 방식으로 엘릭서를 만들어냈다. 그는 엘릭서와 다양한 광물과 금속 사이에 수치적인 관계를 설정했고, 이처럼 자의적으로 설정한 수치를 바탕으로 현자의 돌을 만들고자 했다. 예를 들어, 엘릭서 100, 금 20, 은 10, 구리 7, 납 4, 주석 5, 철 2, 하시니** 1로 제시했다. 이 값을 근거로 그는 다음과 같은 제조법을 제안했다. "하시니 10, 철 10, 금 1/2, 구리 4, 주석 2, 납 3, 은 1의 비율로 혼합하면, 그 구성은 엘릭서와 같아진다."*** 왜냐하면, 10+20+10+28+10+12+10=100이기 때문이다. 하지만 여전히 해명되지 않은 의문들이 남는다. 이쯤에서 언급할 만한 흥미로운 사실은, 자비르의 이름을 라틴어식으로 표기한 '게버Geber'가, 영어 단어 '횡설수설Gibberish'의 어원이 되었다는 점이다.

자비르가 엘릭서를 만드는 데 사용한 또 다른 놀라운 방법은 화학적인 과정을 기반으로 한 것이었다. 그는 화학적인 과정마다 숫자 값

---

* (원주) P. Kraus, *Jabir ibn Hayyan : Contribution à l'Histoire des idées Scientifiques dans L'Islam*, 1942, II, p. 7.

** (원주) 니켈과 구리로 만든 합금. 중국에서는 백동paktong이라고 불렀다. 서양에서는 '하얀 구리', '하얀 청동'으로 알려져 있었다. 또한, 고전적으로 백동은 구리, 니켈, 아연의 합금으로 '니켈 은'이라고도 한다.

*** (원주) P. Kraus, *Jabir ibn Hayyan: Contribution à l'Histoire des idées Scientifiques dans L'Islam*, 1942, II, pp. 26-9. 크라우스는 원래 처방에는 1 비율의 금이라 표현되어 있으나, 실제 계산하면 절반이어야 한다고 언급한다.

을 부여했는데, 무슨 근거로 그렇게 했는지는 알 수 없다. 승화Sublimation작용은 1/50에 대응되며, 용해Solution는 1/70, 융해Smelting는 1/200에 해당한다. 연금술사가 금 한 덩어리(20)를 엘릭서(100)로 변성하려면 단순히 금을 1000번 녹이기만(융해) 하면 된다.*

$$20 \times \frac{1000}{200} = 100$$

자비르는 이 기괴한 '균형의 방법'을 바탕으로, 연금술사들이 수많은 물질을 창조할 수 있으리라 믿으며 이렇게 말했다. "연금술사는 단 하루 만에 수천의 동물, 식물, 광물 들을 만들 수 있다."** 이제 필요한 작업은 네 원소를 올바른 비율로 조합하거나, 특정 화학작용을 수십, 수백, 수천 번 반복하는 것뿐이었다. 또한 자비르는 시험관 속에서 인간의 생명을 창조하는 방법에 대해 글로 남긴 최초의 인물 중 하나였다.*** 그의 이런 사색은 이후 많은 상상력을 자극했고, 마침내 메리 셸리Mary Shelley의 『프랑켄슈타인』에 등장하는 괴물의 형상으로 결실을 보았다.

자비르의 '균형의 방법'은 우주의 근본이 수數라고 여긴 훨씬 이전의 피타고라스 사상을 자의적으로 비틀고 과장한 해석이었다. 그가 수를 사용한 방식은 대부분 피타고라스학파보다 훨씬 괴상Lunatic하며, 우리가 오늘날 말하는 정량 분석과는 거의 관련이 없다. 하지만 이런 비논리적이고 상징적인 수의 사용은 연금술사들이 세계를 이해하고 설명하고자 했던 방식의 대표적인 예다. 연금술사들 또한 수와 비율에 깊이 관심을 기울였고, 비록 그 결론은 자비르와는 달랐지만, 그들도 신비하고 자의적이기는 마찬가지였다.****

* (원주) 같은 책, p. 28.
** (원주) 같은 책, p. 234.
*** (원주) 같은 책, pp. 97ff.
**** (원주) 이 책 139-141쪽 참고.

자비르는 아랍어 알파벳과 네 원소 또는 네 성질이 관계있다고 보았다. 그는 예를 들어 아랍어로 납을 뜻하는 'usrub'이라는 단어를 분석하면, 납의 질적, 양적 성질을 파악할 수 있으리라고 생각했다. 이런 가설의 배경에는, 단어와 기호가 단지 약속된 상징이 아니라 실제로 그것이 지칭하는 사물의 본질을 드러낸다는 전형적인 연금술 세계관이 있었다.* 납을 뜻하는 또 다른 아랍어인 'rasas'를 분석하면 전혀 다른 결과가 나오리라는 사실도 자비르에게는 전혀 문제가 되지 않았다.

자비르는 비록 괴짜 같은 면이 많았으나, 단순한 몽상가에 그치진 않았다. 그의 이름으로 전하는 여러 문헌에는 실용적인 정보가 상당히 많이 담겨 있었고, 당대 수준으로는 놀라울 정도의 화학 지식을 보여준다. 질산을 만드는 최초의 방법이 자비르의 『지혜의 상자*The Chest of Wisdom*』에 등장하고, 식초를 증류해 초산의 농도를 높이는 방법을 설명하기도 했다. 산酸에 대한 지식은 화학 발전에 중요한 진전이었다. 실험실에 산을 도입하면서, 그때까지 알려지지 않았던 수많은 화학반응을 일으킬 수 있게 되었기 때문이었다. 자비르는 강철 제조, 금속 정련, 천이나 가죽 염색, 옷감의 방수 처리, 부식 방지 등 갖가지 실용적인 기법을 자세히 서술했고, 또한 장식용으로 금빛을 내는 데에는 금보다 금빛 나는 황철석Marcasite을 사용하는 편이 비용을 낮출 수 있다는 실용적인 제안도 해두었다. 이렇듯 전반적으로 자비르는 동시대는 물론 후대의 많은 연금술사들보다도 화학반응 속에서 일어나는 변화를 더 깊이 이해하고 설명하려 했던 인물이었다.**

자비르의 저작에는 실용적인 발견들과 지극히 추상적·신비주의적인 이야기들이 나란히 등장하는데, 이는 연금술과 화학의 차이를 잘 보여준다. 연금술사들은 오늘날 우리가 세계를 과학적으로 분석하는 방식과는 전혀 다른, 상징적 사고에 몰두했다. 연금술사의 실험실에서 일어나는 반응은 외부 세계나 천상의 움직임을 반영한 것이었고,

---

* (원주) P. Kraus, *Jabir ibn Hayyan: Contribution a l'Histoire des idées Scientifiques dans L'Islam*, II. pp. 255-6.

** (원주) E. J. Holmyard, *Alchemy*, p. 81.

이와 관련짓지 않고는 이해할 수 없었다. 그들에게 실용적인 화학은 이 깊고도 복합적인 지적, 영적 탐구의 한 부분일 뿐이었다.

아랍에서 서양으로 전해진 영향력 있는 문헌으로 『철학자의 논쟁 *Turba Philosophorum*』이 있다. 이 저작은 많은 연금술 논문이 유럽으로 오게 된 뒤틀린 경로를 반영하며, 또한 이 저작들이 왜 그토록 이해하기 어려운지를 알게 해준다. 이 책은 13세기에 라틴어 필사본으로 처음 등장했는데, 마틴 플레스너Martin Plessner의 탁월한 연구에 따르면, 본문에 나오는 이상한 용어와 이름 들은 이 라틴어 필사본이 아랍어 판본을 중역重譯하고, 그 아랍어 판본은 그리스어로 된 원본을 번역했다는 사실을 전제로 둬야만 제대로 이해할 수 있다.* 이 저작에서 보이는 난해하고 훈계조이며 전반적으로 신비주의적인 문체는 영지주의나 알렉산드리아의 연금술 문헌과 공통점이 많고, 연금술사들도 이런 난해한 문체를 퍼트리는 데 영향을 미쳤다. 이 때문에 서양에서도 모호하게 글을 쓰는 전통이 자리 잡게 되었다.

아리스토텔레스 사상에 약간의 스토아철학을 가미하고 영지주의적인 요소와 결합한 형태로, 아랍의 과학자, 철학자 들의 사유를 거쳐 전해진 것이 연금술 이론의 원천이었다. 유럽인들이 연금술을 본격적으로 연구하기 시작했을 무렵에, 연금술은 이미 오랜 역사를 지닌 정립된 학문 체계였고, 존엄하고도 유서 깊은 전통을 지니고 있었다. 연금술의 이론적 토대는 고대 과학의 일부였으며, 자연과 실험실에서 일어나는 현상에 대해 그럴듯하고 유용한 설명을 제공했다.

벤 존슨의 『연금술사*The Alchemist*』 속 한 등장인물은 이렇게 말한다. "연금술이라는 건, 사람을 홀리는 카드 마술쯤 되는 이상한 놀이 같아."** 건강, 부, 영생의 매력은 수많은 연금술사를 유혹해 빈털터리, 광기, 요절로 이끌었다. 그렇지만 연금술은 인간 본성의 가장 어두운 욕망만 자극하는 망상에 그치지는 않았다. 연금술에서 말하는 현자의 돌이라는 개념은 인간의 가장 근본적인 갈망에 부응했고, 사람들

* (원주) M. Plessner, 'The Place of the Turba Philosophorum in the Development of Alchemy', *Isis* 45 (Dec. 1954), pp. 331-8.

** (원주) II, iii, 180. 벤 존슨, 『연금술사』 2장 3막.

에게 놀라운 비전을 품게 했다. 그렇기에 연금술이 몇백 년 동안 사람들의 상상력을 사로잡은 이유는 쉽게 이해할 수 있다. 18세기 말까지, 연금술은 그럴듯한 과학 이론에 기반한 학문으로 여겨졌다. 단지 바람뿐만이 아니라, 사람들이 그 매혹적인 가능성을 받아들일 만한 이유가 충분했다.

2. …그리고 이제 돈을 위해

…And Now for the Money

1554년에 제임스 경Sir James S.은 임종을 앞두고 가장 아끼던 제자인 토머스 차녹Thomas Charnock에게 더듬더듬 현자의 돌에 관한 비밀을 털어놓았다. 장례가 끝나고 얼마 뒤, 차녹은 곧바로 그 비법을 실험에 옮겼다. 그러나 몇 달간 정성을 들여 실험한 끝에 맞이한 운명의 새해 첫날, 그의 연금술 장비는 실험실 화재로 모두 불타고 말았다. 이는 당시 연금술 화로들이 돼지나 거위를 데칠 수 있을 만큼 뜨겁게 가열되곤 했던 탓에 흔히 벌어지는 일이었다.* 차녹이 이 화재로 입은 가장 큰 손실은 제임스 경이 남긴 비법이었다. 그는 부주의하게도 이 공식을 메모로 남기지도, 외우지도 않은 것이다.

차녹의 연금술 작업은 그 뒤로 한동안 침체기를 겪었다. 그러던 어느 날 밤, 우연히 낯선 여관에 들렀다가, 한 맹인이 마치 마법처럼 신비로운 연금술 공식들을 넋을 잃고 듣고 있는 사람들 앞에서 읊조리는 광경을 목격했다. 다행히 사람들은 하나둘 방으로 들어가고 맹인과 그의 눈 역할을 하는 소년만 남게 되었다. 차녹이 맹인에게 다가가 그 매혹적인 지식을 더 들려달라고 조르자, 이 맹인 연금술사는 오직 토머스 차녹이라는 사람에게만 이 지식을 전하겠다고 맹세한 상태라며 거절했다. 그 이름은 학식과 명성 덕분에 신뢰할 수 있다고 여겼기 때문이었다. 차녹은 이 말을 듣고 기쁨에 차서 자신의 신분을 밝혔고, 마침내 맹인과 계약을 맺었다. 차녹이 그 비밀을 죽을 때까지 간직하고, 단 한 명의 믿을 만한 후계자에게만 임종 시에 전하겠다는 조건 아래, 맹인은 비밀을 전수하기로 약속한 것이다. 그렇게 차녹의 연금술 작업은 다시 시작되었다.

---

*　(원주) *Theatrum Chemicum Britannicum*, p. 103.

다음 주 일요일, 두 사람은 함께 성찬식聖餐式*을 치른 뒤 넓은 들판 한가운데로 나아갔다. 맹인은 자신과 함께 다니던 소년을 소리가 들리지 않는 곳으로 보내고 나서 차녹에게 '광물의 지혜Prudence에 관한 신비'를 전하기 시작했다. 그와 차녹은 무려 아흐레 동안 대화를 계속했다. 노인은 차녹에게 자신이 배스Bath 수도원의 전 원장인 윌리엄 홀웨이William Holway라고 밝히며 유명한 영국 연금술사 조지 리플리George Ripley**의 하인이 자신에게 변성의 비밀을 전수했고, 그것으로 그는 큰 재물을 모아 수도원을 완벽하게 수리, 보수했다고 했다. 그러나 그의 수도원이 헨리 8세의 명령으로 해산되었을 때, 그는 수도원 벽에 있던 어떤 벽돌 뒤에 자신이 만든 변성 가루를 숨겨두었다. 열흘 뒤 왕의 군사들이 수도원을 떠나자, 그는 그 귀중한 가루를 되찾으러 돌아왔으나, 그 자리에 놓여 있던 것은 낡은 넝마 조각뿐이었다. 실의에 빠진 그는 미칠 듯한 고통 속에서 시력을 잃고, 동시에 그 가루를 다시 만드는 능력도 잃고 말았다. 이제야 마침내 자신의 이 위대한 비밀을 전수할 자격이 있는 단 한 사람, 토머스 차녹에게 이를 물려주고 있던 것이다.

차녹은 이번에는 반드시 성공할 것이라고 확신하며 다시금 화로와 가마 곁으로 서둘러 돌아왔다. 그는 연금술에 쓰일 불을 지피기 위해 기꺼이 자신의 패물을 팔았고, 당시로서는 엄청난 액수였던 주당 3파운드를 실험에 쏟아부었다(당시 왕족들이 쓰는 경비에 준한다). 그렇게 실험실에서 8개월간 열정과 체력을 모두 소진하며 몰두한 끝에, 마침내 성공이 눈앞에 다가왔을 무렵 그는 영국군에 징집되어 기즈 공작Duke of Guise에 맞서 칼레Calais항을 방어하러 나서야 했다.*** 절망과 분노가 극에 달한 그는 도끼를 집어 들고 실험 기구와 가마를 박살 낸 뒤 깨진 조각들을 집 밖으로 내던져 버렸다.

전쟁이 끝난 후, 분노를 잊은 차녹은 새로 마련한 화로에 불을 지피

---

*　기독교 영성체 의식을 말한다.

**　15세기 영국의 유명한 연금술사. 그의 이름을 딴 23개 스크롤이 유명하다.

***　1558년 1월 칼레 공성전.

고, 예전에 멈췄던 실험을 이어가려 했다. 그는 몇 달간 차근히 과정을 되짚으며 실험을 반복했고, 또다시 성공 직전까지 도달했다. 그러던 중에, 잠깐 외출할 일이 생겨 딸 브리짓에게 가마를 맡기고 떠났는데, 딸은 부주의하게도 불을 꺼뜨리고 말았다. 차녹이 서둘러 돌아왔지만, 그는 자신의 희망이 꺼져가는 불씨와 함께 사그라지는 모습을 지켜볼 수밖에 없었다.

그럼에도 차녹은 굴하지 않았다. 그는 다시 24년 동안 쉬지 않고 연구에 매진했으며, 그 과정에서 셀 수 없이 많은 좌절을 겪으면서도 용감히 맞섰다. 마침내, 그는 현자의 돌을 만드는 데 성공했다. 아니, 그렇다고 주장했다.

나는 어느 철학자도 조롱하지 않노라.
진실로 말하건대, 이 모든 것을 몸소 행한 이는 바로 나, 토머스 차녹이니.*

자신의 맹세에 충실했던 차녹은, 그 긴 나날 동안 실험실에서 무엇을 했는지 끝내 말하지 않았다. 그의 연금술 비법은 죽음의 순간까지 그의 가슴속에 묻혔고, 만일 누군가 임종할 때 그 비법을 들었더라도, 그 역시 비밀을 지켰다. 하지만 입이 무거운 차녹과는 달리, 연금술사들의 삶과 실험 절차를 엿볼 수 있는 자료는 많다. 그림, 판화, 연금술사들의 증언이 차녹 같은 연금술사들의 실험실이 어떤 모습이었는지 생생히 보여준다. 그들은 칙칙하고 눅눅한 실험실에서 가마 앞에 몸을 웅크린 채 온갖 유리 기구, 도가니, '펠리컨'이라 불린 재증류 장치, 증류기, 저울, 플라스크, 깨진 그릇, 필사본, 화학약품, 식물, 징그러운 가죽 조각, 금속, 광물, 강한 악취의 물질로 가득 찬 잡다한 병들 사이에서 실험을 이어갔다.**

* (원주) 같은 책, p. 304. 차녹에 대해서는 다음을 참고. A. E. Waite, *Alchemists Through the Ages*, pp. 148ff; F. S. Taylor, 'Thomas Charnock', *Ambix* 2 (1948), pp. 148-176.

** (원주) J. Read, *The Alchemists in Life and Literature and Art*, London, 1947.

연금술의 세 거장 노턴, 크레머, 바질 발렌틴을 묘사한 그림
Library and Laboratory: Michael maier, *Tripus Aureus*, 1618.

불은 연금술에서 가장 중요하면서도 까다로운 요소였다. 페트루스 보누스*는 불을 '연금술 최고의 신비'라고 표현했다.** 연금술사들은 불을 제대로 다루기만 하면 자연의 작용을 가속해 기저 금속을 훨씬 빨리 완성된 금속의 상태인 금을 완성할 수 있다고 믿었다. 한 연금술사는 "자연이 오랜 시간에 걸쳐 완성하지 못한 것을, 우리는 우리 기술로 짧은 시간에 완성할 수 있다. 인위적 기술은 자연의 부족함을 여러 면에서 보완할 수 있기 때문이다."라고 자신 있게 말했다.*** 연금술사들은 실험실에서 화력 조절의 어려움에 대해 끊임없이 이야기했다. 그리고 실제로도 다른 어떤 것보다 불 때문에 많은 실패를 겪어야 했다. 많은 연금술사가 게으르거나 꾸벅꾸벅 졸아대는 조수들

---

* 14세기 초중반 이탈리아의 연금술사.『새로운 고귀한 진주*Margarita Precio-sa*』로 유명하다.

** (원주) *The New Pearl of Great Price*, p. 116.

*** (원주) *The Works of Geber*, englished by Richard Russell, London, 1678, p. 34.

때문에 몇 달씩 공들인 실험을 망쳤다며 푸념을 늘어놓았다. 불을 지피고, 불길을 조절하는 일을 조수가 깜빡하는 바람에 일을 망친다는 것이다. 이 문제가 너무도 흔했던 탓에, 토머스 노턴Thomas Norton은 『연금술 의례서Ordinall of Alkyimy』에서 이 복잡한 열 조절 문제만 따로 한 장을 할애해 설명했다. 그는 이 복잡한 일들을 성공적으로 수행한 연금술사를 '진정한 대가'라고 불렀다.

> 높고 낮은 불의 성질을 아는 자를
> 진정한 대가라 부를 수 있으리.
> 그대의 염원을 더 꺾는 것은 없으니,
> 불의 열을 모르는 무지가 곧 가장 큰 장애라.*

대체로 연금술사 사이에서는 작업 진행에 따라 불의 세기를 점차 높여야 한다는 견해에 동의했다. 마지막 단계, 적색 단계(적화)에 이르면 불의 온도는 최고조에 달해야 했다. 이 단계에서 물질은 천천히 변화해 붉은 돌, 곧 연금술사들이 피, 자주색, 붉은 산홋빛, 붉은 유황이라 부른 상태에 도달하게 된다고 여겼다.** 이 최종 단계에서 연금술사들은 온 힘을 다해 풀무질을 해댔다. 제프리 초서Geoffrey Chaucer***의 『캔터베리 이야기』 중 「성당 참사회 위원의 자작농 이야기The Canon's Yeoman's Tale」에 등장하는 연금술 조수는 "나는 하도 불을 불어댄 나머지, 이제는 안색까지 변해버린 듯하다네."라며 탄식한다. 이 끊임없는 풀무질 때문에, 연금술사들은 때로 '풀무쟁이puffer(프랑스어로 부풀개souffleur)'라는 조롱 섞인 별칭으로 불리기도 했다.

* (원주) *Theatrum Chemicum Britannicum*, p. 103 : 'Totus consistit in ignis regirnine.'

** (원주) *Compositum de Compositis*, attributed to Albertus Magnus, quoted in A. J. Hopkins, *Alchemy: Child of Greek Philosophy*, p. 117.

*** 14세기 영국의 철학자, 작가, 외교관. 『캔터베리 이야기』를 썼고, 영문학의 아버지로 불린다. 그의 묘비명은 '잉글랜드 제일의 저명시인Anglorum Poeta celeberrimus'이다.

온도의 네 등급. 양자리, 게자리, 천칭자리, 염소자리로 표시되어 있다.
Johann Daniel Mylius, 『개정된 철학*Philosophia Reformata*』, 1622

18세기 초 실용적 온도계가 발명되기 전까지, 연금술사들은 불의 세기를 정확히 조절하는 데 큰 어려움을 겪었다. 그들은 자신들이 원하는 열이나 온도를 설명하거나 판단하고자 정밀하진 않으나 기발한 여러 기준에 의존할 수밖에 없었다. 그들은 약한 열溫熱을 얻으려 말똥, 물이나 모래욕*을 이용했고, 더 강한 열에는 장작, 숯이나 석탄 등을 이용했다. 손수건을 바싹 말릴 정도의 열, 큰 쇠고기 덩이를 굽는 요리용 열 등은 토머스 노턴이 묘사한 표현들인데, 이런 열의 개념을 이해하려면 부엌이나 세탁실에서의 경험이 필수였다.** 노턴은 또한 젖은 불ignis humidus***이라는 이해하기 어려운 열도 언급하는데, 이런 묘사들은 독자들을 종종 혼란스럽게 만들었다. 그리고 그는 '분출

---

*　따뜻한 모래를 계속 끼얹거나 뜨거운 모래 안에 재료를 담는 등의 방법.

**　(원주) *Theatrum Chemicum Britannicum*, p. 103.

***　습한 불, 증기를 많이 동반하는 낮은 열 또는 증류용 열로 해석되곤 한다.

하는 불`fier of effusion`*에 대해 경고한다.

> 입이나 눈, 귀나 코를 보호하라.
> 그 피해는 감기의 열 배나 더하니라.
> 사람들이 심한 고통은 겪은 것은,
> 미리 이 경고를 알지 못했기 때문이다.**

노턴의 경고는 적절했다. 한때 파라켈수스의 조수로 일했던 요하네스 오포리누스는 실험 중 '분출하는 불'에 맞아 기절한 적이 있다. 그는 이렇게 회고한다. "그 독성 연기가 내 코를 파고들어 (중략) 결국 나는 기절했고, 나는 정신을 차리려고 엄청난 양의 차가운 물을 마구 끼얹어 가까스로 의식을 되찾을 수 있었다."*** 오포리누스는 다행히 목숨을 건졌지만, 도메니코 파로디Domenico Parodi는 운이 없었다. 그는 안티몬을 이용해 실험하다가 치명적인 가스에 노출되어 실험실 밖으로 비틀거리며 나왔고, 사흘 후 숨을 거두었다.****

연금술사들의 기록을 보면, 현자의 돌을 만들기 위해 어떤 물질이 자연적이든 인공적이든 상관없이 사용할 수만 있으면 죄다 불 속에 던져 넣었다. 노턴은 수년 동안 실패만 거듭한 끝에 망연자실하는 연금술사의 모습을 안타까운 모습으로 묘사했다.

> 그가 눈물을 흘리며 말하길, 마음이 지쳤다고 하였다.
> 젊은 날의 정력을 모두 허황된 처방과
> 그릇된 실험에 탕진했기 때문이었다.

---

* 너무 강하고 통제되지 않아 모든 것을 망쳐버릴 정도의 열.

** (원주) *Theatrum Chemicum Britannicum*, p. 104.

*** (원주) Oporinus in D. Sennert, *De Chymicorum cum Aristotelis et Galenicis Consensu ac Dissensu Liber*, 1633, pp. 32-3.

**** 이 이야기의 진위는 명확하지 않다. D. Sanguineti, *Per Domenico Parodi (di Giovanni Antonio) scultore genovese*, Paragone, July 2016, no. 128, pp. 17-39.

그는 미나리아재비, 애기똥풀, 조팝나무, 버베나, 루나리아, 백합과
같은 온갖 종류의 약초와 수지, 뿌리와 풀들을 시험해보았으니,
안티몬, 비소, 꿀, 밀랍과 와인으로도
머리카락, 달걀, 똥과 오줌으로도
생석회, 녹은 유리 찌꺼기,* 황산염으로도
금속 황화물, 아연 산화물 등 모든 광물로도
말감Malgams,** 구연산, 표백제로도
하지만 이 모든 것은 결국 무위로 돌아갈 뿐이었다.***

노턴의 스승으로, 제임스 경에게 비법을 전한 하인을 거느렸던 조
지 리플리는 자신이 실험 재료로 썼던 더 별난 물질로 '달팽이의 기름
the Oyle of the Snayle'과 '땅에 떨어진 별들의 점액the Slyme of Sterrs that
falleth to the grownde'을 언급한다.**** 연금술사들이 현자의 돌에 주었
던 특별한 이름, 예를 들자면 '달의 침saliva of the moon'과 같은 독특한
이름은, 리플리가 이런 별난 재료들까지 실험하게 된 이유가 되었을
것이다.*****

많은 연금술사가 현자의 돌을 만드는 원료는 모든 사람의 코앞에
놓여 있다고 주장했기에 원료 선택은 더욱 부질없는 짓이 되어버렸
다. 『세계의 영광Gloria Mundi』의 저자는 "그것은 모든 사람, 젊은이든
늙은이든 할 것 없이 누구에게나 알려져 있다."라고 썼다.

---

*   원문 Sandifer: dross from molten glass, forming a scum. *The Fulcanelli Phenomenon*, p. 315.

**   아말감 등 수은을 주재료로 하는 합금의 총칭.

***   (원주) *Theatrum Chemicum Britannicum*, p. 39.

****   (원주) 리플리는 *An Admonition, wherein the Author declareth his Erronious Experiments.*라는 시에서 이를 언급한다. *Theatrum Chemicum Britannicum*, p. 191.

*****   (원주) 퍼네티Pernety는 사전에서 이 돌 이름을 600개나 나열했다. *Dictionnaire mytho-hermetique*, Delalain l'aine, Paris, 1787. 윌리엄 그라타콜은 1652년 '현자의 돌의 이름The Names of the Philosopher's Stone'에서 170개를 나열한다. *Five treatises of the philosophers stone*, London, 1652.

미하엘 마이어 초상화

(그것은) 시골에서도, 마을에서도, 도시에서도, 신이 창조하신 모든 것 속에서 발견된다. 그러나 그것은 모든 이에게 업신여김을 당한다. 빈자나 부자나 매일 이것을 다루며, 하녀들은 그것을 거리에 내던진다. 아이들은 이것을 가지고 놀지만, 아무도 이를 소중히 여기지 않는다. 그것은 인간의 혼 다음으로 지상에서 가장 아름답고 귀한 것이며,

『아탈란타 푸가*Atalanta Fugiens*』, 1617

왕과 제후를 무너뜨릴 힘을 지녔건만, 그런데도 가장 천하고 하찮은 것으로 여겨진다. 모두가 이것을 내버리고 외면한다.*

* (원주) *The Hermetic Museum*, i, p. 180.

버려진 돌The Rejected Stone
『아탈란타 푸가Atalanta Fugiens』, 1617

이 돌이 어디에나 존재한다는 주장은 미하엘 마이어Michael Maier*
의 『아탈란타 푸가Atalanta Fugiens』에 나오는 한 상징화에도 잘 나타나
있다. 이 그림에서 현자의 돌은 하늘, 바다, 언덕 꼭대기, 길 한가운데
에도 그려져 있지만, 아무도 그것을 알아보지 못한다.

연금술사 대부분은 금속이나 광물 외에 다른 것을 재료로 쓰는 데
반대했다. 중국의 도사, 연단술사인 갈홍葛洪**은 연단술사들의 목적
이 털투성이 발이나 기다란 귀 또는 성性적 능력처럼 영생보다 못미

---

* 16~17세기 신성로마제국의 연금술사, 의사, 음악가. 그는 파라켈수스에
게 교육을 받았고, 제국의 황실 의사이자 고문으로 활동했다.

** 중국 동진東晉시기에 활동한 도사. 『포박자』, 『신선전』, 『금궤약방』 등의
책을 남겼다. 『주후비급방』 속의 내용은 이후 말라리아 치료제 개발에 영향을
미쳤다.

치는 목적을 달성하려 할 때나 식물성 재료를 쓸 수 있다고 보았다.*
페트루스 보누스는 연금술사들이 식물이나 동물로 실험하느라 자신
들의 시간을 허비하고 있다고 말했다.** 바질 발렌틴도 이에 동의했
다. 그는 "우리가 식물을 이용할 수 있다고 가정하는 일은 터무니없
는 짓이다."라고 했다.*** 그런데도, 노턴이나 리플리의 말에 따르면,
연금술사 대부분이 필사적이지는 않았으나 현자의 돌을 만드는 재료
를 찾는 일에서 개방적이었던 것은 분명하다.

무엇을 변성할지는 생각이 갈렸지만, 연금술사들의 변성 과정은
원주민 기우제 춤의 발장단이 대동소이하거나 가톨릭 사제들이 미사
순서를 바꾸지 않듯 차이가 없었다. 세부적으로는 어느 정도 차이가
있더라도, 연금술사들은 작업에서 반드시 따라야 할 순서에 대해서는
대체로 의견이 일치했으며, 이를 색의 변화로 설명하곤 했다. 토마스
노턴은 "붉은색이 연금술의 마지막 작업이다."라고 말한다.****

초기 그리스 연금술사들은 백화와 적화 사이에 황화Citrinitas 단계
를 뒀으나, 이 단계는 이후 유럽 연금술에서 사라졌다. 때때로 '공작
의 꼬리색Peacock's Tail' 같은 단계가 추가되기도 했고, 화려하게 여러
색이 뒤섞인 단계가 백화를 뒤이어 나타나기도 했다. 어떤 저자는 흑
화가 한 번 이상 나타날 수도 있다고 주장했으나, 이는 모두 흑화黑化,
Negredo, 백화白化, Albedo, 적화赤化, Rubedo로 이어지는 순서의 작은
변형일 뿐이며, 이 순서는 반드시 지켜야 했다. 니콜라 플라멜은 "작
업 첫 과정에서 흑화를 보지 못하는 자는 결코 대업에 이르지 못하리
라."라고 썼는데, 누가 이 거장이 이룩한 성공에 대해 반박할 수 있겠
는가?*****

연금술에서 색 변화 순서는 고대 염색 기술에서 유래했다. 초기 그

---

* 이 책 244-245쪽 참고.

** (원주) *The New Pearl of Great Price*, p. 188.

*** (원주) *The Hermetic Museum*, i, p. 316.

**** (원주) *Theatrum Chemicum Britannicum*, p. 56.

***** (원주) *Nicholas Flamel, His Exposition of the Hieroglyphicall Figures*, p. 24.

리스 연금술사들은 기저 금속이 금빛을 띠도록 '착색Tingeing'하는 과정을 끊임없이 언급했는데, 이 과정은 케로타키스라 불리는 환류 냉각기 속에서 이뤄졌다. 금속을 염색한다는 개념은 이후 연금술에도 이어졌고, 조지 리플리는 독자에게 "염색공에게서 이 기술을 배우게 될 것이다."라고 언급한다.* 고대에는 자줏빛 염료가 매우 귀하고 비쌌기에 황제의 의복이나 원로원 의원이 입는 토가 가장자리의 염색에만 쓰였다. 이런 '자색=권위'의 상징은 연금술로도 이어졌고, 실험실에서 붉은색 또는 자주색이 나타나는 것은 '젊은 왕', 곧 현자의 돌이 마침내 나타났음을 뜻하는 신호로 여겨졌다. 이처럼 색채에 집착하는 태도는 연금술의 오랜 역사 내내 이어졌고, 연금술사들이 인쇄된 책보다 필사본을 더 선호했던 이유 중 하나이기도 했다. 필사본 속 그림들은 종종 손으로 채색되었고, 연금술사들은 이 색들에서 자신들의 작업을 이해하는 데 꼭 필요한 추가적인 단서를 얻을 수 있다고 믿었다.

연금술사들은 흑화에서 백화를 거쳐 적화로 이어지는 색 변화 과정을 밟는 데 필요한 화학적 처리 과정에 대해서는 다르게 생각했다. 가장 낙관적인 이들은 현자의 돌을 하나의 물질, 하나의 용기, 단 한 번의 과정만으로 만들 수 있다고 주장했지만, 대부분의 실험실 바닥에 어지럽게 널려 있는 실험 기구들로 미루어보건대, 연금술사 상당수가 그들 선배의 작업 방법을 그렇게 낙관적이거나 단순하게 보지 않았던 듯하다. 조지 리플리는 『연금술의 열두 관문Twelve Gates of Alchemy』에서 연금술에 관한 열두 가지 처리 과정을 기술했다.** 벤 존슨은

* (원주) *Theatrum Chemicum Britannicum*, p. 114.

** (원주) "하나의 유리 기구, 하나의 물질, 하나의 불, 그리고 더는 아무것도 없다. 이 작업은 완전하도다. 신께 영광을 돌리라In one Glas, one Thing, one fire, and no moe. This worke is compleat: Da gloriam deo.", 'Blomfild's Blossoms', in *Theatrum Chemicum Britannicum*, p. 319.
"돌은 하나요, 약도 하나요, 그릇도 하나요, 작용도 하나이며, 방법 또한 하나이다The stone is one, the medicine one, the vessel one, one the operation and one the method." *Rosarium philosophorum*, 1550, p. 5.

희곡 『연금술사』에서 열 가지 과정을 나열했다. 슈톨치우스Stolcius*
는 연금술 상징 도해집에서 작업의 핵심 열한 단계를 그림으로 제시
했고, 솔로몬 트리스모신Salomon Trismosin**은 『태양의 광채*Splendor
Solis*』에서 이 과정을 일곱 개로 간소화했다. 18세기 프랑스 연금술사
돔 페르니티Dom Pernety***는 자신의 연금술 사전에 열두 가지 과정
을 제시하며, 각 과정을 아래와 같이 황도 12궁과 대응시켰다.

연금술 12단계	배치된 별자리
하소 Calcination	♈ 양자리
응결 Congelation	♉ 황소자리
응고 Fixation	♊ 쌍둥이자리
용해 Dissolution	♋ 게자리
소화 Digestion	♌ 사자자리
증류 Distillation	♍ 처녀자리
승화 Sublimation	♎ 천칭자리
석출 Separation	♏ 전갈자리
밀랍 Ceration	♐ 사수자리
발효 Fermentation	♑ 염소자리
증식 Multiplication	♒ 물병자리
사영 Projection	♓ 물고기자리

이처럼 실험 과정이 중구난방이면 반드시 혼선이 일어나기 마련
이라고 주장할 수 있으나, 연금술의 성경이라고 할 만한 페트루스 보

---

* 본명은 다니엘 슈톨츠 폰 슈톨젠베르크Daniel Stolz von Stolzenberg. 17세
기 초중반 활동했던 보헤미아의 연금술사. *Viridarium Chymicum*이 유명하다.

** 15세기 말~16세기 초 독일 연금술사로, 진위는 불분명하나 파라켈수스의
스승으로 알려져 있다. *Splendor Solis, Aureum Vellus*가 유명하다.

*** 본명은 앙투안조제프 페르니티Antoine-Joseph Pernety. 작가이자 프로이
센 군주 프리드리히 2세의 사서이자, 프랑스 아비뇽의 일루미나티 지부 회원
이었다. 연금술 관련 저작으로 *Bibliotheca Hermetica*가 있다.

누스의 『새로운 고귀한 진주*The New Pearl of Great Price*』를 한번 읽고 나면, 그런 생각은 단번에 달아날 것이다.

현인들은 각자 표현하는 방식은 현저히 다르나, 그들 모두는 서로를 이해하고 있었다. 그리스인들이 그리스어를, 라틴 사람들이 라틴어를, 아랍인들은 아랍어를 이해한다는 사실이 각각의 언어 안에 통일성이 존재함을 보여주듯이, 우리 연금술에서도 마찬가지다. 현자들의 글은 표현 방식은 제각각이지만, 그 안에 담긴 핵심 내용은 놀라울 정도로 서로 비슷하다. 그들은 말과 이름, 은유는 서로 달랐지만, 결국 말하려는 핵심은 같다.*

연금술사들이 작업을 시작할 때는 두 가지 목표 중 하나를 염두에 두었다. 인내심과 기술과 자원이 충분하다면 그들은 '대大 연금술The Great Magistery'을 목표로 삼아 금을 만들어내는 붉은 돌을 추구할 수 있었다. 그러나 채권자들에게 시달리고, 배고파 칭얼대는 아이들과 수심에 쌓인 아내의 잔소리가 시작되면, 그들은 좀 더 수월한 목표인 '소小 연금술The Simple Magistery'에 만족하며 은을 만들어내는 흰 돌을 얻는 쪽을 택할 수 있었다. 토머스 노턴에 따르면, 이 작업은 훨씬 간단하며 성공 가능성도 더 컸다.

이 모든 일이 지나간 어느 날
나는 나의 고매한 스승께서 말씀하시는 걸 들었다.
인내심 있고 지혜로운 이 중 많은 이가
노력 끝에 우리의 하얀 돌을 발견하였도다.
올바르게 가르침을 받은 후
큰 수고를 들여 그 돌을 얻었느니라.
그러나 적어도, 혹은 거의 아무도

* (원주) *The New Pearl of Great Price*, pp. 119-20.

열다섯 개 왕국을 뒤져도 우리의 붉은 돌을 얻은 이는 드물도다.*

　연금술사들이 수백 년에 걸쳐 고안했던 다양한 과정 모두를 설명하고 구분하는 일은 쉽지 않다. 그중 하소煆燒, Calcination는 비교적 단순한 편에 속했다. 이 과정은 어떤 물질을 개방되어 있거나 밀폐한 용기에 넣고 가열하는 것으로, 대개 산화가 일어나며 종종 검은색의 어떤 물질을 얻는다. 이러한 특성 때문에 연금술을 '검은 기술'이라는 별칭으로 부르게 되었을 수도 있다. 연금술사들은 하소를 연금술 용기 속에서 일어나는 물질의 '죽음', '사멸mortification' 혹은 '부패putrefaction'라고 불렀고, 이때 쓰이는 연금술 용기를 '무덤', '관' 심지어는 '지옥'이나 '하데스'에 빗댔다. 연금술사 클레오파트라는 그녀의 말을 숨죽이며 듣고 있는 철학자들 앞에서 이렇게 말했다. "그러면 재료들을 하데스 속에 넣고, 혼합물이 걸쭉해져서 불에서 흘러내리지 않을 때까지 조심스럽게 저으시오."** 연금술 도해에서 하소는 까마귀, 큰까마귀Raven, 해골, 관, 그리고 살해 장면이나 고통, 부패를 상징하는 음산하고 폭력적인 장면들로 표현되곤 했다.

　응결Congelation과 응고Fixation는 물질을 고체, 즉 단단하면서 휘발되지 않게 만드는 과정이었다. 이 필수적인 단계는 연금술사가 금에 한 발 더 가까워지게 해주었는데, 금은 모든 금속 중 가장 안정되어 있고 '고정된Fixed' 성질을 지닌다고 여겼기 때문이다. 연금술사들은 이러한 '고정성'을 그들의 돌에 부여해야 했고, 그래야만 그 돌이 다른 기저 물질에도 그 성질을 전달할 수 있었다. 그러나 이는 결코 간단한 작업이 아니었다. 대다수 연금술사가 현자의 돌의 필수 재료로 간주한 현자의 수은은 휘발성이 매우 높은 물질이었기 때문이다. 희극『연금술사』에서 서틀Subtle이 페이스Face에게 묻는다. "당신의 수은은 어떤가?" 그러자 페이스가 답한다. "매우 잘 도망치는 녀석이지

* 　(원주) *Theatrum Chemicum Britannicum*, p. 88.
** 　(원주) C. A. Browne, *Ambix* 3 (1948), p. 23.

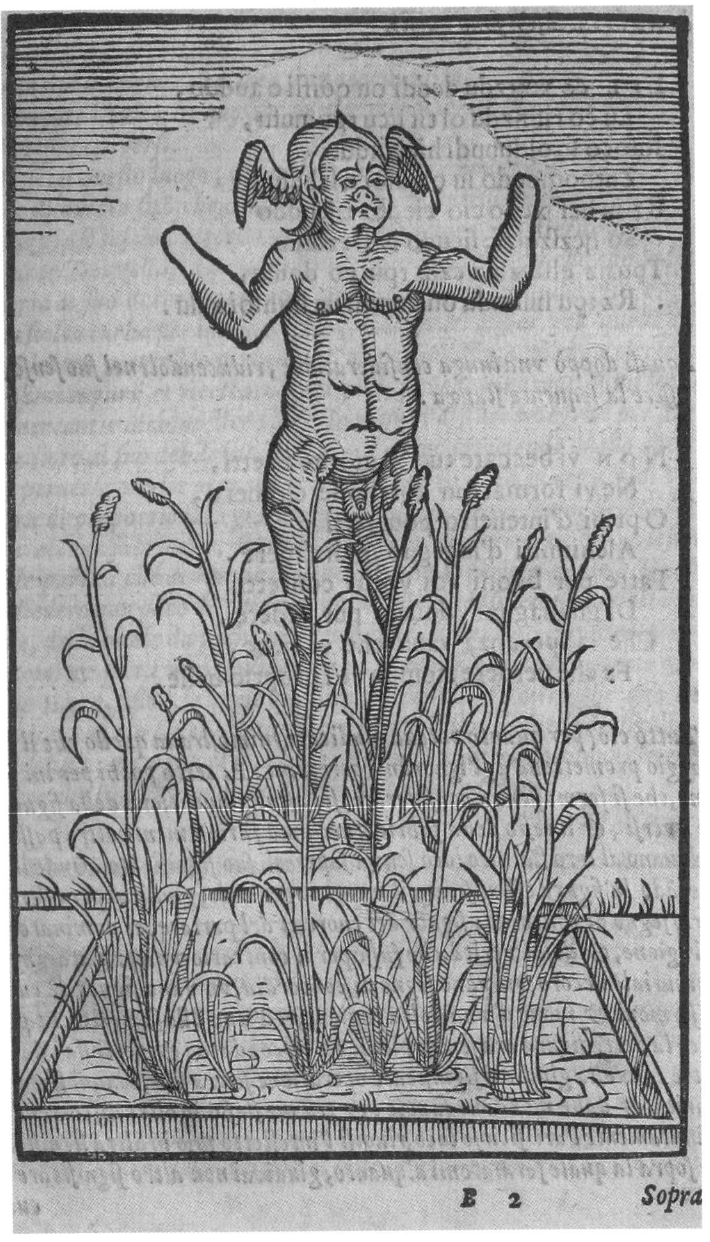

수은의 고정 The Fixation of Mercury

Giovanni Battista Nazari, *Transmutatione Metallica*, fl. 1572, p. 11.

요. 금세 사라질 겁니다."* 연금술사들은 이 수은을 돌 안에 '고정'하려 고군분투했으며, 이 과정을 시각적으로 표현할 때 종종 사지가 잘린 채 묶인 메르쿠리우스 신을 섬뜩한 모습으로 그리곤 했다. 17세기의 연금술사, 글라우버Glauber**는 수은을 고정하는 과정을 현자의 돌 제조에서 핵심 단계로 여겼고, 이를 묘사하려 기억에 남을 법한 인상적인 수수께끼 같은 표현으로 묘사하기도 했다.

고정된 것을 녹여 날게 하고, 날아가는 것을 고정시켜라.
그러면 행복히 살리라.***

용해Solution와 소화Digestion 과정은 보통 백화와 연결되는데, 이 단계에서는 증류기 속의 물질이 씻기고, 하얗게 정화되며, 순수해진다. 용해는 필수 단계로 연금술 도해에서 가장 매혹적인 장면들로 묘사되곤 했다. 왕과 왕비, 왕자, 요정, 양성구유가 욕조에 앉아 있거나 연못에서 수영하는 장면이 그 예다. 그러나 이렇게 평화로운 장면에도 어두운 면은 있다. 누군가가 익사하기도 하는데, 연금술에서 무엇이든 또는 누구든 용해 속에 빠져 죽는다는 것은 언젠가 반드시 되살아나고, 이전보다 훨씬 더 나아진 모습으로 되돌아오는 것을 뜻한다.

증류Distillation나 승화Sublimation는 18세기까지도 연금술사들이 혼선을 겪던 과정들인데, 어느 쪽이건 그들에게 깊은 경외감을 불러일으켰다.**** 증류기에서 증기가 피어오르고, 응결했다가 다시 기체로 변화하는 현상을 바라보며, 그들은 마치 물질의 '혼soul'이 '육체'

* (원주) II, V, 31.

** 요한 루돌프 글라우버Johann Rudolf Glauber는 17세기 네덜란드 및 독일에서 이 분야에 많은 저작을 남긴 화학자, 연금술사다. 농축된 염산을 최초로 생산했고, 황산나트륨을 생산해 이를 '글라우버의 소금'이라 부르기도 했다.

*** (원주) J. R. Glauber, *Works*, translated by C. Packe, London, 1689, pt. 3, p. 20.

**** (원주) D. Goltz, 'Zur Geschichte der Sublimation', *CIBA Rundshau*, 1970-73, pp. 38-48.

에서 분리되었다가, 더 정제되고 순수한 상태로 육체와 재결합하는 기적과도 같은 변성을 본 것처럼 여겼다. 연금술의 전설적인 창시자, 헤르메스 트리스메기스투스는 증류기를 증류된 물질들이 지상에서 하늘로 올라가는 소우주라고 여겼다. 그의 유명한 『에메랄드 평판』에 나오는 여덟 번째 내용은 사실상 환류 증류Reflux distillation를 은유한 것이다. "지혜의 극치로 땅에서 하늘로 올라가고, 다시 땅으로 내려오라. 그러면 모든 것의 아래Inferior와 위Superior에 있는 힘을 통합할 수 있을 것이며, 이로써 세상의 모든 영광을 얻게 되리니, 어둠은 너에게서 멀리 달아날 것이다."* 증류와 승화는 때때로 우로보로스ouroboros, 즉 자기 꼬리를 물고 도는 뱀의 형상으로 상징되었는데, 이는 이 과정들이 순환하는 성격을 갖고 있음을 보여준다. 하지만 더 자주 사용된 묘사는 새들이 날아오르거나 영혼이 육체를 떠났다가 다시 돌아오는 장면이었다.

다음 단계인 석출析出, Separation은 융통성 있게 쓰인 용어로, 여과 과정을 말하거나 연금술 기구 속에 생긴 침전물을 제외한 액체를 분리하는 여러 작업을 가리킨다. 밀랍Ceration은 물질을 부드럽고 유동성 있는 밀랍 같은 것으로 만드는 과정이다.

페르네티가 기록한 내용 중 마지막 세 과정에 도달하면, 우리는 이 위대한 작업Opus의 핵심을 알게 된다. 부패(또는 발효Fermentation)에는 두 가지 의미가 있는데, 하나는 기저 금속이 금으로 변성하는 과정, 다른 하나는 현자의 돌을 만드는 과정이다. 첫 번째 의미로, 현자의 돌을 종종 '발효제Ferment'라고 불렀는데, 이는 효모처럼 다른 물질을 자신의 성질로 바꾸는 힘을 지녔기 때문이다. 그러나, 현자의 돌을 만드는 과정에서 부패는 이 돌에 무언가 특별한 것을 부여하는 단계였다. 이 어려운 주제에 관해 아래처럼 가장 명확한 설명을 제공하는 인물은 페트루스 보누스다.

첫 번째 의미에서, 우리의 현자의 돌은 다른 모든 금속의 효모와 같

* (원주) 이 책 32-36쪽 참고.

아서, 이들을 자신의 본성으로 변화시키는 힘이 있다. 마치 작은 양의 효모가 모든 반죽을 발효시키는 것처럼. 하지만 효모에 반죽과 같은 성질이 있다고 해서 그냥 반죽을 부풀릴 수 있는 건 아니다. 효모 자신이 먼저 어떤 새로운 성질을 얻어야 그 힘을 발휘할 수 있다. 이와 마찬가지로, 현자의 돌도 자신이 먼저 변화되고, 본래 없던 어떤 힘이 생겨야만 금속들을 변화시키고 색을 입힐 수 있다. 일반적인 효모가 부드럽고 은은한 열로 발효력을 가지게 되듯, 이 돌도 특정한 열을 받아야 금속을 발효, 변환, 변화할 능력을 갖추게 된다. 이런 잠재적인 성질은 열이 없이는 드러나지 않고, 어떤 작용도 일어나지 않는다.*

증식Multiplication은 현자의 돌의 힘을 크게 강화하는 과정이었다. 이 과정을 거치면 돌은 자기 무게의 수백, 수천 배에 달하는 기저 금속을 금으로 바꿀 수 있게 되며, 반복해서 사용해도 그 힘을 잃지 않는다. 벤 존슨의 희곡 『연금술사』에서 사기꾼 연금술사 '서틀'은 돌을 투사(사영Projection, 연금술의 마지막 단계)하는 장면을 보려고 안달하며 조바심을 내는 마몬Mammon에게 돌이 증식을 통해 얼마나 힘이 더 커지는지 설명하면서 그를 진정시킨다.

아들이여, 서두르지 말지니, 나는 우리의 약(현자의 돌)을 더욱 고귀하게 만드는 중이다.
그를 증기 목욕통에 걸어 두고 용해한 뒤, 다시 굳히는 작업을 반복하고 있지.
왜냐하면, 이 과정을 반복할 때마다 그 돌의 힘은 더 강해지기 때문이야.
처음에는 돌 한 온스로 금속 백 온스를 변화시킬 수 있었다면,
두 번째에는 천 온스를,
세 번째에는 만 온스를,
다섯 번째에는 무려 백만 온스의 불완전한 금속을

* (원주) 다음에서 인용. Holmyard, *Alchemy*, pp. 146-7.

증식Multiplication
『개정된 철학*Philosophia Refomata*』, 1622.

완전한 은이나 금으로 바꿀 수 있게 되지.
그 품질은 어떤 시험으로도 천연 광산에서 나온 금속과 똑같이 뛰어
나지.*

증식 과정은 밀리우스**의 『개정된 철학』에서 삽화로 묘사되어 있
다. 뚱뚱한 여왕이 광포한 사자에 걸터앉아 있다. 새끼 사자 네 마리
가 사자의 앞발에 매달려 있다. 사자는 현자의 돌을 의미하고, 발에

* II, iii, 103. 벤 존슨, 『연금술사』 2장 3막.
** 요한 다니엘 밀리우스Johann Daniel Mylius, 16세기에 활동한 독일의 작곡
가이자 연금술사다. *Opus medico-chymicum, Antidotarium* 등의 저서를 남겼다.

매달린 새끼들은 현자의 돌이 자신의 힘을 잃지 않으면서도 스스로 재생산할 수 있음을 표현한 것이다. 불안하게 앉아 있는 여왕은 한 손으로 사자 갈기를 붙잡고, 다른 한 손으로는 자기 가슴을 쪼는 펠리컨이 그려진 메달을 들고 있다. 이 메달은 돌이 만들어지는 연금술 용기의 상징이며, 이 용기에서 펠리컨으로 묘사된 현자의 돌이 만들어진다. 몇백 년 동안 사람들은 펠리컨이 자기 피로 새끼를 먹여 살린다고 오해했는데, 이는 펠리컨이 아래 주둥이의 볼주머니에 모은 먹이를 되새김질하며 자기 가슴을 쪼는 모습이 그렇게 보였기 때문이었다. 그래서 펠리컨은 자기 몸에서 자식을 기르는 돌을 뜻하는 이상적인 상징이 되었다.*

마지막 사영(또는 투사) 과정에서는 현자의 돌을 가루로 만들어서 종이나 밀랍에 포장해 변성시킬 물질에 뿌렸다. 유능한 화학자 얀 밥티스타 판 헬몬트Jan Baptista van Helmont**는 쉽게 속지 않을 인물이었지만, 자신이 직접 돌을 투사해본 경험을 이렇게 설명했다.

나는 하릴없이 금이나 은을 만드는 돌이 존재한다는 사실을 믿어야만 했다. (중략) 나는 실제로 여러 번 그 돌을 봤고 내 손으로 그 돌을 다루어봤기 때문이다. (중략) 그것은 사프란꽃 같은 색깔을 띤 가루로, 무게감이 있었고, 가루 유리처럼 반짝였다. 한번은 그 가루를 4분의 1 그레인*** 정도 받은 적 있었다. 여기서 내가 말하는 1그레인은 1/600온스다. 이것을 종이에 말아 도가니 안에서 가열한 수은 8온스에 투사했다. 그러자 곧장 수은이 흐름을 멈추고, 소리를 내며 굳기 시작해 노란 덩어리처럼 가라앉았다. 이 침전물을 가열하면서 풀무질하며 부어내었더니 순수한 금이 8온스와 11그레인에 조금 못미치게 생겨났다. 따라서 그 가루 1그레인만 있어도 1만 9186온스의 수은을 그와 같은

*　(원주) 펠리컨은 또한 그리스도의 상징이었다.

**　16세기 후반~17세기 중반에 활동한 벨기에 화학자, 생리학자, 의학자로 파라켈수스의 제자였으나 당대 권위자들의 오류를 답습하길 거부하고 실험을 중시했다. 가스Gas라는 용어를 도입하는 등 다양한 활동을 펼쳤다.

***　당시 1온스는 약 30그램이며, 글쓴이는 1온스를 600그레인으로 계산했다.

양의 최고급 금으로 변성할 수 있는 셈이다.

그의 말처럼, 헬몬트가 투사하는 모습을 본 사람들은 크게 감탄하지 않을 수 없었다.* 이 특별한 작업 직후 헬몬트의 막내아들이 태어나 사랑이 넘치는 부모에게 메르쿠리우스, 즉 수은이라는 이름을 받았는데, 메르쿠리우스라는 이름은 결코 평범하게 붙인 것이 아니었고, 연금술에서 가장 핵심적이고 신비로운 현자의 돌과 깊은 연관이 있었다.

더 놀라운 사영 경험담은 네덜란드의 저명한 의사 욘 프레데릭 헬베티우스John Frederick Helvetius**의 책『황금 송아지Golden Calf』에 실려 있다. 헬베티우스는 처음에는 회의적이었으나, 1666년 겨울에 집에서 믿기 힘든 사건들을 겪고 물질의 변성이 가능하다고 믿게 됐다. 헬베티우스는 매우 상세하고 설득력 있는 기록을 남겨, 그의 성공담은 연금술 역사에서 손꼽히게 됐다. 이런 성공담들은 반대로 운이 없는 이들을 빈곤에 빠지거나, 요절하게 만든 이유가 되기도 했다.

1666년 12월 27일, 낯선 방문객이 예고도 없이 헬베티우스의 집 문간에 나타나면서 모든 일이 시작됐다. 헬베티우스는 그 사람을 수수한 차림새에 키는 보통 정도였다고 묘사한다. 그의 얼굴은 길었고 야위었으며, 당시 대부분이 그랬듯 곰보 자국이 몇 있었다. 턱수염은 없었고 당시 유행하던 곱슬머리가 아니라 아주 검은 직모였다. 헬베티우스는 그가 대략 마흔셋쯤 되어 보인다고 추정했다. 그 낯선 이는 불쑥 찾아온 데 대해 사과하며 자기가 헬베티우스의 글을 읽었고, 특히 부상을 치료한다는 '공감의 가루Powder of sympathy'***에 관한 케넬

---

* (원주) J. B. van Helmont, *Oritarike or Physick Refin'd*, London, 1662, pp. 751-2, 807.

** 본명은 요한 프리드리히 슈바이처Johann Friedrich Schweitzer, 17세기에 독일, 네덜란드에서 활동한 연금술사이자 의사다. *Ichts aus Nichts, für alle Begierigen der Natur, Vitulus Aureus* 등의 저서를 남겼다.

*** 17세기 유럽에서 유행한 사이비 과학/의학, 딕비는 물리적 접촉 없이도 감응(공감)으로 치료 또는 작용이 가능하다고 주장했다. 예를 들어 누군가가

름 딕비 경Sir. Kenelm Digby*의 주장을 비판한 그의 글에 관심이 많다고 말했다. 이 대화는 의학 이야기로 이어졌고, 그는 금속에서 놀라운 효능의 '의학적 신비'를 추출하는 방법을 알고 있다고 주장했다. 그러다가 갑자기 그는 헬베티우스에게 '현자의 돌'을 보면 알아볼 수 있겠느냐고 물었다. 헬베티우스가 "아니요."라고 답하자, 그는 망토 속에서 상아색 상자를 꺼내 열어 보여주었다. 그 안에는 호두 크기의 작고 투명한 연한 유황빛 돌 세 덩이가 들어 있었다. 그는 이 돌들이 무려 20톤의 금과 맞먹는 가치가 있다고 말했다. 헬베티우스는 놀라움을 감추지 못하며 그 돌들을 15분 정도 '탐욕스럽게' 만져보다가 마지못해 돌려주면서, 아주 작은 조각이라도 얻을 수 없겠느냐고 간청했다. 그러나 이 방문객은 "가장 작은 조각이라도 주는 것은 허락되지 않는다."라며, 설령 이 방을 가득 채울 만큼의 금화를 준다고 해도 그럴 수 없다고 했다. 방문객은 창문이 거리를 향해 있는 것을 눈여겨보더니, 대화를 좀 더 이어갈 수 있는 더 은밀한 방이 있느냐고 물었다. 헬베티우스는 혹시 돌 조각을 받을 수 있을까 기대하며 그를 뒤편 응접실로 안내했다. 그곳에 들어서자, 방문객은 망토를 벗고서 겉옷을 열어 자기 목에 걸린 초록색 비단 끈에 매달린 금메달 다섯 개를 보여주었다. 그는 이 메달들을 변성한 금으로 만들었다고 설명했다. 그러고는 헬베티우스에게 집에 있는 금과 품질을 비교해보라고 권했다. 헬베티우스는 이 변성한 금의 품질이 훨씬 뛰어나다고 인정했으며, 방문객에게 변성을 시연해달라고 간청했다. 하지만 방문객은 그 요구를 거절하며, 3주 후에 다시 돌아와 헬베티우스에게 사영 과정을 보여주겠다고 약속했다.

약속대로 방문객은 다시 헬베티우스의 집을 찾았다. 하지만 이번에도 그는 사영 과정의 시연을 미루면서, 다음 날 아침 9시에 돌아와

칼에 베였다면 이 가루를 상처에 바르는 게 아니라 칼에 바름으로써 상처가 치유된다는 말이었다. 그러나 정작 이 가루는 청동이나 철, 이끼, 말린 피, 비타민 등을 섞어 만든 연금술 혼합물일 뿐이었다. 이후 이 단어는 시적 표현의 하나로 남아 있다.

* 17세기 영국의 자연철학자, 외교가이며 영국 왕립학회 창립 회원이다.

연금술의 과정을 직접 보여주겠다고 약속했다. 그러고는, 헬베티우스의 표현을 빌리자면 '철학적인 연민philosophical commiseration'에서 우러나온 호의로, 기적의 돌 중 아주 작은 조각 하나를 내어주었다. 헬베티우스는 그 조각의 크기를 "순무나 유채씨 정도의 부스러기"라고 묘사했다. 너무 작은 양에 헬베티우스가 실망했다는 것을 알아챈 방문객은 조각을 다시 가져와 손톱으로 반을 쪼갠 뒤, 한 조각은 불 속에 던지고 나머지 절반을 파란 종이에 싸서 헬베티우스에게 돌려주며 말했다. "이것이면 자네에겐 충분하네." 굴욕감에 얼굴을 붉히면서도, 헬베티우스는 이것을 대단히 감사해하며 받았다. 잠시 대화를 더 나눈 뒤, 이 방문객은 다음 날 아침에 다시 돌아오겠다는 약속을 남기고 떠났다.

다음 날 9시가 되었지만, 방문객이 올 기미는 없었다. 9시 30분쯤 그는 일이 생겨서 늦어졌으며, 오후 3시에 도착하겠다는 전갈을 보내왔다. 헬베티우스는 다시 기다렸지만, 끝내 방문객은 다시 나타나지 않았다. 이쯤에서 이야기를 헬베티우스의 회고록에서 직접 이어가는 것이 좋을 듯하다.

그날 밤늦게, 그 신사가 설명한 기술 이야기를 흥미롭게 들었던 아내가 다가와, 그가 베푼 작은 조각을 시험해보자며 집요하게 졸랐다. (중략) "이걸 시험하지 않으면 오늘 난 잠도 못 자고 편히 쉴 수도 없어요." 난 그녀에게 아침까지 기다리자고 하며, "어쩌면 그분이 다시 돌아와 올바른 방법을 보여줄지도 모른다."라고 말하며 달랬다. 하지만 아내가 하도 간청하니, 나는 마지못해 불을 피우게 했다. 그러면서도 속으로는, '이 사람도… 말은 그렇게 신묘했지만, 결국 거짓말쟁이었구나.' 하고 생각했다. 아내는 그 물질을 밀랍에 싸고, 나는 오래된 납 반 온스, 즉 6드램Drams*을 잘라내어 도가니에 넣고 불에 올렸다. 납이 녹자, 아내는 그 약을 조그만 알약이나 단추 모양으로 만든 뒤 도가니 속에 던져 넣었다. 그러자 그 조각은 즉시 강하게 쉿쉿 하는 소리와

* 무게 단위, 대개 1.772그램이다. 단, 약품의 무게를 잴 때는 3.8879그램.

함께 거품을 내며 완전한 작용을 시작했고, 15분도 채 지나지 않아 납 전체가 완전히 변성해서 최상품의 금으로 바뀌었다. 그 광경에 우리는 너무 놀라 마치 유성에 맞은 듯 멍해졌다. 사실 내가 오비디우스* 시대에 살았더라면, 이보다 더 기묘한 '변신'은 없었을 것이다. 연금술의 예술로 빚어진 하나의 기적이었다. 만약 내게 아르고스[그리스 신화에 나오는 거인]처럼 눈이 백 개 달렸더라도, 이 놀랍고 거의 기적에 가까운 자연의 작품을 충분히 감상하기는 어려웠으리라. 이 도가니 속에서 녹은 납은 사영 후 불 위에서 이 세상에서 상상할 수 있는 가장 진귀하면서도 아름다운 색들을 드러냈고, 특히 아주 선명한 녹색을 띠고 있었다. 그것을 주괴 틀에 붓자마자, 살아 있는 듯 신선한 핏빛을 띠었고, 식은 뒤에는 가장 순도 높고 투명하게 빛나는 금이 되었다. 정말로 나와 내 주변에 있던 모든 이가 매우 놀랐고, 아직 뜨거운 그 금으로 변한 납을 들고 금 세공인의 집으로 달려갔다. 그 또한 그 금의 높은 순도에 경악했고, 간단한 감별을 마친 뒤 "세상에서 가장 훌륭한 금입니다."라고 말하며, 한 온스당 50플로린을 기꺼이 주겠다고 했다.

다음 날 헤이그 전역에 이 소문이 났고, 더 멀리까지 퍼져 많은 명사와 학자 들이 이 일로 나를 찾아왔다. 그중에는 홀란트주의 공식 주화 감정관이자 검사관인 포렐리우스Porelius 씨도 있었는데, 그는 다른 이들과 함께 간곡히 청하여, 그 금의 일부를 통상의 방법으로 시험해보게 해달라고 요청했고, 나 또한 호기심을 이기지 못해 기꺼이 응했다. 그런 까닭에 우리는 브렉텔Brectel이라는 은 세공인을 찾아갔다. 그는 먼저 '콰르탐per quartam' 방식으로 시험했는데, 즉 금 한 부분에 은 서너 부분을 섞어 얇게 펴고, 이를 잘게 갈아서 충분한 양의 아쿠아 포르티스Aqua Fortis[질산]을 붓는 방식이다. 이때 질산은 즉시 은을 녹여내고, 금은 바닥에 침전되었다. 침전된 금을 따라내고 물로 씻어 순화시킨 다음, 다시 녹여서 하나의 금속 덩어리로 만들자 훌륭한 금이 되었다. 우리는 혹시나 손실이 있었을까 봐 우려했으나, 오히려 처음보

<hr>

* 기원전 1세기경 로마에서 활동한 푸블리우스 오비디우스 나소를 말한다.

다 증가해 있었고, 처음의 금 1드램이 옆에 있던 은 1스크루플*을 금으로 바꿔버렸다는 것을 발견했다. 그만큼 이 금에는 탁월하고 풍부한 염색력이 있었다.

하지만 우리는 여전히 그 금에서 은이 완전히 분리되었는지 확신할 수 없었기에, 곧바로 그 금을 안티몬 조각과 섞어 녹인 뒤 원뿔형 틀에 부은 다음에 시험 접시 위에서 가열하며 불필요한 금속regulus을 불어내어 제거하는 작업을 했다. 이 과정에서 금 8그레인이 사라진 것처럼 보였으나 남은 안티몬, 즉 불순한 슬래그slag[원문에는 scoria]를 모두 날려버리고 나서 다시 살펴보니, 금 9그레인이 더 나왔다. 다만 이 금은 처음에는 빛깔이 옅어 은처럼 보였으나, 이내 완전한 금색으로 되돌아왔다. 결과적으로 이렇게 엄격한 불의 시험에서도 우리는 금을 잃지 않았을 뿐 아니라, 앞서 말했듯 오히려 이익을 봤다. 이 시험은 내가 세 차례 반복해, 매번 같은 결과가 나왔다. 또한, 아쿠아 포르티스에서 분리한 은도 최고의 유연성을 지닌, 아주 훌륭한 은이었다. 결국, 이 약(또는 엘릭서)은 6드램과 2스크루플의 납과 은을 가장 순도 높은 금으로 전환한 셈이다.

자, 이제 나는 이른바 현자의 알에서 황금 사과에 이르기까지, 속된 말로 모든 이야기를 다 마쳤다. 지금 나는 금을 손에 넣었지만, 그 현자가 어디에 있는지는 알지 못한다. (중략) 그러나 그가 어디에 있든지, 모든 피조물을 보호하시는 전능하신 신께서 그를 모든 위험으로부터 지켜주시고, 이 생에서 순례를 마친 다음에는 천상에서 영원한 은총과 행복을 누리게 하시길 바란다. 그분께서 그를 기독교 세계와 온 인류의 위로와 구원을 위해 사용하시기를, 아멘.**

헬베티우스는 남은 평생 동안 금속을 금으로 변환할 수 있다고 믿었다. 비록 다시는 성공하지 못했지만, 단 한 번의 경험만으로도 그가

---

* 약의 무게 단위. 1스크루플 = 1/3드램 = 20그레인 = 1.2959782그램이다.

** (원주) J. F. Helvetius, *The Golden Calf, Which the World Adores, and Desires* translated by W. Cooper, London, 1673. 구두점 및 철자를 현대적으로 다듬었다.

연금술과 대우주Alchemy and the Macrocosm
『헤르메스 전집*Museaum Hermeticum*』, 1678

확신하는 데는 충분했다.

그 낯선 방문객은 대화 도중 헬베티우스에게 현자의 돌을 나흘 만에 만들 수 있다고 말했다. 그러나 모든 연금술사가 그렇게 빠르게 작업을 마칠 수 있다고 본 것은 아니었다. 어떤 이들은 이 과정을 조물주의 창조 작업과 동일시하며 7일이 걸린다고 했다. 또 다른 이들은 9개월이 걸린다고 보았는데, 이는 아기가 태어나는 데 걸리는 시간과 현자의 돌을 자주 '왕의 아이' 또는 '아들'로 부른다는 점을 연결한 것이다. 다른 잘 알려진 비유는 농사 주기에서 따온 것이었다. 현자의 돌을 만드는 것을 씨 뿌리고, 경작하고, 수확하고, 밀을 빻는 일과 같다고 여겼다.

농부들은 씨를 뿌리고자 땅을 일구고, 이 씨를 키워 열매 맺게 하고, 맺힌 열매를 수확하고, 이를 밀가루로 만든다. 그리고 효모를 이용해 밀가루에서 겨(껍질)를 제거해 빵을 만든다. 잘 생각해보면, 이 과정은 우리가 현자의 돌을 만드는 것과 같다. 씨를 광물 세계에서 수확하고, 그 씨앗을 다시 땅에 뿌리고, 비료 대신 우리의 비누(정화 작용)를 사용해 불순물을 제거해야 한다. 그러려면 네 계절을 거쳐야 하며, 가을이 되어야 곡식을 수확하고 증식시켜 현자의 효모를 준비할 수 있다.*

이밖에 어떤 이들은 현자의 돌을 만드는 데 40일, 80일, 40주(이것 역시 출산에 걸리는 시간에 빗댄 것), 또는 3년, 7년, 12년이 걸린다고 말했다. 더 극단적으로는 단 하루 만에 완성할 수 있다는 설명**도 있었다. 이처럼 시간에 대한 언급이 천차만별이었던 것은, 그만큼 연금술에서 '기다림'이 얼마나 핵심 요소였는지 보여준다. 실제로 인내는 연금술에서 가장 중요한 덕목의 하나로 여겨졌고, 오래전에 토머스 노턴도 다음과 같이 강조했다.

> 내 지혜로는 도저히 부족하니,
> 성급함을 충분히 경멸하지 못하노라.
> 많은 이가 큰 근심에 빠졌도다.
> 그들이 성급함을 경계하지 않았기 때문이라.
> 그러나 그들은 언제나 결말을 보기를 재촉했으니
> 이는 곧 악마의 유혹이니라.
> 지금, 이 순간에는 더는 성급함에 관해 말하지 않겠다.
> 그러나 인내하는 자는 늘 복되도다.***

과학이나 다른 학문이 17세기 이전까지 그랬듯, 연금술 또한 점성술에 상당한 영향을 받았다. 현자의 돌을 만드는 데 걸리는 시간은 꽤 많은 부분에서 하늘의 움직임, 즉 천체의 운행에 크게 좌우되었다. 연금술사들은 실험실에서 이루어지는 복잡한 조작을 하늘이나 계절의

* (원주) 다음에서 인용. Grillot de Givry, *Witchcraft, Magic and Alchemy*, Dover Publications, 1971 (first published 1931), p. 372.

** (원주) 이 책 58쪽 주2 참고.

*** (원주) *Theatrum Chemicum Britannicum*, p. 31.

변화에 맞춰 조율하는 것이 필수적이었다. 노턴도 이렇게 말한다.

생성의 작업에서는
별자리의 영향에 가장 순종하느니라.*

페르네티는 각 연금술 단계를 특정한 별자리와 연결했고, 연금술을 진지하게 추구하려는 이라면 점성술을 철저히 공부하도록 권했다. 그의 견해에 따르면, 현자의 돌을 만드는 작업은 태양이 양자리에 들어설 때 시작해야 하며,** 태양이 물고기자리에 있을 때 끝내야 했다. 『영국 연금술 문헌집 *Theatrum Chemicum Britannicum*』은 영어로 쓰인 주요 연금술 논문들을 모은 책으로, 편집자인 엘리아스 애시몰Elias Ashmole***은 노턴의 『연금술 의례서』에서 네 종류의 점성술 도표를 인용해 실었다. 이 도표들은 석출, 정류rectification, 결합conjunction, 사영 작업에 적합한 하늘의 상태를 보여준다.**** 이와 같이 점성술과 연금술은 밀접하게 연결되어 있었고, 엘리자베스 1세 시대에 유명한 수학자, 천문학자, 지리학자였던 존 디John Dee는 그 영향을 크게 받았다. 그는 오컬트에 손을 대 명성이 깎였고, 연금술을 '하등 천문학astronomia inferior'이라고 불렀다. 금속을 나타내는 연금술 기호는 각각의 금속에 대응하는 행성들의 기호일 뿐이었다.

* (원주) *Theatrum Chemicum Britannicum*, p. 99.

** 이는 일반적인 견해였는데, 3월에 시작하는 양자리는 태양의 힘이 강해지기 때문이다.

*** 17세기 영국의 유물 수집가, 정치가, 군 장교, 점성술사, 연금술사. 왕당파를 지지해 찰스 2세를 왕으로 옹립했다. 1650년대부터 연금술 연구를 시작했고, 여기서 언급하는 책 또한 1652년에 출간했다.

**** (원주) 『판별 점성술*Judiciall Astrologie*』에서 애시몰은 이렇게 말한다. "이는 자연 마법이 열쇠이며, 자연 마법은 이 축복받은 돌로 이끄는 문이라is the Key of Naturall Magick, and Naturall Magick the Doore that leads to this Blessed Stone." *Theatrum Chemicum Britannicum*, pp. 443, 446.

엘리아스 애시몰 초상화

노턴이 만든 점성술 도표

『영국 연금술 문헌집*Theatrum Chemicum Britannicum*』, 1652

행성 기호 목록

납	♄ 토성
철	♂ 화성
구리	♀ 금성
수은	☿ 수성
주석	♃ 목성
은	☽ 달
금	☉ 태양

금속이 연금술 가마 속에서 조리되고, 끓고, 구워지는 동안 하늘 위에서 그 금속들에 연결된 행성들의 움직임에 반응한다는 생각은 매우 당연하게 여겨졌다. 게르하르트 도른Gerhard Dorn*은 이렇게 썼다. "우리의 그릇은 천체들의 영향을 물질이 받을 수 있도록 만들어져야 한다. 눈에 보이지 않는 천상의 영향들과 별들의 자취가 이 작업에 꼭 필요하기 때문이다."**

금속이 행성의 영향을 받은 유일한 물질은 아니었다. 보석, 광물, 식물, 동물, 인간의 기질, 심지어 신체 특정 부위까지 모든 것이 각기 특정한 행성이나 황도 12궁과 연결돼 있다고 믿었다. 이러한 믿음의 근거는 바로 '징표의 교리The Doctrine of Signatures'라 부르는 개념에 있었다. 이에 따르면, 행성들은 지상의 모든 사물에 자기들의 흔적, 즉 징표를 남긴다. 예를 들어, 연금술사들은 루나리lunary***라는 식물에 초승달 모양의 잎이 달려 있기에 그 안에 달의 미덕이 가득 차 있다고 믿었다.

연금술 실험실에서의 삶이 일만 있는 것은 아니었다. 하인리히 쿤

---

* 16세기 벨기에와 독일의 철학자, 번역가, 의사, 서지학자, 연금술사. 파라켈수스의 의견을 지지했으며, 연금술을 '인간이 아니라 신을 구원하는 노동'이라 언급했다.

** (원주) *Theatrum Chemicum Britannicum*, i, p. 574.

*** 은선초, 동전초로도 부르는 꽃. 학계에서는 '달과 같은Lunaria annua'으로 부른다.

쿤라트의 실험실Khunrath's Laboratorium

『영원한 지혜의 원형극장Amphitheatrum Sapientiae Aeternae』, 1609

라트Heinrich Khunrath*의 『영원한 지혜의 원형극장Amphitheatrum sapien-
tiae acternae』에 그려진 실험실은 보기 드물게 깨끗하게 정돈되어 있고,
밝으면서도 널찍한 공간인데, 중앙 탁자 위에는 바이올린, 류트,** 악
보가 놓여 있다. 어떤 연금술사들은 실험하는 중에 곡을 연주하거나,
악사를 고용해서 연주하게 했던 듯하다. 신성로마제국의 암군暗君 루
돌프 2세Rudolph II***의 궁정 의사이면서 황제와 연금술에 대한 열정

* 16세기 독일의 의사, 연금술사, 헤르메스주의 철학자, 기독교 카발라주의자
이며 다수의 저서를 남겼다.

** 기타와 같은 14~17세기의 현악기.

*** 나약한 성격 탓에 종교개혁으로 빚어진 갈등을 진정시키지 못했고, 정치

을 함께 나누었던 미하엘 마이어는 『아탈란타 푸가』에 각 연금술 표장Emblem을 위한 연금술 푸가들을 작곡하기도 했다. 이 푸가는 음악적으로 특별하지 않고, 그가 연금술에서 어떤 역할을 하기를 기대해 이 곡들을 작곡했는지도 명확하지 않다. 아마도 쿤라트와 마이어는 토머스 노턴이 『연금술 의례서』에서 연금술사들에게 했던 조언을 따랐을지도 모른다. 노턴은 "당신의 원소들을 음악적으로 결합하라."라고 말했으며, 음들 사이의 비율은 "연금술에서의 비례와 매우 흡사하다."라고 보았다. 애시몰은 마이어가 유명한 노턴의 『연금술 의례서』를 직접 읽고 번역하고자 영어를 배우러 영국에 왔다고 썼다.*

피타고라스는 음계의 간격들이 정확한 수비학적 비율로 표현될 수 있다는 사실을 발견함으로써, 수와 비율, 음악적 조화 사이의 연관성을 처음으로 밝힌 인물이었다. 이를 근거로 그는 인간의 영혼을 포함한 세상 만물이 수와 비율에 따라 창조되었고, 그 결과 음악과 반응한다고 결론지었다. 연금술사들이 이 이론을 자신들의 작업에 적용해, 실험 과정에서 적절한 음악을 곁들이면 도움이 되리라 여긴 것도 비약은 아닐 것이다. 기니 출신 작가 라예 카마라Camara Laye**는 자서전에서, 어린 시절 아버지가 금속을 다룰 때 음유시인의 연주를 들으며 작업하던 모습을 지켜보았다고 회상한다. 이는 음악적 조화가 현자의 돌을 이루는 재료들의 조화로운 결합을 앞당길 수 있다고 믿은 것의 현대판 반향일지도 모른다.

연금술에서 수와 비율이 지니는 중요성은 마이어의 상징화에서도 잘 드러난다. 이 그림은 연금술의 본질을 기하학적 도형 안에 압축해 표현한다. 모피 코트를 걸친 연금술사가 대우주macrocosm와 소우주microcosm라는 대형 도식을 거대한 컴퍼스로 측정하고 있다. 가장 안쪽 원은 헤르메스의 그릇, 즉 현자의 돌이 준비되는 우주적 알cosmic

에 무관심하며 천문학, 점성술, 연금술 등에 빠져 실험에 매달렸다. 프라하에 연금술 거리를 조성하기도 했다.

* (원주) *Theatrum Chemicum Britannicum*, prolegomena.

** 본명은 라예 카마라지만, 서양에 이름이 카마라 라예로 잘못 알려져 있다. 여기서 언급한 자서전은 『검은 아이L'Enfant noir』, 1953.

연금술과 기하학. "남성과 여성에서 원을 만들고, 여기서 사각형을, 사각형으로부터 삼각형을 만들라. 그리고 다시 원을 그리면 현자의 돌을 갖게 될 것이다." Alchemy and Geometry: 'Make a circle out of a man and a woman, out of this a square, out of this a triangle. Make a circle and you will have the Philosopher's Stone.'
『아탈란타 푸가Atalanta Fugiens』, 1617.

egg을 뜻한다. 그 원 안에는 태양의 신Sol과 달의 신Luna, 즉 현자의 돌을 낳는 남성과 여성이 나체로 그려져 있다. 안쪽 원을 둘러싼 정사각형은 네 원소를, 이 모든 것을 감싸는 큰 원은 연금술의 세 원리를 나타낸다. 그리고 이 모든 것을 감싸는 거대한 원은 연금술 작업이 이루어지는 우주 전체, 즉 대우주를 상징한다. 그림의 왼쪽 구석에는 다양한 도형이 그려져 있는데, 연금술사들에게 가장 중요한 것은 서로 맞물린 두 개의 삼각형으로 이뤄진 도형이다. 이는 솔로몬의 인장

(육망성, 다윗의 별이라고도 부른다)으로 알려져 있으며, 네 원소를 나타내는 상징들을 조합해 만들어졌고, 현자의 돌을 빚어내는 보편적 원물질The Universal Matter을 상징한다.

솔로몬의 봉인

불 △	공기 △
물 ▽	흙 ▽

육성형 ✡

불, 풀무, 그릇, 혼합물, 원고와 악기 들에 둘러싸인 채 연금술사들은 항상 자신의 실험실을 어떻게 만들고 꾸려나갈지 고민해야 했다. 이는 결코 간단한 일이 아니었는데, 연금술 작업은 항상 안전에 신경 써야 했고, 근무 교대 체계가 필요했기 때문이다. 토머스 노턴은 이 점에 대해 명확한 지침을 제시한다. 그는 연금술사들에게 4~8명의 실험 조수를 고용해 밤낮으로 화로의 불을 관리하도록 권한다. 노턴은 이 조수들을 '시종들Ministers'이라고 부르는데, 그들은 영리하고, 근면하며, 말수가 적고, 청결하고, 순종적이며 정숙해야 한다고 강조한다. 또한 노턴은 어떤 '음탕한 농담'도 이 신성하고 정확을 기하는 작업을 방해하는 일이 없게 남녀를 반드시 구분하도록 강력히 충고한다.

어떠한 시종도, 절제 있고 슬기로우며 부지런하지 않으면 적합하지 않으리니,
진실하고 주의 깊고 또한 겸손해야 하고,
입은 무겁되 몸은 방탕치 말 것이며,
손은 깨끗이 다루되 호기심이 과하지 않으며,
불복종하거나 오만하지도 않아야 한다.
이런 이들만이 너의 중대한 작업을 보좌하여
사사로운 해를 막아줄 터이니,
두세 명만으로는 감당키 어려우리라.

네 재료가 넉넉하다면 여덟 명을 두는 것이 마땅하고,
적은 양이라면 네 명이면 족하리라.
그중 절반은 깨어 작업하고
나머지는 잠들거나 예배당에 가도록 하라.
이 작업은 밤낮을 가리지 않고
성스러운 주일 저녁 예배 전후를 빼고
계속 이루어져야 할 것이니,
작업 중에는 반드시 모든 음탕한 농담을 삼가라.
모든 시종은 남자이든 여자이든 전부 같은 성별로만 두어야 하며,
친형제자매라도 서로 돕는 데 주의해 분업하라.
무거운 노동에 지칠 그들에게
때때로 기분 전환의 시간을 허락하라.
이보다 사소한 일 하나로도
너의 대업을 훨씬 잘 풀리게 할 수 있다…*

연금술에 입문하려는 이는 자연철학에 대한 깊은 이해, 기술적인 숙련, 그리고 조직 능력이 필요했다. 그러나 이것만으로는 부족했다. "인연과 하늘의 뜻은 쉽게 옮겨지는 게 아니더라."라는 문구는 중국의 위대한 시인 백거이白居易가 단약(엘릭서)을 만드는 데 실패한 뒤 내린 씁쓸한 결론이었다.** 연금술에 성공하려면 타고난 자질이 있어야 했고, 이는 하늘에서부터 미리 정해져 있으니 아무리 애를 써도 소용없다는 뜻이었다. 소철蘇轍***은 아주 어렵게 이 교훈을 깨달았다. 『노화감계록爐火監戒錄』의 저자는 이 사람이 잠시 연단술에 빠졌던 일을 이렇게 묘사했다.

---

*　(원주) *Theatrum Chemicum Britannicum*, pp. 93-4.

**　(원주) J. Needham, *Science and Civilization in China*, V, Part 3, p. 149. [*Science and Civilization in China*는 이하 *SCC*로 표기.]

***　자는 자유子由, 송나라 시기 활약한 소식(소동파)의 동생. 당송팔대가唐宋八大家 중 한 명이다.

소철은 한때 연단술을 익히려고 한 적이 있었다. 그는 먼저 방 하나를 깨끗이 정돈하고, 그 안에 큰 화로를 설치했다. 처음 불을 지피려고 할 때, 어디에선가 큰 고양이 한 마리가 화로에 오줌을 싸더니, 홀연히 사라졌다. 소철은 "신선이 되는 법[연단술]은 하늘이 가난한 사람들을 구제하라고 내려준 기술이다. 이 기술은 마땅한 사람에게 전해져야 하나, 나는 그럴 자격이 없다."라 말하고는 다시는 연단술에 대해 말하지 않았다.[*]

정위程偉의 아내에 관한 애절한 이야기는 연금술사로 이미 운명지어진 사람과 그렇지 않은 사람들 사이에 놓인, 넘을 수 없는 간극을 보여준다. 이 불행한 여인의 운명은 연금술사가 되는 것이었으나, 그의 남편은 그렇지 못했다. 이 여인이 이 운명으로 치러야 하는 대가는 엄청난 것이었다. 갈홍은 이 여인의 슬픈 사연을 이렇게 전한다.

한나라 때 황문랑黃門郎이던 정위는 황백술黃白術[**]을 좋아했다. 그의 아내는 방술사 집안 출신이었다. 정위는 종종 궁중 행사에 참여해야 했는데 그에게는 이 행사에 어울리는 옷이 없었다. 그가 고민하자 그 모습을 보고 그의 아내가 "저에게 두 자 길이의 비단을 달라고 한번 빌어볼게요."라고 말했다. 그러자 갑자기 비단이 그들 앞에 나타나는 것이 아닌가. 정위는『침중홍보沈中鴻寶』라는 책에 나온 방법대로 금을 만들어보려고 했으나 한 번도 성공할 수 없었다. 어느 날 그가 수은이 들어 있는 화로에 불을 더 거세게 만들고자 석탄을 넣고 한창 불고 있는데 그의 아내가 그를 보려고 작업실에 들어왔다. 그녀는 "제가 예전에 보았던 방법대로 한번 시험해보겠습니다."라고 하더니 주머니에서

---

[*] 같은 책, p. 194. [감수자 주:『노화감계록』을 출전으로 밝혔으나 이 책에서는 이 묘사를 확인할 수 없고,『손공담보孫公談圃』3권 1에서 이 내용을 찾을 수 있다. 원문: 子由嘗爲黃白術, 先治一室, 甚密, 中置大爐, 將擧火, 見一大貓 據爐而溺, 須臾不見. 子由以謂: '神仙之術, 天使濟貧乏, 待其人然後傳, 予非其 人.' 遂不復講.]

[**] 수은을 황금과 백은으로 만드는 기술, 즉 연단술을 말한다.

어떤 약을 조금 꺼내 화로에 던져넣었다. 그러자 그 안에 있던 내용물이 모두 은이 되어버렸다.

정위가 깜짝 놀라 아내에게 이렇게 물었다. "아니 어떻게 당신은 이러한 도를 알고 있으면서도 내게는 왜 한 번도 알려주지 않은 거요?" 이에 그녀는 "도를 얻는다는 것은 그런 운명을 지녀야만 얻을 수 있어요."라고 대답했다. 그러나 그는 그 뒤로 밤낮없이 그녀에게 그 비밀을 가르쳐줄 것을 애걸했다. 그는 전답을 팔아 그녀에게 제공할 수 있는 최고의 음식과 의복을 선사했지만 모두 허사였다. 그러자 그는 이번에는 한 친구를 꾀어 그녀를 두들겨 패 그 비법을 알아내려 했다. 그러나 그녀는 이 계획을 미리 알아챘고, 다시금 그에게 "도라는 것은 반드시 전해져야 할 사람에게만 전해야 합니다. 그런 사람이기만 하면 길거리를 지나가다가도 알려줄 수 있으나, 정해진 사람이 아니라면 입으로는 그렇다고 인정해도, 마음으로는 이를 믿지 않고 의심하는 자이기에 아무리 제가 손발이 잘리고 몸이 조각조각 나더라도 결코 이 도를 알려줄 수는 없습니다."라고 했다. 그런데도 정위가 계속 그녀를 추궁하자, 결국 아내는 미쳐서 벌거벗은 채로 거리로 뛰쳐나가 진흙을 온몸에 바르더니 죽고 말았다.*

연금술은 아무나 할 수 있는 취미가 아니었다. 연금술을 하려면 재산, 교육, 여가 시간이 필요했다. 이는 왜 서양에서 성직자들이 연금술사가 되고, 동양에서는 도사들이 연단술에 정통했는지를 설명해준다. 실험실 운영에는 큰 비용이 들었고, 장비 또한 값비싼 데다 걸핏하면 폭발하곤 했다. 그들은 아무런 보상도 기대하지 않고 묵묵히 연구에 매달릴 각오와 능력이 있어야 했다.

(전략) 그의 마음이
이 기술이 요구하는 외적인 지출로 괴로워서는 안 되며,
이 길을 가고자 하는 자는

* 갈홍葛洪,『신선전』7권「정위의 아내程偉妻」편을 글쓴이가 인용.

충분한 부를 지녀야 하리라.*

17세기까지 서양에서 발간된 연금술 책은 대부분 라틴어로 쓰였
다. 따라서 이 책들을 읽으려면 일정 수준 이상의 정식 교육을 받아
야 했다. 노턴은 이렇게 경고한다. "위대한 성직자가 아닌 이들이 이
저서들을 탐독하는 일은 멋진 일이긴 하지만, 그만큼 배움이 필요하
다."** 라틴어를 알고 연금술에 관한 철학을 대강 아는 사람일지라도,
연금술 문헌들을 읽는 일은 쉽지 않았을 것이다. 연금술사들은 은유
의 달인이었다. 단순하게 말할 수 있는 것도 일부러 복잡하게 표현했
고, 자신의 지침을 우화와 비유로 꾸미는 것을 즐겼으며, 수수께끼를
좋아했고 사물의 일반적인 이름 대신 별칭으로 부르기를 선호했다.
연금술 문헌을 꿰뚫어보려면 언어 능력 이상의 것이 필요했다. 노턴
이 매우 잘 표현했듯이.

(전략) 이것은 가장 심오한 철학이며,
거룩한 연금술의 미묘한 기술이로다.***

3. 연금술의 수수께끼

Alchemical Riddles

거룩한 연금술을 참되게 연구하는
고귀한 학인學人들의 모임에 만세를!
그 고귀한 실천은 사람들에게
자신들의 비밀을 안개 같은 말로 감추는 법을 가르치도다.*

몰든Malden 교구의 목사이자 『녹사자 사냥*The Hunting of the Green Lyon*』의 저자**는 위와 같이 썼다. 연금술사들은 실제로 토머스 노턴이 썼던 것처럼 '흐릿한 문장들' 속에 그들의 비밀을 감추었고, 자신들의 생각을 온갖 역설, 수수께끼, 우화, 난해한 말장난, 명백한 모순으로 포장했다.*** "그 돌이 물이라고 말하면 참이요, 그것이 물이 아니라고 말해도 그 부정은 틀린 것이 아니다."**** 『세계의 영광』의 저자는 현자의 돌을 천하지만 아름답고, 쓸모없지만 귀중하며, 찾기 어려우면서 어디에나 있다고 묘사한다.***** 미하일 셍지보이는 철학적으로 이와 같이 언급했다. "나는 내 진짜 뜻을 조금 숨기고자 겉보기에는 모순처럼 보이는 표현을 쓸 수밖에 없었소. 가시 없는 장미는 존재하지 않으니."******

---

*   (원주) *Theatrum Chemicum Britannicum*, p. 278.

**   에이브러햄 앤드루스Abraham Andrews로 알려져 있다. 14세기경 영국 헨리 5세 시대에 활동했다는 설이 있다. 이 책은 애시몰의 *Theatrum Chemicum Britannicum*에 수록되었다.

***   (원주) 같은 책, p. 8.

****   (원주) 다음에서 인용. M. Crosland, *Historical Studies in the Language of Chemistry*, London, 1962, p. 27.

*****   (원주) 이 책 54-55쪽 참고.

******   (원주) *The Hermetic Museum*, p. 107. 연금술사들이 이처럼 난해한 문체

연금술사들은 자신들이 솔직하게 말하겠다고 천명하다가도, 바로 뒤 문장에선 그 약속을 조롱하듯 무시한다. 갈홍은 자신의 책이 "오직 직설적인 말로만 구성되어 있다."라고 말했지만, 정작 다른 책에서는 훨씬 더 정확하게 이처럼 고백한다.

이 책에서 나는 생명의 원리를 일상 언어로 쓰고 있지만, 그중 진정으로 경이로운 부분은 글로 옮길 수 없다. 내 설명은 너무 거칠고 뼈대만 있어, 그 주제의 윤곽만 드러냈을 뿐이다. 이는 진지하게 관심 있는 이들이 스스로 탐구해 더 많은 부분을 유추하기를 바라는 마음에서다. 내가 세세한 부분을 빠짐없이 설명하거나, 심오한 내용까지 무지한 이들에게 명확히 설명할 필요는 없기에, 오직 가장 기초적인 내용만 다루었을 따름이다.*

클레오파트라도 "이제 내가 너희들에게 원소나 식물이 어디에서 생기는가를 분명하게 가르쳐줄 것이다. 그리고 나는 수수께끼로 내 이야기를 시작할 것이다."라는 모순 가득한 문장으로 자신의 연금술 이야기를 시작한다.**

연금술의 수수께끼들은 종종 스핑크스가 오이디푸스에게 던졌던 문제를 본뜬다. 예를 들어 『열두 개의 열쇠 Twelve Keys』에서 바질 발렌틴은 이렇게 말했다. "그러나 우리의 돌은 고대로부터 내가 배운 바에 따르면, 두 가지에서 비롯했고, 하나의 것에서 나왔으며, 그 안에는

를 쓰는 데는 궁극적인 전례가 있었으니, 이는 바로 『신약성경』의 복음서였다. "너희에게는 하느님 나라의 신비를 알게 해주었지만, 다른 사람들에게는 보아도 알아보지 못하고 들어도 깨닫지 못하게 하려고 비유로 말하는 것이다."(「누가복음」 8장 10절)

* *The Nei P'ien of Ko Hung: Alchemy, Medicine, Religion in the China of A.D. 320*, trans. J. R. Ware, Cambridge, Mass., 1966, p. 26. [감수자 주: 『포박자』 「내편」 원본에는 이 내용이 없다. 갈홍이 이를 직접 언급하지는 않았고, 글쓴이가 인용한 책의 저자가 『포박자』 「내편」의 일부를 취합 및 요약해 서문에 기재했다.]

** (원주) C. A. Browne, *Ambix* 3 (1948), p. 22.

또 다른 세 번째 것이 숨어 있다.” 놀랍게도, 바질 발렌틴은 이 수수께끼를 (연금술사로서는 드물게) 아래와 같이 친절히 설명한다.

이는 가장 순수한 진리이며, 지극히 신실한 말이다. 예부터 남성과 여성은 하나로 여겨졌으니, 이는 외적이거나 눈에 보이는 면을 생각해서가 아니라, 서로를 하나로 이끌어주는 타고난 사랑의 열정 때문이다. 남성과 여성의 씨앗이 결합해 생식의 원리를 보여주듯, 우리 돌을 만들어내는 물질의 정수Sperm 또한 우리 눈으로 볼 수 있으며, (생명처럼) 증식할 수 있다.*

연금술의 수수께끼는 단순한 수의 수수께끼에서 볼 수 있는 정도를 넘어선다. 페트루스 보누스는 이렇게 썼다. “이 기술은 고귀하면서 간단하고 쉽다.”

이 기술은 누구나 다 알고 있는 단 하나의 사실이 필요하다. 그것은 많은 것 속에 존재하나, 본질적으로 하나다. 어디에나 존재하지만, 가장 귀중하다. 당신은 이것을 불 속에서 고정하고 길들여야 하며, 상승하게 하고 다시 하강하게 해야 한다. 결합이 일어나면 이것은 곧바로 고정된다. 그러면 이것은 가난한 이들에게는 부를, 지친 자들에게는 안식을 가져다준다. 이 작업이 처음에는 건조해지다 나중에 액체가 된다면 작업을 올바르게 진행한 것이다. 그러면 레비스rebis[두 가지]가 무엇인지는 이 연금술 작업의 실제 과정에서 드러날 것이다.**

연금술서를 능숙하게 읽는 독자라면, 겉보기에는 허튼소리 같은 이 문장들에서도 핵심 사상을 약간의 도움만 받고도 어렵지 않게 끄집어낼 수 있다. 첫 문장은 전형적인 미사여구로 치부해도 좋다. 페트루스 보누스가 언급한 ‘한 가지’란 철학적 수은을 뜻하는데, 이는 아직

* (원주) *The Hermetic Museum*, i, pp. 316-17.
** (원주) *The New Pearl of Great Price*, p. 140.

태어나지 않은 상태인 현자의 돌을 내포하고 있다. 이 수은은 불 속에 고정되어야 한다. 다시 말해, 이 수은을 더는 휘발되어 사라지지 않도록 어떤 실체와 결합해야 한다는 뜻이다. 일단 고정하면, 수은은 현자의 돌의 성질을 얻게 되어 가난한 자들을 부유하게 하고 병든 자들의 고통을 덜어주는 데 쓰일 수 있다. 결국, 현자의 돌은 완벽한 조화를 이룬 반대 성질들의 결합체로 구성된 것이다. 습한 것과 마른 것, 남성과 여성, 육체와 영혼의 결합. 이 때문에 이 돌을 레비스 혹은 양성체라 부른다. 이것은 그 존재 자체로 완전하고 온전하다.

연단술사들도 메시지를 난해하게 써서 감추는 데 능숙했다. 송나라의 문인 허의許顗*는 자신의 시집에 연단술에 관한 송시 한 편을 담으며, "촉도관蜀道觀에서 우물을 파다가 한 비석을 얻었는데, 새겨진 글이 부賦 같기도 하고 찬贊 같기도 했다."라는 글을 덧붙였다.**

어떤 물건이 있으니,
위대하며 영구히 지속될 수 있다.
누에가 먹기 전에 이를 채취하고,
불로 변화시킨 뒤에 사용하라.
끓는 물[성탕成湯]이 위에서부터 아래로 흐르고,
과보夸父는 텅 빈 가운데서 받아들여지며,
기운을 받아 아침 햇살에 응하고,
그 노력이 밤의 누수漏水[시간의 흐름]와 짝을 이룬다.
흰 꽃이 모여 눈도 부끄러워하며,
노란 기름이 엉겨 황금도 부끄러워한다.
전환과 조제가 그치지 않으며,
신묘한 뜻에 귀신도 놀란다.

---

* 자는 언주彦周, 12세기 북송 말기의 문인.

** 글쓴이가 인용한 번역본을 원본으로 대체했다. 해당 내용은 허의의 『언주시담』 중 마지막 이야기. https://zh.wikisource.org/wiki/%E5%BD%A6%E5%91%A8%E8%A9%A9%E8%A9%B1_(%E5%9B%9B%E5%BA%AB%E5%85%A8%E6%9B%B8%E6%9C%AC)

이것은 금인가, 옥인가?
하늘의 수명을 누리며 장수하리라.
이것은 문서로 나타나지 않으며,
그 비결은 입으로 전해지나니.*

우리는 다행히 조지프 니덤Joseph Needham**의 안내로 이 어려운 구절들 속 숨은 화학적 의미를 파악할 수 있다. 1, 2행은 아마도 광물에서 화학물질을 준비하는 것과 수명을 늘리는 것에 대한 언급일 수 있다. 3행은 단약丹藥(엘릭서) 재료를 정확히 알맞은 시기에 채취해야 한다는 것을 은유하는 문장일 수 있다. 4행은 불이 지닌 변성 능력을 언급하고, 5행은 황제 성탕成湯***이 재상 이윤伊尹과 함께 수행한 일종의 결합 의식을 가리킨다. 이 의식 과정에는 물을 이용한 정화 의례가 있었고, 이 시에서는 이를 공중에서 아래로 떨어지는 증기의 물방울, 즉 증류 과정에서 생기는 액체의 상징으로 쓰고 있다.**** 과보는 신화 속 인물로, 배가 매우 커서 태양을 먹으려 했으며 세상의 모든 강을 마셔도 목마름을 해결하지 못했던 존재였다.***** 니덤은 이 인물이 둥근 형태의 연금술 도가니나 증류기를 암시한다고 봤다. 7, 8행은 밤낮으로 순환되는 가열 과정을 나타내며, 9, 10행은 화학반응 중에 보이는 색들을 묘사한다. 11행은 증류와 승화작용과 관계있는 순환 과정을 보여준다. 이 시는 단약의 성공적인 제조와 함께, 늘 그렇듯 비밀을 지키라는 전통적인 당부로 끝맺는다.

* (원주) J. Needham, *SCC*, V, Part 3, p. 195.

** 이 책에서 자주 인용하는 『중국 과학 문명사』를 쓴 생화학자. 단, 그의 책은 전반적으로 중국 전통 과학을 확대 해석하거나 한자 해석에 오류가 있는 등, 동아시아 문화권에 대한 이해가 부족한 부분이 있기에 주의해야 한다.

*** 전설에서 하나라를 무너뜨리고 상나라를 건국한 시조.

**** 해당 내용은 『여씨춘추』, 「순민」편, 『묵자』 「겸애」 하편에 기록된 탕왕의 기우제 의식을 말한다. 이 의식에서 탕왕은 목욕재계를 한 뒤 스스로 분신해 하늘에 기도를 올린다.

***** 과보는 고사 과보추일夸父追日에 등장하는 해를 쫓아 달리는 거인이다. 『산해경』, 『열자』 참고.

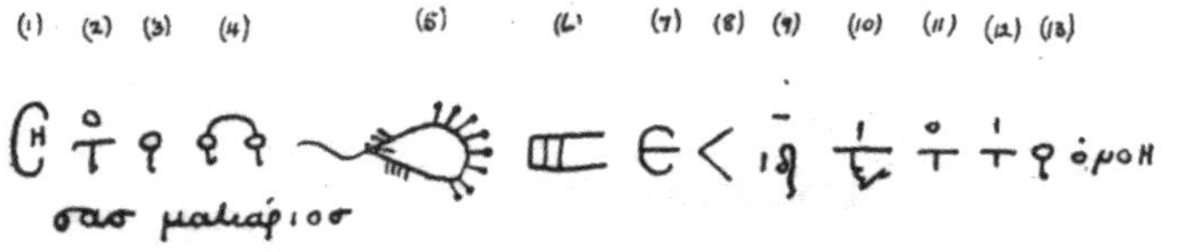

게 공식The Formula of the Crab

『고대 중세 화학 연구 입문Introduction a l'étude de la chimie des anciens et du moyen âge』

비유, 수수께끼, 역설과 난해한 표현들에 만족하지 못한 연금술사들은, 난해한 그들의 전언을 감추고자 또 다른 방법을 찾아냈다. 그 한 가지 예를 조시모스에게서 볼 수 있다. 그의 '게 공식The Formula of the Crab'은 그 교묘한 위장 탓에 오늘날에도 그 상징들의 극히 일부만 겨우 추측할 뿐이다.

첫 번째 기호는 "주의하라! 전언이 시작된다."를 뜻한다. 두 번째 기호는 '모든 것τὸ πᾶν'을 축약한 듯하며, 여기에서는 납, 구리, 아연의 합금을 뜻하는 듯하다. 세 번째 기호는 구리 화합물을 나타낸다. 네 번째는 구리를 나타내는 기호를 두 번 반복하고 이들을 납의 기호에 연결한 형태다. 게는 고정 작업과 백화Albedo 과정을 상징한다. 여덟 번째는 드라크마δραχμαί,* 즉 무게 단위를 나타내며, 아홉 번째 기호는 숫자 14를 의미한다. 이 두 기호는 함께 쓰였으니, 어떤 핵심 재료를 14드라크마만큼 사용하라는 뜻으로 보인다. 열 번째는 다시 구리 화합물을 말하며, 11번, 12번 상징도 마찬가지로 구리 화합물과 관계있다. 마지막 기호는 다음과 같이 해석하기도 한다. "깨달음을 얻는 자는 복이 있도다!"**

많은 경우, 연금술의 신비롭고 어려운 표현은 (지식을) 일부러 은폐하기 위한 말장난으로 바뀐다. 돔 페르네티는 자신이 쓴 연금술 사전에서 이러한 장치 일부를 '암호법Crytography' 항목 아래 설명하

---

* 고대 그리스의 화폐이자 무게 단위, 드램Dram이라는 단위가 만들어지는 데 영향을 미쳤다. 1드라크마는 약 4.3그램이다.

** (원주) M. Berthelot, *Introduction a l'étude de la chimie des anciens et du moyen âge*, 1889, p. 152.

며, 연금술사들이 어떤 단어나 문장의 뜻을 해석하기 어렵게 만들려고 무의미한 글자들을 덧붙이는 사례들을 제시한다. 마르셀랭 베르텔로Marcellin Berthelot*는 핵심 단어들의 철자를 바꿔 이 핵심 단어를 알아보지 못하면 무의미한 내용으로밖에 보이지 않는 방법을 인용했다. 또한, 연금술사들은 약어, 두운시頭韻時, acrostics,** 애너그램을 이용했다. 예를 들어, 수정이나 부싯돌silex은 xelis로, 뿌리radix는 xidar로 철자를 바꾸는 식이다.*** 갈홍도 연단술사들이 암호 같은 말로 일부러 혼란을 주려 했던 흥미로운 사례들을 소개했다.

처방전에 나오는 약재 중에는 흔히 쓰이는 이름과 같아 보여도 실제로는 전혀 다른 것이 있다. 예를 들어 '강 위의 젊은 여인河上妊女'은 여자가 아니고, '양지바른 곳에 있는 아이陵陽子明' 또한 남자가 아니다. '우여량禹餘糧'****은 쌀이 아니며, '요임금의 미음堯漿'은 물이 아니다. 보통 사람들은 처방전에 나오는 용의 쓸개龍膽,***** 호랑이 발바닥虎掌******, 닭 볏 또는 오리 발자국雞頭鴨蹠,******* 말발굽馬蹄********, 개의

<hr>

* 프랑스 화학자. 유기 화합물 합성에 관해 연구했고, 초기 화학사 집필 과정에서 고대 그리스, 시리아 및 아랍어 연금술 저작을 번역했다.

** 답관체踏冠體라고 부르는 기법으로, 삼행시나 세로 읽기 등 특정 부분의 말들을 연결해 새로운 어구나 문장을 만드는 방법.

*** (원주) M. Crosland, *Historical Studies in the Language of Chemistry*, pp. 41ff.

**** 태일여량太一餘粮이라고도 한다. 삼산화철을 주성분으로 하는 갈색 적철광.

***** 용담과의 여러해살이풀, 뿌리를 한약재로 사용한다. https://herba.kr/boncho/?m=view&t=dict&id=52965

****** 천남성과의 여러해살이풀로 한약재. https://herba.kr/boncho/?m=view&t=dict&id=8676

******* 닭 볏, 오리 발자국을 닮았다고 알려진 닭의장풀을 말한다. 복통, 해열 등에 효과가 있다.

******** 남방개Water chestnut를 말하며 해독, 이뇨, 염증 완화에 효과가 있다.

피犬血[해석 불명], 쥐꼬리鼠尾,* 소 무릎牛膝**을 보고 모두 동물의 피와 기운이 담겼다고 생각한다. 또 결분缺盆,*** 복분, 부금釜金[해석 불명], 귀전우鬼箭,**** 하늘의 갈고리天鈎***** 등을 보면 철이나 그릇 같은 도구라 생각한다. 더 나아가 '이민족 왕의 사자胡王使者',****** '의붓어머니에 의지하는 신부倚姑新婦'[해석 불명], 야장인野丈人******* 또는 수공전首公田, Pyconostelma[해석 불명], (중략) 이를 보면 모두 사람 이름으로 착각한다. 최근에 알려진 약초 중에도 잘 모르는 게 많을진대, 이렇게 보통의 식물들과 혼동하기가 쉬운데, 신비한 처방까지 논하면 누가 다 제대로 해석할 수 있겠는가?********

유럽 연금술사들이 산화마그네슘을 가리킬 때 쓴 표현들도 마찬가지로, 신비롭고 이국적인 별칭으로 가득하다. 예를 들면 '표백된 눈', '신부 행렬', '때 묻지 않은 흰옷', '아름다운 형상을 마음으로 그려낸 것', '완성된 굳은 우유', '부드러운 바다의 달 거품', '모두를 잠들게 하는 것' 같은 말들이다.

연금술사들이 수수께끼 같은 글을 쓴 이유는 단순히 신비로움을

---

* 꿀풀과 뱀차조기속의 아관목 중 하나, 세이지sage로 알려져 있고, 다양한 약효가 있다.

** 비름과에 속하는 여러해살이 초본식물 쇠무릎의 뿌리. 이뇨, 진통, 관절염에 좋다고 알려져 있다.

*** 복분자覆盆子의 또 다른 이름.

**** 노박덩굴과에 속하는 화살나무의 줄기. 항암, 항당뇨, 항염 효과가 있다고 알려져 있다.

***** 부엌에서 쓰는 갈고리를 뜻하며, 중국 별자리 28수 중 북방에 속한 현무 7수 중 위수危宿를 말한다. 현대 별자리로는 세페우스자리와 용자리에 속한다.

****** 백두옹白頭翁, 독활獨活로도 불리는 약초.

******* 중국 아네모네Pulsatilla chinensis의 뿌리. 열성 설사나 염증성 질환에 사용된다.

******** *The Nei P'ien*, p. 271. [감수자 주: 『포박자』 「내편」 황백黃白 2 일부 인용. 영어 의역을 원문 해석으로 대체했다.]

즐기기 위해서만은 아니었다. 그들은 나라와 교회의 감시와 탄압을 피하려고 의도적으로 내용을 숨기고 은밀히 표현했다. 교회는 연금술의 상징적인 표현들을 항상 의심했고, 나라에서는 위조 금화가 경제에 피해를 줄 것을 걱정했다. 예를 들어, 중국에서는 기원전 144년에 한무제가 칙령을 내려 위조 화폐를 금지했는데, 이는 연단술에 실패했을 때 나온 부산물들에도 적용되었을 것이다.* 기원후 296년, 로마 황제 디오클레티아누스Diocletianus는 사회에 해롭다고 판단해 연금술 관련 서적을 모두 소각하도록 명했으나, 연금술은 계속 번성했다.** 유럽에서는 위조 금화가 너무 많이 돌아 각국의 재정이 흔들린 적도 있다. 한번은 프랑스에 영국산 연금술 위조 금화가 넘쳐났으나, 프랑스 왕 휘하의 영리한 연금술사가 문제를 해결하기 위해 그 금화들을 다시 영국으로 돌려보냈다는 이야기가 전해진다. 이 이야기는 연금술이 정치와 경제에 깊이 연결되었음을 보여준다.***

그러나 연금술에 대한 국가의 태도는 애매했다. 부를 약속하는 연금술은 성직자나 평민에게 매력적이었던 것만큼 왕에게도 매력적이었기 때문이다. 예를 들어, 헨리 6세 때는 그의 할아버지 헨리 4세가 내린 '흑마술Black Art' 금지법이 여전히 시행 중이었으나, 일부 신하에게 연금술을 행할 수 있도록 특권을 내렸다. 그는 이 연금술사들이 병든 백성을 치료하고, 재정난을 해결할 수 있기를 바랐다****. 이 연

---

* 원문과 달리, 이 시기는 전한 경제 말기, 무제 즉위 초기다. 오초칠국의 난이 끝난 지 얼마 되지 않았기에 반란 중에 벌어진 문제들을 수습하고, 중앙집권 강화를 의도해 내린 칙령에 가깝다.

** 게르만족의 이동 및 군인 황제 난립 시기를 진정시키고 전제군주제로 체제 개편을 이룬 황제이지만, 체제 안정과 개혁을 위해 시도한 정책들로 문제가 생겼다. 이런 그의 정책 중에는 기독교 대박해 및 물가 강제 규정도 있다.

*** (원주) J. van Lennep, *L'Art et L'Alchimie : Etude de l'Iconographie Hermetique et de ses Influences*, 1966, pp. 136ff.

**** (원주) D. Geoghegan, 'A Licence of Henry VI to practise Alchemy', *Ambix* 6 (1957), pp. 10-17. [감수자 주: 헨리 6세의 치세 동안 영국은 백년전쟁에서 패색이 짙어졌으며, 치세 말기에는 그 자신의 건강 문제로 내전(장미전쟁)이 벌어져 재정 부담이 심해졌다.]

금술 금지법은 1689년에 의회에서 공식적으로 폐지했는데, 이때조
차도 의회는 연금술을 국가 재정에 도움이 되도록 관리하고 활용할
수 있을지 고심하고 있었다.

　연금술사들이 자신들의 비밀을 암호같이 어려운 말로 감췄던 것
은, 연금술이 환영받을 때든 박해받을 때든 신중한 선택이었다. 노턴
은 자칭 연금술사라 떠들어대던 돌턴Daulton의 이야기를 전한다. 그
는 변성의 비밀을 빼앗으려는 탐욕스러운 귀족에게 납치당한다.* 에
이레나이오스 필라레테스Eirenaeus Philalethes**는 연금술사들이 살아
가며 겪게 되는 비참한 운명을 아래와 같이 어둡게 묘사한다.

　(전략) 우리는 사방이 잔혹한 탐욕과 끝없는 의심으로 둘러싸여, 카
인Cain처럼 집도 친구도 없이 떠도는 운명에 처해 있다. 우리에게는
마음을 달래줄 가정의 따스한 위안도, 우정의 깊은 교감도 허락되지
않는다. 황금의 비밀을 탐내는 자들이 우리를 끊임없이 쫓고 있으며,
형제에게 진심을 털어놓고 싶은 유혹이 닥쳐올 때조차, 우리는 두려움
때문에 입을 닫는다. 그래서 우리는 때때로 외로운 카인의 절규를 입
밖으로 낼 수밖에 없다. "누구든지 나를 만나면 나를 죽이리라." 하지
만 우리는 형제를 죽인 자가 아니다. 오히려 인류를 돕고자 애쓰는 사
람들이다. 그러나 우리의 친절과 자비는 검은 배은망덕으로 돌아온다.
하늘에 복수를 호소할 만한 배은망덕이다. 얼마 전에도, 내가 역병이
창궐한 어떤 도시를 방문해 기적의 약으로 많은 이를 일으켰건만, 그
들이 내게 돌려준 것은 날 둘러싼 군중의 외침이었다. 그들은 '현자의
엘릭서Elixir'를 내놓으라고 외쳤고, 나는 목숨을 부지하고자 옷을 갈
아입고, 이름을 바꾸고, 수염을 깎고, 가발까지 써야 했다. 심지어 우리
가 생명을 위협받지 않을 때조차, 가는 곳마다 탐욕 어린 시선이 우리

* 　(원주) *Theatrum Chemicum Britannicum*, pp. 35-7.

** 　본명은 조지 스타키George Starkey. 식민지 시절 미국의 연금술사. 영국에
　이주해 활동을 이어가다가 1665년 런던 대역병으로 사망했다. 본명으로는 생
　물, 화학 분야를 중심으로 활동했으며, 가명으로 다수의 연금술서를 썼다. 그
　의 연금술 저작 중 몇몇은 이후 *Musaeum Hermeticum*에 수록된다.

를 겨눈다. (중략) 나는 몇몇 이들이 단지 연금술의 비밀을 알고 있다는 소문 하나 때문에 침대에서 목이 졸린 채 살해된 사례를 알고 있다. 그들은 실제로는 아무것도 몰랐지만, 그저 의심받았다는 이유만으로 목숨을 잃었다.*

연금술사 체포 사건 중 가장 기이한 사례는 베를린에 살던 약사 수습생 요한 프리드리히 뵈트거Johann Friedrich Böttger의 이야기다. 어느 날 바쁜 스승의 부탁으로 병든 연금술사를 돌보러 간 뵈트거는 라스카리스Lascaris라는 신비한 인물을 만나게 된다. 라스카리스는 상당량의 변성 가루를 지닌 것으로 알려졌는데, (이 이야기가 사실이라면) 그는 연금술사 중에서는 매우 이례적으로 이 가루를 아낌없이 나눠주었다고 한다. 그는 자신을 미틸레나섬Mytilena**에 있는 수도원장Archimandrite이라 소개하며, 자신은 동방의 기독교 포로들의 몸값을 마련하고자 서방으로 왔다고 말했다. (현자의 돌을 소지한 사람에게는 이상한 임무다.)

뵈트거의 약 덕분에 라스카리스는 건강을 되찾았다. 그는 감사의 표시로 이 젊은 약제사에게 변성 가루를 넉넉히 선물하며, 뵈트거에게 절대 이 가루의 출처를 밝히지 말고, 자신이 베를린을 떠날 때까지 이 가루를 쓰지 말라는 조건을 걸고는 곧장 베를린을 떠났다.

뵈트거는 이 가루로 놀랄 만한 변성을 선보였고, 곧장 사회적, 재정적으로 성공을 거뒀다. 더구나 그는 마치 이 가루를 만드는 비밀을 아는 척했기에 그의 명성은 더욱 높아졌다. 그의 능력에 대한 소문은 곧 프로이센 왕 프리드리히 1세Friedrich I***의 귀에 들어갔고, 왕은 즉각 그를 궁으로 소환했다. 최악의 상황이 벌어질까 봐 겁이 난 뵈트거는

---

*　(원주) *The Hermetic Museum*, ii, p. 175.

**　현재 이름은 미틸레네Mytilene. 에게해에 있는 섬이다.

***　원문에서는 프리드리히 빌헬름 1세라 표기되어 있으나, 1700년경의 프로이센 왕은 낭비벽이 심했던 프리드리히 1세였으며, 그 재위 동안에는 대외적으로 왕을 칭할 수 없었기에 브란덴부르크 선제후가 더 정확하다.

비텐베르크Wittemberg*에 있던 아저씨 집으로 달아났고, 그곳에 있는 동안 그는 프리드리히와 작센 선제후選帝侯였던 강건왕 아우구스트 2세August II the Strong** 사이에서 누구의 관할인지를 놓고 분쟁이 생겼다. 선제후 또한 자기 영토로 들어온 이 새로운 이주민에게 비상한 관심을 표했기 때문이다. 프리드리히는 뵈트거가 프로이센인이니 즉각 프로이센으로 돌려보내야 한다고 주장했고, 선제후는 이 요구에 뵈트거는 현재 작센 땅에 있으며 이곳에 계속 머물러 있을 것이라고 맞섰다. 실제로도 뵈트거는 작센에 계속 머물렀고, 새로운 군주에게 열렬한 환대를 받았는데, 그도 그럴 것이 선제후는 중국의 값비싼 도자기를 모으느라 모자란 경비 문제를 그가 해결해줄 수 있으리라고 기대했기 때문이다.*** 뵈트거가 변성을 시연하자마자, 선제후는 이 새로운 백성에게 남작 작위를 내리기까지 했다.

뵈트거는 드레스덴에 화려하게 정착해 사치스러운 생활을 누렸으나, 끝내 가지고 있던 가루가 죄다 바닥나고서 심각한 빚에 허덕이게 되었다. 그의 하인들(이제는 채권자들)은 그가 도망치리라는 소문을 퍼트렸고, 그 소문을 들은 선제후는 귀중한 인재를 잃을까 봐 두려워 그를 사실상 가택 연금시켰다.

뵈트거는 그렇게 몇 년 동안을 갇혀 지냈고, 선제후는 그가 현자의 돌을 만들 수 있도록 필요한 장비를 모두 제공했지만, 아무런 성과도 내지 못했다. 그러나 뵈트거는 수습 약제사 출신이었고, 필사적으로 실험에 매달린 끝에 결국 유능한 화학자로 변해갔다. 마침내 그는 도자기를 만드는 방법을 발견했고, 이 기술은 다행히도 선제후에게 현자의 돌을 만드는 비법만큼이나 귀중했다. 뵈트거는 다시 총애받으며 방탕한 삶으로 돌아갔지만, 그 생활은 그를 서른일곱이라는 젊은

* 비텐베르크Wittenberg의 철자의 오탈자. 당시 작센 선제후국의 수도.

** 작센 선제후로서의 명칭은 프리드리히 아우구스트이지만, 혼동을 줄이기 위해 생략했다. 그는 폴란드 왕도 겸했기에 폴란드 왕으로서 아우구스트 2세로도 불린다.

*** 아우구스트는 중국 청화백자에 매료된 나머지 도자기 하나에 근위용기병 1개 중대를 바꿀 정도였다.

나이에 죽음에 이르도록 만들었다. 그 무렵 선제후는 더는 중국제가 아니라 자국에서 생산한 값비싼 도자기 컬렉션을 보유하게 되었다. 이것이 바로 유럽 최초의 경질 도자기인 마이센 자기Dresden china에 얽힌 믿기 어려운 역사다.*

감금과 파문이라는 위험 외에도 연금술서를 난해한 문장으로 써야 했던 또 다른 이유가 있었다. 세월이 흐르며 많은 연금술 용어의 의미가 변해버렸기 때문이다. 예를 들어 콜Kohl(아랍어 kuḥl)은 원래 안티몬의 검은 황화물을 뜻했으며, 고대에 이것은 화장품(주로 아이섀도)으로 쓰였다. 이후 이 단어는 승화시켜 만든 미세한 분말을 가리키는 말로 바뀌었고, 끝내 휘발성 물질이나 증류된 정제액spirit을 가리키는 말로 쓰이게 되었으며, 여기에서 '알코올'이라는 단어가 유래했다. 이런 일이 너무 빈번했기에, 연금술사들조차 특정 용어가 정확히 무엇을 의미하는지 판단하기 힘들었다. 이 때문에 『크라테스의 책Book of Cratès』**의 저자는 절망 직전까지 몰리기도 했다. "오, 진짜 이름과 흡사한 그 의심스러운 이름들이여, 너희는 사람들에게 얼마나 많은 오류와 번뇌를 불러왔는가!"***

연금술서는 몇 번의 중역重譯을 거쳤기에 더욱 번역하기 힘들었다. 그리스 문헌들은 시리아어나 히브리어로 번역되고, 이후 아랍어로, 때로는 카스티야어Castilian****로, 이어서 라틴어로, 마지막으로 각국 언어로 번역됐다. 윌리엄 샐먼William Salmon*****은 헤르메스 트리스메기스투스의 저작으로 전하는 문헌을 번역한 뒤 이렇게 소개했다.

* (원주) A. E. Waite, *Alchemists through the Ages*, p. 211.

** 9세기경의 서적. 아랍어로 쓰였고 현존 사본은 하나뿐이다. 책의 내용은 아랍 연금술과 거리가 있으며, 내용 대부분이 그리스-이집트 연금술 사상을 담고 있다.

*** (원주) M. Berthelot, *Introduction a l'e tude de la chimie des anciens et du moyen age*, iii, p. 50.

**** 이베리아반도 중부 방언으로 스페인어를 구성하는 언어의 하나다. 중세 스페인어로 이해할 수 있다.

***** 17, 18세기 영국의 의사이자 의학자. 그러나 의술에 대해서는 비판받았다. 그와 가장 유사한 현대 직업군은 '쇼 닥터'에 가깝다.

『철학자의 논쟁*Turba Philosophorum*』 표지

"헤르메스 트리스메기스투스의 황금의 작업: 히브리어에서 아랍어로, 그리스어로, 그리고 라틴어로, 그리고 지금은 라틴어에서 영어로 번역된 것."*

널리 읽혔던 연금술서인『철학자의 논쟁』은 잇따른 번역 때문에 생긴 혼선을 잘 보여주는 대표 사례다. 적어도 이 책 일부는 원래 그리스어로 쓰였거나 그리스어 자료에서 유래했고, 이후 아랍어로 번

---

* William Salmon, *Medicina Practica*, London, 1707, p. 57.

역되었으며, 마지막으로 라틴어로 옮겨졌다. 루스카Ruska는 이 과정을 훌륭하게 추적했다. 그는 라틴어 판본에 등장하는 여러 이상한 단어를 다시 아랍어로 음역한 뒤에, 그에 해당하는 그리스어 단어를 찾아야만 의미가 드러난다는 사실을 밝혀냈다.* 예를 들어, 라틴어로는 의미 없는 단어인 'ethel' 또는 'ethelia'는 아랍어 단어로 'atal', 'atali'에 해당하며, 그리스어로 수은의 연기煙氣를 의미했다. 'corsufle'은 본래 그리스어로는 금납** 또는 공작석을 의미했다. 'cambar'는 아랍어로 qunbar, 그리스어로 적색황화수은 χιννάβαρ(단사丹沙)을 의미했다. 라틴어 'iksir', 'icsir', 'iesir', 'yesir'는 아랍어로 'al-iksir'였고 그리스어로 변성 가루를 의미했다.*** 플레스너Plessner는 루스카의 연구를 한층 더 발전시켜, 더 탁월한 복원 작업을 수행했다. 그는 루스카와 마찬가지로 라틴어 본문 속 이상한 명칭들을 아랍어로 되돌리고, 그에 상응하는 그리스어 명칭들을 찾는 방식을 통해『철학자의 논쟁』에 등장하는 철학자 9명이 실제로는 고대 그리스, 소크라테스 이전의 대표적인 철학자들이었다는 사실을 밝혀냈다. 예를 들어서, 라틴어로 Ixmidrus로 표기한 철학자는 본래 그리스의 아낙시만드로스Anaximandros였고, Pandulfus는 엠페도클레스Empedocles였으며, Eximenus는 크세노파네스Xenophanes였다.****

또 다른 경우, 번역본 또는 필사본 제작 과정에서 생긴 오류 탓에 위험한 결과를 맞이하기도 했다. 비잔틴 시대 그리스의 니콜라우스 미렙수스Nicolaus Myrepsus는 아랍어 원전을 바탕으로 의약서 한 권을 편찬했는데, 이 과정에서 그는 아랍어 'darsini(계피)'를 비소砒素, arsenic로 오역했다. 이 때문에 비소를 대량 복용하면 효험이 있다는

---

* (원주) Julius Ruska, *Turba philosophorum: Ein Beitrag zur Geschichte der Alchemie*, Berlin, J. Springer, 1931.

** 금을 용접 또는 접합할 때 쓰는 합금. 금에 다른 금속(은, 구리, 아연 등)을 섞어 녹는점을 낮춘 합금이다.

*** J. Ruska, *Turba Philosophorum*, pp. 27ff.

**** M. Plessner, 'The Place of the Turba Philosophorum in the Development of Alchemy', *Isis* 14 (1954), pp. 331-8.

잘못된 믿음이 퍼졌고, 이는 17세기까지 연금술사와 '환자'들을 위협했다.*

가짜 연금술사들은 연금술 용어의 난해함을 이용해 겉보기에 박식해 보이는 말들로 사람들을 현혹했다. 『캔터베리 이야기』에서 성당 참사회 위원의 자작농은 이렇게 말했다. "우리는 박식한 현자처럼 보이지요, 우리 용어는 얼마나 신학적이고 기묘한지!" 연금술의 매력은 분명 그 신비로운 표현들에 있었다. 그 용어들은 실제보다 훨씬 더 많은 의미를 암시하는 듯했기 때문이다. 존 릴리John Lyly는 희극 『갈라시아Gallathea』에서 연금술 언어들을 풍자했는데, 이 희극은 엘리자베스 1세 앞에서 공연되었다. 주인공 라페Raffe가 조난한 뒤, 연금술사의 조수 피터Peter를 만난다. 피터는 승화, 혼합, 하소, 적화, 육화肉化, Encorporation** 순환, 씨 뿌리기Sementation,*** 백화, 발효 등 연금술의 기술과 과정을 열거하기 시작한다. 그리고 이런 말을 덧붙인다. "이 기술 전체를 아우를 만큼 가능한 한 많은 용어를 말해야 하오." 이에 당황한 라페는 이렇게 반응한다. "성호라도 그어야겠군, 이렇게 많은 대악마가 꼬마 원숭이 입에서 튀어나오는 건 처음 보오!"****

억압, 무지無知, 사기는 연금술 문헌을 난해하게 만든 세 가지 이유였지만, 그 근본 원인은 연금술 자체의 본질에 그 뿌리를 두고 있었다. 감정 없이 자신들의 작업을 단지 실용적 견해로만 바라보는 현대 화학자들과 달리, 연금술사들은 자신들을 가공되지 않은 거친 물질을 정화하고 변성시키는 연금술 화로의 불길에 내던지는 존재로 여겼다. 그들은 금속을 신성하고 살아 있는 존재로 대하며, 육체, 영혼, 감정을 지닌 존재로 존중했다. 연금술사들은 자신들이 다루는 물질과 일종의 협력 관계를 맺었고, 기도와 의식과 의례를 통해 물질의 새로운 형태

---

* M. Crosland, *Historical Studies in the Language of Chemistry*, p. 58.

** incorporation에서 파생한 단어. 무형의 것을 유형화하거나 여러 요소를 하나로 묶는 과정.

*** semen에서 파생한 단어. 연금술에서 창조나 결합의 시작 단계를 뜻한다.

**** John Lyly, *Gallathea*, II, iii. 더 많은 예시는 다음을 참고. 'a brave language, next to canting', *The Alchemist*, II, iii, 40ff, 183ff.

「연금술사의 기도에 대한 답The Answer to the Alchemist's Prayer」
『침묵의 서Mutus Liber』, 1702

를 드러내고자 했다. 단순한 도구만으로는 그들의 시도가 성공할 수
없었다. 과학이 지배하기 이전에는, 도구와 실험 방법이 겉보기에는
같아 보여도 수많은 변수가 어떤 과정에서든 영향을 미칠 수 있었고,

사람들은 자신이 하는 일을 정확히 설명하고 자신의 마법을 이해하기 전까지는 자신의 실패 원인을 (제대로) 설명할 수 없었기에, 그 실패를 물질 자체의 반항적 성질이나 하늘의 영향, 주변 환경 또는 자신들의 내면 탓으로 돌리고는 했다. 갈홍은 방심하는 연단술사들을 끊임없이 공격하려 하는 사악한 힘들의 참혹한 모습을 그려낸다. "산에 들어가는 방법을 알지 못해 산신이 재앙을 내리면, 괴이하고 무서운 귀신들이 시험하고 맹수가 다치게 하며, 계곡의 독기와 뱀이나 독사에게 물리는 등 여러 위험에 목숨을 잃게 한다."* 연금술사들은 동료 관계를 극히 신중하게 살펴 맺어야만 했다. 나쁜 관계는 즉각 자신들 작업에 저주를 불러왔기 때문이다.

연단자가 외딴곳에서 수행하지 않고, 세속의 어리석은 사람들이 그 광경을 보고 듣게 된다면, 신들은 그가 경전의 계율을 어겼다며 책망하고, 악인들이 비방을 일삼게 되며, 신의 가호는 끊기고 사악한 기운이 침투해 약이 이루어지지 않는다.**

연금술 지식의 전수는 단순한 기술 교육을 넘어 몸, 마음, 영혼까지 아우르는 전인교육이었다. 연금술사들은 작업할 때마다, 이번만큼은 과거에 해낼 수 있었던 일에 반드시 성공하기를 간절히 기도했다. 그들의 불확실성과 그동안 맛봤던 실패들은 그들을 신비와 마법의 영역으로 밀어 넣었고, 이런 상황에서는 필연적으로 불명확함이 따랐기에 자유롭고 제한 없는 탐구 정신은 발휘될 수 없었다.

신비는 야금술metallurgy의 본질적인 부분이었고, 일부 지역에서는

---

* (원주) *The Nei P'ien*, p. 219. [감수자 주: 『포박자』 「내편」 극언極言 7 일부 인용. 원문: 或不得入山之法, 令山神爲之作禍, 則妖鬼試之, 猛獸傷之, 溪毒擊之, 蛇蝮螫之, 致多死事, 非一條也.]

** (원주) 같은 책, pp. 92-3. [감수자 주: 『포박자』 「내편」 금단金丹 47 일부 인용. 원문: 作藥者若不絕跡幽僻之地, 令俗閒愚人得經過聞見之, 則諸神便責作藥者之不遵承經戒, 致令惡人有謗毀之言, 則不復佑助人, 而邪氣得進, 藥不成也.]

여전히 존재한다. 1931년, 월터 클라인Walter Cline이 아프리카의 광산과 야금술을 연구할 때, 카탕가의 구리 광부들이 생계가 달린 채광 작업을 주저하는 모습을 발견했다. 채굴 현장으로 가기 전에, 촌장은 주술사와 광부 들을 둘러싸고 조상 대대로 전해 내려오는 구리 혼령 들에게 바치는 기원 축문을 암송했다. 이 기원은 신들을 진정시켜 어떤 벌도 받지 않고 안전하게 광석을 채굴할 수 있게 해달라는 내용이었다. 광부들은 마치 살아 있고 땅의 보호를 받는 생명을 다 자라기도 전에 뽑아내는 것은 아닐까 싶어 두려워하며 조심스럽게 채광했다.* 이런 위험에 대한 두려움과 조심스러움은 용광로에서 금속을 다루는 대장장이들의 태도뿐만 아니라, 현자의 돌을 만들고자 하는 연금술사들의 행동과 마음가짐에도 똑같이 깊이 스며들어 있었다.

클라인은 채광, 야금술과 관련해 아프리카인들의 여러 의례적 행위를 많이 수집했다. 그중 상당수는 성적인 금기taboo나 규율과 관계있었다. 금속 채광이나 단조는 연금술과 마찬가지로 땅의 자궁에서 나온 태아胎兒 상태의 광석이 용광로 속에서 인간의 강력한 개입으로 결합하는 성적 활동으로 여겨졌다. 인간은 자연에 간섭한 값을 이렇게 두려움으로 치렀다. 그들은 무지와 공포를 극복하려 신비로운 의식과 주술을 고안해 땅의 신령을 달래어 이런 인위적인 개입에 순응하게 만들고자 했다. 라예 카마라의 자서전『검은 아이』에 나오는 한 구절은 금속 작업의 신성함과 성性적인 측면을 생생히 그려낸다. 그는 어린 시절 기니의 작은 마을에서 아버지가 금을 제련하는 모습을 지켜본 경험을 풀어낸다.

아버지가 종사했던 여러 일 중에서도 금을 다루는 기술만큼 나를 매료했던 것은 없었다. 다른 어떤 직업도 그보다 신성하지 않았고, 그렇게 섬세한 손길이 필요하지 않았다. 아버지가 금을 다루는 날은 언제나 일상적인 나날의 단조로움을 깨버리는 축제와 같았다. 그건 정말 축제였다. (중략)

* (원주) W. Cline, *Mining and Metallurgy*, Wisconsin, 1937, pp. 117, 119.

아버지의 신호에 따라 조수들은 양가죽으로 된 풀무 두 개를 저으며 작업을 시작했다. 풀무들은 마루 위에, 용광로를 가운데 두고 서로 반대편에 각각 놓여 있었고, 용광로와 흙으로 된 관으로 연결되어 있었다. 작업하는 동안에 조수들은 풀무 앞에 다리를 꼬고 앉았다. (중략) 첫 번째 조수가 열심히 풀무질하고 다른 조수가 그 일을 이어받아서 계속하자, 용광로의 불길이 높이 솟아오르며 생명이 가득 찬 불길로 변해갔다.

그러고 나면 아버지는 부젓가락火箸으로 점토 단지를 들어 이 불길 속에 올려놓았다.

그러고는 곧장 작업장의 모든 활동이 거의 멈췄다. 금이 용해되는 동안에는 기저 금속 조각들이 금이 담겨 있는 용기 안으로 들어가지 못하게 하려고 구리나 알루미늄 작업도 근처에서 할 수 없었다. 이럴 때는 강철만 작업할 수 있었으나, 이 작업을 하는 사람도 곧 서둘러 일을 끝내버리거나 곧 작업을 멈추고 용광로 주위에 모여 있는 조수들과 합류했다. 이러다 보니 많은 사람이 아버지 주위로 죄다 모여들었기에 그중 가장 작은 나는 무슨 일이 진행되는지 하나도 놓치지 않고 보기 위해 용광로 가까이 가야만 했다.

아버지는 작업 공간이 부적합하다고 생각되면 조수들에게 자신에게서 멀리 떨어지라고 했다. 그는 다만 손을 드는 간단한 손짓만 했을 뿐, 중요한 순간에는 한마디도 하지 않았다. 그 밖에 다른 모두도 그러했는데, 아무도 입 밖으로 말할 수 없었다. (중략) 침묵은 풀무질 때 나오는 소리와 금에서 나오는 희미한 쉿쉿거리는 소리로 깨어질 뿐이었다. 아버지는 실제 소리내어 말하지는 않았지만, 나는 그가 마음속으로 말하고 있다는 것을 그의 입술을 보고 알 수 있었다. 그는 단지 윗몸을 구부린 채, 금과 목탄을 작은 나뭇조각으로 뒤섞었는데, 이 나뭇조각은 이내 불꽃으로 변해서 계속 새것으로 갈아주어야만 했다.

아버지는 무슨 말씀을 하셨던 것일까? 나도 잘 모른다. 적어도 그 말씀이 무엇이었는지 나에겐 분명하지 않다. 아무도 나에게 말해주지 않았다. 그러나 그것이 주문이 아니라면 무엇이겠는가? 이때 아버지는 불과 금, 불과 바람의 신에게 금과 불의 결혼을 성사해달라고 빌지

『침묵의 서*Mutus Liber*』, 1702

않았을까? 그들의 조력과 우정과 약혼을 탄원하지 않았을까? 그렇다, 확실히 그는 금을 제련하는 데 없어서는 안 되는 모든 신에게 기원하고 있었다.

　내 눈앞에서 이루어졌던 작업은 분명히 금의 제련이었지만 그 이상의 무언가(영도하는 영혼들이 반기거나 싫어할 수 있는 마술적 작업)였다. 이 때문에 아버지 주변에는 절대적 침묵과 불안한 기대감이 가득했다. 비록 어린아이였지만, 나는 금세공사보다도 더 위대한 장인은 있을 수 없다는 것을 알았다. 나는 일종의 의식에 참여하고 있는 것이라 여겼고, 비록 너무 긴 의식이기는 했지만, 실제로도 그랬다. 나는 이 과정이 왜 이루어지는지 이해하기에는 어렸지만, 점토 그릇 안에서 일어나는 혼합 과정을 좇고 있는 이들이 거의 종교적인 열성에 빠진 것을 지켜보고는 어렴풋이 짐작만 할 수 있었다.

마침내 금이 녹기 시작했을 때 나는 큰소리를 낼 수 있었다. 어쩌면 우리에게 소리를 내지 말라고 했다면 아마도 계속 가만히 있었을 것이다. 나는 몸을 떨었고, 아버지가 이 혼합액(이제는 거의 무거운 반죽처럼 변해 있었다)을 젓는 것을 바라보던 이들도 모두 그랬다. 혼합액 속의 숯도 느리게 타기 시작했다. 다음 단계가 곧 이어졌다. 금은 이제 완전히 물과 같은 유동성을 지니게 되었다. 신들이 이 작업에 미소를 보낸 것이다!

"벽돌을 가져와!" 아버지가 조수들에게 명령했고, 그때 지금까지 우리에게 강제된 침묵의 시간도 끝났다.

조수가 용광로 옆에 가져다 놓은 벽돌은 구멍이 나 있었고, 갈람 버터Galam butter*를 아낌없이 발라둔 것이었다. 아버지는 점토 그릇을 불에서 들어내어 조심스럽게 기울였다. 그러는 동안 나는 금이 벽돌로 흘러 들어가는 것을 마치 액체로 된 불이 흐르는 것처럼 지켜봤다. 사실은 똑똑 드문드문 떨어지는 불줄기일 뿐이었지만, 얼마나 생생하고 찬란한가! 금이 벽돌로 흘러 들어갈 때 벽돌에 발린 버터 기름이 탁탁 튀면서 불꽃을 내며 짙은 연기를 내뿜었고, 이내 우리들의 목구멍과 눈을 파고드는 통에 모두 다 눈물을 흘리고 기침을 해댔다.

그러나 때때로 아버지가 이 작업을 조수 중 한 명에게 맡기곤 했던 것 같다. 그들은 경험을 쌓아왔고 아버지를 수백 번 도왔기에 이 작업을 아마도 훌륭히 수행할 수 있었을 것이다. 그러나 아버지의 입술이

* 아프리카 나무인 비텔라리아 파라독사Vitellaria paradoxa의 씨앗에서 추출한 고체 식물성 지방. 시어 버터로도 불린다.

움직이면서 그 알아들을 수 없는, 우리는 보거나 들을 수도 없는 누군가에게 전하고 있는 그 주문들은 이 작업에 꼭 필요했다. 불, 바람, 금의 신을 불러들이고 악령을 물리치는 것, 이는 아버지만 지녔던 지식이었다.

이제 금은 벽돌 구멍 안에서 완전히 식어 있었고 아버지는 이것을 망치질해 늘리기 시작했다. 이때야말로 금세공이라는 아버지의 일이 본격적으로 시작되는 순간이었다. 아버지는 일을 시작하기 전에 반드시 양가죽 아래 똬리를 틀고 앉아 있는 작은 뱀을 비밀리에 어루만졌는데, 절대 실패하는 일이 없었다. 나는 이것이 남아 있는 나머지 일(그의 작업 중에서도 가장 힘든 부분)을 처리하려 힘을 모으는 그의 방식이 아닐지 추측할 뿐이다.

그러나 이 경우, 작고 검은 뱀이 항상 양가죽 아래 몸을 틀고 앉아 있다는 일은 이상하고 불가사의한 일이 아닐까? 이 뱀은 항상 거기에 있지는 않았다. 매일 아버지를 찾아오는 것도 아니었다. 그러나 그 뱀은 금 작업을 할 때면 언제나 그곳에 나타났다. 뱀이 나타난 것은 나에게 놀라운 일은 아니었다. (중략) 뱀은 의도적으로 거기에 있었다. 그 뱀은 미래에 어떤 일이 있을까를 알고 있었다. 아버지에게 뱀이 그 일들을 말했을까? 나는 확실히 뱀이 말했다고 생각한다. 그런데 모든 것을 말했을까? (중략)

금세공 일을 하는 장인은 무엇보다도 자신을 청결히 해야만 한다. 몸 구석구석을 씻어야 하며, 이 작업 동안 모든 성행위를 자제해야 한다. 아버지가 이 의식을 주관했기에 이러한 규칙을 무시할 수 없었다. 그러나 나는 한 번도 아버지가 이런 준비를 하는 것을 본 적이 없다. 나는 그가 뚜렷한 사전 준비 없이 일에 몰두하는 것을 보았다. 아버지를 기다리는 검은 영이 꿈에서 미리 경고한 것을 그는 일어나자마자 정결淨潔한 상태로 작업장에 들어가 신비한 물질들이 담긴 항아리에 감춘 비밀스러운 마법 물질들로 온몸을 문지르고는 일을 시작했음이 틀림없다. 아니면 그는 항상 의식적으로 정결한 상태를 갖춘 상태로 작업에 임한 것일지도 모른다. 나는 아버지를 실제 이상의 훌륭한 사람으로 이해하고자 애쓰려는 것은 아니다. 그는 한 남성으로서, 인간으로서 약점도 있었다. 하지만 그는 의식을 지키는 데에는 언제나 타협하지 않았다.*

금속을 다루고 불 속에서 물질을 변성시키는 일과 관련한 신비는 연금술의 영역을 넘어 선사시대의 어렴풋한 신화에까지 이를 정도로 다양하다. 불 또는 용광로에 대한 인간의 태도는 항상 이중적이었다. 한편으로 불은 신성하고 초자연적인 것과 관계있었다. 신, 주술사, 요가 수행자, 마법사나 의술 관련자. 다시 말해 신의 부름을 받은 자들만 지닌 것으로 여겨졌다. 불에는 초자연적인 힘이 깃들어 있으며, 사람은 이를 통해 자연이 할 수 없는 일을 해내고, 자연의 과정을 놀랄 정도로 빠르게 앞당길 수 있다. 이 특별한 힘을 다스리는 이들은 '불의 주인Master of the fire'**이라 불렸다. 토머스 노턴은 연금술사를 이같이 신과 같은 범주에 포함하며, 그들을 '불 속의 위대한 스승Magister magnus in igne'이라 불렀다.

유럽의 몇몇 민담에서는 예수, 성 베드로, 성 엘로이St. Eligius***가 불의 거장으로 나온다. 그들은 병을 고치며 늙고 추한 이들을 회춘시키는 데 대장장이의 화로를 사용한다. 병자들을 불길이 치솟는 화로에 던져 넣고 모루에 올려 망치로 직접 내리쳤다. 평범한 대장장이도 나중에 같은 기적을 일으키려고 시도한다. 그의 장모를 기적의 대상으로 택해 마지막으로 화로에 던지려는 찰나에 예수 또는 다른 성인들이 나타나 그녀의 뼈와 재에서 다시 그녀를 소생시켜 놓았다.****

---

*　(원주) Camara Laye, *The Dark Child*, New York, 1971 (first published 1954), chapter 2.

**　(원주) M. Eliade, *Shamanism*, London, 1964, pp. 335ff. C.M. Edsman, Ignis Divinus, Lund, 1949.

***　성 엘리기우스로도 부른다. 금세공사, 대장장이, 모든 금속 장인의 성인.

****　(원주) 『그림 동화』의 147번째 이야기인 「노인이 다시 젊은이가 된 이야기」에서는 하느님과 성 베드로가 한 대장장이의 집에 들른 것에서 이야기가 시작한다. 가난하고 늙고 병든 거지가 대장장이 집에 와서 구걸하며 예수에게 와서는 스스로 빵값이라도 벌 수 있게 자신을 치료해달라고 애걸하자, 예수는 대장장이에게 대장간을 잠시만 빌려달라고 부탁한다. 그는 이 늙은이를 불 한

악마도 예수와 마찬가지로 불의 거장이지만, 넘실대며 끓어오르는 그의 왕궁을 덮어버리는 유황의 증기에서는 그 어떤 아름다운 것도, 선한 것도 나오지 않는다. 불은 창조하기도 하고 파괴하기도 하며 정화하기도 하고 닥치는 대로 응징만 하기도 한다. 불의 사용은 사용자에 따라 다르다. 아마도 이 때문에 사람들은 그들 속에서 전적으로 편안함을 느끼거나, 하늘에 있는 신성한 대장장이들에게서도 편안함을 느끼지 못하는 것일 터이다. 불처럼 강력한 도구의 거장이 다음에 이를 어떻게 쓸지 누가 확신할 수 있단 말인가? 신들조차도 대장장이나 불의 신들에게는 방심하지 않는다. 왜냐하면, 그들은 이들이 얼마나 교활하고 약삭빠르며 완전히 믿을 수 없는 존재로 변할 수 있는지를 알기 때문이다. 북유럽 신화에서 불의 신 로키Loki는 그들을 파괴하려는 전장(라그나로크)에서 다른 동료 신들을 배신했다.* 그리스신화 속 많은 잘생긴 신 사이에서 (오직) 헤파이스토스만 일그러진 형상에 절름발이다. 아마도 그의 꼬인 수족은 불과 같은 강력한 힘을 다스렸던 약삭빠른 대장장이에 대한 그리스인들의 양가감정이 반영된 것이리라.

대장장이에 대한 증오와 두려움은 인류 역사에서도 가장 비참하고 또한 그 질적인 면에서도 가장 낮았던 철기시대의 신화에서 비롯했을 수 있다. 이 시대는 잇따른 전쟁, 대량 살상, 노예와 빈곤의 증가가 계속된 시기였다.**

가운데 놓인, 마치 장미 덩굴처럼 붉게 달아오른 모루에 올려놓고 새롭게 주조하더니 담금질 통에 던져넣었다. 그러자 그 통에서 건강하고 영리해 보이는 스무 살 청년이 나오는 것이 아닌가. 대장장이는 후에 이와 똑같은 기술을 늙고 반쯤 눈먼 장모에게 시도하려 했으나, 그녀는 불에 던져져 바싹 타버렸다. 이때는 예수나 성 베드로가 그녀를 구하려 모습을 드러내지는 않는다.

* 로키가 불의 신이 아니라는 설도 있다. 이 경우 불의 신은 요툰 로기Logi라 여겨진다. de Vries, *Altnordisches Etymologisches Wörterbuch*, Jan 1962, Brill.

** (원주) 이는 미르체아 엘리아데가 *The Forge and the Crucible*, New York, 1962 (first published 1956), chapter 8에서 주장했다. 참고로 다음의 책에서는 켈트 전설 중 대장장이가 위험한 마법사로 등장한다. W. Cline, *Mining and Metallurgy*, p. 114.

그러나 이 모든 일이 철 때문에 일어났다는 생각이 시종일관 유대교까지 나타나지는 않는다. 「창세기」 4장 22절에서 투발 카인Tubal cain*을 청동과 철을 다루는 모든 방법을 알려준 자로 묘사하는데, 그 구절에 철이 나쁘다는 암시는 전혀 없다. 실제로 철은 인류에게 보통 이상으로 유익할 수 있었기 때문이다. 『쿠란』에서 신은 그가 창조한 철의 양면성을 처음부터 알았다. "실로 하나님은 분명한 예증과 더불어 그분의 선지자들을 보냈으며 또한 사람들이 공평하게 자기 자신을 인도할 성서와 규형을 함께 보내셨노라. 그리고 하나님은 강한 힘을 상징하고 여러 가지로 유용한 무쇠를 보냈나니 이로 하여 하나님께서 그분과 그분의 선지자와 보이지 않는 것을 믿는 신도를 돕는 자를 시험코자 함이라 실로 하나님은 강하심과 권능으로 충만하심이라(LVII, 25)."** 그러나 무함마드를 그의 정적에게 팔아넘긴 것은 의미심장하게도 다름 아닌 대장장이였고, 모든 대장장이는 그의 저주를 물려받았다.

연금술사들은 불에 대한 본능적 두려움과 물질의 특성에서 나타날 수 있는 변수들에 대한 두려움을 물려받았다. 조시모스조차 자신이 그렇게 주의를 기울여 실습했던 기술이 악마에게서 기원했다고 믿었다. 악마 무리가 지상의 여인과 사랑에 빠져 인간에게 자연의 비밀을 가르쳐주려 내려왔고, 그들은 이 경솔함 때문에 하늘에서 추방당해 영원히 지상으로 유배당했다. 거인들은 악마들과 필멸자인 인간 사이에서 태어났으며, 이들이 처음으로 연금술을 가르쳤다.***

연금술사들은 생명보다 더 큰 존재였다. 마법, 신비의 아우라aura가 그들의 활동에 달라붙어 있었다. 그들은 불에 집착하며 물질에 새로운 형상을 만들어 넣을 때마다 자기가 조절할 수 없을 만큼 힘과 열정을 불어넣었다. 그들 작업의 모호성은 대부분 그들의 불확실성을 가늠하는 척도였다. 자신들이 무엇을, 왜 하는지를 정확히 알지 못했

* 『구약성경』 속 라멕의 아들로 최초의 금속공.

** 원문에는 LXII, 25로 표기했으나, 『쿠란』 62장은 25절이 없다. 이 문구는 LVII, 25이다.

*** (원주) J. van Lennep, *L'Art et L'Alchimie*, p. 13.

기에 그들은 자신들의 이해가 미치지 못하는 부분을 신비함으로 덮어두고 자신들의 성공이나 실패를 자신들의 능력이나 합리적인 이해를 뛰어넘는 어떤 힘의 탓으로 돌려버렸다. 연금술사들은 자신들의 연금술 도구에서 일어나는 반응을 우주와 관련한 어떤 현상으로 해석했고, 삶과 죽음의 신비를 에워싸고 있는 심연 속 진리의 계시를 구하려 했다. 그들은 언어를 불신한다는 점에서 성직자나 철학자들과 의견을 같이했다. 단어들은 사물의 세계에 그 뿌리를 두고 있다. 이 단어들이란 거칠고 투박해 최초의 철로 된 무기를 만들어냈던 그들의 형이상학적인 발걸음들을 표현하기에는 부적합했다. 프로메테우스는 인간에게 불을 선사했다는 죄로 비참한 운명을 맞았는데, 아마도 신들은 불이 무시무시한 용도에 쓰이리라는 사실을 알고 있었을 것이다. 『구약성경』에는 제단을 세울 때 철기를 쓰지 말라는 구절이 두 차례 나온다.* 위대한 유대인 주석자 라시Rashi**는 이 구절을 두고, 제단은 생명을 가져다주지만 철은 죽음을 불러오기에 쓰였다고 설명했다. 유대 전통도 이와 관계있는데, 이들에게는 사원을 짓는 동안에 철기를 쓰지 말라는 비슷한 금기사항이 보인다. 그런데 철기 없이 사원을 짓기란 불가능하기에 우리의 조물주 신은 신비스럽게도 샤미르Shamir라는 벌레 하나를 창조했다. 이 벌레는 어떤 돌을 기어다니든 모조리 부술 만큼 강력해서 철기 없이도 사원을 지을 수 있었던 것이라고 전통은 말한다.

사람 마음속을 뒤흔드는 갈망, 종교적 진리를 언어, 논리, 명확한 서술로 바꿔낸다는 것은 불가능했다. 이러한 믿음에서 테르툴리아

---

* "만일 돌로 나의 제단을 쌓을 때는 다듬지 않은 돌로 쌓아라. 거기에 정을 대면 부정을 타게 된다."(「출애굽기」 20장 25절) "그리고 거기에다 너희 하느님 야훼께 제단을 쌓는데 쇠 연장으로 다듬지 않은 돌로 제단을 쌓아라. 이렇게 돌들을 생긴 그대로 가져다가 너희 하느님 야훼의 제단을 쌓고 그 위에다 너희 하느님 야훼께 번제를 바쳐야 한다."(「신명기」 27장 5-6절)
** 10, 11세기 프랑스의 랍비. 성경, 탈무드, 타나크 등의 경전 주석자로 유명하다.

기도하고, 독서하고, 독서하고 또 독서하라. 그러고 나서 작업하면
발견할 수 있으리라Pray, read, read, read again, work and you shall find
『침묵의 서Mutus Liber』, 1702

누스Tertullianus*의 수수께끼 같은 문장이 나온다. "하느님의 아들은
죽는다. 이것은 불합리하기에 믿을 만한 가치가 있다. 그가 묻히고
나면 그는 다시 일어난다. 이것은 불가능하기에 확실하다."** 언어에
대한 이런 태도는 선불교의 다음 화두가 지니는 피상적인 불합리에
대한 설명이 되기도 한다. "예도 아니고 아니오도 아니다." 하느님 혹
은 절대자는 모든 자연적인 대상들을 초월하기에 그는 '전체로서의
하나'이면서 '하나로서의 전체'이며, 형언할 수 없지만, 끊임없이 묘
사된다.

종교인들이 역설을 좋아한다는 사실은 연금술사들 문헌에 나오는
상징화들을 설명하는 데 동원되기도 한다. 연금술사들도 모든 일상
적 존재 뒤에 있는 초월적 통일성을 표현하고자 노력했다. 비록 화학
이라는 언어를 사용하지만, 그들은 이 언어를 자연과학의 영역을 넘
어 영과 혼, 탄생, 죽음과 구원에 이르기까지 적용하고 있다. 그들은
자신들의 화학 언어를 한계까지 확장해 기쁨과 혐오를 동시에 느낄
수 있게 만들었다. 애시몰은 이런 연금술에 내재한 영적, 철학적인
언어들에 주목했다.

* 2, 3세기 로마제국 카르타고에서 주로 활동했고, 초기 교회의 교리를 완
고하게 수호하며 삼위일체론을 비롯한 많은 신학 개념, 용어를 남긴 신학자.
** 테르툴리아누스, 『그리스도의 육신론』, 분도출판사, 1994, 5장 3-4항.

114

참된 연금술사들은 세속의 부보다 지혜를 더 사랑했기에, 더 고귀하고 숭고한 작용을 추구했다. 그리고 자연의 모든 과정이 그에게 열려 있는 자라면, 그는 금과 은을 만들 수 있다거나 악마들을 자신에게 복종시키는 것에서 기쁨을 느끼기보다는, 하늘이 열리고 신의 천사가 오르내리는 것을 바라보며 자기 이름이 생명책에 아름답게 기록된 것을 보는 데 더 큰 기쁨을 느낄 것이 확실하다.*

애시몰은 화학반응, 공식, 기호 또는 엘릭서에는 관심이 없었다. 그에게는 상징화, 신비, 역설, 암호와 같은 수수께끼들이 많은 저택으로 들어가는 열쇠였다. 이것들은 모두 그가 그렇게 열심히 찾았던 영적 구원의 길에 통하는 문을 열어주었다.

* (원주) *Theatrum Chemicum Britannicum*, prolegomena. 콜론 뒤 문장은 훗날 장미십자회의 첫 번째 선언문인 *Fama Fraternitas*에 인용되었다. 다음을 참고. F. Yates, *The Rosicrucian Enlightenmeni*, London, 1972. p. 250.

4. 혼의 엘릭서

The Elixir of the Soul

아가멤논Agamemnon이 트로이에서 고향으로 돌아와 분노에 휩싸여 복수심만을 태우고 있던 아내가 깔아놓은 주홍색 카펫을 밟게 되었을 때, 그는 스스로 파멸의 낙인을 찍어버린 것이었다.* 신은 이 오만 방자하고 주제넘은 자를 곱게 봐주지 않았다. 이카로스는 대담하게도 태양에 너무 가까이 가버리는 바람에 축축한 무덤 속으로 떨어져버리고 말았다. 불사신 아폴론에게는 숙명적인 아들이었던 젊은 파에톤Phaëton은 아버지의 태양 수레를 끌 수 있게 해달라고 하다가 자신뿐 아니라 전 세계를 폐허로 만들고 말았다.** 과거 역사가 우리에게 가르쳐주는 교훈들은 분명하다. 인간이 마치 자신이 신인 것처럼 자처하면, 고통받을 수밖에 없다는 것이다. 이런 경고에도 연금술사들은 실험실 안에서 자신을 스스로 신이라 여겨 이 창조주를 흉내 내려 했다. 미하일 셍지보이는 "이 세상은 가장 현명한 창조주의 손으로 만들어진 거대한 증류기다. 이를 본떠 모든 현자가 자신만의 작은 증류기를 만들었다."라고 썼다.*** 신은 혼란한 원소들을 분리, 증류, 응결시켜 이 세계를 창조한 연금술의 거장이었다.**** 몇몇 연금술사는 글자 그대로 경건한 기독교적 관습들을 신을 본받는 것Imitatio Dei*****이라 여겼기에 자신의 실험실에서 은밀하게 이 승화, 창조의

* 트로이전쟁 때 그리스군 총지휘관. 전쟁 전에 아르테미스를 모독하는 짓을 저질렀고, 이로 인한 신의 분노를 피하고자 친딸을 산제물로 바쳤다. 승전 후 귀국하자 이에 분노한 아내와 내연남에게 살해당한다.

** 본래 태양신 헬리오스의 아들로 전승되나, 오비디우스의 『변신 이야기』에서는 아폴론이 아버지로 기록되어 있다.

*** (원주) *The Hermetic Museum*, ii, p. 135.

**** (원주) 많은 연금술사가 이와 견해를 같이했다. 이 책 296쪽 참고.

***** 다음 논문을 참고. 「'하나님 닮아가기' Imitatio Dei로서의 정의 - 시편

경건한 행위를 되풀이하곤 했다.

창조 The Creation

　흔히 얻을 수 있는 빗물을 적어도 10쿼트Quart(11.3652리터)는 될 만큼 충분한 양을 유리 용기에, 적어도 10일 이상 잘 밀봉한 채로 보관하라. 그러면 바닥에 침전물이 생길 것이다. 그러면 맑은 물을 (다른 유리 용기로) 따라내고, 침전물을 공처럼 둥근 모양을 한 나무 용기에 옮겨놓되, 이 용기의 중간 정도를 잘라내고 3분의 1 정도를 채운 다음에, 정오 무렵 인적이 드문 비밀스럽고 한적한 곳에다 두고 햇볕을 쬐어라.

　이 일이 끝나면, (미사에 봉헌해) 축성한 적포도주를 한 방울 물에 떨어뜨려라. 그러면 너는 마치 창조가 시작되던 첫날처럼 곧 물 위에 안개가 드리우면서 짙은 어둠이 깃드는 것을 보게 될 것이다. 그다음에는 두 방울을 떨어뜨려라. 이번에는 이 어둠에서 나오는 한 줄기 빛을 볼 수 있게 될 것이다. 그다음에는 세 방울, 네 방울, 그리고 다섯 방울, 여섯 방울로 15분이 지날 때마다 포도주를 떨어뜨리다 보면 네 눈으로 직접, 물 위에서 차례로 일어나는 일들을 볼 수 있을 것이며, (이 방법으로) 신이 어떻게 6일 만에 모든 것을 창조했는지, 그리고 이 일들이 모두 어떻게 일어났는지 보게 될 것이다. 이 비밀들은 사람들에게 알려지지도 않았고 나도 이 비밀을 밝힐 힘은 지니고 있지 않다. 이 일을 시작하기 전에는 무릎을 꿇어라. 너의 눈이 이것을 판단하게 하라. 그렇게 하여 세계가 창조되었으니. 모든 것을 그대로 두면 30분 후에는 (이렇게 만들어진 세상이) 사라지기 시작한다.

　이렇게 하면 너는 신의 비밀을 분명히 볼 수 있을 것이다. 어린아이가 이해하지 못하듯, 신의 비밀은 지금 그대 안에 그대도 모르는 채로 존재한다. 너는 창조에 대하여 모세가 썼던 글을 이해하게 될 것이다. 그리고 너는 아담과 이브가 에덴동산 추방 전후에 어떤 육체를 지녔고, 뱀이 어떠했으며 나무는 어떠했는지, 그들은 어떤 과일을 먹었는

을 통해서 본 구약성서의 '정의' 신학」, 『장신논단』, 2016, 48권 2호.

지를 알게 될 것이다. 낙원이 어디며, 무엇인지를, 그리고 의인들이 어떤 몸으로 소생하게 되는지, 아담에게서 물려받은 우리 육신이 아니라 성령을 통해 얻게 되는, 다시 말해 하늘에서 내려온 우리 구세주와 같은 몸으로 소생한다는 것을 알게 되리라.*

그러니 한 연금술사가 "우리의 일을 하다가 적지 않은 사람들이 죽었다."라고 했다.** 현자의 돌(엘릭서)을 지닌 연금술사에게는 시간과 창조의 권능이 있다고 믿었다. 그는 인간을 인간의 조상인 동물과 구별해주는 자신의 꿈을 극한까지 몰아갔으며, 자기 손으로 자연을 변성시켜 완벽하게 만들 수 있을 것이라 믿었다. 이는 대단히 혹독하고 위험한 과업이었으며, 예리한 지성과 고결함, 담력을 지닌 자들만이 할 수 있는 일이었다. 1600년 전, 갈홍은 이렇게 썼다. "이 길로 들어서려는 자는 (중략) 물소 털만큼 많았으나, (중략) 성공할 수 있는 사람은 기린 뿔만큼 드물었다."*** 서구 세계가 믿는 '진보'라는 관념은, 자연을 바꾸고 완성하려 했던 연금술의 꿈이 종교적인 색깔을 걷어낸 후 지금까지 이어진 것이라 볼 수 있다. 그러나 이제는 연금술사가 지녔던 자연에 대한 경외감은 사라졌다. 우리는 연금술사처럼 시간을 지배하려 한 것이 아니라, 오히려 시간의 지배를 받는 존재가 되었다. 이제 우리는, 우리의 안락함과 생존을 결정짓는 여러 중요한 분야에서 시간이 점점 부족해진 것은 아닐까 하는 불안에 깊이 사로잡혀 있다.

연금술은 시작부터 철학과 종교와 연관을 맺고 있었다. 페트루스

*　(원주) Jurain, *Hyle & Coahyl*, Hamburg, 1732. 다음에서 인용. C. G. Jung, *Psychology and Alchemy*, Collected Works, vol. 12, 2nd revised edition, London, 1968, p. 246.

**　(원주) *Rosarium philosophorum*, 다음에서 인용. C. G. Jung, *Psychology and Alchemy*, p. 148.

***　원문에서 『포박자』「내편」 극언極言 1을 일부 인용했으나, 본문에 오역이 있어 정정했다. 원문: 故爲者如牛毛, 獲者如麟角也. 夫彀勁弩者, 效力於發箭; 涉大川者, 保全於既濟; 井不達泉, 則猶不掘也; 一步未至, 則猶不往也.

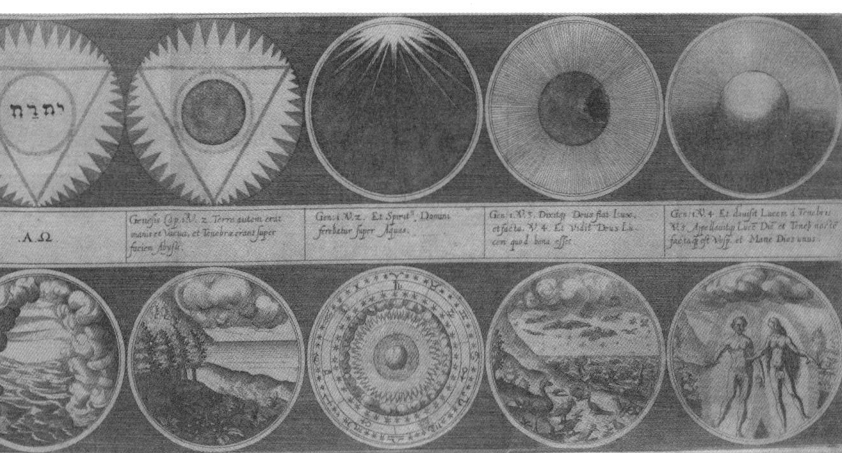

연금술을 통한 세계의 창조
『헤르메스 전집_Museaum Hermeticum_』, 1678

보누스는 이 기술의 정신적인 면을 강조한 여러 연금술사 중 하나다. 그는 연금술은 인간의 물질적 안락함을 위해서가 아니라 사람들의 영적 행복을 위해 신이 계시를 내려주신 것이라고 말했다.

연금술사들에게 모세, 다니엘, 솔로몬, 그 외 몇몇 예언자와 복음사가 요한이 연금술에 관해 알고 있었다는 점은 분명한 사실이었다. 이들에게는 하느님께서 그들에게 직접 계시하신 것이 틀림없다. 이 성인들은 금이나 은을 얻을 목적으로 연금술을 한 것이 아니라, 연금술 자체의 아름다움과 영적인 세계에 대한 통찰력 때문에 이 기술에 매진한 것이다.*

모든 연금술사가 페트루스 보누스처럼 영적인 길을 걷지는 않았다. 많은 실험실 연구자는 실용적인 발견에 더 관심을 기울였고, 이는 채광, 야금술, 도예를 비롯한 여러 제조 과정의 발전으로 이어졌으며, 이들의 발견이 화학을 시작할 수 있는 발판을 마련했다. 그러나 시간

---

*　(원주) _The New Pearl of Great Price_, p. 135.

이 지날수록 연금술은 점점 영적인 문제에 집중하게 되었고, 연금술의 실용적인 면은 장인이나 기술자의 손에 맡겨지게 되었다.

중세 연금술은 합리적이고 실험 중심적인 기술의 형태를 띠고 있었으나, 르네상스 시대를 지나며 점차 이런 모습이 자취를 감추고 말았다. 중세 연금술사들은 대체로 그리스, 이집트, 아랍에서 전해 받은 이론을 당대의 스콜라철학에 기반한 합리적 틀 안에서 설명했고, 이 설명은 신비로운 미사여구로 윤색되지도 않았다. 중세적 접근의 좋은 예로 게버Geber*가 있다. 그는 강한 호기심과 체계적 사고방식을 갖춘 사람으로, 일관적이면서 정확한 방식으로 화학반응을 기록했다. 그러나 16세기에 이르러 그의 실용적인 방식은 유행에 뒤처진 것이 되어버렸다. 대부분 연금술은 실험실을 떠나 수도사의 방이나 철학자의 서재로 그 자리를 옮겼다. 『철학자의 묵주Rosary of the Philosophers』를 쓴 한 영적인 저자는 이렇게 말했다. "우리의 금은 흔한 금이 아니다."** 이 시기 연금술사들은 오직 상징과 비유로만 불과 화덕이라는 실천적 뿌리에 연결되어 있었다.***

서양에서 영적 연금술의 절정기는 16, 17세기인데, 이는 르네상스 시대에 종교적 권위와 사회질서가 해체되고 붕괴한 시기와 맞물려

---

* (원주) 몇몇 예외를 제외하면 게버의 이름으로 출판된 라틴어 작품들은 일반적으로 그의 책 번역본이 아니라 13세기 후반 스페인 연금술사의 저작들이었다. 다음을 참고. E. J. Holmyard, *Alchemy*, pp. 134ff.

** (원주) *Rosarium philosaphorum*, p. 18.

*** (원주) 야코프 뵈메Jacob Boehme(1575-1624)는 순전히 영적인 목적으로 연금술 용어를 쓴 신비주의자다. 그의 영국인 제자였던 윌리엄 로William Law는 이 때문에 그의 책을 읽는 독자가 겪는 혼란을 이렇게 기록했다. "그의 책이 영어로 처음 발간되었을 때 많은 영국 사람, 특히 대단히 재치 있고 능력 있는 사람들이 독자가 되었다. 그런데 그들은 그 책 본래의 유일한 구상, 즉, 지상의 삶에서 천상의 삶으로 그들 스스로 재생하려는 생각을 가지기보다, 화학자가 되어 금속을 재생시키려고 연금술 화로를 갖춰 현자의 돌을 찾고 있었다. 그러나 이제는 세상의 그 누구도 그렇게 깊이 있게, 실로 저 밑바닥에서부터 끝내는 연기처럼 사라질지도 모르는 끝없는 노동이나, 침묵을 지키며 불을 사용하는 기술로 성공의 가능성이라고는 보이지 않는 기술에 자신을 맡기려 하지 않는다." *The Way of Divine Knowledge: The Second Dialogue*, London, 1762.

있다. 영적 연금술은 여러 사상 사이에서 표류하던 당대 사람들에게 종교적 갈증을 채우는 수단이 되었다. 파라켈수스는 당시 종교에 대해 느낀 환멸을 이렇게 표현했다. "루터와 교황은 서로 순결에 대해 논쟁하는 두 창녀 같다."* 종교 갈등은 많은 이를 교화가 아닌 과학으로 이끌었고, 예전 같았으면 교회에서 위로와 안정을 찾았을 이들이 새로운 길을 찾아야만 했다. 이때, 연금술은 그처럼 길잃은 사람들이 만들어낸 독특한 구원의 방식들을 담아내기에 이상적인 틀을 제공해주었다.

연단술사들도 실용적인 기술에서 점차 멀어졌다. 13세기경에 연단술은 거의 전적으로 방술方術의 하나**가 되어버렸고, 연단술을 통한 변성은 실험실이 아니라 수행자의 몸 안에서 일어나는 것으로 여겨졌다.*** 13세기 중국 시인 저영儲泳****은 "일반적으로 황백술黃白術(금과 은을 만드는 기술)에 관심 있는 자들은 고상하고 깊이 있는 학자라 할 수 없다. 그들이 어찌 도를 추구하는 참된 제자라 할 수 있겠는가?"*****라고 썼다. 저영은 이들을 "불이나 지피는 사람爇客"******으로 평한다. 영국의 로버트 플러드Robert Fludd*******도 이와 비슷하게 이전의 연금술사들을 폄훼한다. 그는 "세속적인 연금술사들의 실험은 진정한 화학의 그림자일 뿐이며, 그저 수수께끼 같은 모방에

* (원주) H. M. Pachter, *Paracelsus*, 1951, p. 267.

** 외단학外丹學. 이들의 약에 들어가는 재료는 대부분 중금속이 들어갔다.

*** 이 책 266-268쪽 참고.

**** 자는 文卿, 남송 초기 시인이며, 도가 경전에 주석한 『참동계해參同契解』, 『오진편해悟眞篇解』를 남겼다. 대표 시로 「사귀思歸」가 있다.

***** 저영, 『거의설祛疑說』 「황백지술黃白之術」편을 의역·요약했다. 원문 https://ctext.org/wiki.pl?if=gb&chapter=471318#%E9%BB%83%E7%99%BD%E4%B9%8B%E8%A1%93

****** (원주) J. Needham, *SCC*, V, Part 3 p. 208.

******* 15세기 말, 16세기의 의사, 점성술사, 수학자, 카발라주의자, 장미십자회 회원. 여러 신비주의 저작을 썼고, 후대 신비주의자에게 큰 영향을 미쳤다.

그친다."라고 말했다.*

　연금술사나 연단술사 들은 자신들의 기술에 따르는 도덕적 자격을 강조했다. 『떠오르는 새벽*Aurora Consurgens*』의 저자**는 연금술사가 건강하고, 겸손하며, 경건하고, 정결하고, 덕이 있으며, 충실하고, 희망에 차 있고, 자애롭고, 선하고, 인내심이 있으며, 절제하고, 이해심이 깊고, 순종적인 사람이어야 한다고 단언했다.*** 게버는 『완전함의 총서*Sum of Perfection*』에서 '연금술사의 영혼에서 비롯한 장애들'이라는 장을 따로 할애해 서술했다. 페트루스 보누스는 독자들에게 헤르메스주의 단체에 입회하기 전에 자신의 마음과 정신을 깊이 살피도록 권했다. 만약 그들이 도덕적으로 준비되어 있지 않다면, 실패할 수밖에 없기 때문이다. "그대가 자격이 있고, 활력과 인내심을 지녔으며, 밤낮으로 부지런히 배울 각오가 되어 있고, 신의 인도를 잘 따른다면, 그대는 결국 신께서 허락하실 때 갈망하던 지식을 얻게 될 것이다."****라는 엘리아스 애시몰의 무게감 있는 표현을 빌리자면, 오직 이런 사람만이 '연금술의 선택된 아들들'이 될 수 있다는 것이다.***** 연금술사의 선택이라는 생각은 쉽게 신의 선택이라는 개념과 하나가 되었다. 칼뱅주의자 연금술사 윌리엄 블룸필드도 연금술 지식에 대해 다음과 같이 썼다. "그것은 하느님에게서 오는 것이며, 그분께서는 어떤 이들, 곧 선택된 자들에게는 깨닫게 하시고, 다른 이들에게는 감추신다."******

* 　(원주) 이 말이 로버트 플러드가 기존 연금술의 변성 과정을 믿지 않았다는 뜻은 아니다. 그는 기존 연금술과 영적 연금술은 예수 그리스도가 인간이자 신인 것처럼 함께 이루어지는 것이라는 견해를 가지고 있었다.

** 　토마스 아퀴나스가 썼다고 알려진 문헌으로 연금술에 나오는 상반되는 성질을 다루나, 실제로는 아퀴나스의 이름을 도용한 위작으로 여겨진다.

*** 　(원주) C. G. Jung, *Psychology and Alchemy*, p. 270-71.

**** 　(원주) *The New Pearl of Great Price* , pp. 131-2.

***** 　(원주) *Theatrum Chemicum Britannicum*, prolegomena.

****** 　(원주) 같은 책 p. 307. 다음을 참고. R. M. Schuler, 'Some Spiritual Alchemists of Seventeenth Century England', to be published in *The Journal of the History of Ideas*.

종교와 마찬가지로 연금술은 계시에 의존한다. 연금술사가 자신을 옳은 길로 인도할, 신에게 영감을 받은 스승을 만나지 못하는 한, 숱한 노력이 물거품이 되어버린다. 갈홍은 "진정한 마음과 성의를 다하지 않으면 스승과 친구와 같은 깊은 인연을 맺을 수 없고, 또한 꾸준한 노력과 뚜렷한 성과가 없으면 중요한 시험이나 큰 시련을 이겨낼 수 없다."*라고 말한다. 갈홍 자신도 제단 앞에서 맹세하고 자기 피로 인장을 찍어서 연단술에 입문했다.** 토머스 노턴도 스승의 중요성을 인정하며 아래와 같이 썼다.

> 또한, 신이 그에게 가르쳐줄 스승을 보내주지 않는 한
> 그 누구도 이 학문에 도달할 수 없다.***

노턴은 마침내 자신을 가르칠 만하다고 판단한 스승의 편지를 받고 느꼈던 자신의 기쁨을 이렇게 묘사한다. 그는 즉시 말에 안장을 얹고, 스승의 집까지 100마일 넘는 거리를 달려갔다. 노턴은 그곳에서 40일을 머물며 비법을 배웠다. 그는 배우는 속도가 느렸던 듯하다. 페트루스 보누스는 "우리 기술의 모든 비밀은, 그것을 아는 사람에게서라면 단 한 시간 만에도 배울 수 있다. 이는 다른 어떤 학문에서도 볼 수 없는 일이다."****라고 썼기 때문이다. 엘리아스 애시몰은 연금술사 윌리엄 백하우스William Backhouse*****의 제자로 받아들여졌던 일을 기록으로 남겼다. 그는 1651년 4월 3일 일기에 백하우스가 자신에게 '아들'이 되어줄 것을 청했고, 이내 본인을 '아버지'로 부르라고

---

* (원주) *The Nei P'ien*, p. 112. [감수자 주: 『포박자』 「내편」 미지微旨 3 일부 인용. 원문: 非誠心款契, 不足以結師友; 非功勞不足以論大試.]

** 연금술에서는 이를 양자를 입양한다는 뜻의 단어 adoption으로 표현한다.

*** (원주) *Theatrum Chemicum Britannicum*, p. 14.

**** (원주) *The New Pearl of Great Price*, pp. 137-8. 그러나 이상하게도, 이렇게 단호하게 썼던 페트루스 보누스는 책 뒷부분에 자신도 연금술에 성공한 적이 없다고 인정한다.

***** 17세기 영국의 철학자, 연금술사, 점성술사. 많은 연금술서를 번역했다.

스승의 입양The Adoption of an Adept
『영국 연금술 문헌집*Theatrum Chemicum Britannicum*』

했다고 적었다. 2년 뒤인 1653년 5월 13일, 백하우스는 자신이 임종을 앞두고 있다고 착각해 애시몰을 자신의 침상 곁으로 불러 마지막 계시를 전했다. 애시몰의 말을 빌리면, "백하우스는 조심스럽게 말을 골라가며 비밀을 전했고, 그것을 내게 유산처럼 물려주었다."

벤 존슨은 도덕에 얽매인 연금술사들을 희화화해 활용했다. 기사

벤 존슨의 초상화

마몬Mammon 경이 현자의 돌을 얻으면 누릴 수 있는 안락한 삶에 대해서 열광적으로 늘어놓자, 도박꾼 설리Gamester Surly는 현자의 돌은 오직 경건하고 덕이 높은 사람만이 얻는 줄 알았다며 비꼬듯 말한다.

뭐, 내가 듣기론 현자의 돌을 얻으려면 절제 있는 사람,
경건하고, 신성하며, 종교적인 사람이어야 한대.
죽을죄를 짓지 않은, 거의 순결한 사람 말이야.*

마몬은 이 연금술의 도덕적 진리를 능청스레 빠져나간다. "그래서 그런 사람만 얻을 수 있다는 거지요, 선생. 하지만 저는 돈 주고 삽니다."라고 설리의 질문에 답한다. 그러나 이후 마몬은 결국 파놓은 함정에 스스로 걸리는 꼴이 되고 만다. 사기꾼 연금술사 서틀은 마몬이 (작중 연금술사와 공범인) 돌 커먼Doll Common과 의심스러운 상황에 있는 것을 발견하고, 곧바로 실험실에서 뭔가 이상한 일이 벌어지고 있음을 알아채고는, "안쪽의 위대한 작업이 막힌 것도 무리가 아냐. 이런 일이 한창 벌어지고 있었으니 말이야… 이 일로 작업이 한 달은 늦춰지겠군."이라고 말한다. 그가 이런 낙담할 만한 소식을 전하자마자, 실험실에서 엄청난 폭발이 일어나고, 서틀의 또 다른 공범(페이스Face)이 뛰어들며 마몬에게 외친다.

오, 경, 완전히 실패했습니다!
모든 작업이 연기처럼 사라졌고, 유리 기구는 죄다 깨졌습니다.
용광로며 실험실 안의 모든 설비가 부서졌어요! 마치 천둥 번개가 집을 뚫어버린 것처럼요.
증류기, 용기, 펠리컨, 나사 머리,
죄다 산산조각이 났습니다!

"우리의 모든 노력이 헛된 것이오?"라고 마몬이 다 죽어가는 목소리로 묻는다. "정말 그렇습니다. 경, 남은 것은 식은 석탄 한 펙peck(9킬로그램) 정도뿐입니다. 이것만으로는 위안이 될 리 없지요." 마몬은 완전히 속았다. 모든 것을 잃은 그는 이 참사가 자신의 천박함 탓이라고 굳게 믿는다. "오, 나의 탐욕이여! 나는 정당한 벌을 받았다네. 내

* II, ii, 96ff. 벤 존슨,『연금술사』2장 2막.

저속한 욕망 때문에, 나의 모든 희망이 무너졌구나…"*

존슨이 『연금술사』를 선보일 때와 비슷한 시기에, 비슷한 장면들이 풍몽룡馮夢龍**의 놀라우면서도 교훈적인 연단술 사기꾼 이야기에서도 펼쳐진다. 부유하고 젊은 학자인 판Phan(또는 Pan)은 연단술에 심취했는데, 어느 날 변성의 비밀을 가르쳐주겠다고 약속하는 낯선 이와 만난다. 러Le라는 이름의 이 사람은 그의 아름다운 아내와 함께 판의 집으로 와서 판의 실험실을 꼼꼼히 살피고는, 자기가 선견지명을 가진 듯 단호히 말한다. "그 어떤 것으로도 연금술 작업을 더럽혀선 안 된다. 실험실 주위에 불순한 물질이나 도덕적으로 순결하지 않은 것이 있으면 변성 작업에 치명적이라네." 러는 작업을 시작하며 변성 재료로 금과 은을 요구하고는, "이들은 단약을 낳고 키우는 근원이라네."라고 말한다. 판은 아무런 의심 없이 상당량의 금과 은을 주었다. 이후 20일 동안 끊임없이 작업하다가, 성공 직전에 러는 그의 어머니가 위독하다는 급보를 받는다. 그러자 그는 정말 마지못한 듯한 기색을 내비치더니 자기 아내에게 여기에 남아 판에게 나머지 과정을 대신 지시하라고 당부하고 떠났다. 이제 피할 수 없는 상황이 다가온다. 판은 러의 아름다운 아내에게 미친 듯이 빠져버린 것이다. 그들이 실험실에 단둘이 남은 순간, 판은 자신의 마음을 숨기지 못하고 고백한다.

"이건 진실입니다. 전 사랑으로 충만해 있습니다."그는 흥분에 싸여 떨면서 고백했다. "전 진정으로 당신을 사랑합니다. 내 인생을 당신께 바치니, 당신과 하나가 되도록 해주십시오." 정염情炎에 쌓인 말과 함께, 예절을 머릿속으로 외워 알고 있던 그는 이미 자신의 체통도 잊은 채, 얼굴에 홍조를 띤 부인의 허리를 와락 끌어안아 버렸다.

그녀는 날카로운 비명을 지르고 몸을 흔들어 그에게서 벗어나고는 "당신 미쳤어요?" 하고 물었다. "이 신비한 작업을 하는 실험실 주위에

* (원주) IV, v, 4off. 벤 존슨, 『연금술사』 4장 5막.
** 명나라 시기 사대부이자 문학, 희극, 민간문예 작가. 대표작으로 『유세명언喩世明言』, 『경세통언警世通言』, 『성세긍언醒世恆言』 등이 있다.

서는 아주 사소한 오염이라도 스며들면 작업에 치명적일 수 있다는 사실도 모르나요?"

"내가 작업에 뭘 어찌했다는 거요?" 하고 판이 물었다. "나는 다만 당신…"이라고 말하려던 차에 이 부적절한 순간에 추운秋雲(아내의 시종)이 연금술사가 갑자기 돌아왔다고 서둘러 달려 들어왔다. 그런데 이 전갈을 미처 제대로 전하기도 전에 불쾌한 침입자가 실험실로 들어섰다. 러는 판과 자기 아내에게 진심 어린 인사를 하고 나서는 환한 표정으로 "자, 이제 재료들이 어떻게 되어가고 있는지 한번 볼까요?"라고 말하며 연금술 화로로 다가갔다. "아니, 이게 어떻게 된 일인가?" 그는 화로 안의 재료를 살펴보더니 얼굴이 창백하게 질려서는 소리를 질렀다. "금속들이 엉겨 굳어버렸어. 뭔가 잘못된 일이 저질러졌거나 나쁜 기운이 실험실로 들어왔어." 연금술사는 무언가를 찾는 표정으로 판과 아내에게로 눈길을 돌렸다. 처음에 판은 그의 눈을 피하려 했으나, 떳떳하지 못한 마음이 그를 겁쟁이로 만들어버린 탓에 머리부터 발끝까지 덜덜 떨고 있을 뿐이었다. 그의 아내는 울음을 터뜨리더니 서둘러 실험실 밖으로 나가 버렸다. 전족한 자그마한 발로 낼 수 있는 가장 빠른 걸음걸이로 나가버린 것이다. 러의 얼굴에 드리운 분노는 감히 마주 바라볼 수 없을 정도로 무시무시했다. 그는 판의 멱살을 쥐었다.
(후략)*

---

*　(원주) R. K. Douglas, 'Love and Alchemy', *Chinese Stories*, London, 1893. [감수자 주: 이는 풍몽룡의 『고금소사古今笑史』 「단객丹客」편을 더글러스가 재구성해 이야기에 살을 붙여 출간한 후 글쓴이가 이를 인용한 것으로, 연단술을 이용해 부부가 서생에게 사기를 친 이야기다. 원문: 客有以丹術行騙局者, 假造銀器, 盛興從, 複典妓為妾, 日飲於西湖. 鷁首所羅列器皿, 望之皆朱提白鏹. 一富翁見而心艷之, 前揖間曰:「公何術而富若此?」客曰:「丹成, 特一長物耳!」富翁遂延客並其妾. 至家, 出二千金為母, 使煉之. 客入鉛藥, 煉十餘日, 密約一長髯突至給曰:「家罹內艱, 盍急往!」客大哭, 謂主人曰:「事出無奈何, 煩主君同餘婢守爐, 餘不日來耳.」客實竊丹去, 又囑妓私與主婦. 而不悟也, 遂墮計中, 與妓綢繆數宵而客至. 啟爐視之, 佯驚曰:「敗矣! 汝侵餘妾, 丹已壞矣!」主君無以應, 複出厚鏹酬客. 客作怏怏狀去. 主君猶以得遣為幸.]

판은 마몬처럼 운이 없었다. 그는 실험에 쏟아부은 금과 은을 몽땅 잃었을 뿐만 아니라, '분노한' 연단술사에게 자신의 목숨을 건사하는 대가로 또 1000냥(약 37.8킬로그램)의 은을 주어야 했다. 양심의 가책으로 인한 결과치고는 너무하지 않은가!

연금술사들은 자신들의 작업과 종교 사이의 유사성을 끊임없이 강조해왔다. 니콜라 플라멜은 자신의 상형문자 도상 하나하나에 대해 두 가지 해석을 제시하는데, 하나는 "돌에 대해 조금이나마 이해하는 이라면 누구나 작업을 하는 법을 배울 수 있도록 가르치는 것"이고, 다른 하나는 "구원의 신비를 가르치는 것"이다.* 17세기에 한 익명의 연금술사는 "연금술 없는 신학은 오른손 없는 고결한 육체와 같다."라고 말하며, 연금술을 신학의 시녀였던 중세 철학의 위치로까지 끌어올린다.** '자연철학', 즉 과학이라는 의미의 철학은 오랫동안 신에게 이르는 길로 여겨졌다. '자연이라는 책'을 읽다 보면 끊임없이 신의 솜씨를 마주하게 되기 때문이다. 실제로 존 밀턴의 『실낙원*Paradise Lost*』에서 아담이 대천사 라파엘에게 아래와 같이 말하며 자신에게 자연철학을 가르쳐주었던 일에 감사하는 것도, 바로 이와 같은 이유에서이다.

당신은 우리에게 지식의 길을 잘 가르쳐주셨습니다.
자연의 질서가 중심에서 바깥까지 어떻게 이어지는지도 보여주셨지요.
이제 우리는 세상의 모든 피조물을 살펴보며
한 걸음 한 걸음 신께 가까이 다가갈 수 있게 되었습니다.***

연금술사들은 이러한 생각을 자신들의 기술에만 국한했다. 그들은 기독교 신앙의 신비가 자신들의 작업 단계 하나하나에 분명히 드러

---

* (원주) *Nicholas Flamel, His Exposition of the Hieroglyphical Figures*, p. II.

** (원주) *The Hermetic Museum*, i, p. II9.

*** 존 밀턴,『실낙원』5권, 507-511행.

나 있다고 확신했다. 페트루스 보누스는 이를 너무나 확신한 나머지, 심지어 그리스도 이전 시대의 이교도 연금술사들조차 본질적으로는 기독교인이라고 믿었다.

우리의 기술이 주는 통찰 덕에, 고대 현자들은 육신의 부활과 예수 그리스도의 구원, 삼위일체의 신비, 그리고 우리 신앙의 모든 진리를 알고 있었다. 저는 이렇게 믿습니다. 누군가 진심으로 신앙을 갖고, 삼위일체와 예수 그리스도를 믿게 된다면, 그 사람도 결국 이 진리를 깨닫게 될 것입니다. 헤르메스, 플라톤 그리고 다른 고대 현자들도 그런 경험을 했습니다.*

기독교적 연금술사들은 물질을 구성하는 세 가지 원리, 즉 유황, 수은, 소금을 삼위일체에 대응시켰다. 리플리는 연금술 입문서『연금술의 화합물 *The Compound of Alchemy*』서문에서 이렇게 썼다. "오, 실체의 하나됨이여, 신격의 삼위일체여! 당신이 만물을 하나의 혼돈에서 창조하신 것처럼, 저 역시 하나의 물질에서 세 가지 성질(철학적 마그네시아[산화마그네슘], 황, 수은)을 이끌어내어 우리의 작은 세계를 만들 수 있게 하소서." 1671년에 출간된『바질 발렌틴의 유언과 유산 *Last Will and Testament of Basil Valentine*』에는 '성 삼위일체와 현자의 돌 사이에 존재하는 알레고리'라는 제목이 붙은 장을 볼 수 있다. 램스프링 *Lambspring*은 현자의 돌을 삼위일체의 관점에서 묘사하며, 이를 화학의 유황, 수은, 소금, 철학의 영靈, 혼魂, 체體 그리고 성령, 성부, 성자로 나타낸다.

기독교 상징과 연금술을 연결한 또 다른 사례는 18세기 초에 발간된『성 삼위일체에 관한 책 *Livre de la très Sainte Trinité*』에서 찾아볼 수 있다. 이 책에서는 금속의 변성을 불로써 금속이 원죄에서 구제되는 것에 비유해 설명한다. 불이 물질을 정화하고 변성시킨다는 생각은 고대부터 종교나 우화에 나오는 이야기에 담겨 있는 교훈이었다. 농업의

* (원주) *The New Pearl of Great Price*, pp. 274-5.

여신 데메테르도 트립톨레무스Triptolemus*를 불 속에 넣고 정련해서 불멸의 존재로 만들려 했지만, 불행히도 히스테릭한 성격을 지닌 트립톨레무스의 어머니는 여신이 작업을 끝내기 직전에 이를 방해했다. 『구약성경』에서는 신의 진노를 '제련자의 불refiner's fire(「말라기」 3장 2~3절)'로 묘사하며, 인간은 "용광로에서 금처럼 시험받는다(「지혜서」 3장 6절)"라고 말한다. 아빌라의 성녀 테레사St. Theresa of Avila**는 자서전에서 당시 이미 흔히 쓰이던 이 이미지를 빌려 자신의 신앙 체험을 이렇게 표현했다. "내 영혼은 마치 도가니에서 금처럼 나오며, 새로이 순수함과 광채를 얻어 그 안에서 주님을 뵐 수 있게 되었다." 연금술의 검은색 단계(흑화)는 '영혼의 어두운 밤'으로 비유되기도 하는데, 이는 영혼이 불의 시련을 통해 죄를 씻고 새롭게 태어나는 시기다.

연금술사들은 현자의 돌을 자주 그리스도에 비유했다. 『세계의 영광』의 저자는 이 돌을 "그리스도를 땅 위에서 나타내는 상징"이라고 불렀다.*** 『지혜의 성스러운 돌Sophie Hyrolith』의 저자도 이러한 주장을 좀 더 길게 펼치며, "지상의 현자의 돌은 참된 영적이고 하늘에 있는 돌, 즉 예수 그리스도의 진정한 형상이다."****라고 했다. 플라멜의 책 속에 딸린 상형문자에는 예수처럼 십자가에 못 박힌 뱀의 형상도 있는데, 이 뱀은 기저 금속을 뜻한다. 이처럼 뱀을 예수와 동일시하는 것은 "구리뱀이 광야에서 모세의 손에 높이 들렸던 것처럼 사람의 아들도 높이 들려야 한다."(「요한복음」 3장 14절)라는 문구에 비추어 보면 충분히 타당한 이야기가 된다. 그러나 뱀과 예수 모두를 현자의

---

* 데메테르가 총애한 소년. 엘레우시스 왕가의 후손으로 데메테르가 페르세포네를 찾아 헤매다가 인간에게 농사를 가르치도록 그에게 명했고, 이에 따라 이탈리아, 카르타고에 농법을 전파했다는 전승이 있다.

** 1512-1582. 가르멜 수도회를 개혁하고 17개의 수도회를 창설한 스페인의 수호성인이자 교회 신학에 한 획을 그은 인물. 저서로 『완덕의 길』, 『영혼의 성』이 유명하다.

*** (원주) *The Hermetic Museum*, i, p. 181.

**** (원주) *The Hermetic Museum*, i, p. 93.

예수와 현자의 돌 Christ and the Philosopher's Stone
『철학자의 묵주 Rosary of the Philosophers』, 1550

돌과 동일시한다는 주장은 정통 교리와는 거리가 있었다. 19세기에 이르러서도 연금술 역사를 연구하던 헤르만 콥Herman Kopp은 『지혜로운 자들의 수석水石Wasserstein der Weysen』에서 50쪽 넘게 예수와 현자의 돌을 비교하는 것에 대해 크게 불쾌해했다.*

기독교의 상징을 대담하게 차용한 인물로는 멜키오르 시비넨시스Melchior Cibinensis, 또는 헤르만슈타트Hermanstadt의 니콜라스 멜키오르Nicholas Melchior를 들 수 있는데, 그는 연금술 과정을 미사 형식으로 설명했다. 그보다 앞서 토머스 노턴은 자신의 논문을 『연금술 의례서』라고 불렀다.

> 사제들을 위한 의례서가 하루의 예식을 차례대로 보여주듯,
> 이 연금술에 뒤죽박죽인 모든 과정의 결과를 여기서 질서 있게 보여준다.**

미하엘 마이어는 멜키오르가 미사나 현자의 돌 제조 과정 둘 다 인류의 구원이라는 위대한 드라마의 원형으로 보았다고 말한다. 멜키오르에게 연금술은 실험실에서 떠난 진정한 의미에서의 영적 기술이 되었다.***

하인리히 쿤라트는 영적 연금술을 극단적으로 추구한 또 다른 예다. 그는 변성을 연금술사의 혼 안에서 일어나는 신비로운 과정이라고 해석했다. 『영원한 지혜의 원형극장』의 삽화에는 실험실에서 작업 중인 연금술사를 묘사했다. 쿤라트의 실험실은 어둡고 더러운 '풀무쟁이puffer(연금술사의 별칭. 이 책 2장 참고)'의 실내 장식과는 판이

---

* (원주) H. Kopp, *Die Alchemie in alterer und neuer Zeit*, Heidelberg, 1886, I, p. 254. C.G. Jung, 'The Lapis-Christ Parallel', *Psychology and Alchemy*, pp. 345-431.

** (원주) *Theatrum Chemicum Britannicum*, p. 10.

*** (원주) 'Addam et processum sub forma missæ, a Nicolao Cibinensi, Transilvano, ad Ladislaum Ungariae et Bohemiae regem olirn missum', *Theatrum Chemicum Britannicum*, iii, pp. 853ff.

연금술 미사An Alchemical Mass
『황금 제단의 상징*Symbola Aureae Mensae*』, 1617

하다. 연금술 화로 주위를 배회하는 대신 쿤라트의 연금술사는 제단
에 무릎을 꿇고 있다. 제단 천막에는 "Hoc hoc agentibus nobis ade-
rit ipse Deus(우리가 순전히 우리의 작업에만 몰두할 때 신은 우리를 도울
것이다)"라고 쓰여 있다. 무릎을 꿇고 있는 연금술사는 피타고라스학
파를 의미하는 오망성 쪽으로 펼쳐진 책을 응시하고 있다. 제단 위에
걸려 있는 차양에는 히브리어로 지혜hokmah*라는 단어가 쓰여 있고,
신의 진명眞名인 테트라그라마톤Tetragrammaton도 보인다. 쿤라트는
장난스럽게 이 실험실을 실험 예배실Lab Oratorium이라 불렀다. 여기
서 분명한 것은 그가 실험이 아니라 예배실을 강조했다는 사실이다.
악기들은 방 가운데 있는 탁자 위에 쌓여 있고, 그 뒤로는 여러 기구
와 천칭 한 쌍이 놓여 있다. 그림 속의 묘사처럼 숫자, 기하학, 음악은
연금술 이론에서 중요한 역할을 했다. 일곱 개 점으로 된 별 형상의

    * 호크마Chokmah를 다르게 표기한 것.

등이 천장에 달려 있는데, 이는 일곱 개의 금속, 일곱 개의 천구,* 창
조의 7일 그리고 천상에 닿는 데 필요한 영지주의의 일곱 단계를 뜻
한다. 불가사의한 문장들이 건축물이나 실험 기구 곳곳에 새겨진 것
도 보인다. 그림 앞쪽의 아타노르Athanor(연금술 화로)에는 적합한 격
언인, "천천히 서두르라Festina lente"가 새겨져 있다. 이와 같은 의미
가 "성급하게도, 소심하게도 아니다Nee temere, nec timide"**라고 새겨
진 문구로도 반복된다. 노턴이 『연금술 의례서』에서 말했듯, 조급함
은 연금술 작업에서 치명적인 방해꾼이다. 그림 오른쪽에는 난로가
기둥 사이에 있고, 기둥 위에는 여러 시약을 담은 병들이 놓여 있다.
이 병들에는 Hyle(질료), ros coeli(하늘의 이슬), ⊙ potab(마실 수 있
는 금),*** Azoth(현자의 수은)와 뱀의 상징이 함께 있는 상Sang이라는
이름표가 붙어 있다. 이는 용의 피를 뜻하며 연금술사들의 레시피에
등장하는 가장 이국적인 재료의 하나로, 기절한 코끼리에 깔려 죽은
용(또는 흡혈박쥐)의 몸에서 얻은 피를 말한다. 그림 앞쪽 두 기둥의
받침에는 이성Ratio과 실험Experimentia이라고 쓰여 있는데, 이 두 단
어는 연금술사들이 쿤라트처럼 적용하지 않더라도 언제나 지침 없
이 되뇌는 단어들이다. 쿤라트는 확실히 이성과 실험을 균형 있게 적
용하진 않았다. 기둥 위에는 '현명하게 다시 시도하면, 언젠가는 성
공할 것이다Sapienter retentatum, succedet aliquando'라는 문구가 새겨져
있다. 그림 뒤쪽, 이 커다란 실험실 끝에 보이는 문 위에는 "잠자는 동
안에도 깨어 있으라Dormiens vigila"는, 또 다른 연금술 구호가 보인다.
　쿤라트의 책에 나오는 또 하나의 특별한 삽화는 연금술의 성채를
보여준다. 성채의 중심에는 용이 지키고 있는 현자의 돌이 있는데,
중심으로 가는 길은 오직 하나뿐이며, 다른 길은 모두 막다른 골목
으로 끝난다. 이 막다른 길들은 물질의 변성만을 추구하는 '겉보기만

---

  *　태양, 달, 수성, 금성, 화성, 목성, 토성을 말한다.

  **　대담함과 신중함 사이의 균형을 갖추고, 무모함과 두려움을 피할 것을 주
문하는 경구. 정확한 어원은 알려지지 않았다.

  ***　점성술에서 태양 기호 ⊙는 연금술에서 금을 의미하며, 라틴어 O potab
은 마실 수 있는 물을 뜻한다.

용혈. 연금술 성분 중 하나는 자신이 피를 빨아 먹은 코끼리에게 죽은 흡혈용에서 추출한다Dragon's Blood: an alchemical ingredient obtained from a vampire dragon, killed by the elephant, whose blood it is sucking.

Michael Maier, *Viatorium, hoc est de Montibus Planetarum septem seu Metallorum*, 1618.

136

연금술의 비밀 정원. "열쇠 없이 철학자의 정원에 들어가려는 자는 발도 없이 걸으려는 자와 같다." The Secret Garden of Alchemy: 'Whoever tries to enter the garden of the philosophers without a key is like a man who tries to walk without feet'

『아탈란타 푸가 *Atalanta Fugiens*』, 1617

그럴듯하고 실패한 연금술사들', 즉 거짓 연금술사들이 걷는 길이다. 성의 중심, 현자의 돌에 도달하려면, 연금술사는 작업의 모든 과정과 필요한 재료를 아는 것뿐 아니라, 순수한 마음을 지니고 신실하며 침묵을 지키고 기도하는 자세를 가져야 한다. 이런 덕목들은 실험 화학자들이 갖춰야 할 근본적인 자질이 아니다. 그런데도 연금술사들이 이런 점들을 계속 강조했다는 것은 연금술 작업에서 영적인 요소가 얼마나 큰 영향을 미쳤는지 보여준다.

쿤라트와 같은 연금술사들은 종종 성채나 요새 또는 담으로 둘러싸인 정원의 이미지를 사용해 연금술사가 목표에 닿으려면 극복해야 할 영적 장애물들을 상징적으로 표현하곤 했다. 『황금 논문*Golden Tract*』에 나오는 우화에서 주인공은 정원 문을 열 수 있는 유일한 인간으로 등장하며, 그는 연금술 결사結社단에 '부름'을 받았거나, '선택된' 유일한 인간이다. 그러나 그조차도 목표에 이르기 전에 여러 시험을 통과해야만 했다.

이 우화는 17세기 초반에 「장미십자회* 선언문*Rosicrucian Manifestos*」이 유럽에 퍼지고 출판된 뒤로 등장하기 시작한 수많은 '장미십자회' 저작 중 하나다. 실제로 장미십자회라는 단체가 존재했는지는 여전히 확실하지 않지만, 1614년부터 자신을 장미십자회원이라고 부르거나 그 일원이 되기를 바라는 사람들이 많은 글을 발표했다. 선언문은 사회의 영적 쇄신을 위해 헌신하는 형제단을 묘사하고 있다. 이들은 그런 이상을 표현할 때 흔히 변화와 깨달음을 상징하는 이미지들을 사용했다. 장미십자회가 이런 상징을 어떻게 활용했는지를 잘 보여주는 대표 사례가 『크리스티안 로젠크로이츠의 화학적 결혼*Chymische Hochzeit Christiani Rosencreutz*』이다. 이 책은 「장미십자회 선언문」의 저자로 여겨지는 요한 발렌틴 안드레에Johann Valentin Andreae가 지은 이야기로, 결합(또는 결혼), 죽음, 다시 태어남 같은 주제를 통해 주인공이 내면적으로 재생하는 과정을 상상력 풍부하게 그려낸다.

이 책에 나오는 상징 중 하나는 존 디John Dee의 '단자單子 상형문자

138

Monas Hieroglyphica'였다. 디의 '단자'는 점성술, 금속과 관련한 전통적인 상징을 조합해 만든 복합 기호였다. '단 하나'라는 의미의 '단자'는 그 이름 자체로 '모두는 하나, 하나는 모두'라는 연금술 기본 사상을 떠올리게 한다. 이 기호 안에는 행성과 금속을 나타내는 기호들이 모두 숨겨져 있는데, 태양☉/금이나, 달☾/은, 수성☿/수은과 금성♀/구리는 쉽게 알아볼 수 있으나, 디는 토성♄/납이나 화성♂/철, 목성♃/주석에 해당하는 기호는 일반적으로 쓰이는 것과 다른 기호를 썼다.* 이는 디가 일반적인 기호 대신 독자적인 기호를 적용했기 때문이다. 디는 이 '단자'를 우주의 모든 힘, 자연, 천체, 그 너머의 신성한 영역의 힘을 담은 일종의 호부護符, Talisman라고 여겼다. 그는 사람들이 이 상징을 깊이 관조하는 것만으로도 그 힘을 받아들여 영적 변환을 경험할 수 있다고 믿었다. 디는 신에게 감사하며, 이 단자를 통해 인간이 "깊은 지혜와 다른 존재를 다스릴 힘, 그리고 강한 영향력"을 갖게 되었다고 찬양한다. 또한, 디는 이 기호가 문법가들의 연구를 돕고, 수학자들에게는 수에 대한 새로운 개념을 가르쳐줄 것이며, 음악, 천문학, 광학에서 쓰이는 도구를 대체할 수 있다고 주장했다. 나아가 그는 이 기호가 유대인의 언어에만 국한되지 않고, 카발라주의자들이 따르는 지혜가 특정 민족에만 속한 것이 아니라 보편적이라는 점을 보여줄 수 있으리라고 믿었다.**

디가 단자에 대해서 보였던 태도는 다소 과장처럼 보일 수 있지만, 이는 연금술에서 흔히 보이는 상징적 사고의 특징이다. 연금술에서 상징은 단순히 어떤 개념의 대표가 아니라 곧 그 자체로 여겨졌다. 다시 말해, 상징을 이해하고 파악하면 그 대상 자체와 그것에 대한 힘을 얻는다고 믿었다. 그렇기에 이 사고방식을 따라가 보면, 디의 '단자'를 이해함으로써 세계를 얻을 수 있다. 디는 단자가 우주의 축소판이

---

*　화성 기호는 으레 ♂로 표기하나, 금성의 반대급부로 ♂로 표기하기도 하므로 단자의 상형문자에 포함되어 있다.

**　(원주) C. H. Josten, 'A Translation of John Dee's Monas Hieroglyphica (Antwerp, 1564) with an introduction and annotations,' *Ambix* 12 (1964), pp. 123-35.

라는 점을 보여주고자 온갖 정교하고 환상적인 해석을 덧붙였다. 그는 피타고라스 철학을 받아들여, 세계가 수와 비율과 기하학을 바탕으로 이루어졌다고 보았다. 모든 것은 원과 직선에서 비롯하며, 이들 또한 하나의 점에서 시작한다. 그래서 점은 만물의 중심이며, 동시에 디의 '단자'의 중심이기도 하다. 이 점은 지구를 나타내고, 그 둘레의 원은 태양이 지구를 도는 궤도를 상징한다. 디는 코페르니쿠스의 생각(지동설)을 받아들이지 않았다. 그 원과 맞물린 초승달 모양은 달을 상징한다. 디는 태양과 달이 겹쳐 있는 것은 이 둘의 결합과 창조력을 암시한다고 말한다. 태양과 달은 십자가 위에 놓여 있으며, 이 십자가는 숫자 3, 4, 7, 8과 연결되어 있다. 숫자 3(삼원수Ternary)은 두 개의 선과 그 중심에 있는 점으로 구성되며, 숫자 4(사원수Quaternary)는 네 방향으로 뻗은 십자가 형태에서 비롯한다. 이 둘을 더한 숫자 7(칠원수Septernary)은 연금술에서 중요한 의미를 지닌다. 숫자 8은 '아주 은밀한 방식'으로 감춰져 있는데, 아마도 십자가를 이루는 선의 여덟 개 끝점을 가리키는 것으로 보인다. 3과 4는 연금술의 핵심 수로, 각각 세 원리와 네 원소를 나타낸다. 디는 십자가를 다양한 방식으로 분해해 로마 숫자 5(v), 10(x), 50(L)을 얻어내고 이를 조합해 여러 숫자를 만들었다. 그는 이런 숫자들을 카발라적인 방식으로 해석하고는 이렇게 외친다. "오, 주여, 이 얼마나 놀라운 신비입니까!"

디는 분명 자신의 단자에서 큰 성과를 기대했다. 그런데 정확히 무엇을 기대한 것일까? 요스텐Josten은 모나스를 영적 연금술의 관점에서 해석한다. 디에게 현자의 수은은 곧 인간 자신이며, 연금술 작업은 정신과 영혼 안에서 이루어지는 과정이다. 그는 이렇게 말한다. "그 작업은 두 가지 방식으로 독자를 이끌어야 한다. 즉, 그 작업 자체의 가치를 받아들이고, 또 그 가치를 본받도록 가르쳐야 한다." 디는 단자를 깊이 들여다봄으로써 자신뿐 아니라 다른 이들도 영혼의 변성과 부활을 심사숙고하고, 이를 통해 자신과 타인 모두 영혼의 변성과 부활, 즉 영적 깨달음Gnosis을 경험할 수 있으리라 믿었다.*

* (원주) 같은 책.

존 디의 단자Monas 상형문자Hieroglyphica

로버트 플러드는 영적 연금술이라는 독특한 사조에 속한 또 다른 영국인이었다. 그는 긴 분량의 복잡한 저작들을 통해 장미십자회 운동을 지지했고, 그 속에 의학, 점성술, 연금술, 흙점, 신비주의, 헤르메스주의, 역학, 공기역학, 광학, 음악, 신플라톤주의와 카발라 등을 결합했다. 다른 영적 연금술사들과 마찬가지로 플러드는 연금술을 영적 부활의 기술로 이해했다. 그는 물리적인 의미로만 변성을 추구

감사하는 숙련자The Grateful Adept

『영국 연금술 문헌집Theatrum Chemicum Britannicum』, 1652

하던 이들을 경멸하며, 이들의 작업을 '천한 연금술chymia vulgaris'이
라 일축했다.

이 (현자의) 돌이야말로 장미십자회 형제들뿐 아니라, 신이 선택한
자들, 예컨대 야곱의 열두 아들(이스라엘의 열두 부족을 말한다), 예언자,
사도, 그 뒤를 따르는 이 들이 말한 영적인 어떤 것임이 빛보다도 분명
하게 드러난다. 이런 이들에게 저속한 화학자들의 작업은 그저 진정
한 화학의 그림자나 상징으로 가득 찬 모사摹寫에 지나지 않는다. 이
들이 말하는 연금술에는 세속적인 금이나 은도 없으며, 흔히 말하는
불이나 인공적인 화로나 실험 장치 같은 것들을 다루지 않으며, 이들
이 쓰는 모든 재료나 도구는 진정한 영적 질료에 비하면 죽어 있거나,
그저 껍데기일 뿐이다.*

* (원주) 다음에서 인용. C. H. Josten's 'Truth's Golden Harrow: An un-
published Alchemical Treatise of Robert Fludd in the Bodleian Library',
Ambix 3 (1949), p. 84. 이 논문의 전체 제목은 영적 연금술에 심취했던 그의
생각을 잘 드러낸다. "순수한 연금술의 충직하고 진실한 하인이 짓고 다듬은
이 글은, 진리에 이르려는 길에서 생긴 거친 오류 덩어리들을 깨뜨리고, 물질

이 글에서 플러드는 현자의 돌과 예수를 비교하는데, 그는 이 모두가 사람 속에 존재한다고 믿었다. "가장 고귀한 주춧돌인 예수는 우리 안에 있다."* 모리에누스는 영민하며, 열정적이었던 제자 칼리드Khalid가 스스로 이 돌을 찾으려 자신에게 조언을 청할 때 이 비밀을 털어놓으며 조언한다. "그 돌은 네 안에서 나오는 것이다. 그러니 너 스스로 그것을 찾아야 한다."** 로지누스Rosinus는 더 구체적으로 이렇게 말했다. "인간이 네 원소로 이루어져 있듯, 현자의 돌도 그러하다. 따라서 이 돌은 인간에게서 나오는 것이며, 너는 그 원석이다. 다시 말해, 네가 스스로 노력하고 실천함으로써 이 돌은 너에게서 나올 수 있고, 그 과정은 내면을 분리하고 분석하는 방식으로 이루어진다. 하지만 이 돌은 본래부터 네 안에 있으며, 그것을 깨닫고 드러내는 데는 오직 참된 지식이 필요하다."*** 이들 연금술사에게 변성은 물질을 단순히 변환하는 과정이 아니라, 물질세계에 갇힌 평범한 인간이 삶과 죽음의 신비를 깨닫고 더 높은 존재로 거듭나는 과정이었다.

영적 연금술사들은 자기 자신을 찾아가는 모든 이가 걷게 될 가시밭길을 똑같이 걸었다. 그들은 희망에 가득 차 출발했으나, 길 위에서 수많은 장애물과 위험을 만났다. 그러나 용기와 지혜를 잃지 않고 걸어가면, 끝내 전설 속 무지개 끝에 숨겨진 황금 항아리를 발견하게 되었다. 미하엘 마이어는 이렇게 썼다.

우리의 연금술에는 어떤 고귀한 물질이 있는데, 그 시작은 고통과 신 포도주 같지만, 마지막은 기쁨과 환희로 가득하다. 그래서 나 역시 처음에는 어려움과 슬픔, 피로를 겪겠지만, 결국에는 더 즐겁고 쉬운 것들을 마주하게 되리라 믿는다.****

적인 엘릭서만을 믿는 자가 남긴 미완의 밭고랑을 바로잡고자 쓰였다."

* (원주) 같은 책, p. 97.

** (원주) Michael Maier, *Artis Auriferae*, iii, p. 37.

*** (원주) 같은 책, i, p. 311.

**** (원주) 다음에서 인용. *Symbola Aureae Mensae*, p. 568, Gratianus in *Rosarium Philosophorum* (*Artis Auriferae*, ii, p. 218)

영적 연금술사들이 발견한 황금 항아리는 '겉보기만 그럴듯하고 실패한 연금술사들'이 찾던 것과는 전혀 달랐다. 그들이 얻은 황금은 눈에 보이는 금이 아니라, 자신과 세상 모두와의 평화를 가져다주는, 내면의 부富를 상징했다. 옛 연금술사 조시모스는 어느 날 겪은 무서운 환시를 회상하며 이렇게 썼다. "나는 그것을 잘 이해하게 되었음을 깨달았다."

그리고 나는 말했다. 말하는 것도 아름답고, 듣는 것도 아름다우며, 주는 것도, 받는 것도 아름답고. 가난한 것도, 부유한 것도 그 나름의 아름다움이 있다. 왜냐하면, 자연은 끊임없는 주고받음 속에서 이루어지기 때문이다. 구리 인간은 주고, 물의 돌은 받는다. 금속은 식물에게 주고, 별들은 꽃에게 준다. 하늘은 땅에 주고, 천둥은 불꽃을 쏘아 보낸다. 만물은 서로 얽히고 흩어지며, 섞이고 나뉘고, 촉촉해지고 마르면서, 그릇처럼 생긴 제단 위에서 자라나고 만개한다. 이 모든 작용은 네 원소가 질서와 비율, 무게에 따라 엮이고 풀리면서 이루어진다. 아무런 '방법' 없이 연결되는 것은 없다. 이것은 자연스러운 이치, 곧 숨을 들이쉬고 내쉬는 것과 같은 순환이다. 이 순환은 일정한 질서와 구조를 따르며, 때로는 늘어나고, 때로는 줄어들기도 한다. 결국, 모든 것이 분리와 결합을 통해 조화를 이룰 때, 자연은 변화한다. 자연이 스스로를 향하게 될 때 그 본질이 바뀌는 것이다. 이것이 바로 세계 전체를 이어주는 본질이자, 만물의 결속이다.*

이 놀라운 순간에 조시모스는, 끊임없이 변화하는 세상 이면에 존재하는 신비로운 합일을 깨달았다. 그 변화는 인간이 가진 것을 붙잡으려는 헛된 노력을 조롱하는 듯하나, 조시모스는 그 안에서 깊은 기쁨과 만족을 얻는다. 이 세계에서는 선악의 구별이 없으며, 오직 존재하는 모든 것의 총체만이 있을 뿐이다. 그는 그것을 아주 기쁘게, 온전히 받아들인다. 이 경험은 인도 신비주의자 라마크리슈나Ram-

* (원주) F. S. Taylor, 'The Visions of Zosimos', *Ambix* I (1937), p. 90.

akrishna*가 묘사한 강렬한 환시에 비견할 수 있다. 어느 평화로운 오후, 그는 한 아름다운 여인이 갠지스강에서 올라와 자신이 명상하던 작은 숲으로 걸어 나오는 것을 봤다. 그녀는 곧 아이를 낳았고, 부드럽게 품에 안아 젖을 먹이기 시작했다. 그런데, 갑자기 그녀가 무서운 악마로 변하더니 아이를 자신의 끔찍한 입으로 집어넣고는 이내 이빨로 아기를 씹은 뒤 삼켜버리고 말았다. 그러고는 다시 강 속으로 사라졌다.** 삶의 모든 경험을 두려움이나 분노 혹은 부정 없이 받아들이는 능력은 진정한 신비주의자들이 지닌 드문 징표다. 이는 일반적으로 동양 사상에서 더 뚜렷하게 나타나는 태도이지만, 영지주의에 뿌리를 둔 연금술 역시 한쪽 발을 동양 사상에 걸치고 있었다.

조시모스에게 그의 환시는 신의 계시였고, 그 안에서 그는 '지식을 얻은 선택받은 자'로서 영적으로 다시 태어났다. 환시의 마지막에 신의 사자 중 한 명은 이렇게 말한다. "그대는 아래의 일곱 단계를 완수했다… 작업은 끝났다." 그리고 책의 단락이 끝난다. 7은 영지주의자에게 매우 중요한 숫자였다. 인간은 일곱 천구Spheres에 있는 영적 장벽을 돌파해야만 모든 물질계에서 탈출함과 동시에 천상으로 돌아갈 수 있기 때문이다. 조시모스는 어떻게든 이 일을 완수했으나, 이는 매우 어렵기에 신의 도움을 받아 간신히 해낼 수 있었다. 그는 어느 시점에선가 이렇게 탄식한다. "나는 길을 찾을 수 없어 깊은 절망에 빠졌다." 마지막 계시를 받기 전에도 그는 또 길을 잃는다. "또다시 나는 길을 잃었고, 그 길을 볼 수 없었으며, 절망 속에서 헤매었다." 그의 고통은 마치 기독교 신비주의자들이 이야기하는 '영혼의 어두운 밤'***

* 19세기 인도 신비주의자이자 파라마한사의 존칭을 얻은 자. 학문에 능하지 않았음에도 그의 사상은 힌두교의 근대화, 국제화에 큰 영향을 미쳤으나, 이후의 역사가들은 그를 부정적으로 평가했다. 이 책은 재평가 이전에 쓰였다. 다음을 참고. Narasingha P. Sil, *Ramakrishna Revisited: A New Biography*.

** (원주) F. S. Taylor, *The Visions of Zosimos*, p. 90. 비전에 대한 정신분석학적 해석은 다음을 참고. C. G. Jung, 'The Visions of Zosimos', *Alchemical Studies*, pp. 57-108.

*** 기독교에서 신과의 합일을 추구하는 과정 중 깊은 절망, 고독, 신앙적 혼란을 겪는 시기를 말한다. 아빌라의 성 테레사의 『영혼의 성』 참고.

과도 닮아 있다.

조시모스에게 계시는 잔혹한 환상의 연속으로 찾아왔다. 그가 본 것은 벗겨지고, 산 채로 삶아지고, 절단당하며, 불에 타버리는 사람들이었다. 고통에 시달리던 한 사람이 그에게 말했다.

나는 이온이라는 사람으로 성소의 제사장이며, 견딜 수 없을 만큼의 폭력 속에서도 살아남았소. 누군가 아침에 사납게 달려와 검으로 내 몸을 베고 조화의 엄격한 법칙에 따라 나를 산산조각 내었소. 그는 내 머리 가죽을 벗기고, 검으로 내 뼈를 살과 뒤섞은 뒤, 그 모든 것을 변성의 불길 속에 태워버렸소. 그리하여 나는 육체가 변형되는 과정을 거쳐 끝내 '영Spirit'이 되는 법을 깨달았지요.

이런 끔찍한 환시의 의미가 조시모스에게 차츰 여명처럼 환히 다가오기 시작했다. 인간은 육체로 죽고, 영혼으로 다시 태어나게 마련이다. 이를 연금술 용어로 표현하자면, 납은 금이 되기 위해 스스로 불 속에 내던져 사라져야만 한다. 조시모스는 신비한 문구로 그가 목격한 환시를 통해 깨달은 지혜를 이렇게 요약했다.

친애하는 벗에게,

더 많은 말을 늘어놓지 않기 위해서 간단히 전하니, 하나의 돌로 된 성전을 지으라. 그 모습은 백연白鉛, ceruse,* 설화석고雪花石膏, alabaster**나 프로코네소스Prokonnesos***의 대리석처럼 희고 아름다우며, 시작도 끝도 없는 구조여야 한다. 성전 안에 태양처럼 반짝이는 맑은

---

* 라틴어 cērussa에서 비롯한 이름으로, 납으로 만든 흰색 안료. 주로 화장품 재료로 쓰였고, 이 때문에 18세기 말까지 많은 사람이 납 중독에 시달렸다.

** 서양에서 사람의 하얀 피부를 묘사할 때 이렇게 표현했다.

*** 현 튀르키예의 마르마나섬을 말한다. 이곳은 고대에 대리석 산지였다. Asgari, N., 1978: 'Roman and Early Byzantine Marble Quarries of Proconnesus', in *The Proceedings of the Xth International Congress of Classical Archaeology*, Ankara – Izmir 23-30, 09, 1973. Ankara, 467–480.

샘이 솟아 흐르도록 하고, 성전 입구가 어느 쪽에 있는지 주의 깊게 관찰하라. 그리고 검을 손에 쥐고 입구를 찾아라. 성전으로 들어가는 입구는 매우 좁은 틈을 통해서만 열리기 때문이다. 입구에 뱀 한 마리가 누워 있을 것이다. 이 뱀은 성전을 지키는 수호자니, 뱀을 잡아 제물로 바치라. 뱀의 가죽을 벗겨서 살과 뼈를 발라내고, 토막 내어 이를 디딤돌로 삼아 그 위를 밟고 안으로 들어서면 너는 거기서 네가 구하려는 것을 발견할 수 있으리라. 샘물 속에 앉아 자신의 색을 더욱 끌어모으는 '구리 인간'을 볼 수 있을 것인데, 그를 단순한 '구리 인간'으로 여기지 말라. 그는 이미 자신의 본성을 변성시켜 '은의 인간'이 되었다. 네가 원한다면 자신의 고유한 색깔을 변화시켜 은의 인간이 되기 때문이다. 네가 원한다면, 잠시 후에 '금의 인간'이 되어 네 앞에 나타날 것이다.*

여기서 조시모스는 연금술사 자기 내면에서 일어나는 영적 변성을 묘사하고 있다. 성전 입구가 좁은 것은 오직 선택받은 소수의 영혼만이 영지Gnosis를 얻을 수 있기 때문이다. 이 성전은 연금술 용기이자 연금술사를 상징한다. 왜냐하면, '맑고 순수한 물'로 비천한 물질을 씻고 백화白化해 그릇 안에서 현자의 돌을 만들어내듯이, 인간 역시 생명의 물 안에 들어가 새로운 영적 깨달음의 단계로 도달함으로써 자기 안에서 현자의 돌을 형성하게 되기 때문이다. 뱀은 제물이면서 이 제물을 다루는 사람인 연금술사를 의미한다. 그는 현자의 돌을 완성하기 위해 자기 자신 안의 비천한 것을 파괴하고 정련함으로써 변성 작업을 직접 수행해야 하며, 또한 스스로 현자의 돌을 만들기 위해 자신과 기저 물질을 부숴야만 한다.

조시모스가 대가도 치르지 않고 이 창조의 통일성이라는 원리를 깨달은 것은 아니었다. 그가 환시에서 본 광경에서 그는 모든 영웅, 신, 인간이 깨달음의 한 단계에서 또 다른 단계로 나아가는 길에 밟아야 했던 길을 그대로 따랐다. 이 변성은 개인이 평범한 삶에서 누리는

---

* (원주) *The Gospel of Sri Ramakrishna*, translated by Swami Nikhilananda, New York, 1942, p. 9.

모든 안락과 평온을 떠나 일종의 시련을 겪고 마침내 완전히 다른 인간이 되어 일상으로 돌아가는 방식으로 이루어졌다. 붓다는 왕자 신분을 포기하고 몇 년을 보리수 아래 정좌한 채 온갖 사악한 것에 시달린 끝에 마침내 자신을 모든 고통에서 견딜 수 있게 해주는 해탈의 경지에 도달했다. 모세도 끊임없는 시련과 시험에 놓였다가 끝내, 시나이산에서 신의 은총을 받았다. 예수는 제자들을 떠나 물과 음식도 없이 황야에서 악마의 유혹에 저항하며 40일 밤낮을 보냈다. 전 세계적으로 한 개인이 깨달음의 경지를 높여가는 과정은 고통스러운 시련, 채찍질, 금식, 할례, 절개 또는 난자당하는 일, 화형, 감금, 심지어 스스로 자기의 수족을 자해하는 일들이 따랐다.

어떤 사회든 고통을 견뎌내는 능력은 내면의 힘과 도덕적 용기의 표식으로 이해한다. 육체적, 정신적 고통을 감내하고 그로부터 깨달음을 얻는 한 개인의 능력은 자신을 다른 사람들과 구별되게 해준다. T. S. 엘리엇의 '상처 입은 외과의wounded surgeon'*처럼 그는 자신이 고통 뒤에 얻은 지식을 다친 다른 사람의 치료에 이용할 수 있다.

고대 문화에서만 섬뜩한 통과의례가 이루어지는 것은 아니다. 기독교, 이슬람교, 인도나 중국의 금욕주의자들은 자신과 그들의 신 사이로 끼어드는 자신들의 반항적 육체를 정화하고자 종종 극단으로 치닫는 고통을 직접 가하기도 했다. 채찍질, 금식, 거친 옷과 바늘 침대는 이미 고통을 겪던 기독교 성인들에게 심할 정도로 규칙적으로 할당했던 형벌의 일부에 지나지 않았다. 그중 하인리히 수소Heinrich Suso**는 아주 병적인 사례라 할 수 있다. 그는 자서전에서 하나님의 이름으로 스스로에게 16년 동안 가했던 육체적 고문을 서술했다.

그(수소는 자신을 이렇게 부르고 있다)는 불같은 기질과 생명력 넘치는 젊은이였다. 이 기질이 뚜렷이 드러나기 시작했을 때 그는 스스로 얼마나 무거운 짐을 지어야 할지를 인식하게 되었다. 그 짐은 그에게

---

* 그의 시집 『네 개의 사중주Four Quartets』의 「드라이 샐베이지스Dry Salvages」에 나오는 표현.

** 14세기 독일 도미니코회 수사이자 복자福者.

는 정말로 처절하고 비통한 일이었다. 이런저런 궁리와 깊은 사색을 거듭한 끝에 그는 자기 육체를 그의 영혼에 복종하게 할 방법을 찾아 냈다. 그는 오랫동안 거친 옷을 입고 쇠사슬을 찼으며, 끝내 피가 흘러 내릴 정도가 되자 어쩔 수 없이 이것들을 벗어야 했다. 그는 비밀리에 자신에게 필요한 속옷을 주문하였다. 이 속옷에는 가죽을 줄무늬처럼 붙여두고 거기에 뾰족하고 날카로운 황동 못 150개를 끝이 언제나 살 점을 향하도록 넣어두었다. 그는 속옷을 꽉 죄게 만들어 자기 몸을 두 르고는 앞쪽으로 꽉 잠가 속옷 속 못이 살에 더 박힐 수 있게 했고, 옷 도 자기 배꼽까지 올 수 있게 했다. 밤에도 그는 이 속옷을 입은 채 잤 다. 여름에는 여정으로 곧잘 지치거나 병들었다. 공식적으로 강연하 는 직책을 맡았을 때도 그는 종종 이렇게 묶인 채로 누워 피로에 짓눌 리고, 해로운 벌레들에게 괴롭힘당하며 고통에 몸부림치면서 미친 듯 이 소리를 지르거나 짜증을 터뜨리고는 했다. 마치 뾰족한 바늘에 찔 린 벌레처럼 몸을 뒤틀며 이리저리 몸부림쳤다. 종종 그는 자신이 개 미둥지 위에 누워 있는 것만 같았다. 벌레들이 일으키는 고통 때문이 었다. 잠을 청하려 하거나 잠들었을 때면 벌레들은 앞다퉈 그의 살을 물고 빨았다. 때때로 그는 가슴 깊은 곳에서 우러난 소리로 전능한 신 을 소리 높여 불러대곤 하였다. "오, 자비로우신 하느님, 이 얼마나 죽 음 같은 고통입니까! 살인자에게 살해당하거나 사나운 짐승의 먹이가 된대도 그 고통은 순간일 뿐입니다. 그러나 저는 이 잔혹한 벌레들 아 래서 죽어가고 있으면서도 죽지도 못하고 누워 있습니다." 그는 겨울 밤이 아무리 길어도, 또 여름이 아무리 더워도, 이 수행을 멈추지 않았 다. 오히려, 이 고통 가운데서도 가끔 느꼈던 평안함을 없애려 또 다른 방식을 고안했다. 그는 허리띠 일부분을 목에 둘러 감고, 그 가죽으로 교묘하게 고리 두 개를 만들고는 양손을 그 안에 넣었다. 그리고 양팔 을 자물쇠 두 개로 잠근 뒤, 그 열쇠를 자신의 침상 옆 널빤지 위에 올 려두었다. 그는 아침 기도Matins를 드리려고 일어날 때까지 자물쇠를 풀지 않았다. 이때 그의 팔은 목 양옆에 고정된 채 위로 쭉 뻗어 있었 고, 어찌나 팔을 조여놓았던지 방에 불이 나도 어떻게 할 수 없을 지경 이었다. 그는 손과 팔의 근육이 땅겨 부들부들 떨릴 때까지 이 의식을 이어가며 또 다른 수행을 고안했다.

그는 다시 가죽 장갑을 두 켤레 만들게 했는데, 이는 노동자들이 찔레나무 같은 가시나무를 모을 때 끼는 것이었다. 그는 놋쇠 세공 장인에게 장갑 둘레에 뾰족한 놋쇠 못을 박게 했다. 그는 이 장갑을 밤에만 꼈는데, 이는 자는 동안 조여놓은 옷을 벗어 던지거나 지긋지긋하고 혐오스러운 벌레들이 쏘아대는 고통에서 헤어나려 손을 움직이면, 이 놋쇠 못이 자신의 살점을 사정없이 찔러대도록 하기 위해서였다. 그의 의도대로 일은 벌어졌다. 만일 자는 동안 자기 손으로 자신을 고통에서 구하려다가도, 이 날카로운 놋쇠 못이 마치 곰이 날카로운 발톱으로 자신을 찢어놓는 것처럼 가슴을 파고들어 고통을 가하고 무섭게 살점을 찢어놓았다. 이렇게 심장 주변과 팔에 있는 살점은 곪아서 짓물러 있었다. 몇 주가 지나 상처가 낫게 되면, 다시 스스로 살점을 찢어 새로운 상처를 내곤 했다. 그는 이러한 형벌 의식을 16년 동안이나 계속했다.

이 끔찍한 나날을 보낸 후 수소는 그가 그렇게도 갈망한 평화를 찾게 되었다. 그는 자신의 죄를 정확히 깨닫고 스스로 내분을 겪던 한 인간에서 신앙심 깊고 자신에 만족해하는 신의 아들로 변성을 겪는 광경을 서술했다. 그는 영원히 자신의 고행용 옷, 바늘 침대, 채찍을 던져버렸다.

마침내 그의 피가 차디차게 식고, 그의 불같은 기질이 파괴되자, 그에게 성령 강림 대축일*과 같은 광경이 나타났다. 하늘에서 한 사도가 내려와 그에게 신은 이제 더 이러한 것을 필요로 하지 않는다고 말했다. 이 때문에 그는 이 형벌 의식을 중단하고 모든 도구를 강물에 내던졌다.**

---

* 오순절. 예수 부활 50일째 되는 일요일에 성령 강림을 기념하는 축일이다.

** (원주) *The Life of the Blessed Henry Susa*, translated by T. F. Knox, London, 1913, pp. 46-8.

수소가 경험한 이 급작스러운 변화를 다른 이들은 '새롭게 태어나는' 느낌으로 묘사한다. 이는 루터가 마치 영원한 저주라도 받은 것 같던 지식의 부담에서 헤어나 자신이 바로 신이 선택한 자라는 사실을 깨달았던 빛나는 순간과 유사하다. 세계 어디에서나 사회적, 영적 단계를 한 단계 올라가는 경험은 공통으로 '죽음과 재탄생'으로 표현된다. 동아프리카의 반투족 소년이 한 비밀결사에 입문할 때, 숫양 가죽과 내장으로 온몸을 둘둘 감싸고는 그 속에서 다시 빠져나오는 의식을 치르는데, 이 과정을 거쳐 그는 상징적으로 '재탄생'한다.* 엘레우시스 밀교 제전祭典** 참가자가 이처럼 엄격한 의식을 치르지는 않았으나, 밀교의 비밀이 의식을 통해 드러나는 순간 상징적인 '재탄생'을 경험했다. 오늘날 기독교 근본주의자 가운데 자신을 '다시 태어난 기독교도'로 일컫는 사람이 수천에 달한다. 조시모스와 몇백 년에 걸쳐 그를 따르던 영적인 연금술사들은 자신들이 마치 새로 태어난 것 같은 정도로 변성되었다는 확신을 주는 신비한 경험을 죽음과 재생이라는 상징적인 단어로 묘사한다. 미하엘 마이어는 "신에 의해 연금술의 신비에 입문하는 자는 누구든 음식이나 의복과 같은 사소한 관심을 버리고 마치 새롭게 태어난 것 같은 느낌을 받는다."라고 언급한다.***

벌거벗는 것이 원칙인 사회에서는 개인 능력의 변화를 나타내고자 물리적으로 육체를 변화시킨다. 다른 문화권에서는 옷을 갈아입는 것만으로도 종종 지위나 사회적 역할의 변화를 나타내게 되지만(사제가 사제복을 입고, 과부가 상복을 입듯), 이런 사회에서도 사람들은 물리적 고통이나 수족을 절단하는 이미지 등에 의존해 자신들이 돌이킬 수 없이 변성하였음을 나타내려 한다. 신체를 절단하거나, 삶고, 불로 태우는 이미지는 연금술 저작에서 흔히 볼 수 있는 표현이다.

---

* (원주) M. Eliade, *Myths, Dreams and Mysteries*, London, 1960, p. 20.

** 곡식의 신 데메테르를 받드는 의식.

*** (원주) *Symbola Aureae Mensae*, p. 143.

이런 폭력적 이미지들은 샤먼 즉, 무속인의 입당入堂 꿈*에서도 확인할 수 있다. 아래 인용문에는 20세기 말 한 부랴트Buryiat** 샤먼이 사지가 찢기고 큰 솥에 던져져 끓는 물에 삶겼다가 모루 위에 건져지는 꿈으로 샤먼의 입문 과정을 보여준다. 이 꿈 요소들은 시베리아 북극 황무지를 배경으로 2200년 전에 세계적인 도시였던 알렉산드리아에서 나타났던 조지모스의 환시를 그대로 반영한다.

입문자는 사막에 도착해 멀리 떨어진 산을 보았다. 사흘 간의 여정 끝에 그곳에 도착해 입구로 들어가자, 풀무질하던 벌거벗은 이를 만났다. 불 위에는 '땅의 절반 크기'의 솥이 걸려 있었다. 벌거벗은 사람이 그를 보고는 커다란 부젓가락으로 그를 집어 들자, 이 입문자는 마음속으로 '난 이제 죽었구나' 하고 생각했다. 벌거벗은 이는 입문자의 머리를 베고, 몸을 갈기갈기 찢어 큰 솥에 집어넣었다. 그러고는 3년간 이 몸통을 삶았다. 그곳에는 세 개의 모루도 있었는데, 이 벌거벗은 사람은 입문자의 머리를 세 번째 모루에 올리고 단련했다. 이 세 번째 모루는 최고의 샤먼을 주조하는 데 쓰는 것이었다. 그러고 나서 그는 입문자의 머리를 거기에 서 있던 세 개의 항아리 중 하나에다 던져 넣었는데, 그곳에 들어 있는 물은 셋 중 가장 차가웠다……
대장장이는 이윽고 입문자의 뼈를 강에서 건져내어 모아다가 서로 붙여놓고는 그 위에 살로 다시 가죽을 입혔다. 그는 이것들을 차례로 세어보고는 세 개가 더 많다고 중얼거렸다. 그 때문에 샤먼이 입는 옷을 세 벌 더 조달해야 했다. 이 대장장이는 입문자의 머리를 주조해 그에게 그 속에 들어 있는 문자들을 읽는 방법을 가르쳐주었다. 그는 입문자의 눈을 바꿔버렸는데, 이 때문에 그가 주술을 행할 때는 육체의 눈이 아니라 이 신비한 눈으로밖에 볼 수 없었다. 대장장이는 그의 귀도 새롭게 뚫어서 식물의 언어도 이해할 수 있게 해놓았다. 그 후에 이 후보자는 자신이 산 정상에 서 있음을 알게 되었고, 가족들에 둘러싸인

<hr>

* 무당이 되기 전에 징조로 나타나는 꿈. 국내에서는 거울, 방울, 칼 등이 대표 상징이다.

** 현 러시아 부랴티야 공화국 지역의 몽골계 민족.

채 꿈에서 깨어났다. 이제 그는 지치는 일 없이 노래도 할 수 있고 무한히 샤먼 노릇을 할 수 있게 되었다.*

연금술사 대부분이 성직자였지만, 교회는 연금술에 부정적이었다. 루터는 연금술을 찬양한 몇 안 되는 고위 성직자였다. 그는 연금술을 실용적으로 이용할 수 있고, 또한 연금술이 기독교 교리를 입증할 수 있다고 여겨 이를 찬양했다.

내가 아주 좋아하는 연금술은 진정한 의미의 고대 자연철학이다. 나는 금속을 장식하거나 허브 또는 술을 정화하거나 증류하는 등 여러 용도에 적용할 수 있다는 점 외에도, 연금술이 지닌 비유나 비밀스러운 상징 때문에 이 기술을 좋아한다. 특히 이 비유나 상징은 최후의 심판에 죽은 자들의 부활에 관해 아주 정교하게 다룬 매우 훌륭한 내용이다. 연금술 화로 속에서 불은 질료로 들어가 그 일부를 분리해 영, 생명, 원기, 힘 같은 것은 상승시키고, 죽음이나 가치 없는 시체 같은 더럽고 하찮은 물질은 바닥에 남겨둔다. (중략) 이것은 신이 심판의 날에 불로 신을 섬기지 않는 자와 정의로운 자를 가려내는 것과 같다.**

루터의 개인적인 선호에도, 연금술과 기독교 사이에는 근본적인 갈등이 있었다. 이는 단순히 연금술이 기독교 상징을 차용해 그 위세를 훔친 것 이상의 갈등이었다. 이 갈등은 연금술이 시작부터 지니고 있었던 영지주의적 요소들에서 비롯했다. 영지주의자들에게는 인간은 하찮은 물질세계로 떨어진 신성의 불꽃이며, 자신의 신성을 잠시 잊었지만, 영지를 체험함으로써 신성을 다시 얻을 수 있었다. 이 영

---

* (원주) 다음에서 인용. M. Eliade, *Shamanism*, p. 41. 다음도 참고. M. Eliade, *Rites and Symbols of Initiation: The Mysteries of Birth and Rebirth*, New York, 1965 (first published 1958).

** (원주) J. W. Montgomery, 'Cross, Constellation and Crucible: Lutheran Astrology and Alchemy in the Age of Reformation', *Ambix* 11 (1963), pp. 65-86.

지주의적인 부활 체험은 한 헤르메스주의 문헌에서 묘사되었다. 이 대화에서 누스Nous(또는 우주적 정신)는 헤르메스 트리스메기스투스에게 인간이 신이 될 수 있는 힘에 관해 설명한다.

네가 어떤 힘과 얼마나 놀라운 민첩함을 지녔는지 보라. 너는 신을 그렇게 이해해야 한다. 존재하는 모든 것을 신은 자기 안에 생각처럼 담고 있다. 세계도, 자신도, 만물도. 그러므로 네가 자신을 신과 동등하게 만들지 않는 한, 너는 하느님을 이해할 수 없다. 왜냐하면, 같은 것만이 같은 것을 이해할 수 있기 때문이다. 너 자신을 한계 없이 크게 키워라. 육체에서 해방되어 자유로워지고, 시간을 넘어서 영원이 되어라. 그러면 신을 이해하게 될 것이다. 무엇도 네게 불가능하지 않다고 믿어라. 너 자신을 불멸의 존재이자 모든 것을 이해할 수 있는 존재로 여겨라. 모든 기술, 모든 학문, 살아 있는 모든 존재의 본질까지. 가장 높은 곳보다 더 높이 오르고, 가장 낮은 곳보다 더 깊이 내려가라. 창조된 모든 것의 감각을 네 안으로 끌어들여라. 불과 물, 건조함과 습함까지도. 너는 땅 위에서도, 바닷속에도, 하늘에도 있다고 상상하라. 아직 태어나지 않은 상태, 어머니의 자궁 속, 젊음과 늙음, 죽음과 그 너머에 있는 자신을 그려보라. 시간, 장소, 물질, 성질, 양, 질 이 모든 것을 네 생각 안에 동시에 품을 수 있다면, 너는 신을 이해할 수 있을 것이다.*

존 디는 자신의 단자Monas로 깊이 사색하는 사람들도 이와 비슷한 경험을 하리라 믿었다. 그들 또한 우주의 가장 높은 곳을 오르고 가장 깊은 곳을 헤아리며, 결국 일종의 영지를 체험함으로써 신의 아들이자 신과 동등한 존재가 되리라고 본 것이다. 이런 낙관주의는 기독교에서 주장하는 인간의 원죄와 자연으로 추방된 인간을 강조하는 기독교의 핵심 교리와 충돌할 수밖에 없었다. 어떤 형태의 영지주의 사상에서는 인간은 스스로 신이 될 능력을 지니고 있을 뿐 아니라,

* (원주) *Corpus Hermeticum, texte etabli par A. D. Nock et traduit par A-J Festugiere*, Paris, 1945, i, pp. 147 ff. 다음을 번역 및 의역. F. Yates, *Giordano Bruno and the Hermetic Tradition*, London, 1964, p · 32·

자신 안에 온 우주를 담고 있는 소우주이므로 물질계 전체를 구원할 능력까지 지닌 존재로 여겨졌다. 많은 연금술사가 이런 견해를 받아들였다. 그들은 자신들을 타락한 물질을 구원하는 영지주의적 구세주라 여겼고, 르네상스 시대의 악명 높고 영향력 있는 마법사인 코르넬리우스 아그리파*도 이 점을 분명히 했다.

게버는 자신의 책 『연금술 총서*Sum of Alchemy*』**에서 이렇게 가르친다. 누구든 자신 안에 있는 연금술의 원리를 인식하지 못하면 이 기술을 완성할 수 없다. 사람이 자신을 더 깊이 이해할수록, 더 큰 원동력을 얻게 되고, 더 크고 놀라운 작업을 해내며, 마침내 신의 아들이 되어 신의 형상으로 변화하고, 신과 하나가 되는 경지에 도달한다. 이 결합은 천사도, 세계도, 다른 어떤 피조물도 누릴 수 없는, 오직 인간에게만 주어진 특권이다. 더 나아가, 인간이 신과 하나가 될 때, 그 안의 모든 것도 동시에 신성과 결합한다. 먼저 정신이, 그다음으로 영혼, 이어서 동물적 본성, 식물적 본성과 원소들, 마침내 물질에 이르기까지 그러하다. 형상은 그대로지만, 그의 육신 또한 더 나은 운명과 천상의 본성을 지닌 육체로 변화되어 불멸 속에서 영광을 누린다. 이처럼 신의 형상으로 변화되는 영광은 인간만 누릴 수 있으며, 다른 어떤 피조물과도 공유되지 않는다.***

인간이 우주에서 차지하는 역할을 과장되게 바라본 이런 관점은, 현자의 돌과 예수를 동일시한 데서 비롯되었다. 현자의 돌은 연금술

---

*　하인리히 코르넬리우스 아그리파 폰 네테스하임Heinrich Cornelius Agrippa von Nettesheim. 『오컬트 철학』을 썼고 많은 마법적 일화를 남긴 15, 16세기 독일의 마법사, 군인, 신학자, 법률가, 연금술사, 점성술사, 오컬트 작가.

**　(원주) 그가 실제로 이 책을 쓰지는 않았다. 플레스너가 지적했듯, 아그리파가 아랍 총서 속 자비르의 논문에서 이러한 생각을 얻게 된 것이 틀림없다. 'Geber and Jabir ibn Hayyan: An Authentic Sixteenth Century Quotation from Jabir', *Ambix* 16 (1969-70), pp. 113-18.

***　(원주) 같은 책, p. 115. 다음도 참고. H. C. Agrippa, *Three Books of Occult Philosophy*, translated by J. F., London, 1651, p. 460.

사 안에 존재하며, 따라서 연금술사 또한 예수의 신성을 함께 지닌다. 이런 이단에 가까운 주장은 교회의 심기를 불편하게 만들 수밖에 없었다.[*]

연금술사들은 기독교인과 성직자들이 기독교와 연금술 사상의 혼합을 불쾌하게 여길 수 있다는 점을 잘 알고 있었다. 그래서 많은 연금술 서적 저자가 불안해하며 자신의 책을 성직자 또는 다른 존경받는 인물이 쓴 것처럼 이름을 도용했다. 벤 존슨은 마몬과 설리 사이의 재치 있는 대화에서 이런 행위를 풍자한다. 마몬은 연금술이 고대부터 신성한 기원을 가졌다고 설리를 설득하려 하나, 실패한다.

> **마몬:** 자네는 고대 문헌이나 기록을 믿는가?
> 내가 자네에게 책 한 권을 보여주겠네.
> 거기엔 모세와 그의 누이,
> 그리고 솔로몬이 연금술에 관해 쓴 글이 실려 있지.
> 아, 그리고 아담이 썼던 논문도 있다네.
> **설리:** 정말로요!
> **마몬:** "오, 현자의 돌이여"라고 고지 독일어High Dutch로 쓰여 있네.
> **설리:** 정말 아담이 고지 독일어로 썼단 말입니까?
> **마몬:** 그렇다네. 그것이 바로 고지 독일어가 인류 최초의 언어였다는 증거일세.[**]

연금술사들은 대부분 자신의 작품을 아담, 모세, 모세의 누이 메리(또는 미리암)와 클레오파트라, 헤르메스 트리스메기스투스, 토마스 아퀴나스, 로저 베이컨, 알베르투스 마그누스의 저서로, 심지어는 연금술 금지령을 내렸던 교황 요한 22세가 쓴 것으로 돌렸다. 그들은 자신의 작업과 기독교적인 믿음을 비슷하게 비유한 것에 대한 사과문을 서두에 붙여두어 가능한 한 비판을 피하려 했다. 플라멜은 현자

---

[*] (원주) C. G. Jung, 'The Lapis-Christ Parallel', *Psychology and Alchemy*, pp. 345-423.

[**] (원주) II, i, 8off. 벤 존슨, 『연금술사』 2장 1막.

의 돌을 예수에 비유하기 전에 이런 변명을 한다. "그러나 먼저 이런 식으로 말하기에 앞서 가톨릭, 사도, 로마 교회의 허락을 구하며, 또한 모든 온유한 영혼께 이 비유의 사용을 허락하시길 간청하는 바입니다."* 미하엘 마이어는 기독교와 연금술 사이의 유사성에 관해 정당한 부분과 그렇지 않은 부분을 구별하는 방법을 써서 니콜라스 멜키오르의 연금술 미사를 비판으로부터 보호하려고 했다.** 그럼에도 연금술사가 쓴 저서들은 수없이 교회를 불쾌하게 만들었다. 1550년에 발간된 연금술 총서인『황금 제조술Artis Auriferae』의 편집자는『구약성경』「아가」와 「시편」, 그리고 그리스도의 강생降生과 죽음에 대한 저자의 불경한 해석에 충격을 받아『떠오르는 새벽』의 첫 번째 부분을 총서에서 생략하며 아래와 같이 썼다.

친애하는 독자여, 당신은 우리가 의도적으로 이 책자의 시작부터 우화나 비유로 가득 찬 부분을 모조리 생략했다는 사실을 알게 될 것입니다. (중략) 그 우화들로 인해 (중략) 저자는 이런 비유를 빌려 신성불가침한 성스러운 글귀들(특히 솔로몬과 그가 쓴「시편」과「아가」) 거의 전부를 연금술 수준으로 끌어내렸습니다. (중략) 이 모든 글을 (저자의 말을 믿는다면) 오로지 연금술을 경외하고 칭송하고자 쓴 것처럼 보일 정도였습니다. 아니 그 이상으로, (더욱 끔찍한 일은) 저자가 불경스럽게도 우리 주 예수의 강생과 죽음에 관한 가장 성스러운 신비를 현자의 돌에 관한 세속적인 신비에 짜맞추려고 왜곡했습니다. 이는 (내 생각에는) 저자에게 어떤 사악한 의도가 있어(저자에게는 다른 의미로 경건해 보이기에) 비롯한 것은 아니었습니다. 오히려 성경을 진정으로 해석하는 법을 모른 채, 자신들이 생각해낸 어리석은 이야기들에 억지로 짜맞추려 했던 사람들로 가득 찼던 무지無知의 시기였기에, 당시 사람들은 자신들이 진리를 다루고 있다고 생각했을 것입니다. 따라서 신성한 성경 문구를 어리석게도 이러한 사기 행각에 관련지어야만 했던 것은

* (원주) *Nicholas Flamel, His Exposition of the Hieroglyphicall Figures*, p. 38.
** (원주) *Symbola Aureae Mensae*, pp. 507ff.

부끄러운 범죄라 판단하고, 내가 성경의 경건함을 옹호하며 내 능력이 닿는 한, 성경의 자유를 회복하기를 바랐습니다. 특히 이 문제에 대해 저자는 지성이나 실용적인 것에 대해 기여하는 것이 아니라, 경건하고 최고로 박식한 이들의 귀를 불쾌하게 만들 수 있기 때문입니다. 더 호기심 있는 이들은 직접 이 비유들을 필사하거나 (만약 돈을 쓸데없는 데 투자하려는 사람이라면) 다른 이들이 만든 필사본을 읽을 수 있을 것입니다.*

교회에서는 연금술에 대한 공식적 입장을 거리낌 없이 표명했다. 교황 요한 22세가 1317년에 공표한 금지령은 사기꾼 연금술사들이 무지한 일반 대중을 속여 위조 화폐를 유통하고 있다는 점을 강조했다. 때때로 도미니코회와 프란치스코회의 여러 지부도 수도사들이 연금술 행위를 금지하며, 위반 시 파문될 수 있다고 경고했다. 그러나 비공식적으로 호기심 많고, 탐욕스러우며, 신비주의적 성향을 지닌 많은 성직자가 교회 안에서, 비밀스럽게나마 연금술을 계속 이어갔다. 연금술은 이단의 경계에 서 있거나, 때로는 이단에 완전히 빠져 들기도 했지만, 연금술서와 연금술의 상징이 매우 해석하기 힘들었기에, 그것이 잘못된 비유이고 무해하다는 식으로 늘 변명할 수 있었고, 그 덕에 상당 부분 보호받을 수 있었다.

1742년, 프랑스 연금술사 니콜라 랑글레 뒤프레누아Nicolas Lenglet Du Fresnoy**는 초기 연금술 역사를 다룬 『헤르메스 철학사L'Histoire de la Philosophie Hermetique』를 발간했는데, 그는 세 권에 달하는 책 서문에서 겸손하게 이렇게 말한다. "나는 이 보잘것없는 연구서에 인간이 할 수 있는 가장 큰 어리석음과 가장 위대한 지혜의 역사를 전하고자 한다." 뒤프레누아의 관점은 다른 영적 연금술사들과 같았다. 즉, '가장 큰 어리석음'은 연금술이 보장하는 약속을 글자 그대로 믿고서 기저

* (원주) *Artis Auriferae*, i, pp. 183-4.

** 17세기경에 활동한 프랑스의 역사가, 지리학자, 철학자, 연금술사. 고대 및 중세에 대한 다양한 저작을 남겼다. 저서로 *Bibliothèque historique, Histoire ancienne et moderne d'Opothie* 등이 있다.

금속을 금으로 변성해 부를 얻고자 했던 잘못된 사람들의 마음에 있었다. 반면 '가장 위대한 지혜'는 실험실 용어 뒤에 숨은 신비로운 의미를 이해하는 선택받은 소수에게만 허락된 것이었다. 불과 연금술 화로는 다만 각자 자기 영혼 속 천박한 본질을 금으로 바꾸려 애쓰며 겪는 고통스럽고 충격적인 시련을 상징할 뿐이었다. 연금술 제조법에 등장하는 모든 재료(금속, 광물, 산, 화합물, 혼합물)가 실제로는 모두 하나, 바로 연금술사 자신이었다. 그는 정화해야 할 천박한 본질이자 유황과 수은이었고, 그 정화에 필요한 산酸은 연금술사의 깊은 정신적 고뇌와 완전함과 평화를 바라는 마음에서 나온다.

5. 연금술의 비밀

The Secret Art of Alchemy

1681년 봄, 당대 최고의 위대한 과학자 아이작 뉴턴은 개인 실험실에 앉아 어려운 연금술 기호들을 해독하려고 애썼으나, 일주일 동안의 노력 끝에도 성과를 얻지 못하고 포기하고야 말았다. 뉴턴의 실패 원인은 그가 완전히 잘못된 방향에서 접근했다는 데 있었다. 그는 이 상징들 속에서 때때로 화학 실험을 하는 방법이 담긴 지침들을 발견할 수 있었으나, 대부분 그렇지 못했다. 연금술은 실험실에서 이루어지는 화학도 포함하고 있었으나, 전체의 일부일 뿐이었다. 연금술은 화학반응을 통해 삶의 철학을 표현하려는 시도였다. 이는 세상 만물이 살아 움직이며, 모두 완전함을 향해 나아가고 있다는 믿음에 기반했다. 신체적으로나 정신적으로 불완전한 것은 생명의 정수(엘릭서)나 현자의 돌로 알려진 신비로운 물질에 의해 완전한 상태로 변성될 수 있다고 믿었다.

멘데스의 볼로스Bolos of Mendes가 썼다는 『신비의 열쇠, 자연철학 *Physica kai Mystika*』은 서양에서 가장 오래된 화학 문헌으로 알려져 있는데, 제목부터 신성과 과학이 뒤섞인 연금술의 특성을 드러낸다. 연금술사들은 상징과 비유를 활용해 화학을 초월한 세계를 연결하고자 했다. 그들은 삶과 죽음의 신비를 화학으로 설명하고, 반대로 화학을 삶과 죽음이라는 개념으로 해석했다. 이러한 맥락 때문에 자기 꼬리를 물고 끝없이 순환하는 뱀 '우로보로스'는 연금술에 매우 잘 어울리는 상징이었다.

힌두교 문헌 『베다*Veda*』에는 "진리는 하나이나, 성현들은 이를 여러 이름으로 말해준다."라고 써 있다. 연금술사들이 사용한 명칭들은 다양하고 낯설기는 하나, 그 이면에는 수천 년 동안 사람들의 마음과 정신을 울려온 상징들이 담겨 있었다. 고대부터 현대까지 인간은 삶의 신비를 이해하고 표현하고자 공통의 상징 언어를 사용해왔다. 연금술사들은 이 풍부하고 강력한 상징 체계를 통해 자신들만의 삶과 죽음에 관한 진리를 묘사했다. 상징은 연금술의 핵심이며, 연금술사들이 자주 사용한 이미지들은 단어 이상의 의미를 전달하곤 했다. 밀리우스는 『개정된 철학』에서 "이 상징의 의미를 파악하는 자에게는 그 길이 쉽다."라고 썼지만, 아무런 안내 없이 이 방법을 알 수 있는 사람은 극히 드물다. 이는 우리가 연금술 특유의 상징적 사고 체계에 자연스레 접근하는 능력을 잃었기 때문이다.

어떤 의미에서 과학혁명은 인간을 주변의 세계로부터 소외시켰다. 자연은 이제 하나의 객체가 되었으며, 이 객체는 무게와 길이 같은 기계적인 법칙, 원자와 분자의 원리에 따라 작동하는 것이 되어버렸다. 데카르트와 그 이후의 철학자, 과학자 대다수가 정신과 물질 사이에 넘지 못할 간극을 만들었고, 과학적 세계관에 감정, 감촉, 맛, 소리, 색, 냄새, 그리고 삶에 활력과 의미를 부여하는 모든 감각을 배제했다. 기껏해야 이 감각들은 부차적인 성질로 치부되었고, 심하게는 인간의 상상력이 빚은 허구일 뿐이라고 여겨졌다. 데카르트는 자신의 논리를 따르다 보니, 동물은 정신이 없기에 오직 기계처럼 작동하는 자동기계Automata일 뿐이라는 비생산적인 결론까지도 받아들여야만 했다.

연금술사들의 세계관은 17세기 이후 주류로 자리 잡은 기계론적 세계관과는 완전히 달랐다. 그들의 세계관은 고대의 사고방식과 밀접하게 연결되어 있었다. 그들에게 자연은 단순한 대상이 아니라, 인간처럼 생각하고 감정을 품는 인격체였다. 세계는 움직이는 물질을 설명하는 추상적인 공식이 아니라, 열정과 감정으로 이루어진 것이라고 믿었다.* 존 던은 "식물도, 돌도 혐오하고 사랑한다yea plants, yea stones detest, And love."**라고 썼는데, 이는 인간이 처음으로 돌판에 제 생각을 새겨 넣기 시작할 때부터 있었던 사상이다. 이런 물활론적

---

*   (원주) E. Cassirer, *The Philosophy of Symbolic Forms*, vol. ii, Mythical Thought, New Haven, 1973 (first published 1925).

**   존 던의 시 *A Nocturnal upon St. Lucy's Day*의 구절.

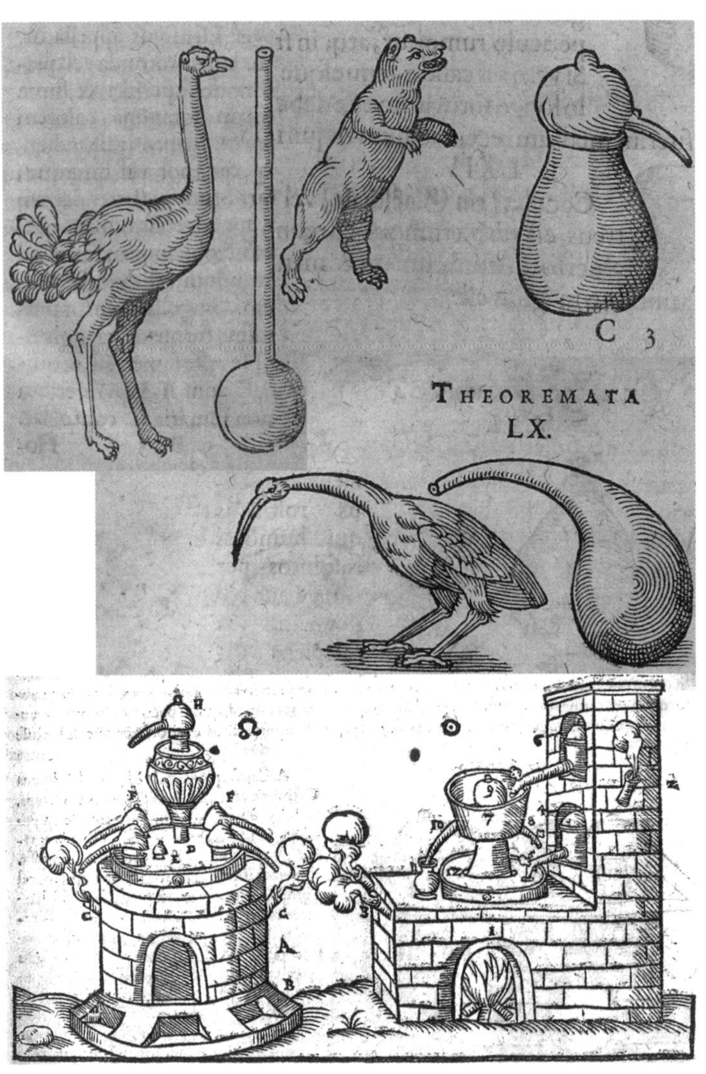

연금술 장치들의 예시

物活論的, animistic* 세계관에서는 인간의 본성이 다른 모든 것의 척도가 된다. 이런 이유로, 고대 메소포타미아, 아시리아, 인도, 중국에서

* Hylozoism이라고도 한다. 모든 물질에는 본질적으로 활력과 생명력과 운동력의 근원인 혼이 있다고 보는 세계관의 하나.

는 금속이나 돌을 그 경도와 연성, 색, 남녀 생식기와의 유사성 등을 기준으로 남성과 여성으로 나누었다.*

월터 클라인은 아프리카의 금속 세공인들이 여전히 돌의 성性을 구분하는 데 이런 기준을 따른다는 사실을 밝혀냈다.** 그들은 단단하고 검은 돌을 수컷, 부드럽고 붉은 돌을 암컷으로 여겼고, 이 두 성이 '결합'해야 비로소 원하는 결과를 얻을 수 있다고 믿었다. 연금술사들도 남성적인 황과 여성적인 수은이 결합해 현자의 돌이 태어난다고 믿으며, 이러한 성적인 이미지를 그대로 사용했다. 이 사상은 오늘날까지도 귀금속 업계의 전문용어에 희미하게 남았는데, 다이아몬드의 광채에 따라 성별을 구분하는 전통이 그 흔적이다.

탄생이나 결합copulation, 죽음의 드라마에 휘말린 광물과 금속의 신화는 땅을 자신의 비옥한 자궁에서 끊임없이 생명을 배출하는 다산의 어머니로 비유했던 고대까지 거슬러 올라간다. 대大플리니우스는 『박물지Naturalis Historia』에서 스페인의 방연석方鉛石*** 광산은 대지가 다시 금속을 새로 산출할 수 있는 시간을 가질 수 있도록 정기적으로 문을 닫는다고 기록했다. 이는 남아프리카 트란스발Transvaal****의 고대 광산들이 입구가 막힌 채 발견되는 사실을 설명해줄 단서다.

돌이 살아서 성장한다는 생각은 돌이 인간의 부모라는 내용을 담은 여러 신화 뒤에 깔린 생각이다. 그리스의 노아Noah인 데우칼리온Deucalion*****과 그 아내 퓌라Pyrrah******는 홍수가 지나간 뒤 세상에

---

*   (원주) M. Eliade, *The Forge and the Crucible*, pp. 34ff; R. C. Thompson, 'A Survey of the Chemistry of Assyria in the Seventh Century BC', *Ambix* 2 (1938), pp. 3-16.

**   (원주) W. Cline, *Mining and Metallurgy in Negro Africa*, 1936, p. 117.

***   납과 은의 광원으로 채광되는 광물이다.

****   현재 남아프리카공화국에 속한 대규모 금광을 시작으로 다양한 보석, 광물이 묻힌 지역. 이 지역 자원 때문에 두 차례 보어 전쟁(1880~1881, 1899~1902)이 벌어졌다.

*****   불을 인간에게 전한 프로메테우스와 예지력의 신 오케아니스 프로노이아의 아들.

******   프로메테우스의 동생 에피메테우스와 판도라 사이의 딸. 둘의 자손은

EPIGRAMMA VIII.

Est avis in mundo sublimior omnibus, Ovum
  Cujus ut inquiras, cura sit una tibi.
Albumen luteum circumdat molle vitellum,
  Ignito (ceu mos) cautus id ense petas:
Vulcano Mars addat opem: pullaster & inde
  Exortus, ferri victor & ignis erit.

F   Mu

현자의 알 The Philosopher's Egg
『아탈란타 푸가 *Atalanta Fugiens*』, 1617

164

다시 만물이 성장할 수 있도록 "커다란 어머니의 뼈를 어깨 너머로 던지라."라는 명령을 (법의 신 테미스 또는 주신 제우스에게서) 받았다. 그들은 이 비밀에 싸인 신탁이 대지의 돌을 의미한다는 사실을 이해하는 데 오랜 시간이 걸렸다.

연금술사들은 항상 대지를 비옥한 어머니로, 땅속에 묻힌 광석을 수태된 아이로 생각했다. "광물은 대지의 자궁 속에 감추어져 있고, 하늘에서 받은 정기로 대지는 그것들을 길러낸다."라고 바질 발렌틴은 썼다.* 현자의 돌을 만드는 과정은 종종 탄생, 성장, 결혼, 결합이나 죽음과 같은 인간적인 용어들로 묘사되곤 했다.

> 이 (현자의) 돌은 인간과 마찬가지로 남성과 여성이라는 두 씨앗의 결합으로 수태되어, 태아로 변성해 마침내 세상의 빛 아래 태어나 젖을 먹으며 자라고, 성숙에 이르며, 결혼의 끈으로 묶이고, 아내에게서 자식을 낳는다. 고난의 십자가나 시련의 파도에 시달리다가 죽음을 맞고, 땅에 묻혀 무덤 속에 한동안 머문 뒤, 다시 소생해 새로이 썩지 않는 생명을 누리며, 더는 죽을 수 없는 존재가 된다.**

연금술 용기는 자주 자궁처럼 묘사되며, 그 안에서 '왕의 아이Royal Child'가 탄생하기까지 여러 단계가 진행된다. 이 용기는 또 알로도 자주 그려지는데, 보편적으로 알은 탄생과 창조를 상징한다. 미하엘 마이어의 『아탈란타 푸가』에서는 증류기를 알로 표현한 기이한 이미지가 등장한다. 한 로마 병정이 까치발을 하고 아슬아슬하게 균형을 잡은 채, 붉은 검을 들어 알을 내려친다. 여기서 검은 불을 상징하는 남근男根적 기호이며, 알은 연금술 용기, 즉 새로운 존재가 곧 태어날 자궁이다.

연금술이 공유하는 고대 및 원시 사유 방식의 또 다른 특징은, 어

그리스신화에서 인류를 창조한다.

* (원주) *The Hermetic Museum*, i, p. 333.

** (원주) *Symbola Aureae Mensae*, p. 510.

떤 이미지나 상징을 그것이 나타내는 대상 자체와 동일시하는 경향이다. 이러한 상징적 사고의 대표 사례가 이집트의 무덤 벽화다. 이집트의 그림과 조각상은 단순한 장식이 아니라, 말 그대로 '삶을 다시 현실에 존재하게 하는' 역할을 했다. 예를 들어, 이집트 상형문자에서 '조각가'는 '살아 있게 하는 자he-who-keeps-alive(즉, 죽은 자의 생명을 재현하고 유지하게 하는 신성한 임무를 수행하는 사람)'를 의미한다.*이집트인들은 육체 없이는 사후 세계에서 살아남을 수 없다고 믿었기에, 시신을 정성껏 미라로 만들었다. 그들은 시간이 지나 미라가 훼손될 가능성에 대비해 무덤 안에 망자의 조각상도 함께 묻었는데, 그 조각상에 이름을 새기고 의식을 거쳐 고인을 제대로 연결하면, 이 조각상이 그의 육신이 된다고 여겼다.

원시인들도 이와 비슷하게 생각했다. 빅토리아시대의 화가 조지 카틀린George Catlin**은 미국의 원주민들이 자신의 화가 활동을 매우 의심스럽게 지켜보던 사실을 회고록에 썼다. 그는 얼굴 절반이 그림자에 가려진 한 원주민의 초상을 그려주었다가 곤경에 빠졌는데, 이는 다른 인디언들이 이 그림을 '반쪽 얼굴'의 초상화라 여겨 카틀린이 초상화의 주인공인 이에게 끔찍한 저주를 내렸다면서 두려워했기 때문이었다.*** 이들은 특정 종류의 강력한 흑마법은 희생자의 초상화만으로도 효과를 발휘한다고 믿었다. 이와 비슷한 이유로 링컨스 인Lincoln's Inn**** 마당에서 엘리자베스 여왕과 비슷한 차림새의 인형 심장에 못이 꽂힌 채 발견되자, 깜짝 놀란 추밀원에서는 이 인

* (원주) Sir Ernst Gombrich, *The Story of Art*, London, 1972 (first published 1950), p. 228.

** 19세기 미국의 변호사, 화가, 작가, 여행가. 아메리카 원주민의 초상을 전문적으로 그렸으며, 몇몇 작품은 현재 미국의 스미소니언 박물관에 보존되어 있다.

*** (원주) Sir Ernst Gombrich, *Art and Illusion*, London, 1967 (first published 1960), p. 228.

**** 영국 런던에 소재한 법조인 협회 네 곳 중 하나로, 변호사Barristers를 교육 및 훈련하며 자격을 인증한다.

형으로 인한 재앙을 없애려 유명한 천문학자이자 점성가인 존 디를
소환했다.*

연금술사들도 이미지와 상징이 '실재'하며, 이것들이 물질의 본질
을 담고 있다고 믿었다. 17세기의 진보적인 화학자 헤르만 부르하버
Hermann Boerhaave**조차 금속들을 나타내는 연금술 기호들이 단순
한 약속이나 관습에 따라 의미를 부여받은 것이 아니라, 본래부터 의
미를 지녔던 것이라고 여겼다. 그는 완전한 금속인 금은 원으로 나타
내는 것이 적절하다고 생각했는데, 원은 완전함을 상징하기 때문이
다. 은은 금의 절반 정도만 완전했기에 반원으로 나타냈고, 구리 기호
인 원 아래 십자가(♀)는 구리가 부분적으로는 금과 닮았으나 거칠고
날카롭고 부식성 물질이 섞여 있는 금속임을 잘 보여준다고 생각했
다.*** 앞서 살펴보았듯, 존 디 또한 자신이 몇 년에 걸쳐 창안한 '단자
Monas'를 단순한 기호 이상의 것으로 여겼다.****

고대, 원시, 그리고 연금술의 사유 방식 사이에 있는 공통점은 세상
을 상호 연결된 상징의 그물망으로 보는 믿음이다. 어떤 사물도 단순
히 사물 그 자체로만 여겨지지 않고 수많은 다른 것을 상징하는 기호
이기도 했다. 위그 드 생빅토르Hugues de Saint-Victor*****가 남긴 글귀
는 이러한 사상을 전형적으로 보여준다.

비둘기에게는 날개가 둘 있으니, 이는 마치 기독교인에게 두 가지
삶이 있음을 뜻하도다, 이는 곧 활동하는 삶과 관조하는 삶이로다. 날

* (원주) P. J. French, *John Dee: The World of an Elizabethan Magus*, London, 1972, pp. 6-7.

** 17~18세기 네덜란드의 화학자, 식물학자, 임상의학자. 근대적 임상 교수법을 최초로 실시해 의학에 큰 영향을 끼쳤고, 유럽 군주국들과 당대 중국에서도 그를 찾을 정도로 명성을 쌓았다.

*** (원주) M. Crosland, *Historical Studies in the Language of Chemistry*, p. 333.

***** (원주) 이 책 139-141쪽 참고.

***** 12세기 파리 생빅토르 수도원의 수도사. 신비주의 신학을 선도했고 다양한 신학서들을 남겼다. 저서 대부분을 당대 유럽 도서관들이 비치하고 있었다. 그의 이름을 도용한 책도 많다.

개의 푸른 깃털은 하늘을 향한 사유를 상징하며, 그 몸통의 아른거리
는 색채들, 마치 소용돌이치는 바다와 같이 변덕스러운 빛깔은 인간의
열정이라는 광활한 바다를 나타내니, 그 바다 위로 교회는 항해하는
것이다. 비둘기의 눈은 왜 그처럼 아름다운 황금빛을 띠는가? 이는 황
색이 곧 익은 과실의 빛깔이요, 성숙과 경험의 색이기 때문이다. 비둘
기의 황금빛 눈은 교회가 미래를 바라볼 때 지닌 지혜 가득한 눈길을
상징한다. 마지막으로, 비둘기의 발이 붉은 것은 교회가 세상을 걸어
가되, 그 발은 언제나 순교자의 핏속에 잠겨 있기 때문이다.*

연금술사들도 상징을 능수능란하게 다루었다. 그들은 자신들의
모든 작업 과정, 색, 물질, 도구에 다른 의미를 부여하는 것을 즐겼다.
연금술사들, 그리고 18세기 일반인들까지도 세상은 '존재의 위대한
사슬'이었다. 그 사슬의 모든 고리는 그 앞선 고리의 영향을 받는다.
각 행성과 별자리는 생명체의 모든 형태를 거쳐 가장 하찮은 조약돌
에 이르기까지 일련의 물질과 연결되어 있었다. 이런 수직적 연결 외
에 수평적 대응 관계도 있었다. 사자를 '백수의 왕'이라 부르는 것은
단순한 비유가 아니라, 사자가 동물계에서 차지하는 위치가 인간계
에서는 왕, 화학계에서는 현자의 돌, 조류 중에서는 독수리, 어류 중
에서는 돌고래, 행성계에서는 태양과 같았기 때문이다. 따라서 사자
는 이들 모두를 대표하는 적절한 상징이었다.**

탄생과 죽음은 연금술을 통해 상상을 펼치는 가장 강력한 원천이
었다. 이 둘은 인간이 짧은 삶의 여정을 이해하고자 만든 모든 상징
에도 마찬가지로 적용된다. 세계적으로, 성性과 희생犧牲을 주제로 삼
은 의례들은 금속의 변성과 밀접한 관련이 있었다. 금속 제련 과정은

---

* (원주) E. Mâle, *Religious Art from the Twelfth to the Eighteenth Century*, New
York, 1959 (first published 1949), p. 65.

** (원주) A. O. Lovejoy, *The Great Chain of Being*, New York, 1960 (first
Published 1936); M. Foucault, *The Order of Things: An Archaeology of the Hu-
man Sciences*, New York, 1973 (first published 1966); Sir E. Gombrich,
Symbolic Images, London, 1972.

화학적 결혼The Chemical Wedding
『태양의 광채*Splendor Solis*』, 1582

재료들이 연금술 화로 안에서 성적 결합 또는 '결혼'을 하고, 이로써
새로운 물질이 탄생하는 것이라고 여겼다. 이때, 연금술 화로는 인공

자궁이었고, 이 출산이 성공적으로 이루어지려면 일종의 산파술처럼 복잡하고 많은 의식과 금기 들이 함께 따라왔다. 독일어권 지역에서는 에나멜이 만들어지는 가마를 여전히 태내胎內, muttershuss*라고 부른다. 탄자니아에서는 이 자궁-화로의 비유가 더욱 정교하게 발전했다. 제련소에서는 두 개의 구멍을 만드는데, 가장 큰 구멍은 'nyina', 어머니라 불렀고, 이곳으로 찌꺼기, 침전물Slag, 광석이 나왔다. 그 반대쪽에는 'isi', 아버지라 불리는 작은 구멍이 있었고, 여기에 풀무를 꽂았다. 이 두 구멍 사이, 즉 화로 안의 금속들은 'aana', 아이들이라 불렀다.** 북로디지아***의 바일라Baila 부족 사회에서는 '철 의사iron doctor'가 제련을 총지휘하는데, 그는 부족 모두의 성생활을 용광로 안의 활동과 조화시키는 역할을 했다. 용광로를 만들어 벽이 1피트(약 30센티미터)쯤 됐을 때, 한 소년과 소녀가 이 안으로 이끌려 들어가 결혼식을 치렀다. 이는 마치 광석이 용광로 안에서 결합하는 것과 같은 상징적인 행위였다. 제련 중에는 모든 일꾼이 성적으로 엄격히 절제해야 했다. 이 절제를 잘 견뎌낼 수 있도록, 부족의 여성들은 옷도 빨지 않고, 화장이나 장식도 하지 않고 과부처럼 행동했다.****

연금술사들은 도가니 안에서 원소들이 '결혼'하고 '왕의 아이'가 '탄생'하는 과정을 말할 때 이런 이미지를 사용했다. 그들은 마치 어머니 대지처럼 행동하며, 원래는 수십만 년이 걸릴 자연의 과정을 잠깐 대리 수행했다고 믿었다. 에이레나이오스 필라레테스는 "우리의 기술은 자연이 지하 깊은 곳에서 금속을 만들어내는 방식을 모방한 것이지만, 그 방법은 더 짧고, 정교하다."*****라고 서술했으며, 클레오파트라는 아래와 같이 연금술사를 '자애로운 어머니'에 비유했다.

*   직역하면 어머니의 무릎이다. 그러나 고대와 중세 상징 체계에서 여성의 무릎, 허벅지, 배 아래쪽은 모두 자궁과 관련 있는 영역으로 여겨졌다.

**   (원주) W. Cline, *Mining and Metallurgy*, p. 41.

***   1964년 영국에서 독립한 잠비아 공화국.

****   (원주) 같은 책, p. 120ff.

*****   (원주) *The Hermetic Museum*, ii, p. 254.

현자(연금술사)들은 자신의 아름다운 작품을 바라보니, 이는 마치 자애로운 어머니가 자신이 낳은 아이를 바라보는 듯하다. 그리고 그들이 그것을 어떻게 키우는지 보라. 어머니가 아기에게 모유를 주듯, 이 기술에서는 젖 대신 물로 그것을 기른다. 이 작업은 아기가 자라는 방식과 비슷하게 이루어지기 때문에, 마치 아이처럼 만들어지는 것이다. 마침내 모든 면에서 완전한 상태가 되면, 그 안에 봉인된 신비를 보게 될 것이다.*

페트루스 보누스도 연금술에 쓰이는 그릇이나 화로를 자궁에 비유했다. 그는 "우리의 작업이 끝나갈 무렵에는 특별한 노력이 필요하다. 왜냐하면, 태아는 어머니의 자궁 속에서 아무런 보살핌 없이 9개월 동안 날마다, 시시각각 저절로 자라나나, 그 성장이 끝나면 자궁이 밀어내는 힘이 필요하고, 그렇지 않으면 죽을 수밖에 없기 때문이다. 우리 작업에도 이와 비슷한 일이 벌어진다."**라고 말한다. 이런 사고 방식은 틀림없이 교감 마법sympathetic magic***에서 강하게 영향을 받았을 것이다. 그릇이 자궁처럼 생기면 자궁처럼 작용할 가능성도 크다고 믿은 것이다. 알베르투스 마그누스 또한 "자연의 에너지와 우주의 힘이 작용해 만들어지는 것은 자연과 똑같이 설계된 인공 환경에서도 만들 수 있다."****라고 썼다. 그러나 이들은 원시 금속 세공인들처럼, 자신의 성적 에너지를 금속에 옮길 수 있다고 믿으며 이를 극단적으로 억제하지는 않았다.

---

* (원주) C. A. Browne, 'Rhetorical and Religious Aspects of Greek Alchemy', *Ambix* 3 (1948), p. 22.

** (원주) *The New Pearl of Great Price*, p. 143.

*** 모방 마법이라고도 부른다. 사물이나 행동의 유사성, 접촉을 통해 연결된 개인/사물에 영향을 미칠 수 있다는 원리에 기반한 마법. 일례로 적의 신체 일부를 취해 적의 힘을 얻거나, 타인을 저주하기 위해 인형에 타인의 머리칼, 손톱 등을 넣는 등의 방식이 있다.

**** (원주) Albertus Magnus, *Book of Minerals*, translated by D. Wyckoff, Oxford, 1967, p. 178.

결합Conjunction

『화학의 즐거운 정원*Viridarium Chymicum*』, 1624

남성인 유황과 여성인 수은의 화학적 결혼이나 성性적 결합은 연금술 작업의 핵심 이미지였지만, 이 결혼은 평범한 혼인이 아니었다. 『황금 논문』의 저자는 꿈같은 환상 속에서 벌어진 만남을 묘사하며 이렇게 외친다. "보라—"

그때, 비단과 공단貢緞으로 곱게 단장한 처녀 가운데 가장 눈부신 이가 앞으로 나섰고, 진홍빛 예복을 입은 가장 아름다운 청년이 그녀의 곁에 서 있었다. 그들은 팔짱을 끼고 장미 정원으로 걸어갔다. 손에는 향기로운 장미 꽃다발을 들고 있었다. 나는 그들에게 인사를 건넸다. (중략) "이분은 나의 사랑하는 신랑이랍니다."라고 그녀가 말했다. (중략) "이제 우리는 이 유쾌한 정원을 떠나, 우리만의 방으로 서둘러 가서 서로의 사랑을 온전히 누릴 거랍니다."*

---

* (원주) *The Hermetic Museum*, i, p. 45. 이 작품에 대한 흥미로운 프로이트 학파의 해석은 다음을 참고. H. Silberer, *Problems of Mysticism and Its Symbolism*,

이 아름다운 남녀 한 쌍은 현자의 돌의 부모가 된다. 이들은 곧 열정적인 사랑의 결합 속에서 잉태할 것이다. 이 커플은 바질 발렌틴의 첫 번째와 여섯 번째 '열쇠'에도 등장한다. 그들은 우리 눈앞에 서서 신성한 혼인을 앞두고 있다. 다른 연금술 삽화들에서는 이들이 신방에서 사랑의 열정으로 합일하는 장면이 이어진다. 바로 이 순간 클레오파트라가 외친다. "보라, 신랑과 신부가 하나가 됨으로써 이 기술이 완성되었다."* 그 뒤에는 이 결합으로 태어난 아이가 젊은 왕자의 모습으로 자라는 모습을 지켜보게 된다.

현자의 돌의 잉태와 탄생은 겉보기만큼 단순하지 않다. 이 과정은 요즘 사람들의 마음을 사로잡는 상징적인 그림들로 자주 묘사된다. 바질 발렌틴은 이렇게 조언한다. "남편과 아내를 하나로 맺어주어야만 한다. 서로의 살과 피를 먹고 자양분으로 삼아야 그들이 자기 존재를 수천 배로 증식할 수 있다."** 연금술사들의 결합은 단순한 결혼이 아니라 희생과 죽음, 재탄생 과정을 포함한다. 그리고 이 커플은 평범한 관계가 아니었다. 그들은 부부일 뿐 아니라 모자, 남매, 또는 부녀 사이이기도 했다.

아주 작은 난자의 존재를 확인할 수 있을 만큼 성능이 뛰어난 현미경을 만들 수 있게 된 17세기까지도 사람들은 곤충이나 동물이 부패하는 물질에서 발생한다고 믿었다. 벌은 부패하는 말의 사체에서 생겨난다는 것이 당시의 일반 상식이었다.*** 이것은 모든 생명이 죽음에서 비롯한다는 일반적 개념의 구체적 예시들이었다. 바질 발렌틴 또한 "인간의 육체나 동물의 몸도 부패 없이는 번식하거나 증식할 수 없다. (중략) 모든 생명이 부패에서 발생하는 것이다."라고 했다.****

New York, 1970 (first published 1917).

* (원주) C. A. Browne, *Ambix* 3 (1948), p. 23.

** (원주) *The Hermetic Museum*, i, p. 320.

*** (원주) "인간이나 독사, 고래, 야자수 등은 생식 활동을 통해 번식하나, 파리, 지렁이 또는 이와 비슷한 불완전한 존재들은 부패를 통해서만 번식한다." *The New Pearl of Great Price*, p. 94.

**** (원주) *The Hermetic Museum*, i, p. 340.

창조란 희생을 거쳐야만 일어날 수 있다는 믿음은 고대 신화나 종교 전통 전반에 걸쳐 등장하는 오래된 주제다. 바빌로니아의 주신 마르두크Marduk는 거대한 바다 괴물 티아마트Tiamat의 몸을 갈가리 찢어 그 조각들로 우주를 만들었다고 전한다. 이후에 그는 인류를 창조하고자 자신을 희생할 때 이렇게 선언했다. "나는 내 피를 굳혀 뼈를 만들 것이다. 그로부터 사람을 일으키리라. 진정으로 사람이 존재하게 되리라."* 아즈텍족의 신화에서는 여신 틀랄테쿠틀리Tlaltecuhtli**가 바다뱀으로 변한 두 신에게 붙잡혀 갈가리 찢기고, 그 몸에서 우주의 구성 요소가 만들어진다. 북유럽 신화 속 서리 거인 이미르Ymir의 시체는 세상을 만드는 재료가 되었고, 오스트레일리아(카로라Karora), 중국(반고盤古), 인도(푸루샤Purusha)의 창세 신화에서도 비슷하게 '최초의 인간'이 우주 질서를 만드는 과정에서 희생된다. 히브리 신화에서도 이와 비슷한 개념을 엿볼 수 있다. 하나님은 아담을 양성구유로 창조한 뒤, 이를 둘로 나눠 인류가 번성할 수 있도록 했다.***

이 모든 신화는 피, 뼈, 땀, 눈물, 정자 등 어떤 형태라도 생명은 이미 살아 있는 다른 생명을 빼앗아야만 다른 대상에 담길 수 있다는 심오한 의미를 전한다. 이와 비슷한 생각은 식량의 기원을 신, 인간, 동물의 죽음으로 표현하는 여러 신화에서도 볼 수 있다. 페르시아 신화에서 빛의 신 타우록토노스Tauroktonos****는 가바에보다타Gavaevodata라는 황소를 죽이고 그 상처에서 곡물의 싹을 틔운다. 오시리스, 디오니소스, 아티스Attis,***** 아도니스, 페르세포네에게 지내는 제사에

---

* (원주) 다음에서 인용. Eliade, *The Forge and the Crucible*, p. 32.

** 원문은 Tlateutli라고 쓰여 있으나 오기인 듯하다. 이 신은 시팍틀리(악어)라고도 부른다. 테스카틀리포카가와 케찰코아틀이 이 신을 죽여 하늘과 땅을 만들었다.

*** (원주) 유대교 경전 미드라시Midrash, 베레쉬트 랍바Bereshit Rabbah 8장 1절 중에서 랍비 예레미야 벤 엘아자르Yirmeya ben Elazar의 주석. "그분께서 첫 번째 사람을 창조하셨을 때, 그는 그를 양성구유로 창조하셨습니다." 출처 https://www.sefaria.org/Bereshit_Rabbah.8.1?lang=bi&with=all&lang2=en

**** 이름 자체가 그리스어로 '황소 살해자'를 뜻한다.

***** 고대 아나톨리아에 있었던 프리기아의 신. 대지모신 키벨레의 아들로

서는 모두, 신을 대표하는 한 인물이 말 그대로 또는 비유적으로 자기 몸을 잘라 들판에 흩뿌리는 의식을 중심으로 이루어졌다. 다른 어떤 신화에서는 이와 똑같은 희생이 치러진 뒤에 금속이 만들어지기도 한다. 인도 신화에서 천둥과 비를 관장하는 신 인드라Indra는 소마soma*에 너무 취해 몸이 '유출'되기 시작했고, 배꼽에서 숨이 빠져나가 납이 되었다. 그리고 인드라의 형상은 그의 정액에서 흘러나와 금이 되었다. 금속은 또한 이란 신화에 나오는 고대 거인 가요마르드Gayōmard**의 육체에서도 나온다.***

희생은 원시사회의 제련 의식에도 중요한 역할을 한다. 1930년대만 해도 잠비아의 아케와Achewa 부족 제련공 한 명은 제련로製鍊爐를 짓기 전에 번잡하면서도 소름 끼치는 전통 의식을 따랐다. 그는 먼저 부족 의사에게 가서 조언을 구했다. 이 의사는 약재들을 옥수수 속에 채워 넣고 작은 소년에게 이것을 임신한 여자를 향해 던지도록 해서 유산하게 했다. 의사는 유산한 태아를 쓰레기 더미에서 찾아내 약재와 섞어 제련로의 진흙 벽을 세울 땅바닥에 놓고 불태웠다. 제련로가 완성되면 새 약과 죽은 닭을 함께 던져 넣는데, 만일 닭 머리가 북쪽을 향한 채 떨어지면, 제련로가 잘못 지어졌다는 뜻이 되어 다른 곳에 새로 지어야만 했다. 닭 머리가 원하는 방향으로 제대로 떨어지면, 이 제련로 건축 관계자들이 닭을 집어 들고 통째로 구워 먹는 것이 관례였다. 아케와 부족 제련공들은 이 작업을 하는 동안 금욕적인 생활을 철저하게 지켰다. 작업을 완수한 후 그들은 새로 제련한 철로 괭이를

태어났으나 그를 너무 사랑한 어머니가 다른 여인에게 눈 돌리지 못하게 하는 저주를 내린다. 그는 미쳐서 스스로 거세해 자살한다.

* 인도 신화에 등장하는 신들의 음료. 힌두교에서는 신들이 마셔 힘을 얻거나 치유된다.

** 조로아스터교에서는 그의 정액이 40년 동안 땅에 묻혀 있다가 최초의 남녀 한 쌍이 태어났다고 전한다.
출처 https://www.iranicaonline.org/articles/gayomard/

*** (원주) *Shatapatha Brahman*, xxi, 7,1,7. 다음에서 인용. Eliade, *The Forge and the Crucible*, p. 69.

만들어 자신의 아이를 희생제물로 바친 순결한 여성에게 선물했다. 이때, 어떤 상황에서도 여성이 선물을 받은 이유를 알아채지 않아야 했다.*

위의 사례보다는 덜하지만, 제련로에 대한 첫 시험으로 인간 태아를 넣는 관습은 통가Tonga인이 태胎 일부를 던져 넣는 것과 비슷하다. 다른 지역 풍습에서는 동물이나 새를 희생물로 썼다. 이런 관습은 끝없이 반복해 현자의 돌을 이루는 성분의 죽음, 고행, 부패를 언급하는 연금술사들의 사상을 반영한 것이다. 죽음 없이 삶은 존재할 수 없고, 죽음은 살아 있는 자의 삶이다. 중세 기독교인들은 소생한 남성과 여성의 육체에 생식기관(자궁, 고환 등)이 있느냐를 두고 논쟁을 벌였다. 많은 이가 죽음 없는 곳에서는 생명을 소생시킬 필요도 없기에 이들의 육체에는 생식기관이 없을 것으로 결론 내렸다. 고대인이나 원시인은 이 문제를 다른 관점으로 접근했다. 생식기관은 죽음이 세상에 도래했을 때야 나타났다. 왜냐하면, 생식 없이 죽음이 존재한다면 재앙과도 같고, 죽음 없이 생식만 존재해도 마찬가지로 재앙이었기 때문이다.**

연금술사들은 고대 광부, 제련공, 대장장이처럼 자연을 살아 있는 존재로 여겼고, 신화 또는 시적인 세계관 속에서 세상을 이해했다. 그러나 연금술사들은 이 세계관을 실제 행위로 옮기지는 않았다. 고대인은 우주의 질서와 생명의 순환을 유지하고자 실제로 성적 의식이나 희생을 치러야 한다고 믿었지만, 연금술에서 이런 의식은 그저 상징적 표현에 머물렀다. 예를 들어 죽음은 실험에서의 분해 과정으로, 성행위는 금속의 융합을 나타내는 은유로 사용되었다. 고대인에게는 생명이 곧 죽음에 의존했기에, 누군가 또는 무엇인가가 글자 그대로 죽어야만 했다. 그러나 연금술사는 이런 개념을 비유적이고 이론적인 수준에서 다루었다는 점이 큰 차이이다.

대장장이 부부, 간장干將과 막야莫冶에 관한 중국의 전설이 두 가지

---

*   (원주) W. Cline, *Mining and Metallury*, p. 119.

**   (원주) J. Campbell, *The Masks of God: Primitive Mythology*, p. 177.

이야기로 전해지는 것은 희생을 글자 그대로 이해했다가 비유로 이해하는 태도로 바뀐 상황을 잘 보여준다. 간장과 막야는 검 두 벌을 만들어달라는 주문을 받는다. 석 달이나 시도했으나 그들은 검을 만들 금속을 녹일 수 없었다. 막야가 남편에게 그 이유를 묻자, 그는 인간의 희생 없이는 용융이 일어나지 않을 것이라고 답했다. 이 이야기는 막야가 자신을 불 속에 던져넣어 금속을 녹이는 것으로 끝맺으나, 또 다른 전설에서는 자른 손톱과 머리카락 한 줌을 희생의 상징으로 던져넣는 것으로 충분했다.*

연금술사들은 화합물의 죽음과 재탄생을 각양각색으로 그려냈다. 대표적인 공통 이미지로 현자의 돌을 땅에 뿌리는 씨에 비유하는 것을 들 수 있다. "보라, 형제들이여! 이 놀라운 신비를 그 누구도 온전히 알지 못하였노라! 허나 이제 진리가 너희 앞에 드러났도다. 너희가 어떻게 땅을 적시고, 씨앗을 길러 제때 열매를 맺을 수 있게 하는 방법을 보라. 그러니 잘 듣고, 깊이 깨달으며, 나의 말을 세심히 살피도록 하라!"라고 클레오파트라가 외쳤다.** 그러나 이 씨앗은 싹트기 전에 부패해야만 했다. 이는 연금술사들이 「요한복음」에서 배운 것이었다.*** 바질 발렌틴은 이 문구를 이렇게 요약했다. "(전략) 모든 식물 종자는 땅에 뿌려질 때 반드시 썩어야만 다시 살아나 자랄 수 있다."**** 그는 이를 자신의 여덟 번째 '열쇠'에 그려두었는데, 이 그림에는 한 농부가 쟁기질한 밭에 낟알을 뿌리고 있다. 이 농부는 황금의 씨앗chrysosperm을 미리 손질한 땅(하소煆燒된 물질calcinated matter) 속에 뿌린다. 이 실험은 증류기 안에서 이루어지며, 농부 뒤에 놓인 시체는 죽어 부패한 물질을 상징한다, 이는 곧 연금술 변성이 일어나려면 반드시 부패해야 하는 물질의 상태를 드러낸다. 그 뒤편에는 죽음과 소

---

* (원주) M. Eliade, *The Forge and the Crucible*, pp. 62ff.

** (원주) C. A. Browne, 'Rhetorical and Religious Aspects of Greek Alchemy', *Ambix* 3 (1948), p. 23.

*** "하늘에서 떨어진 밀알 하나가 죽지 않으면 그대로 있고, 죽으면 많은 열매를 맺나니." (「요한복음」 12장 24절)

**** (원주) *The Hermetic Museum*, i, p. 340.

바질 발렌틴의 여덟 번째 열쇠The Eighth Key of Basil Valentine
『헤르메스 전집Musaeum Hermeticum』, 1678

생의 연금술 드라마의 다음 장면이 펼쳐진다. 시체가 신성한 육체로 무덤에서 소생하는 것처럼, 이제 그의 곁에 자라난 곡식이 종자의 부패한 몸체로부터 땅속에서 솟아오른다. 시체 맞은편에는 까마귀가 있어 이 부패 과정이 흑화에 속함을 뜻하며, 트럼펫을 부는 천사는 기저 금속이 완벽한 금의 형태로 부활했음을 알린다. 화살을 쏘는 두 사람은 과녁을 명중한 진정한 연금술사와 과녁에서 한참 벗어나게 맞춘 가짜 연금술사, '풀무쟁이puffer'를 각각 나타낸다.

일곱 가지 금속은 연금술 그림에서는 종종 나뭇가지 위에 달린 잘 익은 열매로 나타난다. 『헤르메스 전집Musaeum Hermeticum』에 나오는 한 그림에는 이 금속들이 하나의 나무에서 각각 자라는 모습이 그려져 있다. 나무의 이미지는 현자의 돌에 이상적으로 들어맞았는데, 이는 나무처럼 이 돌도 계속 새로운 열매를 맺기 때문이다. "우리의 돌은 진실로 순수한 나무가 되어 풍성하게 싹을 틔우고 그 후 수많은 잔가

지와 나뭇가지 들로 뻗어갈 것이
다."*라고 니콜라 플라멜도 썼다.
『연금술에 관해De Alchimia』에서는
죽어서 관에 누워 있는 남자 몸에
나무가 자란다. 이 관은 연금술 용
기를 상징하고, 시체는 싹이 트기
전에 부패해야만 하는 씨앗을 상
징한다. 우거진 나뭇가지 위에 고
요하게 앉아 있는 것은 연금술 대
작업opus으로 빚어낸 가장 훌륭
한 열매인 "왕의 아이"이다. 이때
도 그림 왼쪽에 있는 이 돌을 정
확하게 활로 겨냥하고 있는 연금
술사 또한 과녁을 맞힌다.

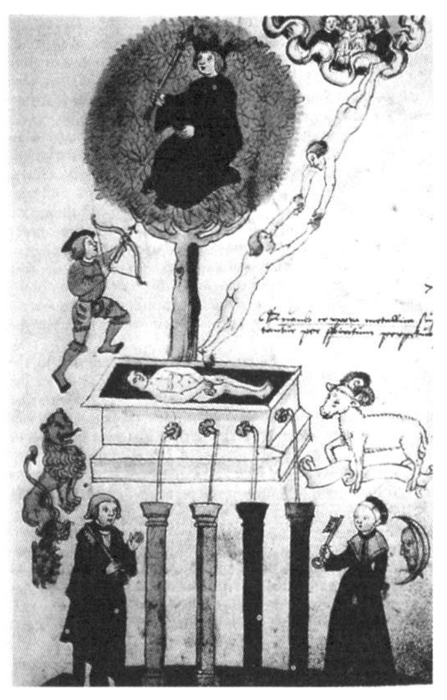

연금술 작업 7단계를 나타내는
현자의 나무The Philosopher's Tree with
the Seven Stages of the Alchemical Work
『개정된 철학Philosophia Reformata』,
1622

　이렇게 연금술 용기 속에서 나
무를 본다는 것이 얼핏 보기에는
터무니없게 느껴질 수도 있지만,
꼭 그런 것만은 아니다. 꼼꼼한 실험가였던 아이작 뉴턴도 플라멜이
봤던 것과 거의 똑같은 것을 봤다.

　　나는 불 위에 유리그릇을 여러 개 올려놓고, 그 안에는 금과 (중략)
　수은을 넣었다. 그러자 유리그릇 안에서 나무 모양이 자라났고, 끊임
　없이 순환하며 다시 녹아내렸다. (중략) 지금도 불 위에는 그런 그릇이
　하나 있는데, 그 안의 금은 부식제로 완전히 분해되지 않고, 겉과 속
　모두 살아 움직이는 수은처럼 녹아 있다. 이 수은은 금을 부풀리고, 부
　패하고, 다시 새싹과 가지를 틔우게 만든다. 이 가지들은 매일 색이 변
　하며, 나는 이 모든 변화하는 모습을 매일 매료된 채 지켜보고 있다.**

*　(원주) Nicholas Flamel, *His Exposition of the Hieroglyphicall Figures*, p. 37.

**　(원주) 다음에서 인용. B. J. Dobbs, *The Foundations of Newton's Alchemy*, p.
178.

연금술 나무의 열매The 'Fruit' of the Alchemical Tree
『연금술에 관해De Alchmia』, 16세기

뉴턴이 일반 금에서 '현자의 수은'을 추출하는 데 성공한 것은 바로
이 경험 덕분이었다. 로버트 보일Robert Boyle*도 자신의 연금술 용기
에서 '아주 아름다운 식물의 싹'을 보았다.** 게르하르트 도른Gerhard
Dorn***도 그러했다. "자연의 나무들이 때가 되면 갖가지 꽃을 피우

---

*　보일의 법칙으로도 유명하다. 연금술에서 화학을 분리해 과학적 방법론을
화학에 도입했다.

**　(원주) 같은 책, p. 187.

***　1530년경 벨기에에서 태어났다고 알려진 신성로마제국의 철학자, 연금
술사. 파라켈수스의 지지자였고 융의 연금술 연구에 지대한 영향을 미쳤으며

『헤르메스 전집*Museaum Hermeticum*』표지

듯, 현자의 돌 성분도 꽃을 피울 때 가장 아름다운 색을 드러낸다."*
아무도 뉴턴, 보일, 도른이 무엇을 보았는지는 모르나, 돕스B. J. Dobbs
는 이런 나무처럼 생긴 다채로운 형상들이 사실은 가열과 냉각을 반
복할 때 색과 형태가 변하는 불안정한 금속 간 화합물에서 생겨난 것

몇몇 연금술 저작을 남겼다.

*　(원주) *Theatrum Chemicum*, i, pp. 513ff.

일 수 있다고 추측했다.*

나무 모양은 연금술에서 가장 인기 있는 상징이었다. 연금술사들이 나무를 그림에 사용했을 때 그들은 나무라는 상징에서 파생한 여러 의미를 잘 알고 있었다. 나무는 영생이라는 환영을 구체적으로 표현한다. 겨울에는 죽었다가 봄마다 다시 소생해 싹틔우고, 꽃피우고, 열매를 맺으며 되살아난다. 사람들은 불멸에 대한 열망을 나무 또는 식물 이미지를 빌려 묘사했다. 가지에 생명의 열매를 매달고 수액이나 뿌리에서 솟아오르는 물을 묘사하며 불멸을 갈망했다. 옛 이집트 수도 테베Thebes의 한 벽화에는 투트모시스 3세Tuthmosis III가 이집트 무화과나무의 모습을 한 이시스Isis의 젖을 빨아 먹는 모습이 그려져 있다. 투트모시스는 하느님에 의해 에덴동산에서 추방된 아담과 이브에게는 허락되지 않았던 불사不死를 맛본 것이다.

연금술사들에게도 그 나름의 생명나무가 있었다. 그 나무는 그들이 만든 현자의 돌과 엘릭서 속에 담겨 있었다. 중국의 엘릭서, 단약은 필멸자인 연단술사의 가슴에 깃털을 돋게 해 신선이 되어 승천할 수 있게 한다고 여겨졌고, 서양에서는 엘릭서가 만병통치약으로 궁극적으로는 죽음까지 극복하게 할 수 있다고 여겼다. 『태양의 광채』에 나오는 한 아름다운 삽화에는 생명나무에 맺힌 황금 열매를 따려고 사다리를 오르는 젊은이가 그려져 있다. 이 나무뿌리에서는 생명의 물이 용솟음쳐 큰 냇물이 되어 흐르고 있다.

연금술사들은 자신들이 다루는 물질의 죽음과 재탄생을 묘사하려 영웅이나 전사들이 동물이나 다른 사람의 사지 또는 머리를 자르는 장면을 그렸다. 이런 그림 중 가장 인상적인 그림이 『태양의 광채』에도 실려 있다. 턱수염을 무성하게 기른 근육질의 남자가 검을 허벅지에 대고 서 있다. 그의 발치에는 산산조각이 난 핼쑥한 사람의 사지가 흩어져 있다. 이 그림은 자신에게로 다가오는 두 사람을 봤던 조시모스의 마지막 환시를 떠올리게 한다. 그중 한 명은 검을 든 채, 다른 한 명을 가리키며 조시모스에게 말한다. "저자의 머리를 자르고, 그의 살

* (원주) *The Foundations of Newton's Alchemy*, p. 187.

해체Dismemberment

『태양의 광채Splendor Solis』, 1582

과 근육을 조각내어 바쳐라. 그래야만 그가 벌을 받고 변화할 수 있을 것이다."* 조시모스는 이 환시에 대해 기저 금속이 죽음과 부활을 거쳐 황금으로 바뀌는 과정을 상징한다고 해석하며, 그 해석에 만족한 그는 다시 편안히 잠든다.

연금술 상징에 관한 책 『램스프링의 서*The Book of Lambspring*』에는 한 전사가 자신의 검으로 용을 공격한다. 이 용은 기저 금속을 상징하며, 이 전사는 연금술사로 이 물질을 분해한 뒤 금의 형태로 부활하게 한다. 이 그림에 딸린 한 구절의 글은 다음과 같다.

> 만일 누군가 그의 머리를 자른다면,
> 그의 검은 것은 사라지리라,
> 그리고 눈처럼 하얀 것이 들어올 자리를 마련한다.**

몸이 갈가리 찢겨도 다시 소생할 수 있다는 생각은 연금술사들이 고대에서 전해 받아 자신의 분야에 적용한 주제의 하나였다. 그리스 신화에서 메데이아Medeia***는 펠리아스Pelias****의 딸들에게 그들 아버지의 젊음을 되찾아주겠다고 설득하는데, 그전에 딸들은 아버지를 조각내어 끓여야만 했다. 이 딸들은 메데이아의 말대로 했는데, 마법사 메데이아는 아버지의 살점을 끓인 이 소름 끼치는 고깃국을 부활시키지 않고 모습을 감추었다. 탄탈로스Tantalos*****는 자기 아들 펠로프스Pelops의 조각난 시신으로 고깃국을 만들어 신들의 연회에

* (원주) F. S. Taylor, *The Visions of Zosimos*, p. 92.

** (원주) *The Hermetic Museum*, i, p. 278.

*** 아르고호 원정에서 이아손을 도와 황금 양털을 손에 넣게 한 반신半神 마법사.

**** 포세이돈과 튀로의 아들. 그는 형제인 아이손(이아손의 아버지)에게 권력을 잃을까 봐 두려워 그를 축출하고 동굴에 가뒀으며, 이아손은 케이론에게 보냈다.

***** 제우스의 아들 중 하나로 인간임에도 신계에 초청될 정도로 신들의 총애를 받았으나, 신만이 누릴 수 있는 음식을 훔치고, 신들의 비밀을 누설한 벌로 영원한 굶주림과 갈증에 고통받는 형벌을 받았다.

부패Putrefaction(from *The Book of Lambspring*)
『헤르메스 전집*Museaum Hermeticum*』, 1678

내놓았다. 다행히 신들은 이 역겨운 음식이 무엇으로 만들어졌는지
금방 알아채고는 다시 펠로프스를 끓여 부활시켰으나 이 조치가 제
때 이루어지지는 않았는데, 농업의 여신 데메테르가 먹어버린 어깨는
안타깝게도 다시 살려놓을 수가 없었기 때문이다. 그리하여 신들은
이 어깨를 하얀 상아로 채워주었다. 이와 비슷한 신화로 북유럽의 신
토르의 이야기가 있다. 토르는 자신과 한 농부* 가족이 저녁 식사로
게걸스럽게 먹어치운 염소들의 가죽으로 염소 뼈를 덮은 뒤 망치로
두들기고 뼈를 맞춰 다시 살려놓았으나 펠로프스가 겪었던 일처럼

* 샬비Þjálfi를 말한다. 북유럽 신화에 등장하는 몇 안 되는 인간이며, 이 일
  이후 토르의 시종이 된다.

염소 한 마리가 완전히 소생하지 못했는데, 이는 농부가 골수를 먹으려고 이 염소 뒷다리 뼈를 칼로 쨌기 때문이었다. 또한, 대장장이 예수 이야기 중 어떤 판본은 절단된 사지를 다시 결합하는 내용이 실려 있다. 이 판본에서는 한 사람이 예수에게 편자를 박아달라고 말을 데려온다. 그런데 놀랍게도 예수는 이 말의 발굽 위로 다리를 잘라내더니 이 잘라낸 조각을 모루 위에 놓고 편자를 박는 것이었다. 결론만 이야기하자면, 후에 이 말은 편자를 박은 뒤 다시 멀쩡한 말이 되어 걸어 나간다.

연금술사들이 화합물의 죽음과 변성을 설명하는 데 동원했던 또 다른 이미지는 물에서 재탄생하는 것이다. 생명이 물에서 나온다는 생각은 「창세기」보다도 더 오래되었다. 물, 바다는 흔히 창조 이전의 형체 없는 혼돈 상태를 상징했다. 이집트 신화에서는 창조는 나일강의 물이 빠진 뒤 태고의 언덕이 나타나며 시작된다. 힌두 신화에서는 비슈누Vishnu*가 우주의 물질이자 물을 상징하는 똬리 튼 거대한 뱀 세샤Śeṣa의 위에 누워 천지를 창조한다. 『구약성경』의 신은 물 위로 자신의 성령을 움직여 창조를 시작했다. 비너스는 바다에서 태어났다. 독일의 아이들은 자신들이 샘이나 분수에서 태어났다는 이야기를 종종 듣는다. 오늘날에도 시대에 걸맞지 않게 완전한 다이아몬드를 '첫 번째 물의 다이아몬드'라고 표현한다.**

세례 의식은 물이 본래 생명의 원천이며 궁극에는 재생과 불멸의 원천이라는 믿음에서 나온 것이다. 길가메시Gilgamesh는 바다 밑바닥에서 불사의 약초를 따냈는데, 이 풀은 기원전 700년경 아시리아의 원통형 질그릇에서는 어인魚人 두 명에게 보호받고 자라는 것처럼 묘사되어 있다. "물과 영으로 태어나지 아니하면 하느님의 나라로 들어갈 수 없다"라고 예수는 말한다(「요한복음」 3장 5절). 연금술에서 물은 부패를 일으키거나 변성을 돕는 작용제인 산acid을 상징한다. 『철학자의 논쟁』에서 소크라테스는 "오, 이 자연이 어떻게 육체를

---

* 힌두교에서 세상의 유지를 전담하는 신으로, 시바, 브라흐마와 함께 위대한 존재로 추앙받는다.

** 다이아몬드가 도달할 수 있는 최고의 투명도와 순도를 묘사하는 용어다.

용해Solution

『태양의 광채*Splendor Solis*』, 1582

영으로 바꾸는가! 그녀는 가장 강한 초산으로, 금을 정화한다."*라고
이어 말한다. 물에서 일어나는 재탄생을 묘사한 연금술 이미지의 매
혹적인 사례로『태양의 광채』에 나오는 욕조에 앉아 있는 어떤 왕의
그림을 손꼽는다. 욕조 아래의 한 남자는 풀무로 불씨를 살리고 있
다. 왕의 머리 위에 앉아 있는 흰 새는 왕이 흑화에서 백화 단계로 넘
어가고 있음을 알려준다. 이 그림은 용액이 변화하는 과정을 나타낸
다. 아르켈라오스Archelaos**는 신성한 기술(연금술)에 대한 자신의 시
에서 "어둠과 탁함을 씻어내라"라고 말하며 아래와 같이 썼다.

> 현명한 장인craftsman이라면, 그대는 이 어둠을 없앨 수 있으리라.
> 분쇄trituration와 빈번한 목욕으로.***

변성을 거치면서 현자의 돌이 되어가는 물질을 상징하는 '늙은 왕'
은 연금술의 욕조 속에서 씻기고 정화된다.『철학자의 묵주Rosarium
Philosophorum』의 저자는 "죽이기도 하고 되살리기도 하는 것이 바로 물
이다."****라고 말한다. 이러한 개념은『태양의 광채』의 또 다른 그림
에서도 볼 수 있다. 이 그림에서 늙은 왕은 물에 빠지고 녹아 정화된
뒤, '젊은 왕', 곧 현자의 돌로 다시 태어난다.

소변을 보는 벌거벗은 소년도 연금술 회화에 자주 등장하는데, 이
또한 다른 방식으로 생명의 물이라는 존재를 상징한다. 이 그림 뒤에
는 어린 소년, 특히 어리고 순결한 소년의 소변에 의학적으로 유용한
성분이 담겨 있다는 오래된 통념이 숨어 있다. 대大플리니우스는『박
물지』에 이 사실을 기록했고, 비잔틴제국 유스티니아누스 1세 시절
활동했던 트랄레스의 알렉산드로스Alexanderos of Tralles*****는 간질

* (원주) 다음에서 인용. C. G. Jung, *Alchemical Studies*, p. 77.

** 기원전 5세기경에 활동한 철학자. 아낙사고라스의 제자이고 소크라테스
의 스승으로 여겨지기도 한다.

*** (원주) C. A. Browne, *Ambix* 2 (1946), p. 134.

**** (원주) *Artis Auriferae*, ii, p. 214.

***** 6세기 그리스 의사. 당대 지중해의 명의로,『의학』12권을 저술했다.

늙은 왕의 익사와 젊은 왕의 탄생
The Old King Drowning and the Birth of the New King
『태양의 광채*Splendor Solis*』, 1582

이나 통풍에 소변을 처방했다. 베네딕토회 수도사 테오필리우스The-
ophilius*는 붉은 머리의 작은 소년의 소변이 철을 담금질하기 좋다고
믿었다.

왕만 목욕하지는 않았다. 현자의 욕조에는 왕비가 함께 나타나기
도 했다. 때때로 그들은 서로 마주 보고 근엄한 표정으로 앉아 있거
나, 서로 결합해 물속에서 용해되는 모습으로 등장하기도 한다. 『황
금 논문』에 나오는 연금술의 영웅은 자신이 경호를 맡았던 왕과 왕
비가 사랑을 나누다가 자신의 눈앞에서 녹아버리는 모습을 공포에
떨며 지켜본다.

그들은 서로를 너무나 격렬히 끌어안은 나머지, 남편은 사랑의 불
꽃에 가슴이 녹아내려 산산이 부서졌다. 아내도 그를 똑같이 사랑했
기에, 이 모습을 보자 눈물을 흘리며 슬퍼한 나머지 그 눈물에 남편의
시신이 모두 잠겨 보이지 않게 되었다. 그러나 이 비통함도 오래가지
않았다. 너무 큰 슬픔에 지친 아내도 결국 스스로 생을 마감하고 만 것
이다. 오, 신이여! 내가 돌봐드려야 할 분들이 그렇게 녹아내려 죽는
모습을 봤을 때, 나를 덮친 공포와 절망은 이루 말할 수 없었다. 나는
분명 처형당하리라 생각했지만, 그보다 더 두려웠던 건, 사람들이 나
를 조롱하고 비웃고 경멸하리라는 사실이었다.

다행히도, 연금술사는 이러한 번민에 오래 시달리지 않았다. 그는
"메데이아가 시체를 되살렸듯이, 나도 똑같이 할 수 있을지 모른다는
생각이 들었다."**라고 말하며 조심스레 연금술 용기에 불을 조절해
이 액체를 기화시켜 왕과 왕비의 검은 시신이 드러나도록 했다. 그러
고는 그들이 새로운 삶을 얻을 때까지 계속 그들을 씻고 표백했다.

---

* 11~12세기에 활동했다고 알려져 있으나 익명의 저자가 이름을 빌린 것으
로 추정하며, 이 책의 글쓴이는 에크하르트 프라이제의 의견을 따른 듯하다.
그의 저작으로 추정되는 책으로 *Schedula diversarum artium, De diversis artibus*가
있다.

** (원주) *The Hermetic Museum*, i, p. 47.

목욕하는 왕과 왕비The King and Queen Bathing
『철학자의 묵주Rosarium Philosophorum』, 1550

연금술 욕조는 헤르메스와 아프로디테의 아들 헤르마프로디토스 Hermaphroditos에 관한 신화와 연관이 있다. 샘에서 목욕하는 동안 그는 님프nymph*인 살마키스Salmacis와 결합하고, 끝내 이 둘은 하나의 육체가 된다.** 이 상반된 결합은 연금술에서 자주 나타난다. 헤르마프로디토스는 현자의 돌, 왕과 여왕 사이에서 태어난 아이로, 부모의 모든 자질을 자신 안에서 결합한 존재를 뜻했다. 이 때문에 현자의 돌을 레비스Rebis(두 가지 존재)라 부르기도 한다. 이는 그 자체로 전체이자 완전무결하고, 여성이면서 남성이기도 하며, 그렇기에 스스로 번식할 수 있었다. 이러한 헤르마프로디토스의 모습은 연금술에만

* 바다, 강, 숲 따위에서 산다는 소녀 모습을 한 요정.
** (원주) 오비디우스, 『변신 이야기Metamorphoses』 4부, 357-87행.

헤르마프로디토스Hermaphroditos

A, B, C, D로 표시된 네 단계로 연금술 변성 과정을 묘사했다.
목 좁은 구형에서 물방울처럼 길쭉한 모양으로 변하는데, 이 순서는
물질을 정제하는 연금술적 과정이다. 초기의 조악한 형태가 점차 정제된다.

근친상간: '형제를 누이와 결합하고, 그들에게 사랑의 잔을 마시게 하라!'
『아탈란타 푸가*Atalanta Fugiens*』, 1617

국한해 나타나지 않았다. 그들은 여러 신화나 종교에서도 나타나며, 연금술처럼 하나가 불가해하게도 여럿이 되는 창조의 신비를 상징한다. 그와 함께, 그것들은 개인을 여러 가지가 섞여 있는 평범한 세계에서 벗어나 모든 것이 하나로 통합되는 신적 차원으로 이끈다.

연금술사들은 이외에도 놀라운 방식으로 죽음과 재생이라는 주제를 다루고 있다. 즉, 모자나 부녀나 남매의 근친상간 같은 표현으로, "형제를 누이와 결합하고, 그들에게 사랑의 잔을 마시게 하라!"라고 미하엘 마이어는 썼다.* 이런 생각은 『연금술의 개선가凱旋歌*Le Triomphe Hermetique*』에서는 가학적인 수준에 이르렀다. 이 책에서는 연금술사가 "강철 칼날로 어머니의 가슴을 가르고 내장을 뒤져서 자궁까지 뚫고 들어가라. 바로 이곳에서 우리의 순수한 물질을 찾게 될 것이다."라고

* (원주) *Atalanta Fugiens*, p. 25.

쓰여 있다.*

아리슬레우스Arisleus의 환시 속에서 마리누스Marinus 왕은 자신의 딸 베야Beya와 아들 가브리쿠스Gabricus를 혼인하게 하라는 명령을 받는다.** "그러니 네 자녀 중 가장 사랑받는 아들 가브리쿠스와 가장 총명하고 사랑스럽고 섬세한 소녀인 그의 누이 베야를 결합하게 하라." 가브리쿠스는 문자 그대로 베야의 포옹 속에 삼켜져 그녀의 자궁 속으로 사라진다.

"베야가 가브리쿠스 위에 올라가 그를 안아 자기 자궁 안으로 넣지, 그의 모습은 볼 수 없었다. 그러한 사랑으로 그녀는 자신을 맞아들여 품게 되었다."*** 연금술사들에게 자궁으로의 회귀는 여러 의미가 있다. 이는 대지의 어머니, 생명의 근원으로 돌아감을 의미하며, 그로부터 새롭고 더 나은 탄생이 이뤄진다고 여겼다.

연금술사들은 이러한 생각을 근친상간 결합으로 표현했는데, 이로써 모든 것이 근원 물질 하나에서 비롯했고, 모든 것이 서로 깊이 관계있다는 자신들의 핵심 믿음을 강조하려 했다. 돔 페르네티Dom Per-nety는 자신의 연금술 사전에서 '근친상간incest' 항목에 대해 "(연금술의) 달인들이 말하기를 이런 남성과 여성의 결합 속에서 부녀, 모자 근친상간이 발견되는데, 이런 과정을 거쳐 육체들이 '자연의 요소들과 원리들이 아직 구분되지 않은' 최초의 물질로 되돌아가기 때문이다."라고 썼다. 바질 발렌틴의 저 유명한 두운어頭韻語****『비트리올 VITRIOL』은 태초의 자궁, 즉 생명의 근원으로 되돌아가야 한다는 개념을 겉으로 잘 드러나지 않게끔 상징적인 방식으로 담았다. 연금술

---

* (원주) 다음에서 인용. J. van Lennep, *L'Art et L'Alchimie*, p. 25.

** (원주) 가브리쿠스Gabricus 또는 타브리투스Thabritus, 카브리쿠스Cabri-cus, 카브릭Kybric 이 이름들은 아랍어 'kibrit'에서 온 말로, 유황을 의미한다. 베야이Beyai, 베야Beja, 베우아Beua 이 이름들은 아랍어 'al-baida'에서 온 말로, '하얀 것' 또는 수은을 뜻한다.

*** (원주) *Rosarium Philosophorum*, 'Arisleus in Visione' (pages unnumbered).

**** 특정 글에서 머리글자만 딴 단어나 언어.

사들은 이 두운어를 다음과 같이 해석했다. "대지의 더 깊숙한 곳으로 들어가 보라, 정류를 통하여 너는 숨겨진 돌을 발견하게 될 것이다Visita Interiora Terrae, Rectificando, Inveniens Occultum Lapidem." 여기서 '대지의 더 깊숙한 곳'은 어두운 자궁을 의미하며, 때로는 무덤을 의미하기도 한다. 바로 이곳에서 현자의 돌이 탄생한다. 어둠 속에서 빛이 나온다.

연금술사들이 근친상간을 통해 창조의 순환을 상징적 언어로 표현했던 처음이자 마지막 인물들은 아니었다. 고대인은 이미 수천 년 전에 대지의 어머니와 식물의 신인 그녀의 아들 사이의 성스러운 결혼식을 봄마다 거행했다. 매년 봄, 여신의 남편은 그녀의 아들로 새롭게 태어났고, 가을이면 죽어서 다시 여신의 자궁에 들어가 새로운 생명의 순환을 위해 그녀의 양분이 되었다. 연금술사들은 이처럼 우주적 신화를 자신들의 작업에 적용했다.

자궁으로의 회귀는 신, 여신 또는 영웅이 지하 세계로 쇠락해 내려가는 여러 신화나 전설과 관계있다. 메소포타미아 신화의 여신 이아나Ianna는 이런 쇠락을 경험한 최초의 신이다. 오르페우스, 페르세포네, 오디세우스, 예수, 그 밖에 여러 신이나 영웅이 이 여신을 뒤이어 이러한 쇠락을 경험한다. 영지주의 전승에서는 구세주가 하늘에서 내려와 추락한 물질을 되찾고, 승천을 돕는다. 연금술사들은 자신들의 화합물을 순화하고 정화해 영적으로 구제하는 목표를 두었고, 이 때문에 그들은 물질의 영혼과 정신(증기로 나타나는)이 그들의 육체(찌꺼기)와 결합하는 과정인 증류와 승화에 관심을 가졌다. 아르켈라오스는 이러한 육체적, 정신적 결합을 다음과 같이 서술했다.

영혼과 육체를 하나로 묶어,

그 둘의 완전한 결합을 통해,

'성스러운 기술'은 두 존재를 하나로 살게 하며,

영이 세 번째로 나타나 전체를 완성한다.*

* (원주) C. A. Browne, *Ambix* 2 (1946), p. 131.

영Spirit이 물질로 내려오는 과정은 근친상간을 변형한 다른 이미지들에도 상징적으로 나타난다. 이런 그림에서는 서로를 게걸스럽게 먹어치우거나 삼키는 사람 또는 동물이 등장한다. 『램스프링의 서』에 나오는 그림들에서는 왕이 자기 아들을 삼킨다. 다음 그림에서는 왕이 땀을 뻘뻘 흘린 채 침대에 누워 '자기 몸에서 아들을 낳으려고 기다리는' 모습이 나온다. 마지막 장면에서는 왕이 새로운 아들. 즉, 현자의 돌을 낳는다. 이 기이한 그림들은 다음과 같은 화학작용을 간접적으로 보여주는 것일 수 있다. 왕은 불순물이 섞인 금이며, 아들을 삼키는 행위는 금이 안티몬 같은 다른 화합물과 섞이는 것이고, 땀을 흘리는 모습은 그 혼합물들이 용해되는 과정을 나타내며, 마지막으로 새로운 아들의 탄생은 순수한 금이 침전되는 결과를 뜻한다. 하지만 이보다 더 설득력 있는 설명은 램스프링이 단순한 화학 과정이 아니라 "기저 물질(왕)이 금(완전한 존재)으로 변하려면 그 안에 반드시 영혼(아들)이 들어가야 한다."라는 철학적인 메시지를 전하고 있다는 해석이다. 이 해석은 램스프링이 연금술 속 왕과 그의 아들을 신과 예수에 비유하는 대목에서 더 잘 드러난다.

아들은 언제나 아버지 안에 머물고,
아버지도 아들 안에 존재한다.[*]

이와 비슷하게 서로를 먹어치우는 장면은 바질 발렌틴의 열두 번째 '열쇠'에도 등장한다. 여기서는 턱 부분에 뱀의 꼬리가 매달려 있는 사자상이 나온다. 이 사자는 정신적 원리, 즉 현자의 돌로 기저 물질(뱀)을 먹어서 금으로 변성시킨다. 마이어의 연금술 상징 중에서는 기진맥진해 있는 왕의 육체를 난폭하게 물어뜯는 성난 늑대가 나온다. 이 늑대는 안티몬을 상징하는데, 안티몬은 금을 제외한 모든 금속을 삼키기에 금속의 늑대Lupus Metallorum라고 불렸다. 이 상징화는 불순한 금화합물(기진맥진한 왕)이 안티몬으로 정화되는 과정을 나타

---

[*] (원주) *The Hermetic Museum*, i, p 304.

▲아들을 삼키는 왕　　▼아들의 탄생을 기다리며 침대에 누워 땀 흘리는 왕

아들과 왕

『헤르메스 전집*Museaum Hermeticum*』, 1678

낸다. 그림 뒤쪽에는 완전히 순수한 형태로 되살아난 왕이 보인다. 이렇게 수많은 동물, 새, 사람이 서로를 압도하거나 잡아먹는 그림들은 천한 물질을 정화해 그 영혼과 결합하는 준비 과정의 여러 단계를 상징한다.

죽음, 근친상간이나 재탄생이라는 주제는 마이어가 연금술의 관점으로 오이디푸스 신화를 해석한 내용에서도 보인다. 분명히 마이어는 신화의 전체 내용을 알지 못했으나, 자신이 아는 부분을 연금술에 결부해 해석했다. 그에 따르면 스핑크스의 수수께끼는 인간이 아니라 현자의 돌에 관한 것이었다.

바질 발렌틴의 열두 번째 열쇠

『헤르메스 전집*Museaum Hermeticum*』, 1678

왕의 부활

『아탈란타 푸가*Atalanta Fugiens*』, 1617

스핑크스의 수수께끼는 매우 많았다고 전하나, 그중 오이디푸스에게 물었던 수수께끼가 가장 유명하다. "아침에는 네 발, 낮에는 두 발, 저녁에는 세 발로 걷는 것은 무엇인가?" 오이디푸스가 어떻게 답했는지는 알려지지 않았으나, 어떤 이는 이 수수께끼가 인간의 삶을 뜻한다고 해석하는데, 그들은 틀렸다. 먼저 네 발은 사각형, 즉 네 원소를 뜻한다고 봐야 한다. 그다음 두 발은 직선과 곡선으로 이루어진 반원semicircle, 다시 말해 하얀 달을 의미한다. 마지막으로 세 발은 삼각형을 상징하는데, 이는 영, 혼, 체 또는 태양, 달, 수은으로 구성된다. 그래서 연금술사 라제스Rhazes는 자신의 『서간Epistle』에서 이렇게 말한다. "현자의 돌은 근본적으로 삼각형이며, 그 속성은 사각형*이다."

마이어의 해석에 따르면 오이디푸스는 현자의 돌, 즉 고정된 수은을 상징한다. 그래서 그의 이름이 '부은 발'을 뜻하는 것도 이와 관계있다. "그는 부어오른 발을 가지고 있어 달아날 수 없다. (중략) 그는 고정되어 있고, 다른 것을 고정하며, 불 앞에서 달아나거나 움츠러들지도 않는다(후략)." 더 나아가 마이어는 오이디푸스가 자기 아버지를 죽였다고 전해지는 이유는, 현자의 돌이 자신을 만든 물질을 결국 초월하고 대체하기 때문이라고 해석했다.

오이디푸스의 이야기는 사실 그대로의 역사로 기록된 것이 아니며, 누군가 본받으라고 만든 교훈 같은 이야기도 아니다. 현자(연금술사)에게 이 이야기는 그들의 지식을 감춘 비밀을 드러내고자 비유allegory로 쓰려고 창작한 것이다. (중략) 왜냐하면 최초의 작용인作用因, efficient cause**으로 아버지가 자기의 결과물, 즉 아들의 손에 제거되고 쫓겨나

---

* 본질이 삼각형이라는 것은 영, 혼, 체를 비롯한 삼위일체 구조로 통합되어 있음을 의미하며, 속성의 사각형은 네 원소의 성질을 모두 지녀 이른바 자연의 모든 특성을 통합했음을 말한다.

** 아리스토텔레스의 네 가지 원인 중 하나. 외부 작용으로 생긴 변화의 원인을 말한다. 이 이야기에서는 창조의 근원(아버지)을 뜻한다. 이를 통해 결과물이 원인을 극복하거나 대체한다는 순환적인 질서를 언급하는 대목이다.

기 때문이다…*

니콜라 플라멜은 오이디푸스 신화에 관한 연금술적 해석을 더 강조했다. 연금술의 첫 번째 과정인 흑화Nigredo를 묘사하며 그는 이렇게 썼다. "모든 부패는 곧 생성이므로, '검어지는 것'은 매우 바람직하다. 이는 테세우스가 크레타에서 승리를 거두고 돌아올 때 자신이 탄 배에 달려 있던 검은 돛과 같다. 이 돛은 그의 아버지를 죽음에 이르게 했고, 마찬가지로 이 '아버지'도 죽어야 아들이 왕이 될 수 있다." 마이어와 플라멜을 비롯한 연금술사 대부분은, 신화에 대해 헤르메스의 기술이 지닌 신성한 진리를 "자격 없는 대중 앞에서 더럽히지 않고" 전하려 고안한 상징적 기록 방식이라고 믿었다. 돔 페르네티는 이 독창적 주제를 놓고 진지하게 책 한 권을 쓸 정도였고,** 잘 속는 마몬Gullible Mammon은 이보다 한 발 더 나갔다.

> (전략) 나도 이아손의 (황금) 양털 한 조각쯤은 가지고 있지,
> 알고 보니 그게 다름 아닌 연금술서라네.
> 두툼한 숫양 가죽-포동포동한 양가죽에 쓰인 거였지!
> 피타고라스의 넓적다리도, 판도라의 상자도,
> 메데이아의 마법 이야기며, 그 전부가 우리 일의 비유일세.
> 불 뿜는 황소들? 그건 우리 화로火爐요!
> 은빛 기운 흐르는 살아 있는 수은? 그게 바로 용이지!
> 그 용의 이빨, 곧 승화된 수은은
> 희고, 단단하고, 강력한 부식력을 지녔지.
> 이걸 이아손의 투구The alembic(증류기)에 담고,
> 마르스Mars의 들판에 뿌리는 거야.
> 그러고는 여러 번 승화시켜 끝내 고정되도록 만들지.

* (원주) M. Maier, *Atalanta Fugiens*, p. 167.
** (원주) *Les Fables égyptiennes et grecques dévilées et reduites au même principe (1786)*.

그뿐인가? 헤스페리데스Hesperides의 정원,* 카드모스Kádmos**의 전설,

제우스의 황금빛 비,*** 미다스의 축복,**** 아르고스Argos*****의 눈,
보카치오의 데모고르곤Demogorgon,****** 수천 가지 우화 전부가
모두 이 현자의 돌에 얽힌 상징이지! 자 어때?*******

라치니우스Lacinius의 『새로운 고귀한 진주*The New Pearl of Great Price*』 서문에는 오이디푸스를 주제로 삼은 여러 그림이 나온다. 첫 번째 그림에는 금을 상징하는 왕이 왕좌에 앉아 있고, 그의 아들(은)과 신하들(다른 기저 금속들)이 왕 앞에서 무릎을 꿇고 자신들에게 왕의 힘 일부를 달라고 애원하고 있다. 다르게 말하면, 이들은 왕이 지닌 완전성 일부를 나눠달라고 하지만, 왕은 대답조차 하지 않는다. 이런 아버지의 고압적인 태도에 격분한 아들은 아버지를 찔러 죽인다. 저자는 이 그림 사이에 삽입구를 통해 이 끔찍한 장면이 뜻하는 화학적인 의미를 "매우 정제한 물 등을 사용해 아말감amalgam********을 만들어

* 그리스신화에서 세상 서쪽 끝에 있는 헤라의 과수원으로, 불멸을 가져다 주는 황금 사과나무가 있다. 헤스페리데스는 이곳을 지키는 님프들이다.

** 용 이스메니오스를 퇴치하고 테베를 건국했으며 알파벳을 그리스에 전한 페니키아 왕자. 이후에 아레스는 그를 인정한 뒤 아프로디테와의 사이에서 낳은 딸인 하르모니아와 맺어준다.

*** 제우스가 다나에를 취하려 황금 비로 변했고, 이후 다나에는 페르세우스를 낳는다.

**** 손에 닿는 모든 것을 황금으로 바꾸는 축복(저주)을 받은 신화 속 인물.

***** 본래는 네 개의 눈으로 사방을 감시하는 자였으나, 후대로 가며 온몸에 눈이 100개 달린 채 항상 깨어 있는 거인으로 변했다.

****** 조반니 보카치오의 『신들의 계보*Genealogia Deorum gentilium*』에 등장하는 데모고르곤을 말한다. 이 책 및 르네상스 시기에 다루어지는 데모고르곤은 혼돈이나 신적 존재로 언급되며, 이후 다른 연구자와 창작자도 데모고르곤을 악마로 묘사한다. 그러나 고대 신화에는 존재하지 않았고, 오해 또는 오역으로 만들어진 허구의 신이다.

******* (원주) II, i, 90ff. 벤 존슨, 『연금술사』 2장 1막.

******** 수은과 금의 합금. 주로 치과 충전재나 거울 뒷면의 반사용 재료로

왕(금)과 아들(은), 구리, 철, 주석, 납, 은, 수은
『새로운 고귀한 진주*The New Pearl of Great Price*』, 14세기

라."라고 밝힌다. 아들은 관에 왕을 넣다가 의도치 않게 관 안으로 들어가 버린다. 왕의 살에 아들의 살이 닿아 함께 부패한 끝에 앙상한 뼛조각만 남자, 천사가 나타나 죽은 왕을 건장하고 우아한 모습의 현자의 돌로 재건한다. 이제 왕은 아들과 신하들의 요구를 들어줄 수 있게 되었다. 저자는 이런 비유를 통해 친족 살해를 화학적으로 어떻게 해석할 수 있는지 힌트를 주고 있다. 더 깊게 파고들면, 이 이야기는 모든 물질이 근본적으로 하나이고, 죽음과 재생을 거쳐 완전해질 수 있다는 연금술의 기본 신념을 다시 한번 보여주는 것이다.

연금술사들은 이런 주장을 분명히 전달하고자 고대 상징인 자기 꼬리를 먹는 뱀, 우로보로스를 동원했다. 이 뱀은 끝도 없고 시작도 없으며, 자신을 먹어치우고 스스로 새로 태어나기도 한다. 삶과 죽음, 창조와 파괴는 끝없는 순환 과정이며, 하나에서 다른 하나가 나온다. 그리스어 문장 "모든 것은 하나에, 하나는 모든 것에 ἓν τὸ πᾶν"를 나타내는 이 문구가 종종 이 뱀의 안쪽이나 바깥쪽에 쓰여 있는데, 이는

쓰인다.

우로보로스
『아탈란타 푸가*Atalanta Fugiens*』, 1617

연금술의 좌우명이 되어 단독으로 쓰이거나 약간 변형해 계속 반복
되었다. 램스프링은 "모든 것을 품고 있는 유일한 물질이 있다"라고
썼으며,* 바질 발렌틴은 이 내용을 "나는 '모든 것 안의 모든 것'에 대
해 더는 말할 수 없다. 왜냐하면, 모든 것은 이미 모든 것 안에 포함되
어 있으니."라며 더욱 수수께끼 같은 글로 묘사했다.** 엘리아스 애시
몰의 가문 문장紋章 표어도 "하나에서 전체로ex uno omnia"였다.***
　뱀이라는 이미지에 내재한 풍부한 상징성을 감지한 사람은 연금

* 　(원주) *The Hermetic Museum*, i, p. 274.

** 　(원주) *The Hermetic Museum*, i, p. 323.

*** 　(원주) C. H. Josten, *Elias Ashmole (1617–1692). His Autobiographical and
Historical Notes, his Correspondence and other contemporary Sources relating to his Life
and Work*, I, Oxford, 1966, p. 88.

술사들만이 아니었다. 뱀 형상은 전 세계 다양한 문화의 예술품이나 종교 사상에 등장하나 그 상징 의미는 양면적이다. 한편에서는 신성하고 영적인 것을 뜻하나, 다른 한편으로는 물질과 사악함을 뜻한다. 뱀 형상을 쓴 가장 오래된 사례를 보면 성, 다산, 번식과 관련이 있었음을 알 수 있다. 뱀의 생김새나 물, 땅과의 연관성, 해마다 허물을 벗는 뱀의 습성 때문에 사람들에게 뱀은 탄생과 생성의 상징으로 쉽게 받아들여졌다. 오늘날까지, 인도 여성들은 아이를 원할 때 뱀 형상이 그려진 장식물을 지니고 있는다. 그리고 이 장식물을 한동안 물에 담근 뒤, 담근 기간만큼 시간이 지나면 임신할 수 있다고 믿었다.*

시간이 지나며 뱀은 육체적인 의미뿐 아니라 영적인 의미로도 탄생을 상징하게 되었다. 이는 그리스 시대의 신비 종교들에서 흔히 볼 수 있던 상징이었다. 아폴론의 계시를 전하는 여사제 퓌티아Pythia는 무릎에 뱀을 놓은 채 봉헌 삼각대 위에 앉은 모습으로 그려져 있는데, 이 뱀은 대지의 중심에 있는 신성한 영혼을 상징한다. 사람들은 이 영혼이 대지 위로 올라와 황홀경에 빠진 퓌티아의 입을 통해 말한다고 믿었다. 알렉산드리아의 클레멘스Titus Flavius Clemens**는 당시 이교도들이 뱀을 신과 인간의 결합을 상징하는 존재로 여겼다고 전한다. 신이 인간 속으로 들어오려고 취한 형상이 뱀이다. 이런 결합은 신비 체험을 거쳐야 하는 입문자의 가슴에 뱀을 얹는 행위로 상징되었다. 포르피리오스는 신플라톤주의 철학자 플로티노스Plotinos의 사후에 그의 침대 밑에서 뱀이 기어 나와 벽 틈으로 사라졌다는 이야기를 전하는데, 이와 똑같은 이야기가 인도 신화에서도 보인다. 힌두교에서 가장 존경받는 신, 크리슈나의 형 발라라마Balarama가 죽었을 때, 그의 입에서 뱀이 나와 호수 속으로 사라졌다고 한다. 이 두 이야기에서 등장하는 뱀은 사자의 영혼을 상징한다. 기니 출신 작가 라예 카마라Camara Laye는 아버지의 주물공장 안에 나타나던 작고 검은 뱀을 자기 부족의 정신과 관련지어 생각했다. 그 밖에 뱀을 숭배하던

* (원주) H. Zimmer, *The Art of Indian Asia*, Bolligen Foundation, 1955.

** 2세기 알렉산드리아 학파의 기독교 신학자, 철학자. 알렉산드리아 교리문답 신학교 수장이었다. 그리스 철학 전통을 기독교 교리와 결합했다.

카밀로 미올라Camillo Miola, 〈신탁Il fatto di Virginia〉, 1882

영지주의 일파들도 있었다. 그중에 오피스파Ophites(Ophianoi)는 뱀을
뜻하는 그리스어 ophis에서 유래했고,* 나세네파Naassenes 역시 뱀을
나타내는 히브리어 나하스nahas에서 유래했다.** 이 영지주의자들은
「창세기」를 급진적으로 재해석했다. 이들의 주장에 따르면, 뱀은 선
하고 신적인 존재로, 인간에게 선악에 대한 지혜와 영생을 주려 했던

* 1~2세기 시리아, 이집트에서 등장한 여러 분파를 통칭하는 말이다. 이들은
뱀이 영지를 상징한다고 보았고, 이에 따라 뱀을 중시해 에덴동산의 선악과나
무가 선악 '지식'의 나무, 즉 영지Gnosis를 상징한다고 여겼으며, 『구약성경』
의 신을 가짜 신, 데미우르고스와 동일시했다.

** 로마의 히폴리투스가 쓴 『모든 이단에 대한 반박Philosophoumena hē kata
pason haireseon elenchos』에서 언급하는 영지주의 일파. 최초의 인간을 아다마스
Adamas로 칭하며, 그가 양성구유라 표현했고, 교회도 구속된 자(이교도), 부름
을 받은 자(일반 기독교), 선택받은 자(자신의 영지주의 분파에서 선택한 소수의 구
성원)로 각기 나뉜다는 주장을 펼쳤다고 전한다.

반면, 신은 인간이 영적으로 상승하지 못하게 억제하고 무지와 물질 속에 묶어두려 한 적대자였다.

「창세기」에서는 하느님이 뱀 다리를 자르는 벌을 준다. "네가 이런 일을 저질렀으니 온갖 집짐승과 들짐승 가운데서 너는 저주받아, 죽기까지 배로 기어다니며 흙을 먹어야 하리라(「창세기」 3장 4절)." 여기에서도, 헤라클레스와 히드라 신화 또는 성 게오르기우스Georgius와 용의 전설*처럼 뱀의 악한 면이 드러난다. 물론 「창세기」 이야기는 사후적으로ex post facto** 덧붙은 것이다. 뱀은 본래 땅을 기어다니고 물속을 드나드는 존재였기에, 점차 악의 상징으로 여겨지게 되었다. 이런 점에서 뱀은 독수리와 대조되었다. 뱀은 대지, 물질, 어둠, 죽음을 나타내며, 새의 왕 독수리는 하늘, 빛, 정신을 대표했다. 이런 대조는 전 세계에 걸쳐 등장한다. 독수리와 뱀의 싸움은 인도 신화나 미술에서 자주 등장하는 주제다. 기독교에서는 그리스도를 독수리에, 악마를 뱀에 비유했다.***

연금술사들은 뱀의 이러한 양면성을 자신들의 상징적인 표현에 모두 사용했다. 뱀(또는 같은 상징을 지닌 두꺼비나 용)은 죽여야만 하는 기저 물질을 나타낸다. 그들은 '악독'하며 '사악'하나, 동시에 현자의 돌을 금속 안에 가져다 놓는 역할을 한다. 연금술사의 일은 이 귀중한 돌이 있는 곳을 알아내어 돌을 추출하는 것이다. 조시모스는 연금술사들에게 뱀을 조각내어 그들이 찾고자 하는 보물로 향하는 길의 디딤돌로 쓰라고 충고한다.**** 이런 생각을 아주 놀랍게 연출한 그림이 마이어의 『아탈란타 푸가』에 나온다. 우아하게 차려입은 궁정 하인

* 성 조지, 제오르지오라고도 한다. 잉글랜드, 모스크바의 수호성인이다. 카파도키아 호수에 있던 악룡을 퇴치한 전설로 유명하다.

** '사건 이후에 해석된 것', 즉 「창세기」의 뱀 이야기가 이미 형성된 상징에 기반해 후대에 부여된 것이라는 표현이다.

*** (원주) H. Leisegang, 'The Mystery of the Serpent'; R. Wittkower, 'Eagle and Serpent : A Study of the Migration of Symbols', *Journal of the Warburg and Courtauld Institutes* 2 (1938-9).

**** 이 책 146-148쪽 참고.

독이 있는 두꺼비 The Poisonous Toad
『아탈란타 푸가 *Atalanta Fugiens*』, 1617

하나가 반점투성이 두꺼비를 들고 한적한 길에 서 있는 우아한 여인에게 다가간다. 이 하인은 갑자기 위협적으로 두꺼비를 여인의 가슴에 들이민다. 그녀는 겁먹은 표정으로 두꺼비가 젖을 먹는 모습을 지켜본다. 이 장면 뒤에 마이어가 쓴 상징문象徵紋, Emblem과 경구警句, Epigram가 이 그림을 어느 정도 설명한다.

상징문

두꺼비를 여인의 가슴에 가져가 젖을 먹이도록 하라.
그러면 여인은 죽을 것이고 두꺼비는 이 젖으로 살찔 것이다.

경구

차가운 두꺼비를 여인의 가슴에 두어라.
그러면 젖먹이처럼 두꺼비는 젖을 먹을 것이다.

그리고 잔뜩 살찔 때까지 그대로 두어라.

그러면 여인은 병들어 죽을 것이다.

이로부터 그대는 귀한 약을 얻게 되리라.

그 약은 인간의 마음에서 독을 몰아내고, 타락과 붕괴를 막아줄 것이다.

마이어는 두꺼비가 실제 여인의 아들이라 말하면서, 모든 것이 하나이고 하나는 모든 것이라는 연금술의 기본 진리를 떠올리게 한다. 죽음에서 생명이 나오고, 독이나 사악함에서 지상 최고의 보물인 현자의 돌을 추출할 수 있다고 설명한다.

조용한 실험실에서 연금술사들은 창조의 모든 원소를 마음대로 부릴 수 있다고 믿었다. 그들은 어떤 물질이든 새로운 형상, 모양, 색, 냄새를 지닌 다른 물질로 바꿀 수 있는 능력에 스스로 현혹되어, 우주의 실을 당겨 자연을 인간의 필요에 맞게 길들일 수 있기를 꿈꾸었다. 자신들의 플라스크와 화로를 돌보며, 그들은 화학의 마법을 깊게 음미했고, 그 눈앞에 펼쳐진 경이로움을 물리적, 정신적, 심리적으로 해석하곤 했다. 그들에게 과학과 종교는 아직 하나였으며, 자신들이 실험실에서 발견한 것을 영혼뿐 아니라 신체와도 연결되는 기묘한 상징으로 요약했다. 그들의 세계관은 우리와 달랐다. 그들은 우리처럼 자신들의 지식을 정연하게 정리하지 않았으며, 자연 전체를 살아 있고, 스스로 느끼며, 생각하고, 끝내 죽어가는 거대한 존재로 보았다. 우리 기준으로 보면, 연금술사들은 상상의 나래에 갇힌 몽상가일 뿐이다. 그러나 화학자 아우구스트 케쿨레Friedrich August Kekule von Stradonitz*는 동료 과학자들에게 "여러분, 꿈꾸는 것을 배우도록 합시다. 그 속에서 우리는 진리를 발견할 것입니다."라고 말했다. 실제로 그는 1865년 벨기에 겐트Ghent의 어느 평화로운 밤, 불 옆에서 졸다가 꿈에서 자기 꼬리를 끊임없이 좇는 우로보로스를 보고 깜짝 놀라 깨어난 뒤, 벤젠 고리 구조를 알아챘다.

* 19세기 독일의 화학자. 유기화학 분자구조에 관한 획기적 공헌을 남겼고, 탄소화합물의 결합 구조를 명확히 밝혀 벤젠 고리의 구조를 규명했다.

　연금술사들은 과학이 아직 유년기에 머물러 있었던 긴 세월 동안 자신도 다 이해하지 못한 마법을 다루던 마법사이자 몽상가였다. 이들이 남긴 수많은 환상과 마법은 고대의 상징 속에 암호처럼 감춰졌지만, 오늘날 우리의 과학과 삶의 일부가 되었다. 그들의 꿈은 결국 진실의 한 조각으로 그들을 이끌었다.

6. 연금술과 심리학

Alchemy and Psychology

벤베누토 첼리니Benvenuto Cellini*는 자서전 첫머리에서 아래와 같이
썼다.

"샐러맨더가 불 속에 살 듯, 현자의 돌 또한 그러하다."
『아탈란타 푸가*Atalanta Fugiens*』, 1617

다섯 살 때, 아버지는 종종 세탁실로 쓰는 지하실로 가시곤 했는데,
거기에서는 언제나 참나무 장작으로 피운 불이 활활 타오르고 있었다.

* 16세기 이탈리아 조각가이자 금세공사, 조판공. 조각뿐 아니라 자서전으로
도 유명하다.

아버지는 손에 비올viol*을 들고 불가에 홀로 앉아 연주하며 노래하시곤 했다. 몹시 추웠던 어느 날, 불을 물끄러미 바라보던 아버지는 맹렬히 타오르는 불꽃 한가운데에서 작은 도마뱀같이 생긴 것을 발견하셨다. 이 생물은 타오르는 숯불 속에서 마치 장난치듯 움직이고 있었다. 그 정체를 즉시 알아차린 아버지는 급히 누이와 나를 불러 우리에게 그것을 보여주셨다. 그러고는 내 뺨을 세게 한 대 치시는 바람에 나는 목청껏 울어댔다. 그러자 아버지는 나를 달래며, "사랑하는 내 아들아. 네가 못된 짓을 해서 내가 너를 때린 것이 아니란다. 네가 지금 불 속에서 본 그것이 바로 불도마뱀Salamander**이란다. 믿을 만한 사람 가운데 이 생물을 본 사람이 아무도 없었단다. 그러니 네게 이 광경을 기억하게 해주고 싶어서 그랬다."라고 말씀하신 뒤, 내게 입을 맞추시고, 동전 몇 닢까지 손에 쥐여주셨다.***

첼리니의 아버지는 연금술사들이 '믿을 만한 정보'를 주지 못했다고 여겼던 게 틀림없지만, 주먹으로 맞고 입맞춤을 당하거나 보상을 받지 않더라도 연금술사들은 첼리니의 아버지보다 더 오래전에 이 불도마뱀을 봐왔다. 그들은 자신들의 실험 용기에서 온갖 생명이 탄생하는 순간을 지켜봤으며, 그들의 비전vision은 심리학의 무궁무진한 연구 대상이 되었다. 카를 융은 "연금술사가 물질(납, 수은 황 등)에서 보거나, 봤다고 믿는 것 대부분은 사실 자신의 무의식 속 상징과 표상을 물질 위에 투사projection한 것이다."라고 썼다. 융은 이러한 무의식의 투사가 필연적으로 일어날 수밖에 없다고 봤다. 그러나 그는 이 말 뒤에 과학적 사고의 빛이 신비를 비추기 시작하면, 이런 무의식적 전이projection는 점점 설득력을 잃으리라고 덧붙였다.

융은 환자들이 꿈에서 본 환상과 상징에서 연금술의 심리적인 특성들을 발견했다. 그는 환자들이 본 상징이나 환상이 연금술의 상징,

* 중세 유럽의 현악기로 현이 여섯 줄이다. 이후에 이에 영향을 받아 바이올린이 만들어졌다.

** 불 속에 산다는 불의 정령.

*** (원주) Benvenuto Cellini, *Autobiography*, Penguin, London, 1969.

신화, 고대 신비 종교, 우화, 민간 설화 등과 놀랄 만큼 비슷하다는 사실을 알아챘지만, 정작 환자들은 이런 요소를 전혀 모르는데도 비슷하게 발현한다는 데 놀랐다. 이로써 융은 '집단 무의식', 어떤 '원초적 이미지' 또는 '원형 상징archetypes'의 저장고 같은 것이 있다고 가정했다.

인간 신체가 어떤 인종에서든 공통의 특성을 보이듯, 인간 정신도 모든 문화 차이나 의식 차이를 넘어서는 공통적인 기질이 있음이 틀림없다. 나는 이를 집단 무의식이라고 칭한다. 이 무의식적 심층psyché은 인류 모두에게 공유되며, 단순히 의식화할 수 있는 내용으로만 이루어진 것이 아니라 같은 방식의 반응을 일으키는 잠재적 성향들로 구성되어 있다. 집단 무의식은 모든 인종에서 공통의 뇌 구조가 존재한다는 것을 심리학적으로 표현한 것뿐이다. 이는 갖가지 신화에 담긴 주제나 이에 나타나는 상징에서 유사성 또는 간혹 동일성이 나타나는 이유도 설명해준다. 그리고 인간의 의사소통 가능성도 여기에서 비롯한다. 심리적 발달의 여러 경로는 무無도 하나의 근원에서 시작하며, 그 뿌리는 태고까지 이어져 있다. 이는 또한 인간과 동물 사이에서 나타나는 심리적 유사성도 설명해준다.*

융의 '집단 무의식'은 플라톤의 이데아 왕국만큼 모호하게 들릴지 모른다. 실제로 융 자신도 그런 비교를 했다.** 그러나 동물의 행동이나 인간과 동물의 뇌 구조와 기능에 관한 최근의 연구들은 이런 융의 가정을 뒷받침한다. 인간의 마음은 옛 인식론자들의 주장처럼 완전한 '백지tabula rasa'가 아니라는 사실이 점점 더 분명해지고 있다. 우리는 경험을 통해 데이터를 채워 넣기만 기다려야 하는 '텅 빈' 상태로 태어나지 않는다. 신생아에게는 이미 엄마 젖꼭지에 본능적으로 반응하게 만들고, 어느 정도 예측할 수 있는 방식으로 반응하게끔 하는

* (원주) 다음을 참고. C. G. Jung, 『연금술 연구*Alchemical Studies*』, p. 12.

** (원주) C. G. Jung, 『융합/합일의 신비*Mysterium Coniunctionis*』, Collected Works, xiv, p. 87.

요소가 있다. 최신 연구는 이런 본능적인 행동이 어디에서 유래하며 어떻게 작용하는지를 떠나, 집단 무의식이 우리 생각보다 성인 이후의 삶에까지 훨씬 더 깊이 영향을 미치고 있음을 시사한다.

선천적으로 유전된 행동은 인간보다는 동물에게서 더 쉽게 발견할 수 있다. 가장 눈에 띄는 예시로 병아리가 매를 대할 때 드러내는 선천적 혐오감을 들 수 있다. 매를 한 번도 본 적 없는 병아리가 매나 매를 닮은 모형이 자신에게 다가오면 닭장 안으로 휭하니 들어가 버린다. 그러나 비둘기, 오리, 왜가리나 갈매기에게는 이런 행동을 보이지 않는다. 이런 즉각적 반응은 신경계의 '선천적 방출 기제innate releasing mechanism, IRM' 때문인데, 이는 설명할 수 없는 방식으로 병아리가 한 번도 경험한 적 없는 상황을 마치 이미 경험 많은 닭처럼 행동하게 한다. 이제 막 알을 까고 나온 바다거북도 비슷한 반응을 하는데, 거북이가 껍질을 까고 나와 포식자를 피해 곧바로 바다로 달려가는 행동으로 같은 종류의 IRM을 확인할 수 있다.

사회적 영향이 아니라 타고난 생물학적 본성에서 비롯한 인간 행동을 구별하는 일은 실험으로 증명하기가 훨씬 더 어렵다. 이는 우리가 탄생 직후부터 부모에게 지도받고, 오랫동안 복잡하게 얽힌 사회 규범 속에서 성장하기 때문이다. 이 분야에서 기대되는 연구들이 진행 중이지만, 우리 내면의 '매' 즉, 우리가 일정한 방식으로 행동하도록 유도하는 IRM을 확실히 논하려면 아직 더 많이 연구해야 한다.*

융은 자신이 설명한 원형 이미지 속에서 이런 '매'의 일부를 밝혀냈다고 믿었다. 그가 제시한 인간 심리 구조에 대한 통찰은 도발적이나, 아직 과학적으로 입증되지 않았다. 그런데도 명확한 임상 증거 없이 자신의 연구 결과를 발표할 만큼 융이 확신했던 원인의 하나가 연금술에 관한 연구였다. 1928년, 독일의 중국학자 리하르트 빌헬름Richard Wilhelm은 융에게 『태을금화종지太乙金華宗旨, *The Secret of the Golden*

---

* (원주) J. Campbell, *The Masks of God: Primitive Mytholgy*, chapter I 'The Enigma of the Inherited Image'; C. Sagan, *The Dragons of Eden*, New York, 1977.

Flower』*라는 제목이 붙은 중국 연단술서 하나를 보냈다. 융은 이 책을 매우 결정적인 순간에 받았다. 그는 15년간 무의식의 구조를 연구했지만, 그 결과는 스스로 보기에도 확신이 들지 않았고 당시의 일반적 의학 또는 정신의학의 범주에서 훨씬 벗어나 있었다. 이 책은 완전히 다른 시대와 문화에서 온 자료였음에도 융의 연구 결과를 뒷받침하는 듯한 내용이 있었고, 이를 통해 융은 막다른 골목에서 벗어날 수 있었다.** 융은 연금술에서 무의식 속 원형을 발견하고 설명하는 데 유용한 풍부한 저장고를 발견했다고 생각했다. 몇 년 뒤, 그는 "연금술은 그 투사projecion의 원시적 성격 탓에 화학자에게는 불모지이지만, 심리학자에게는 무의식의 구조를 밝혀주는 귀중한 자료로 가득한 금맥이다."라고 썼다.***

융은 영적 연금술사들의 말을 그대로 믿었다. 그는 연금술의 목적이 문자 그대로의 변성에 있지 않고, 개인의 영적 부활에 있다는 사실에 동의했으나, 이 부활을 '개성화 과정'****이라는 아주 다른 용어로 설명하면서 "연금술 상징들은 개성의 진화가 겪는 전체 문제 (중략) 이른바 개성화individuation 과정을 표현한다."*****라고 썼다. 그가 이야기한 '개성화'는 개인의 인격 안에 실현되지 않은 면이 '자아'라는 통일된 이미지에 통합되는 '전체성wholeness' 단계에 도달하려는 과정에서 겪는 발전을 의미한다. 융의 '자아'는 인간의 선과 악, 빛과 어둠, 악마와 예수, 남성과 여성, 그 밖에 서로 대립하는 것 또는 인간의 마음을 조각내는 갈등을 통합하는 심리적 이미지다. 일반적으로 이런

---

*   독일어 및 영어 번역 제목은 '금화金花의 비밀'. 이 책은 당나라 말기 사람으로 후일 신선으로 추앙받은 여동빈呂洞賓이 하계로 내려와 가르친 내용을 담았다고 전하지만, 명확한 저자는 알 수 없다. 이 책에는 남송-원나라 시기에 왕중양이 제시한 내단內丹 사상에 관한 내용이 담겼다.

**   (원주) C. G. Jung, *Memoirs, Dreams and Reflections*, recorded and edited by Aniela Jaffe, New York, 1963, pp. 197ff.

***   (원주) C. G. Jung, *Alchemical Studies*, p. 205.

****   개인의 무의식과 의식을 통합하는 과정을 의미한다.

*****   (원주) C. G. Jung, *Psychology and Alchemy*, p. 35.

모순들은 억압을 통해 처리된다. 융은 연금술사들이 심리적 통합 과정을 자신들의 물질에 투사했고, 결과적으로 심리적 드라마를 화학 용어로 표현했다고 보았다. 연금술에서 '흑화'는 자신의 어두운 본성과 맞서기를 감행했을 때 시작되는 드라마의 첫 장면을 나타내며, 연금술의 최종 목표인 현자의 돌 창조는 통합된 '자아'의 출현으로 이 통합 과정이 끝나는 것을 상징한다.

대립물을 통합하려는 연금술사들의 노력은 이 자업이 완성되는 최고의 합일合—인 '화학적 결혼'에서 절정에 달한다. 네 원소 간의 적대감이 극복된 후에도 여전히 최후의 가장 강력한 적대물이 남아 있다. 이를 연금술사들은 남성과 여성의 관계로 종종 표현한다.*

융의 견해에 따르면 현자의 돌은 '자아'를 나타내기 적합한 이미지이다. 이것은 대립물의 통일이며, 그런 까닭에 자웅동체 또는 두 가지rebis로 표현한다. 현자의 돌은 자신 안에서 물질과 정신, 영혼과 육체를 결합하고 있다. 연금술사들이 우리에게 항상 상기하듯, 이것은 '전체로서의 하나'이자 '하나로서의 전체'이다.

완전함을 상징하려 돌의 이미지를 쓴 것은 연금술사들만이 아니었다. 돌은 본질적으로 신성과 관련한 영속성永續性과 부패하지 않는 특성을 보이기 때문이다. 미트라Mithra**는 돌에서 태어났으며, 오스트레일리아 원주민들은 추링가churinga라는 타원형 돌을 제의 도구로 쓰며 이 돌 안에 조상의 영혼이 깃들고 곡식의 성장과 인간 및 동물의 다산과 상처를 치유하고 병을 고치는 초자연적 힘을 가졌다고 믿는다. 중국인들은 옥에 시신의 부패를 막는 힘이 있다고 믿었기에 시신을 옥으로 치장하거나 무덤에 옥을 넣었다. 중국 연단술사들이 추구한 목적은 '금강불괴의 몸金剛不壞之身, diamond body'***을 얻는 것

---

* (원주) C. G. Jung, *Mysterium Coniunctionis*, p. 89.

** 고대 페르시아의 태양신.

*** 다이아몬드를 한자로는 금강석으로 표기하며, 『금강경*Diamond Sutra*』도 마찬가지로 번역한다.

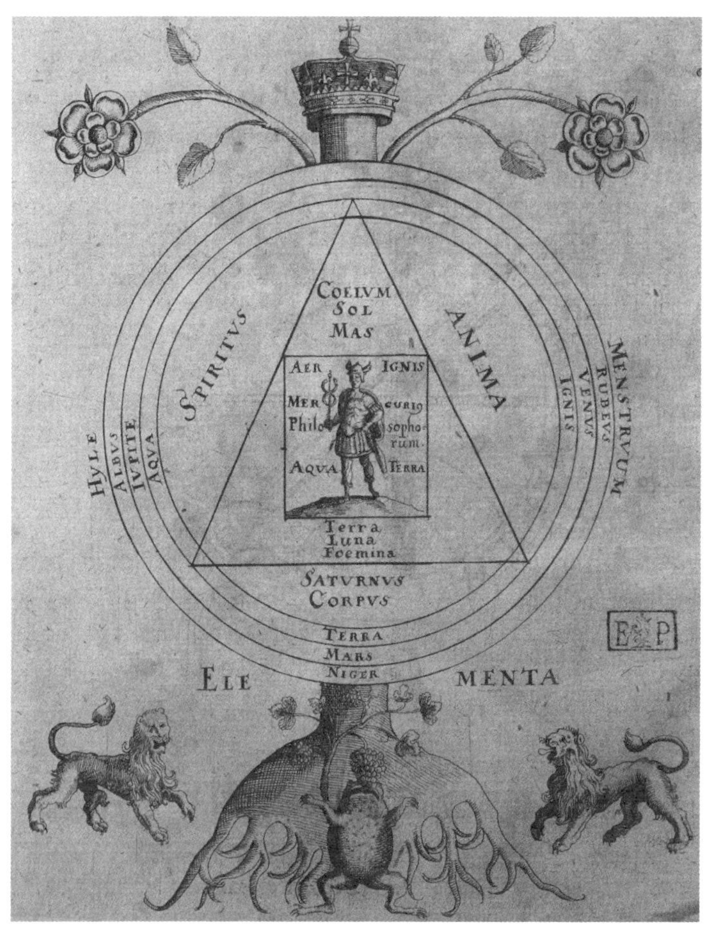

연금술 나무: 변성의 상징The Alchemical Tree: Symbols of Transmutation
『연금술의 보완과 완성Alchymiæ Complementum et Perfectio』, 1630

이었다. 단단하고 투명하게 빛나는 다이아몬드는 육신의 불멸을 그토록 열망했던 중국 연단술사들에게는 이보다 더 적절한 상징이 없었다. 주술사들은 신을 받기 전에 종종 자신들의 머리나 몸속에 수정이 들어오는 '신몽神夢'*을 꾼다. 이 수정은 천계에서 내려와 주술사에

* 무당이나 주술사가 신을 받기 전에 꾸는 예지몽이나 징조.

게 미래를 예언하는 고유한 능력을 준다.* 연금술사들도 현자의 돌에
초자연적 힘이 있다고 믿었다. 이것은 알라딘의 램프처럼 온갖 환상
을 현실에 구현해주었다. 엘리아스 애시몰은 독자에게 하나의 돌이
아니라 몇 종류의 돌이 있다고 주장했다. '광물의 돌'은 기저 금속을
금으로 변성시키고 부싯돌을 귀금속으로 변성시켜 재정 문제를 없애
주며, '식물의 돌'은 식물, 꽃, 나무들을 기적처럼 자라게 한다. '마법,
선견지명prospective의 돌'은 잃어버린 사람을 찾아내고 성 프란치스
코의 능력처럼 새와 동물과 교감하는 능력을 준다. 애시몰이 마지막
에 소개하는 돌은 '천사의 돌'로, 연금술사들이 음식 없이도 살 수 있
게 하며 천사와 대화할 수 있게 한다. 모세, 솔로몬과 헤르메스 트리
스메기스투스만이 이 돌을 다룬 자들이었고, 그들은 이 돌로 놀라운
기적을 행했다고 전한다.**

연금술사들은 연금술 용기에서 일어나는 반응을 관찰할 때, 종종
나뭇가지나 줄기가 나와서 자라는 것을 보고는 했다.*** 융은 이 나무
의 이미지가 '자아'를 나타내는 또 다른 상징이라고 생각했다. 돌처럼
나무도 견고함이나 영속성을 상징한다. 가을마다 생명력을 잃었다
가 봄이 되면 다시 살아나는 나무는 죽음과 재탄생이라는 우주적 드
라마를 상징한다. 나무는 영양과 쉼터를 제공하며, 그 뿌리는 대지로
깊숙이 뻗어가고 나뭇가지들이 하늘을 향해 자라나면 이윽고 하늘과
땅을 연결함으로써 인간에게 신에게 닿는(또는 융의 사상으로 표현하
자면, 무의식과 의식 사이를 연결하는) 길을 제시한다.****

---

* (원주) C. G. Jung, *Alchemical Studies*, 95ff; J. Campbell, *The Masks of God: Primitive Mythology*, pp. 255ft.

** (원주) *Theatrum Chemicum Britannicum*, prolegomena.

*** (원주) 이 책 177-178쪽 참고.

**** (원주) *Alchemical Studies*, 'The Philosophical Tree', pp. 251-349. 라이
너 마리아 릴케Rainer Maria Rilke의 시 일부를 인용.

오, 성장하기를 갈망하는 나여,	Oh, I who long to grow,
나는 내 바깥을 바라보지만,	I look outside myself, and the tree
내 안에서 나무가 자라난다.	inside me grows.

융의 관점에서 본다면, 많은 연금술사가 자신들의 작업을 두려움 속에서도 수행했던 이유를 그들이 단순히 화학적 통합만이 아니라 심리적 통합을 시도하는 과정으로서 실험했기 때문으로 보는 편이 이해하기 쉽다. 실제로 연금술사들은 화학물질의 성질을 완전히 이해하지 못한 채 다루다가 신체적 위험에 빠지곤 했다. 존 디는 "연금술 작업을 할 때는 늘 불이나 유황 증기가 생겨나며, 이 때문에 상당히 위험하다."*라고 경고했고, 독일의 화학자이자 연금술사인 요한 루돌프 글라우버는 자신이 만든 여러 착색제tincture 중 하나를 자기 대머리에 발랐다가 "내 머리에 검고 곱슬곱슬한 머리카락이 나기 시작했다. 만약 이 착색제가 더 있었다면 내 머리카락이 완전히 다시 자랐으리라 확신한다."**라며 기뻐했으나, 불행히도 그의 착색제는 대부분 수은, 안티몬과 비소 등으로 만들어졌기에 회춘은커녕 건강을 크게 해쳐 말년에 고통을 안겼다. 그나마 연단술사들처럼 약제를 복용하고 갑작스레 생을 마감하지 않은 게 다행이었다.***

융은 연금술사들이 그들의 작업에서 반복적으로 경고한 극도의 위험성과 히스테릭한 표현들이 단지 물리적 위험 때문만으로는 충분히 설명되지 않는다고 생각했다. 『떠오르는 새벽』의 저자는 "오, 얼마나 많은 이가 지혜로운 자들의 말을 이해하지 못하는가! 그들은 영적 통찰이 부족하여 어리석음 탓에 멸망했다."라고 한탄한다.**** 연금술사들은 내적 한계와 취약성이 어떻게 위험하고 사악한 세력에게 쉽게 노출될 수 있는지 예리하게 자각하고 있었다. 네덜란드의 백작이자 연금술사였던 호헬란데Hoghelande는 "화학 실험 속에 슬며시 파고드는 악마의 유혹을 반드시 인식하고 경계해야 한다."라고 경고

---

* (원주) *Theatrum Chemicum*, ii, p. 196.

** (원주) 다음에서 인용. J. Read, *Through Alchemy to Chemistry*, p. 11.

*** (원주) 이 책 184쪽 참고. 비슷한 예로 찰스 2세도 수은으로 화학 실험에 매달린 탓에 자신의 수명을 깎아 먹었다는 주장이 제기되었다. B. J. Dobbs, *The Foundations of Newton's Alchemy*, p. 78.

**** (원주) *Aurora Consurgens*, p. 117.

했다.* 그는 실제 실험 중에 악마에게 속은 경험이 있었다. 또 다른 연금술사는 다음과 같이 썼다. "현자의 돌은 거룩하고 찬란하면서도, 극도의 공포가 도사리는 숭고한 장소에서 비롯한다. 그곳은 많은 현자를 죽음으로 몰아넣었다."**

연단술사들은 외진 산속에서 오랫동안 수행했기에, 이처럼 극심한 공포와 무력감에 시달리기 쉬웠다. 그들은 악의적인 산신, 숲의 정령, 맹수, 독사, 독충, 쓰러지는 나무, 번개와 천둥 등 수많은 잠재적 위험에서 자신을 보호할 필요를 절실히 느꼈다. 그들은 이 위험을 최소화하거나 피하고자 놀라울 정도로 다양한 주술적 회피술을 실천했다. 예를 들어, 그들은 정해진 길일에만 산에 올랐고, 그전에는 반드시 단식과 재계로 몸과 마음을 준비했다. 그들은 '우왕의 보법禹步之法, the pace of Yü '***이라는 특이한 춤걸음舞步을 하기도 했고, 등 뒤에 거울을 달아 악령을 물리치려 했다. 이에 더해 부적이나 인장, 호부護符를 몸에 지니고, 거처에 경문經文이 적힌 부적을 붙였으며, 주술적 효과가 있다고 믿는 호흡법(단전호흡 등)으로 숨을 들이쉬고 내쉬었다. 독사에게 물리지 않으려 소나 양, 사슴의 뿔을 태운 연기에 몸을 쐬고 사향으로 만든 알약을 발톱 아래에 넣거나 허리띠에 수탉의 볏을 꽂기도 했다. 최고의 방어책으로는, 특별한 풀 다발을 몸에 지녀 투명하게 되어 보이지 않게 되기를 바랐다. 갈홍은 이러한 방어 수단들을 한 장 전체에 상세히 서술했고, 구체적 위험에 대응하는 18가지 부적 그림까지 첨부했다.

융은 이런 공포를 문자 그대로 받아들여서는 안 되며, '개성화' 과정에서 겪는 심리적 위험을 묘사한 것으로 보아야 한다고 주장한다. 그의 견해에 따르면 '극심한 공포의 장소'란 바로 무의식이다. 이 무

---

* (원주) *Theatrum Chemicum*, i, 1659, p. 126.

** (원주) *Theatrum Chemicum*, i, 1659, p. 160.

*** 치수로 유명한 우가 홍수를 막으려 노력하던 도중 한쪽 다리가 마비되어 독특한 걸음걸이를 하게 되었다는 전승에서 유래한 걸음걸이 방식으로, 도교의 수행 방식이다. 천, 지, 인의 삼재로 구성된 보법이며, 한쪽 다리를 끌며 걷는다.

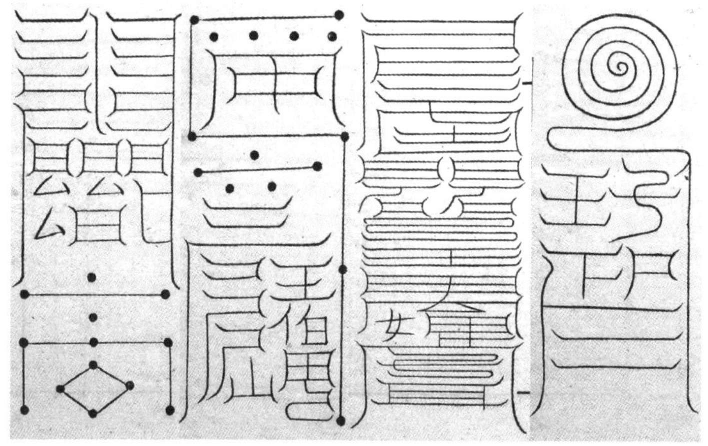

(왼쪽에서부터) 1, 2. 노군입산부老君入山符. 복숭아 나무로 만든 판자에
붉은색(닭피나 주사 등)으로 꽉 차도록 크게 이 부적들을 쓴 뒤에 집의
여덟 방향에 걸어두면 산에 있는 잡신들이 얼씬하지 못한다고 믿었다.

3. 태상노군이 지니고 다닌다는 부적.
귀신, 독사, 호랑이, 늑대 등을 퇴치하는 부적이라 여겼다.

4. 입산패대부入山佩帶符. 마구간이나 외양간, 돼지 우리 등에 걸어놓으면
호랑이나 늑대가 가축을 잡아먹는 것을 막을 수 있다고 여겼다.

의식이야말로 연금술사들이 다뤘던 제1물질prima materia이었다. 고
립된 실험실 안에서 연금술사들은 무의식이 의식에 침입할 때 동반
되는 예상 밖의 두려운 감정을 경험했다. 만약 운이 좋았다면, 조시
모스처럼 그들은 무의식에서 터져 나온 이 무시무시한 경험을 받아
들이고 그 속에서 통찰을 얻을 수 있었다. 그렇지 못할 때는, 에지디
우스 데 바디스Aegidius de Vadis*의 표현처럼 '파멸로 내던져진 무수한
이들' 중 하나가 되고 말았다.**

융은 연금술의 근친상간 모티프 그림들을 자궁으로의 회귀라는

* 17세기 후반에 활동한 연금술사, 대표 저작으로 『자연과 철학의 아들 간의
대화Dialogus inter Naturam et filium Philosophiae』가 있다.

** (원주) Theatrum Chemicum, i, 1659, p. 104.

근본 개념과 연결해, 의식이 무의식에 압도당하는 것으로 해석한다. 지배적 의식, 즉 가브리쿠스Gabricus는 무의식을 의미하는 베야Beya 에게 삼켜지며, 자기 내면의 어두운 면과 화해하기 전까지 이 무의식 (베야)에 압도당한 채 머문다. 바로 그 지점에서 현자의 돌, 곧 '자기 Self'가 나타난다. 개성화라는 자아 통합 과정은 일종의 시련이자 통과 의례이며, 연금술사들은 이 과정을 어렴풋이나마 의식하고 있었기에 자신들의 작업을 고통스럽고 괴로운 과정으로 묘사한 것이다. 어느 연금술사는 "납은 신께서 우리를 괴롭히고 우리 감각을 뒤흔드는 고 통과 번민을 의미한다."라고 썼다.* 내면의 갈등에 시달리고 세상과 조화를 이루지 못했던 영적 연금술사들은 자신들을 축복받은 섬들로 인도할 생명줄을 간절히 찾아 헤맸고, 이 생명줄을 실제로 꽤 자주 발 견하기도 했다. 페트루스 보누스는 자신의 '영혼의 어두운 밤'을 이렇 게 기록했다. "우리 역시 오랫동안 깊은 혼란 속에 빠졌고, 절망이라 는 외투 아래 숨겨져 있었소, 그러나 우리가 다시 제정신을 차리고, 끝없는 사유의 고통으로 우리 자신을 괴롭히자, 우리는 마침내 그 '물 질'을 보았소."**

　페트루스 보누스처럼 연금술이 겉으로는 실험 같지만 실제로는 자 신의 정신과 감정을 다루는 일이라는 것을 자각한 연금술사는 많지 않았다. 그들은 자신들이 마치 실험 기구 속 알코올 냄새 나는 혼합물 을 다루는 양 말하곤 했으나, 실제로는 그들 정신의 복잡한 심리가 뒤 섞임을 말한 것이었다. 융에 따르면 이런 혼란은 그들의 강력한 투사 능력을 반영한다. 그는 조시모스가 우리에게 "하나의 돌로 된 성전을 지으라"라고 권한 구절을 이런 투사의 사례로 해석한다. 이 성전은 머 리, 즉 의식을 나타내며, 용은 무의식을 상징한다. 무의식을 의식 속 으로 흡수하려면 먼저 변환되어야 한다. 연금술사가 경계심을 늦추 지 않고 철저히 대비해야 했던 이유는 이런 심리적 통합 작업이 위험

* 　(원주) 같은 책, vi, 1661, p. 76.
** 　(원주) 다음에서 인용. C. G. Jung, *Alchemical Studies*, p. 330.

천만하고 극소수에게만 적합한 일이었기 때문이다.*

융은 연금술 연구를 통해 드러나는 심리적인 의미에 깊이 매료된 나머지, 연금술의 실험적인 면은 간과했다. 많은 연금술사가 금 또는 불로불사의 약을 만들려 했다. 이 과정에서 그들은 여러 공예, 기술, 제조 분야에 유용하게 쓰일 수 있는 물질과 제조 과정 들을 발견했다. 연금술은 화학자에게 '불모지'가 아니라, 화학 발전 경로를 역사적으로 추적하고 화학이 문화에 끼친 영향을 연구하는 데 풍부한 자료를 제공한다. 오늘날 화학은 연금술사들의 무수한 실험과 시행착오 속에서 서서히 발전한 것이다.

융은 연금술 문헌을 폭넓게 섭렵했지만, 그의 관점은 전통적인 역사학적 분석보다도 연금술을 시공 초월의 '영원 철학perennial philosophy'**으로 간주하는 경향이 있었다. 실제로 그는 한 문단 안에서 헬레니즘 시대의 연금술사 조시모스, 중세의 페트루스 보누스, 17세기의 셍지보이를 나란히 인용하며 자신의 주장을 설명하기도 했다. 어느 정도까지는 융의 이런 시각도 정당하다. 연금술은 삶, 죽음, 건강, 부와 같이 인간의 영원한 관심사를 다루기 때문이다. 실제로 연금술사들은 지루할 정도로 반복적이며, 서로를 끊임없이 인용하거나 아예 베끼기까지 한다. 그런데도 그리스, 이집트, 중국, 서양 연금술은 같지 않았다. 융이 설명한 특징들은 헬레니즘 연금술과 유럽 연금술 및 연단술이 후대에 이르러 신비주의적 색채가 짙어졌을 때의 특징과 가장 잘 부합한다. 헬레니즘과 르네상스 시대 연금술은 모두 종교적, 사회적 질서가 무너지던 시기에 번성했고, 둘 다 연금술이 종교적·영적 공백을 메우는 역할을 했다. 앙드레장 페스튀지에르André-Jean Festugière***는 기원전 2세기부터 헬레니즘 연금술의 번성기

* (원주) 이 책 147-148쪽 참고.

** 세계 종교 전반에 걸쳐 공통 주제가 반복되기에 보편 진리가 밝혀진다고 여기는 개념. 르네상스 시기에 신플라톤주의에 대한 조명이 이루어지면서 발생한 사상적 조류다.

*** 20세기 프랑스 도미니코회 수사, 철학자, 문헌학자. 신플라톤주의나 헤르메스 트리스메기스투스의 저작으로 여겨지는 작품들을 번역했다.

까지, 합리주의가 신뢰를 잃어가자 점차 신비주의로 퇴행하는 과정을 탁월하게 묘사했다.* 르네상스 시대에도 마찬가지로, 스콜라철학의 합리주의가 흔들리고 하나의 가톨릭교회라는 이상이 수많은 경쟁 종파의 등장으로 무너지기 시작하면서, 비슷한 방식의 '신비주의로의 퇴행'이 일어났다.

야코프 부르크하르트Jacob Burckhardt는 그의 기념비적 저서인 『이탈리아 르네상스의 문화Die Cultur der Renaissance in Italien』에서 르네상스를 개인이 처음으로 자아를 인식한 시기로 묘사했다. 촘촘히 짜인 사회 집단이나 통일된 종교의 권위가 사라진 시대에, 사람들은 다른 어느 때보다 자기 자신에게 의지해야 했다. 이런 변화는 연금술사들의 글에서도 그대로 반영되는데, 예술가나 작가들의 작품처럼 그들도 글에서 개인적이고 주관적인 성향을 드러내려 했다. 융이 '개성화'라고 부른 단계는, 안정되고 사회적으로 응집된 시대보다 르네상스처럼 개인주의가 떠오르기 시작한 시대에 더 활발히 일어날 수 있었다. 그렇다고 해서 이전 시대에 이런 통찰을 한 이가 전혀 없지는 않았으며, 예술의 심리적 깊이를 감지했던 개인은 언제나 있었다.

융의 이론에 대한 세간의 평가가 어떻든, 그는 연금술을 이해하는 새로운 길을 개척했고, 이는 매우 의미 있는 접근이었다. 특히 과거의 역사학자 대부분이 간과하거나 무시했던 연금술의 정신적, 종교적 측면에 주목했다. 융의 연구를 바탕으로 서구 연금술과 정통 종교 사이의 긴장 관계를 이해하기가 더 쉬워졌다. 서구 연금술사들은 신앙의 신비를 내면화했고, 악마와 예수가 자신들 내면 깊숙한 곳에 묻혀 있다는 결론에 이르렀다. 그들은 구원이 자기 손에 달려 있다고 믿는 이단에 빠지기 쉬웠고, 이는 교리상 기독교로서는 도저히 용납할 수 없었다. 오늘날 많은 이가 교회를 떠나 정신과 의사의 상담실로 향하는 이유도 결국 이처럼 스스로 구원의 길을 찾겠다는 결론과 맞닿아 있다. 연금술사들은 오늘날의 우리처럼 자아를 인식하고 있지는 않았으나, 우리가 당연하게 여기는 것을 희미하게나마 보았을 뿐이다.

* (원주) A-J Festugière, *La Révélation d'Hermes Trismégiste*, Paris, 1950-4.

실험적 방법이 막 태동하던 시기였고, 과학 역시 여전히 흐릿한 렌즈로 세상을 바라보듯 정밀하지 못했기에, 그들이 자기 경험을 내면이 아니라 실험 용기 속 물질에 투사했던 것도 놀랄 일은 아니다. 오늘날 우리의 과학적 가설은 엄격하고 통제된 검증을 거치기에 이제는 그런 방식으로 행동할 수 없으며, 연금술사들과는 달리 자신의 문제를 정면으로 마주하지 않을 수 없게 되었다.『떠오르는 새벽』의 저자는 "우리 마음에 깃든 끔찍한 어둠을 정화하라."라고 썼다.* 연금술은 이제 거의 사라졌고, 우리는 여전히 같은 어둠에 직면한 채, 이 어둠을 걷어낼 다른 방법을 찾아야 한다.

---

* *Aurora Consurgens*, edited with commentary by M-L von Franz, London, 1966. p. 91.

7. 중국의 단약丹藥, Elixer* 중독자들

Chinese Elixir Addicts

중국에서 연단술은 영생을 추구하는 여러 방법 중 하나였다. 청교도적 윤리가 없었기에 중국인들로서는 이윤 동기profit motive**를 갖기 어려웠던 듯하다. 깨달음을 얻은 이들은 흔히 세끼손톱을 곱게 기르고 이 손톱을 보석 박힌 덮개로 보호하곤 했는데, 이는 자신이 상업 활동과 거리를 두고 있다는 상징이었다. 중국 연금술사들은 이 관행을 따르지 않았으나, 이 관행에 반영된 철학은 공유했다. 서양 연금술사들처럼 그들도 기저 금속이 금으로 변성할 가능성을 확신했으나 그들이 금 자체를 추구한 것은 아니었고, 다만 금이 불로장생약(단약, 엘릭서)의 성분이라 믿었기에 중요시했다. 중국의 위대한 연금술사 갈홍은 이 중요한 교훈을 스승에게 배웠다. 그는 이렇게 썼다.

나는 일찍이 나의 스승(정은鄭隱)께 이렇게 여쭈었다.

"노자老子께서 '얻기 어려운 보물을 귀히 여기지 말라'***라고 하셨습니다. 그런데 태평성대에는 사람들이 모두 금을 산에 던지고 옥을 계곡에 버렸다고도 합니다. 그렇다면 옛사람들은 어찌하여 금과 은을 귀히 여기고 그 만드는 법까지 남겼던 것입니까?"

이 질문에 나의 스승은 이렇게 답하셨다.

"노자께서 하신 말씀은 금은보화를 찾아 모래를 헤치고 돌을 쪼개며 산을 무너뜨리고 깊은 못을 뒤져, 먼 길을 마다하지 않고 깔리거나 빠져 죽을 위험도 개의치 않은 채 백성의 시간을 빼앗는 것을 두고 하

* 연단술로 만든 불로장생약, 대부분 중금속이 들어 있어 사회에 해악을 끼쳤다.

** 경제학에서 이윤을 극대화하고자 생산 활동, 판매 전략, 마케팅 등의 다양한 활동을 하는 동기.

*** 노자의 『도덕경』 중 「도경」 3장 일부 인용. 원문: 不貴難得之貨.

신 말이다. 도道를 행하고 장생을 추구한다고 말하는 사람 가운데서도 상업에 종사하고 신의와 겸양을 중히 여기지 않으며 깊은 물과 험한 산을 떠돌면서 이익을 좇아 재물을 마구 거래하고 제 목숨조차 아끼지 않으며 욕심을 줄이지도 않는 이들을 두고 말씀하신 것이다. 그러나 진인眞人*이 금을 만드는 까닭은 이를 먹어 신선이 되려 함이지 부귀를 얻으려 함이 아니다. 그래서 경전에 이르기를 "금은 만들 수 있고, 세속을 벗어날 수도 있다. 은도 먹을 수 있으나, 금보다 그 효력이 덜하다." 라고 했다."**

연단술사들은 불로장생약이라 여긴 것을 끊임없이 먹었는데, 이 모두가 금은 아니었다. 이들도 연금술사처럼 실험에는 개방적이었다. 그들이 실험을 시도한 물질 중 의도치 않게 효과를 얻은 것도 있었다. "조타자趙他子는 20년 동안이나 육계나무***를 복용했는데, 그 결과 발바닥이 털북숭이가 되어서는 하루에 500리를 거뜬히 걸을 수 있었다."****라고 갈홍은 전한다. 중국 연금술사들이 무엇을 먹었건, 그들

---

*   도교에서 진리를 깨달은 사람을 일컫는 호칭의 하나.

**   (원주) 이 장은 조지프 니덤의 『중국의 과학과 문명』 제5권(2부와 3부)을 바탕으로 구성했다. 이 책은 동서양 연금술 연구의 최고 단일 자료로 손꼽힌다. 이 장은 아쉽게도 연단술 중에 내단 관련 내용을 다룬 제6권 출간 전에 쓰였다. J. Needham, *SCC*, V, Part 3, pp. 1-2; *The Nei P'ien*, p. 267. [감수자 주: 『포박자』「내편」 황백黃白 1 일부 인용. 원문: 余曾詰於鄭君曰:「老君云, 不貴難得之貨. 而至治之世, 皆投金於山, 捐玉於谷, 不審古人何用金銀為貴而遺其方也?」鄭君答余曰:「老君所云, 謂夫披沙剖石, 傾山漉淵, 不遠萬里, 不慮壓溺, 以求珍玩, 以妨民時, 不知止足, 以飾無用. 及欲為道, 志求長生者, 復兼商賈, 不敦信讓, 浮深越險, 乾沒逐利, 不吝軀命, 不修寡欲者耳. 至於真人作金, 自欲餌服之致神仙, 不以致富也. 故經曰, 金可作也, 世可度也, 銀亦可餌服, 但不及金耳.」]

***   이 나무의 껍질을 계피桂皮, cinamon, 어린 가지는 한약재 계지桂枝, 꽃은 계화桂花라고 부르며 식용, 약용으로 널리 쓰인다. 문맥상 장생을 얻을 수 있는 신령한 나무로 묘사한 것에 가깝다.

****   (원주) *The Nei P'ien*, p. 195. [감수자 주: 『포박자』「내편」 선약仙藥 20 일부 인용. 원문: 趙他子服桂二十年, 足下生毛, 日行五百里, 力舉千斤.]

갈홍의 초상화

의 목적은 말 그대로 영생을 얻는 것이었다. 그들이 추구한 불사不死
는 서양 연금술사들처럼 비물질적이고 영적인 세계에 있는 것이 아
니고 이 땅 위, 또는 지상과 비슷하나 더 나은 천계에서 이루어지는
것이었다. 수백 년 동안 기독교의 설교에 길든 서양인들은 이 세상을

덧없고 고통스러우며 다음 세상으로 가기 전의 대기실쯤으로 여기는 경향이 있었으나, 중국인들은 이 세상을 그런 식으로 바라보지 않았다. 그들이 보기에 우주는 창조되지도 않았고 파괴할 수도 없으며, 누구나 연단술을 올바르게 활용하면 영약을 들이켜 이전부터 항상 즐기며 살아왔던 것을 영원토록 누릴 수 있다고 여겼다. 갈홍은 스승에게 "신선은 승천하거나, 인간 세상에 머무르기도 한다. 중요한 것은 모두 장생長生을 이룬다는 점이며, 하늘에 가느냐 머무르냐는 각자의 취향에 따를 뿐이다. (중략) 이미 죽지 않게 되었으니, 갑작스러운 죽음을 걱정할 필요가 없다. 다시 지상에서 유유히 돌아다니거나, 명산에 들어가서 살아가더라도, 이제 무엇을 더 걱정하겠는가?"라는 가르침을 받았다고 기록했다.* 이런 이 중 백석생白石生은 지상에 남기로 한 연단술 대가였다.

　　백석생은 중황장인中黃丈人의 제자다. 팽조彭祖**가 태어났을 때, 그는 이미 2천 살이 넘었다. 그는 신선이 되어 하늘로 오르려 하지 않고, 그저 불로장생하기만을 원했다. 그는 사람들 사이에서 생의 기쁨이나 행복을 없애려 하지 않았기에, 주로 방중술을 연마하거나 마실 수 있는 금을 약으로 삼아 먹으라고 강조했다. 젊을 적 그는 매우 가난했기에 자신이 필요한 약을 살 수 없었고, 실제로 10년 이상 먹을 것과 입을 것을 절약하며 양치기나 돼지치기로 살았다. 끝내 그는 많은 돈을 모아 귀한 약을 사서 먹을 수 있었다. 그는 종종 자신이 갖고 있던 음식으로 어떤 하얀 광물을 데우고, 흰 바위 근처의 산속에서 살았는데, 그 때문에 사람들은 그를 백석선생白石先生이라 불렀다. 그는 고기를 먹고 술을 마신 날에도 하루에 삼사백 리를 여행할 수 있었고, 만나는

* 　(원주) 같은 책, p. 64. [감수자 주: 『포박자』 「내편」 대속對俗 8 일부 인용. 원문: 聞之先師云, 仙人或昇天, 或住地, 要於俱長生, 去留各從其所好耳. (중략), 若後求昇天, 便盡服之. 不死之事已定, 無復奄忽之慮. 復且游地上, 或入名山, 亦何所復憂乎?]

** 　요순시대부터 주나라 초기까지 800여 년을 살았다고 전하는 도교의 전설적 인물.

갈홍의 『신선전』, 사마광의 『태평광기太平廣記』에 등장하는
백석생白石生을 그린 삽화.
왕세정王世貞, 왕운붕汪雲鵬, 『유상열선전전有象列仙全傳』, 1600(명만력28년)

이들에게는 마흔 살이 넘지 않아 보였다. 그는 본래 아침마다 경건히 신을 향해 예를 올리고 정신을 집중하는 수행을 좋아했으며, 또한『태소전太素傳』과 같은 경전 독서를 즐겼다. 한번은 팽조가 "왜 약을 먹고 신선이 되지 않습니까?"라고 묻자, 그는 "하늘이라 해서 이 세상보다 더 즐거울 수 있겠습니까? 그저 늙고 죽지 않게 할 뿐이지요. 하늘에는 높은 신들이 많아 시중들 일이 많고, 오히려 인간 세상보다 더 고달픕니다."라고 답했다.* 그래서 사람들은 "백석 선생은 신선이 되기를 피하는 신선이다."라고 말했다. 그는 신선이 되어 천계의 관직을 얻는 데 관심이 없었고, 지상의 명성을 구하는 것에도 관심이 없었다.**

불사에 대한 중국인들의 생각은 서양과 근본적으로 달랐다. 왜냐하면, 그들은 물질과 정신을 서양처럼 차별적으로 구분하지 않았기 때문이다. 그들은 물질과 정신을 하나의 유기적 연속체로 생각했고, 몸 안에 존재한다고 믿은 혼들이 몸과 분리된 상태로 생명을 지속하리라고 상상할 수 없었으며, 육신은 실과 같이 영혼이라는 구슬을 꿰고 있다고 여겼다. 즉 육체가 없으면 혼은 공중으로 흩어지고, 더는 존재하지 못하게 된다. 신단神丹/엘릭서elixir의 역할은 육신과 영혼을 영원히 결합하게 만드는 일종의 영구적 접착제 역할을 하는 것이었다.*** 갈홍은 '이미 떠난 혼을 다시 불러들여 죽은 자를 되살리는 작은 신단召魂小丹'에 대해 설명하며, "살아 있는 자를 불사로 만드는 '더 위대한 약上藥'이 존재함을 어찌 의심하겠는가?"라고 묻는다.

* 『신선전』「백석생白石生」편 인용. https://ctext.org/shen-xian-zhuan/1/baishi sheng/zh 원문에서 인용한 조지프 니덤의 책은 이 대목을 "하늘의 즐거움이 인간 세상에서 누릴 수 있는 기쁨보다 정말 더 낫다고 할 수 있겠습니까? 만약 이 아래 세상에서 늙지도 않고 죽지도 않고 계속 살 수 있다면, 사람들로부터 가장 큰 존경을 받게 될 것입니다. 하늘에 간다고 과연 더 나은 대접을 받게 될까요?"라고 의역한 듯하다.

** (원주) J. Needham, *SCC*, V, Part 2, p. 107.

*** (원주) 같은 책, p. 92.

소혼소단과 (중략) 오영팔석五英八石*으로 만든 작고도 정묘한 이 약 중에는 얼음을 즉시 녹이는 것도 있고, 물에 넣으면 저절로 떠오르는 것도 있다. 이런 약들은 귀신도 물리치고, 호랑이나 표범도 막아주며, 배 속 장기에 쌓인 종양積이나 결석聚을 부수고, 고황膏肓** 속 두 마리 병마를 쫓아내며, 갑자기 죽은 자도 다시 일으키고, 놀라서 빠져나간 혼도 되돌릴 수 있다. 이것들이 모두 보통 수준의 약인데도 죽은 자를 다시 살릴 수 있으니, 더 위대한 약이라면 어찌 살아 있는 자가 죽지 않도록 막는 일이 불가능하겠는가?***

조지프 니덤 교수가 지적했듯, 죽은 상태에 대한 정의는 3세기까지 그렇게 정교하게 규정되지 않았다. 사람들은 소금 냄새를 맡거나 카페인 주사를 맞는 것을 '소혼신단'이라 묘사했을지도 모른다.

생명의 단약elixir of life을 인간의 지혜로 만들 수 있다는 개념은 기원전 4세기경 중국에서 등장했고, 이는 음양가의 가르침에서 비롯했다. 이 학파의 전설적인 창시자는 추연鄒衍이었다. 그는 중국 최초의 연단술사로 여겨진다. 세월이 흘러가며 기록에 남지 않은 그의 생애는 연단술과 뛰어난 도술을 드러내는 생생한 이야기들로 채워졌고, 이는 그를 헤르메스 트리스메기스투스와 동급의 인물로 격상시켰다. 추연은 황제나 권력을 열망하는 귀족 사이에서 상당한 명성을 누렸다고 전해지는데, 이는 그에게 황제나 귀족 가문의 흥망성쇠를 예측할 수 있는 능력이 있기 때문이었다. 그는 연단술 이론의 초석이 된 음양오행설을 체계적으로 설명한 최초의 철학자 중 하나였다. 후대에는 불사가 되는 방법과 영적 존재를 이용해 금을 만드는 기술에 관

---

* 도교에서 장생불사를 위해 연단술에 사용하는 13가지 귀한 약재. 오영은 진사辰砂, 자단紫丹, 백봉白鳳, 유황 등이며, 팔석은 납, 자석, 비소, 웅황雄黃 등의 광물성 약재를 칭한다.

** 심장과 횡격막 사이를 말하며, 이곳에 병이 생기면 낫기 어렵다고 한다.

*** (원주) 같은 책, pp. 89-90. [감수자 주: 조지프 니덤의 책과 원문에서는 『포박자』「내편」지리至理 3을 인용했다.]

한 저작들이 추연의 작품으로 여겨졌다.*

추연이 죽은 뒤 수백 년간 연단술은 왕자들의 오락거리가 되었고, 몇몇 황제는 외국에서 영약을 구하느라 막대한 경비를 지출하거나 지역을 순회하던 연단술사들을 왕궁 안에 들여 연단술을 하도록 했다. 기원전 144년에는 가짜 금을 만드는 행위가 심각한 사회 문제로 대두되어, 이를 금지하고 위반 시 사형에 처한다는 황제의 칙령이 내려질 정도였다. 그러나 중국의 지배자와 연단술사 들은 서양 연금술사들 못지않게 모험심이 컸기에, 성공 가능성 앞에서는 이런 칙령조차 걸림돌이 되진 않았다.

연단술의 독특한 교리는 음양가의 초기 사상에서 시작해 후일 도교 철학자들이 계승, 발전시켰다. 기원전 5~3세기 사이, 도가道家 사상은 그 당시에 지배적 영향력을 끼친 유가 사상의 대안 철학으로 등장했다. 유학자들에게 인간에 관한 올바른 연구는 곧 인간 자체에 관한 탐구였고, 그 외 모든 것은 무의미했던 반면, 도가 사상가들은 이런 인간과 사회에 대한 유가 사상의 편협한 강조를 거부하며 사회를 자연과 분리해서 이해하기란 불가능하다고 믿었다. 그 결과, 도교는 주술과 과학에 관심을 두게 되었고, 유학자들에게 이런 도교의 모습은 의미 없고 공허한 일로 비쳤다. 기원전 3세기에 순자荀子는 "옳음과 그름, 진실과 거짓, 바른 통치와 그릇된 통치를 구별하는 일이나 인간의 도리와 무관한 것은 모두 타락한 시대의 방탕한 자들이나 탐하는 쓸데없는 공론일 뿐이다."**라고 썼다.

'형체와 허공의 이동'이라든가, '흰색과 단단함의 구분', '동의와 차이의 구별' 같은 것들은 눈과 귀로 파악할 수 없는 문제들이며, 아무리 말재주가 뛰어난 변론가라도 이를 명쾌히 설명할 수 없다. 이런 것

---

* (원주) 같은 책, pp. 232ff. [감수자 주: 추연의 이름을 빌린 위작이다. 그에 관한 역사 기록이나 그가 썼다고 확인된 책은 없다.]

** 이 내용은 글쓴이 또는 조지프 니덤이 『순자』의 「정론正論」, 「비상非相」, 「비십이자非十二子」편 등에 담긴 순자 사상을 재구성해 자신의 의도에 맞게 편집, 의역한 듯하다.

들을 모른다고 성인聖人의 지혜가 없지 않으며, 이를 안다고 소인배가 군자가 되지도 않는다. 이런 지식 없이도 장인은 여전히 훌륭하며, 성인은 그런 것 없이도 나라를 잘 다스릴 수 있다.*

도교 사상가들은 이러한 반과학적 견해에 이의를 제기하며 자연, 즉 도의 도리에 따른 인간 행동의 모범을 구하려 했다.

'도道'는 원래 모든 창조물 속에서 그것들이 행동하고 반응하는 방식을 만들어내는 형체 없고 설명할 수 없는 힘을 뜻했다. 기원전 6세기와 4세기 사이에 노자가 쓴 것으로 알려진 도교 사상의 고전『도덕경道德經』에서는 도를 아래와 같이 설명한다.

실체는 있지만 뒤엉켜 있고, 소리도 없고 형체도 없고, 변함없이 홀로 존재하고, 두루 다니지만 위태롭지 않아 가히 천하의 어머니라 할 수 있는 것, 나는 그 이름을 모른다. 그저 도라고 부른다. 굳이 이름 짓자면 크다고 하겠다. 크기 때문에 서서히 뻗어 나가고, 서서히 뻗어 나가 멀어지고, 멀어지면 되돌아온다. (중략) 사람은 땅을 법으로 삼고, 땅은 하늘을 법으로 삼고, 하늘은 도를 법으로 삼고, 도는 자연을 법으로 삼는다.**

연단술사의 손을 거치면서, 이 고상하고 추상적인 도 개념은 영생

---

* (원주) 같은 책, p. 29. [감수자 주: 이 책에는 해당 내용이 없다. 모두 도가 사상이 아닌 공손룡을 비롯한 명가 사상을 비판하는 구절이다. 첫째는 사물의 개념을 정의하는 것과 실존하는 것에 대한 차이를 철학적으로 따지는 대목이며, 두 번째는 하나의 사물에 두 성질이 공존하거나 사물에 공존하는 속성과 본체를 나눌 수 있느냐에 대한 화두, 마지막은 개념상 같은 것과 다른 것을 논리적으로 구분하려 한 화두다. 도가 사상과는 거리가 있다는 점에 유의하라.]

** (원주) *Tao Te Ching*, a new translation by Gia-Fu Feng and Jane English, London, 1972, chapter 25. [감수자 주:『도덕경』25장. 원문: 有物混成, 先天地生. 寂兮寥兮, 獨立不改, 周行而不殆, 可以為天下母. 吾不知其名, 字之曰道, 強為之名曰大. 大曰逝, 逝曰遠, 遠曰反. (중략) 人法地, 地法天, 天法道, 道法自然.]

을 부여하는 힘을 지닌 식용 물질로 변모했다. 이 놀랄 만한 변질은 종교나 철학에서 종종 일어나는 일의 전형적인 예다. 심오한 진리에 대한 직관에서 유래했던 발상을 시간이 지나면서 직접적이고 구체적인 사실처럼 받아들이게 된 것이다.

『도덕경』에서 논한 도는 이해하기 어려웠을 것이다. 그러나 3세기에 도는 하늘에서 지상으로 내려와, 닥치는 대로 이것저것 습득하던 연단술사들의 손에 닿을 만큼 가까워졌다. 도가 사상가인 장자莊子는 도를 얻은 사람은 불사의 존재라고 말했다.*

> 완전한 도의 정수는 심오하며 신비롭고, 그 광대함은 알 수 없다. 아무것도 보지 말고. 아무것도 듣지 말고, 너의 영혼을 고요하게 감싸라. 그러면 네 몸이 자연스레 바른 형태로 갖춰질 것이다. 완전한 휴식과 순수함을 유지하고, 그곳에 절대적 휴식과 절대적 순수만 있도록 하라. 네 몸을 지치게 하거나 네 생명력을 훼손하지 말라. 그리하면 너는 영생을 얻으리라. 눈으로 아무것도 보지 않고 귀로는 아무것도 듣지 않으며, 마음이 그 어떤 생각도 품지 않게 되면, 영혼은 육신을 지킬 것이며, 결국 영생을 얻을 것이다.**

이 구절을 통해 연단술사들이 도道가 자신들이 오랫동안 추구했던 불멸의 영약이라는 결론을 내리는 것은 아주 쉬운 일이었다.

중국 연단술사들은 도가 무엇으로 이루어졌고 도를 어떻게 인간이 취할 수 있는 형태로 만들 수 있을지 고민했다. 서양 연금술사들처럼 중국인들도 우주가 하나의 원초적 물질에서 비롯했다고 믿었다. 이

---

* 글쓴이는 기원후 3세기로 이야기하나, 장자는 기원전 4세기 인물이다. 글쓴이는 장자의 말을 통해 도가 사상을 연단술이 어떻게 받아들였는지 보여주려는 의도로 이렇게 쓴 듯하다.

** (원주) 다음에서 인용. O. S. Johnson, *A Study of Chinese Alchemy*, Shanghai, 1928, p. 39. https://archive.org/details/sacredbookschin00legggoog/page/n153/mode/2up [감수자 주: 이 내용은 『장자』「내편」의 「인간세人間世」에서 다루는 공자와 안회의 대화 속 좌망座忘과 심재心齋에 대한 내용을 요약 또는 의역한 듯하다.]

물질은 음과 양이라는 두 부분으로 나뉘었다. "하나의 음과 하나의 양, 그것은 도."* 음은 무겁고, 크고, 어둡고 여성적이며 죽음을 나타내는 모든 것을 의미하는 데 반해, 양은 그 반대의 성질들, 정교하고, 가볍고, 뜨겁고 남성적이며 강한 것을 나타냈다. 음양의 원리는 연금술사들의 유황, 수은과 공통점이 많았다.

중국인들은 모든 것이 음과 양의 상호작용으로 창조되었다고 믿었고, 그 시작은 목, 화, 토, 금, 수의 오행이었다. 5는 (4와 3이 서양 연금술사들에게 중요한 수였던 것처럼) 중국 연단술에서 핵심적인 수였다. 다섯 원소 외에도, 중국에는 오위五位, 오방五方, 오색五色, 오석五石,** 오금五金,*** 오미五味, 오취五臭,**** 오음五音, 오성五星,***** 오기五氣,****** 오덕五德,******* 오행五行,******** 다섯 종류의 정부 유형, 오축五畜,******** 오곡五穀,******** 오제五祭,******** 오감五感이 존재한다. 이 모두가 서양 연금술사들이 즐겨 만들어낸 상징적 대응 관계로 상호 연관되었으나, 실제 대응은 달랐다. 예를 들어, 목성은 서양에서는

---

* (원주) *I Ching*(주역), 5th chapter of 5th appendix, quoted in J. Needham, *SCC*, II, p. 277.

** 황석, 흑석, 백석, 적석, 청석 이하 모두 토, 수, 금, 화, 목 순서로 열거.

*** 주석, 철, 금과 은, 구리, 납.

**** 달달한 냄새, 쓴 냄새, 지독한 악취, 구린 냄새, 향기로운 냄새.

***** 화성, 달, 금성, 태양, 목성.

****** 늦여름-초가을, 겨울, 가을, 여름, 봄.

******* 안정/균형/중심, 유연성/보존/회복, 절제/수축/수확, 열정/에너지/변화, 성장/확장/활력.

******** 소, 말, 양, 돼지, 닭.

******** 쌀, 수수, 보리, 기장, 콩.

******** 소고기, 돼지고기, 양고기, 닭고기, 물고기.

******** 『포박자』「내편」 황백黃白 1 일부 인용. 원문: 及其倏忽而易舊體, 改更而為異物者, 千端萬品, 不可勝論. 人之為物, 貴性最靈, 而男女易形, 為鶴為石, 為虎為猿, 為沙為黿, 又不少焉. 至於高山為淵, 深谷為陵, 此亦大物之變化. 變化者, 乃天地之自然, 何為嫌金銀之不可以異物作乎.

주석과 관련지었지만, 중국에서는 납과 관련지었다.*

서양인들과 마찬가지로 중국인들에게도 변성은 생명의 뚜렷한 증거였다. 갈홍은 몇 가지 특이한 예를 아래와 같이 설명한다.

날아다니거나 기어다니는 것은 각각 고유한 형상과 자연의 이치를 따라 만들어졌고, 그 형태는 이미 정해져 있다. 그러나 그들이 갑자기 이전의 형태를 버리고 새롭게 변하는 것은 수천, 수만 가지에 달하며, 이를 다 열거하기란 불가능하다. 사람은 만물 중 가장 뛰어난 본성을 지녔고, 남녀는 그 형태를 쉽게 변화시킬 수 있다. 사람은 학, 돌, 호랑이, 원숭이, 모래나 자라로도 변화할 수 있다. (중략) 변화를 일으키는 것은 바로 하늘과 땅의 도리이자 자연이다. 그렇다면 다른 물질에서 금과 은으로 변화할 수 없다고 의심할 이유는 무엇인가? 예를 들어, 태양으로 얻어낸 불**과, 거울에 맺힌 물은 일반적인 물, 불과 무엇이 다른가? 뱀이 용이 되고, 풀에서 기름이 나오는 것도 자연의 법칙을 따른 것과 다를 바 없다. 이 변화는 모두 자연과 감응해 발생했고, 이 이치와 본성을 깊이 이해하지 못한 사람은 그 끝을 알 수 없으며, 처음과 끝을 모두 통찰할 수 있는 자만이 그 본질을 제대로 파악할 수 있다.***

어떤 물질을 다른 물질로 변성시키려면 서로를 구별하는 특성을 바꿔주어야 했다. 갈홍은 이를 "만물은 하나에서 비롯했으나 다양한 성질을 띠기에 서로 다르게 기능한다."라고 말한다.**** 중국 연단술사들은 음양을 정확한 비율로 혼합해 기저 금속을 금이나 은으로 변성할 수 있다고 믿었다. 유럽이나 이슬람 연금술사들도 물질을 구성

* (원주) J. Needham, *SCC*, II, p. 262-3.
** (원주) *The Nei P'ien*, p. 263. [감수자 주: 볼록렌즈 같은 방식으로 얻어낸 불을 말한다.]
*** 譬諸陽燧所得之火, 方諸所得之水, 與常水火, 豈有別哉? 蛇之成龍, 茅糁為膏, 亦與自生者無異也.
**** (원주) 같은 책, p. IOI. [감수자 주:『포박자』「내편」지리至理 5 일부 인용. 원문: 自天地至於萬物, 無不須氣以生者也.]

하는 원소들의 비율을 바꿈으로써 변성할 수 있다고 여겼다. 중국 연금술사들은 이런 법칙을 인간의 생명 연장에도 적용했다. 불사를 얻으려면 육체의 양기를 강화해 음기와 조화를 이루게 해야 하며, 이 섬세한 작업을 해내는 방법은 여러 가지가 있었다. 갈홍은 "신선이 되고자 한다면, 오직 가장 필요한 것을 얻어야 한다. 이는 정액精液을 비축하고 호흡을 통해 기를 순환시키고 한 가지 중요한 약을 먹는 것이다. 이로써 충분하니, 더 많을 필요는 없다."*라고 조언한다. 비록 갈홍이 이 문장에서는 불로장생이 쉬운 것처럼 말하지만, 그의 다른 글에서는 불사를 얻으려면 얼마나 많은 시도와 고통을 거쳐야 하는 지를 분명히 밝힌다. 서양 연금술사들처럼 그는 자신이 겪었던 시련과 고난을 강조했으며, 연단술이 요구하는 인내심과 순수함에 대해서도 분명히 밝혔다. 그는 "신선의 도는 더디게 이루어지며, 금기시되는 것이 많다. 세상을 초월하려는 뜻과 강력한 재주가 없으면 이를 지켜낼 수 없다."라고 고백한다.**

불멸에 닿기 위한 첫걸음은 올바른 호흡법이었다. 중국 연금술사들은 선현들이 개발한 호흡법을 실천했다. 그들은 호흡을 통해 공기 중 혼백魂魄의 정수에서 양식을 얻고, 이를 몸속에서 키워 신체를 기른다고 믿었다(물론 실제로도 호흡은 신체 유지에 필요하나, 이러한 상상과는 다르다). 기원전 6세기까지 거슬러 올라갈 수 있는 열두 개의 옥조각에 "호흡할 때는 다음과 같이 해야 한다."라는 말로 시작되는 문구가 새겨져 있다.***

* (원주) 같은 책, p. 138. [감수자 주:『포박자』「내편」석체釋滯 2 일부 인용. 원문: 欲求神仙, 唯當得其至要, 至要者在於寶精行炁, 服一大藥便足, 亦不用多也, 然此三事, 復有淺深, 不值明師, 不經勤苦, 亦不可倉卒而盡知也. 雖云行炁, 而行炁有數法焉.]

** (원주) 같은 책, p. 54. [감수자 주:『포박자』「내편」대속對俗 1 일부 인용. 원문: 仙道遲成, 多所禁忌. 自無超世之志, 強力之才, 不能守之.)

*** 해당 유물은『행기옥명行氣玉銘』이며 전국시대 후기(기원전 3~4세기경)에 옥판에 새겨진 비문이다. 서른여섯 자가 새겨져 있다. 출처 https://samim.io/static/upload/image-2.webp

호흡이 깊으면, 기운이 머물고,　　　　　　　行氣深則蓄,

머물면 펼쳐지며, 펼쳐지면 아래로 내려간다.　蓄則伸, 伸則下,

내려가면 안정되고, 안정되면 굳어지며　　　下則定, 定則固,

굳어지면 생명이 움트고, 움트면 자라며,　　固則萌, 萌則長,

자라면 물러나고, 물러나면 하늘로 돌아간다.　長則退, 退則天.

하늘의 기운은 위에서 움직이고,　　　　　　天幾(機)春(動)在上,

땅의 기운은 아래에서 움직인다.　　　　　　地幾(機)春(動)在下.

이를 따르면 살며, 거스르면 죽는다.　　　　順則生, 逆則死.*

갈홍은 부모가 마을에서 도망칠 수밖에 없었던, 네 살 소녀에 대해 믿기 힘든 이야기를 자세히 전한다. 전란을 피해 자주 떠돌다 걷지도 업을 수도 없게 된 딸아이를 어쩔 수 없이 (마을 어귀에 있는 옛 큰 무덤에 뚫려 있던) 깊은 구덩이에 겨우 몇 달 치 음식과 함께 내려보냈다. 3년 뒤, 부모가 고향에 돌아와 그제야 구덩이에 남긴 소녀의 뼈를 추려 묻어주려고 돌아왔으나, 딸은 여전히 무덤 속에 앉아 있었다. 놀란 부모들이 딸에게 어떻게 살아남았냐고 묻자, 소녀는 처음에는 음식이 다 떨어져 매우 배가 고팠지만, 구덩이 한쪽에서 목을 길게 빼고 숨을 쉬는 거북이를 보고는 이를 흉내 내어 호흡했다고 답했다. 그리고 처음에는 아랫배가 아프고 구토를 했지만, 점점 배고픔이 덜했다고 덧붙였다. "이는 거북이가 불사의 방법을 알고 있음을 입증한다. 수행자가 이를 본받으면 거북이처럼 오래 살 수 있다는 증거다."라고 갈홍은 확신에 차서 이 이야기를 전한다.**

　＊　(원주) J. Needham, *SCC*, V, Part 2, pp. 143-4. 서양 연금술사들도 생명의 양식養食이 공기 중에 있다고 믿었다. 비록 그들은 이런 호흡법을 실천하지 않았지만, 그 생명력을 추출해 자신들의 물질 속에 주입하려 했다. 이러한 믿음은 공기에 대한 여러 실험을 시도하게 했고, 18세기에 산소의 발견으로 이어졌다.

＊＊　(원주) *The Nei P'ien*, pp. 57-8. [감수자 주:『포박자』「내편」대속對俗 2-3 인용. 원저자는 문단 안의 옛이야기를 다소 편집했으며, 문단 말미의 갈홍의 주장은 다소 과장되었으나, 맥락상 거북의 장수 방법이 생물학적 특성이 아닌 수행 방식에 의한 것이며, 도를 아는 생물의 삶의 방식을 인간이 체화해 불로

중국인들은 건강한 행성의 기를 빨아들여 신체의 각 장기를 강화할 수 있다고도 믿었다. 갈홍은 이 실행법을 아래와 같이 썼다.

(전략) 봄에는 동쪽을 향해 목성의 푸른 기를 들여보내서 간을 강하게 만들도록 하고, 여름에는 심장으로 화성의 붉은 기를 들여보내라. 각 계절의 마지막 달*에는 토성의 노란 기운을 비장으로 들여보내라. 가을에는 폐를 위해 금성의 흰색 기를, 겨울에는 신장을 위해 수성의 검은 기를 들여보내라.**

또한 수행자는 태식胎息(태아의 호흡)을 본받도록 권유받았다. 이는 코나 입을 사용하지 않고도 어떻게든 호흡해야 한다는 뜻이었다. 물론 이런 호흡은 본질적으로 어려웠지만, 그 노력은 충분히 가치가 있었다. 갈홍은 다음과 같이 언급한다.

그러므로 기를 운행하면 100가지 병을 고칠 수 있고, 역병에 걸려도 무사할 수 있으며, 뱀이나 호랑이를 제압할 수 있고, 상처의 출혈도 멈출 수 있으며, 물속에 머무르거나 물 위를 걸을 수도 있으며, 굶주림이나 갈증을 피할 수 있고, 수명을 연장할 수 있다. 이 모든 것을 가능하게 하는 핵심은 바로 태식이다. 태식에 도달한 자는 마치 자궁 속에 있을 때처럼 코와 입으로 숨을 쉬지 않게 되며, 이로써 도를 이루게 된다.***

장생할 수 있다는 도가적 사고방식을 강조하고자 했던 것으로 보인다.]

* 정확히는 각 계절이 바뀌는 환절기 기간을 말한다.

** (원주) 같은 책, pp. 246. [감수자 주:『포박자』「내편」잡응雜應 1 일부 인용. 원문: 或春向東食歲星靑氣, 使入肝; 夏服熒惑赤氣, 使入心; 四季之月食鎭星黃氣, 使入脾; 秋食太白白氣, 使入肺; 冬服辰星黑氣, 使入腎.]

*** (원주) 같은 책, pp. 138-9. [감수자 주:『포박자』「내편」석체釋滯 2 일부 인용. 원문: 故行炁或可以治百病, 或可以入瘟疫, 或可以禁蛇虎, 或可以止瘡血, 或可以居水中, 或可以行水上, 或可以辟飢渴, 或可以延年命. 其大要者, 胎息而已. 得胎息者, 能不以鼻口噓吸, 如在胞胎之中, 則道成矣.]

재주 많은 친척 어른 덕분에 갈홍은 이 태식 호흡법의 이점을 알게 되었다고 한다.

나는 종조부인 선공仙公을 모셨는데, 그분은 술에 크게 취했을 때나 여름 무더위가 극심할 때마다 깊은 연못 밑으로 들어가 하루쯤 지나야 나오시곤 하셨다. 이는 그분께서 기를 막고 태식을 할 수 있었기 때문이다.*

갈홍은 태식 호흡의 구체적 방법을 아래와 같이 흥미롭고 자세히 설명한다.

처음 기의 운행법을 배울 때는 먼저 코로 기를 깊이 들이마신 뒤 숨을 멈추고, 속으로 숫자를 세어 120에 이르면 입으로 아주 약하게 내쉰다. 들이마실 때나 내쉴 때 모두 기가 드나드는 소리를 스스로 귀로 듣지 않도록 해야 하며, 항상 들이마시는 양이 내쉬는 양보다 많아야 한다. 기운을 조절하는 기준으로는, 기를 내쉴 때 코와 입 위에 놓인 깃털이 움직이지 않을 정도가 되어야 한다. 점차 익숙해지면 속으로 세는 숫자를 늘려 오래도록 수련할 수 있으며, 마침내 천까지 셀 수 있게 되면 노쇠한 사람도 하루하루 다시 젊어지게 된다.**

갈홍의 말을 따른 사람들은 질식 관련 모든 증상(귀가 윙윙거리고, 현기증이 나고, 땀이 나는 등)을 경험했을 것이나, 그들은 이런 신체적 고통의 징후를 불사의 길에 있는 이정표로 잘못 해석했을 것이다.

*　(원주) 같은 책, pp. 140. [감수자 주: 『포박자』「내편」석체釋滯 2 일부 인용. 원문: 予從祖仙公, 每大醉及夏天盛熱, 輒入深淵之底, 一日許乃出者, 正以能閉炁胎息故耳.]

**　(원주) 같은 책, pp. 139. [감수자 주: 『포박자』「내편」석체釋滯 2 일부 인용. 원문: 初學行炁, 鼻中引炁而閉之, 陰以心數至一百二十, 乃以口微吐之, 及引之, 皆不欲令己耳聞其炁出入之聲, 常令入多出少, 以鴻毛著鼻口之上, 吐炁而鴻毛不動為候也. 漸習轉增其心數, 久久可以至千, 至千則老者更少, 日還一日矣.]

올바른 호흡법은 죽음을 막는 또 다른 운동, 정액精液을 보존하는 행위와도 관계있다. 갈홍은 "음양의 이치를 알지 못하고 자주 몸을 혹사하면, 기를 운용하는 데 힘을 얻기가 어려워지기 때문이다."라고 경고했다.* 옛사람들에게 정액을 보존하면 장수할 수 있다는 믿음의 논리는 흠잡을 수 없이 완벽해 보였다. 정액은 곧 생명이므로, 낭비하지 말고 지켜야 한다는 말이었다. 그렇다고 해서 불로장수를 추구하는 사람이 성행위를 완전히 삼가야 한다는 뜻은 아니었고, 다만 올바른 방식으로 해야 한다는 의미였다. 이에 대해 갈홍은 "방중술은 (중략) 그 핵심은 바로 정精을 되돌려 뇌를 보양하는 데 있다."**라고 말한다. 그런데 이는 갈홍의 말처럼 쉬운 것은 아니었다. 그는 같은 구절에서 "나 역시 방중술에 관한 모든 요령을 완전히 터득하지는 못했다."라고 솔직히 고백한다. 성행위는 음양의 우주적 원리로 이해되었고 그렇기에 단순한 쾌락이 아니라 서로 기운을 보양하고 조화롭게 만드는 데 목적이 있었다. 여성의 오르가슴은 양기를 강하게 만들기에 관계 시간은 가능한 한 긴 편이 바람직하다고 여겨졌고, 상대를 여럿 두는 것도 이상적으로 간주했으나, 갈홍이 지적하듯 도교 수행자들은 계절, 달의 모양, 날씨, 별자리 등과 관련한 수많은 규칙과 제약 탓에, 실제로 자신들이 설파하는 방중술을 실천할 기회가 그리 많지 않았다.*** 2~7세기 사이에 그들은 성교와 관련한 공적 의식을 거행할 상서로운 날을 잡을 수 있었으나, 불교나 유교 측에서 이를 난잡한 행위로 몰아서 결국 이런 의식을 끝내버렸다.****

* (원주) 같은 책, pp. 105. [감수자 주:『포박자』「내편」지리至理 5 일부 인용. 원문: 不知陰陽之術, 屢為勞損, 則行氣難得力也.]

** (원주) 같은 책, pp. 141. [감수자 주:『포박자』「내편」석체釋滯 2 일부 인용. 원문: 房中之法十餘家, 或以補救傷損, 或以攻治衆病, 或以採陰益陽, 或以增年延壽, 其大要在於還精補腦之一事耳.]

*** (원주) 같은 책, p. 123. [감수자 주: "방중술을 제대로 안다면, 여성은 많을수록 좋으나, 만약 이를 제대로 알지 못하고 함부로 행한다면, 한두 명만으로도 죽음을 재촉할 것이다."『포박자』「내편」미지微旨 9 일부 인용. 원문: 大都知其要法, 禦女多多益善, 如不知其道而用之, 一兩人足以速死耳.]

**** (원주) J. Needham, *SCC*, II, p. 149.

도교 수행자들이 정액을 보존하려 했던 물리적 방법의 하나로 사정 직전에 음낭과 항문 아래 요도에 압박을 가하는 것이 있다. 이로써 정액은 방광으로 되돌아갔지만, 도교 수행자들은 이 사실을 몰랐고, 그저 정액이 척추를 따라 몸을 거쳐 뇌로 돌아간다고 생각했다.*

또 다른 수명 연장법은 '태양 빛을 입는 방법'이었다. 남자 수행자는 붉은색이나 초록색 종이에 적힌 특별한 문자를 손에 들고 햇빛에 자기 몸을 노출했다. 반대로 여자 수행자는 노란 종이에 검은색으로 '달月'을 써서 들고는 달빛 아래 자기 몸을 노출했다. 또한, 도인들은 다양한 체조 방식도 수련했는데, 이는 몸을 늘리고 오므리는 동작을 포함했다. 이런 운동법은 고대의 의학적 신념(고대 그리스인들도 이를 믿었다)에 근거했는데, 그것은 바로 "몸의 기공氣孔이 막히면 병이 생긴다."라는 믿음이었다. 기공을 막히지 않도록 하려는 초기의 노력이 오늘날 쿵푸의 기원이 되었다.**

중국 연단술사들도 오래 사는 방법으로 식이요법에 큰 관심을 기울였다. 그들의 목적은 양기를 조절해 신체를 정제精製하는 데 있었다. 한 통찰력 있는 도인은 "세 살 된 수탉의 볏에서 나온 피를 마시면 양기의 정수가 충분히 채워질 것이다."***라고 조언한다.**** 거북이 탕은 강장 효과가 뛰어나고 양기가 가득하다고 여겼는데, 이는 거북이들이 부러울 만큼 장수하기 때문이었다. 전분은 끈적끈적하기에 몸에 해롭다고 여겼고, 장을 깨끗하게 유지하려는 도교의 이상을

---

*　(원주) 같은 책, 같은 쪽.

**　(원주) J. Needham, *SCC*, II, pp. 145ff. [감수자 주: 이에 더해 본래 중국 무술이 무기를 다루는 기술을 기본으로 했으나, 청대에 이르러 개인의 무기 소지가 어려워진 것도 현대 쿵푸에 영향을 미쳤다.]

***　(원주) 다음에서 인용. O. S. Johnson, *A Study of Chinese Alchemy*, p. 61. [감수자 주: 해당 내용은 명나라의 이시진이 집필한『본초강목』48권「금지이 禽之二」편의 닭鷄 항목이 출전이다. 원문: 時珍曰, 鷄冠血, 用, 三年老雄, 者取陽氣充… (후략) https://jsg.aks.ac.kr/viewer/viewIMok?dataId=K3-341%7C007#node? depth=2&upPath=001&dataId=001]

****　이시진은 도인도, 연단술사도 아니고 본초학자이자 의사였다. 글쓴이의 오류.

달성하려면 반드시 피해야 했다. 쌀을 주식으로 삼는 중국에서 전분을 끊는 일은 생활에 많은 불편을 초래했지만, 연단술사들은 이런 희생이 자신들에게 탁월한 힘을 가져다주리라 믿었다. 갈홍은 아래와 같이 설명한다.

곡기를 끊고도 살아가는 법, 귀신을 쫓고 온갖 독을 막는 법. 산에 들어가면 맹수가 해하지 못하고, 강을 건널 때도 용이 해하지 못하며, 전염병이 퍼져도 두려워할 것이 없다. 위급할 때 몸을 숨기는 법, 이 모든 것은 작고 사소해 보일 수 있지만, 반드시 알아둬야 할 기술들이다.[*]

중국 연단술사들이 따랐던 다양한 육체적 방법이나 식이요법은 인간을 불사의 존재로 만들기에 충분하지 않았다. 그것들은 다만 인간의 수명을 늘려줄 뿐이었고, 연단술사들에게는 신선이 되는 영약을 완성할 수 있는 더 많은 시간을 벌어줄 뿐이었다. 광물이나 금속은 일반적으로 단약 제조 작업을 시작하기에 가장 유망한 원료로 여겨졌으나, 연단술사들은 이에 얽매이지 않았고 거의 모든 물질로 실험한 듯하다. 이에 대해 갈홍은 신랄하게 비판하며, 경멸하듯 "세상 사람들은 신단을 만들지 않고, 도리어 초목으로 만드는 약을 굳게 믿는다. 그것들은 땅에 묻히면 시들어버리고, 요리하면 흐물거리며, 불에 구우면 재가 되기 마련이다. 그런 것들은 자기 자신조차 온전히 보존하지 못하는데, 어떻게 다른 생명을 살릴 수 있겠는가?"[**]라고 말한다. 그러나 갈홍은 연금술사들이 간단한 채소들로 적당한 결과를 얻을 수 있다는 점은 인정했다.

[*] (원주) *The Nei P'ien*, pp. 114-15. [감수자 주: 『포박자』 「내편」 미지微旨 4, 일부 인용. 원문: 是以斷穀辟兵, 厭劾鬼魅, 禁禦百毒, 治救衆疾, 入山則使猛獸不犯, 涉水則令蛟龍不害, 經瘟疫則不畏, 遇急難則隱形, 此皆小事, 而不可不知 (후략)]

[**] (원주) 같은 책, p. 76. [감수자 주: 『포박자』 「내편」 금단金丹 3 일부 인용. 원문: 世人不合神丹, 反信草木之藥. 草木之藥, 埋之即腐, 煮之即爛, 燒之即焦, 不能自生, 何能生人乎?]

임자명林子明은 11년간 엉겅퀴薊를 먹었는데, 그 결과로 그의 귀는 5촌寸(약 15센티미터) 정도로 길어지고, 몸은 날 수 있을 정도로 가벼워졌다. 그는 2장丈(약 6미터)에 달하는 골짜기도 뛰어넘을 수 있었다. 두자미杜子微는 천문동天門冬을 먹고 80명의 첩을 거느리며 130명의 자식을 두었으며, 하루에 300리를 걸었다. 임자계任子季는 복령茯苓을 18년간 먹었고, 선인仙人과 옥녀玉女가 그를 찾아와 따르게 되었으며, 몸을 숨기거나 다시 드러내기도 했고, 다시는 곡식을 먹지 않았으며, 뜸 자국灸瘢이 모두 사라지고 얼굴과 몸에 옥 같은 광채가 났다.*

불멸의 약, 단약의 가장 중요한 두 가지 성분은 진사辰砂(적색 황화수은)와 금이었다. 갈홍은 이를 아래와 같이 설명한다.

> (전략) 그 수는 수천에 이를 것이나, 그들 중 환단還丹(진사를 수은으로 바꿔 재정련한 것)과 음금飲金(마실 수 있는 금)을 핵심으로 여기지 않은 이는 하나도 없었다. 이 둘은 신선神仙의 도의 극치일 것이다. 만약 이것들을 취하고도 신선이 되지 못한다면, 옛날부터 세상에 신선이라는 존재는 없었던 셈이다.**

직접 물건을 만지고, 불에 굽고, 섞어보고, 결과를 눈으로 확인한 경험을 바탕으로, 중국인들은 서양 연금술사들과 마찬가지로 금의 영속성과 인간이 바라는 불사 사이의 유사성을 빠르게 간파했다. 8세기경 활동했다고 알려진 장은거張隱居는 아래와 같이 썼다.

> 황금은 태양의 정수로, 모든 약 중 으뜸이다. 이를 복용하면 정신이 신령하게 통하고, 몸이 가벼워지며, (중략) 그러나 금에는 독성이 있다.

---

*　(원주) 같은 책, p. 196. [감수자 주:『포박자』「내편」선약仙藥 20 중반 이후 인용. 원문 https://ctext.org/baopuzi/xian-yao/zh]

**　(원주) 같은 책, p. 68. [감수자 주:『포박자』「내편」금단金丹 1 일부 인용. 본문: 余考覽養性之書, 鳩集久視之方, 曾所披涉篇卷, 以千計矣, 莫不皆以還丹金液為大要者焉. 然則此二事, 蓋仙道之極也. 服此而不仙, 則古來無仙矣.]

(중략) 만일 자연 상태의 금을 가루로 만들어 먹게 되면, 뼈와 골수가 상해 죽음에 이른다. (중략) 옛사람이 말하길 (중략) 금은 본래 단단하기에 가열해도 갈라지거나 물러지지 않으며, 땅에 묻어도 썩지 않고, 불 속에 넣어도 타지 않는다. 그러므로 금은 사람을 살릴 수 있는 것이다. 약으로 만든 금을 복용하면 피부에 주름이 생기지 않고, 머리카락이 세지 않으며, 음양의 기운이 바뀌지 않고, 귀신에게 방해받지 않는다. 그러므로 수명이 끝이 없어진다. (중략) 금은 반드시 연단술黃白術의 묘리를 통해야만 먹을 수 있으며, 함부로 쓰면 하늘의 진노를 받는다.*

연단술사들은 자신들이 만든 금이 자연의 금보다도 더 우수하다고 믿었다는 점을 기억할 필요가 있다. 이런 그들의 태도는 왜 진짜 금과 가짜 금을 구분하는 신뢰할 만한 방법이 확립된 후에도 그들이 수천 년간 변성을 굳게 믿을 수 있었는지를 설명해준다. 그들에게는 금이 여러 가지 시험을 통과하는 게 중요하지 않았다. 자신들의 금이 더 뛰어나다고 믿었기 때문에, 오히려 기존의 금과 당연히 다르게 나와야 한다고 여겼다.

갈홍은 금으로 단약을 만드는 조제법 몇 가지를 전하고 있다. 그중 가장 별나면서도 효과적인 방법이 '양의자의 녹은 금을 갉아먹는 법'이다.

돼지가죽과 돼지기름 3근, 진하고 쓴 술 1말을 준비한다. 황금 5냥을 그릇에 넣고 함께 달인 뒤 불에서 꺼내어 황금을 돼지기름에 넣고 백 번 넣었다 빼는 과정을 반복하고, 쓴 술도 똑같은 과정을 거치게 한다. 이 황금 1근을 먹으면, 천지가 끝날 때까지 살 수 있고, 반 근을 먹으면 2천 년을 살 수 있으며, 5냥을 먹으면 1200년을 산다. 조금이라도 먹기만 하면 된다. 반드시 '왕상일王相日'**에 이 약을 만들어야 신묘

* (원주) J. Needham, *SCC*, V, Part 3, p. 144. [감수자 주: 『장진인금석영사론張眞人金石靈砂論』, 「황금편黃金篇」.]

** 왕일王日과 상일相日. 왕일은 사계절 중 정왕正王의 날로, 사방의 중심에

하고 뛰어난 효과가 있다. 절대로 다른 사람에게 전하지 말라, 전하면 약이 만들어지지 않거나, 만들어져도 효과가 없다.*

인도나 서양 연금술사들도 먹거나 마실 수 있는 금을 찾고자 이상한 음식과 음료를 여럿 만들었다. 서양 연금술사들은 모세가 금송아지를 갈아 물에 섞어 이스라엘 백성에게 억지로 마시게 한 장면(「출애굽기」 32장 20절)을 근거로, 모세가 금으로 엘릭서를 만든 최초의 인물이라고 확신했다.** 이를 전례로 삼아, 그들은 마실 수 있는 금을 만드는 수많은 레시피를 연구했고, 그중 하나가 금 조각을 넣어 마시는 술 골트바서Goldwasser***다. 이 술에는 작은 금 조각들이 둥둥 떠 있으며, 그 효능은 오늘날 그것을 가볍게 음미하는 사람의 상상을 훨씬 뛰어넘는 것으로 여겨졌다.

위백양魏伯陽의 『주역참동계周易參同契』는 초기의 연단술에 매우 큰 영향을 끼친 책으로, 금을 먹으면 생기는 기적적인 생리 효과를 자세히 설명했다.

검은 참깨巨勝조차도 수명을 늘리는데, 환단還丹을 어찌 입에 넣지 않겠는가?
금은 그 성질이 썩거나 부패하지 않으니, 만물 중 가장 귀한 보물이라 한다.

있고, 제왕의 상징으로 여겨진다. 봄: 인일寅日, 여름: 사일巳日, 가을: 신일申日, 겨울: 해일亥日. 상일은 재상의 날로, 각 계절의 왕일에서 파생된다. 봄: 사일巳日, 여름: 신일申日, 가을: 해일亥日, 겨울: 인일寅日.

* (원주) *The Nei P'ien*, p. 198. [감수자 주:『포박자』「내편」선약仙藥 32 전문 인용. 원문 https://ctext.org/baopuzi/xian-yao/zh]

** (원주) Other works attributed to Moses were 'The Domestic Chemistry of Moses the Prophet' and 'The Fermentation Technique of Moses' (M. Berthelot, *Collections des Anciens Alchimistes Grecs*, Paris, 1887-8, 3 vols.).

*** 폴란드의 유명한 술. 16세기의 네덜란드 이민자 암브로시우스 페르묄런 Ambrosius Vermeulen이 만들었다. 강한 허브 맛이 특징으로 허브 20여 종, 향신료와 금 조각 23캐럿 등의 재료로 만든다.

연단술사가 이를 먹으면, 수명을 얻고 오래 살 수 있다.

흙은 네 계절을 두루 순환하며, 그 경계를 지키고 법도를 따르도다.

금사金砂(금의 정수)가 오장육부에 들어가면, 안개가 바람과 비에 흩어지듯 병이 사라지고,

그 기운이 사지를 적셔 퍼지며, 안색이 기쁨과 윤기로 빛난다.

하얗게 센 머리카락은 모두 다시 검어지고, 빠졌던 이빨도 원래 자리에서 다시 돋아난다.

노인은 다시 청년의 기상을 되찾고, 할머니도 다시 처녀가 된다.

몸이 바뀌어 세속의 재앙을 벗어나니, 이를 진인眞人이라 부른다.*

위백양이 단약을 복용해 놀라운 성공을 거두었다는 이야기는『신선전神仙傳』에 실려 있는데, 이 기록을 보면 그는 단약의 효과를 직접 체험하고 말했음을 알 수 있다. 그는 충직한 흰 개와 제자 셋을 데리고 산속으로 들어갔는데, 이때 그는 제자들의 믿음을 시험하려 했다. 약이 완성되자 그는 "금단을 만들었으나 먼저 시험하는 것이 좋겠다. 이 흰 개에게 먼저 먹이자. 개가 살아날 뿐만 아니라 하늘로 날아오르면 사람이 복용해도 안전할 것이다. 하지만 개가 죽는다면 먹어서는 안 된다."라고 말하며, 개에게 약을 먹였고, 곧바로 개는 죽어버렸다. 그러자 위백양은 "아직 약이 완전히 정제되지 않은 듯하구나. 지금 우리가 먹으면 개와 같은 운명이 될 수도 있겠다. 어찌해야겠느냐?"라며 조용히 말했다. 그러자 제자 하나가 떨리는 목소리로 "아니 스승님, 스승님께서는 이걸 드시려는 겁니까?"라고 묻자, 위백양은 "나는 세속을 버리고 가족과 친구를 떠난 사람이다. 만약 신선의 도를 얻지 못하고 다시 세상으로 돌아간다면 난 너무 창피할 테니 단약을 먹고 죽는 편이 사는 것보다는 낫겠지. 나는 먹겠네."라고 말하며

* (원주) J. Needham, *SCC*, V, Part 3, p. 72. [감수자 주: 위백양,『주역참동계周易參同契』11장「이토전공二土全功」중후반부 인용. 원문: 亘勝尚延年, 還丹可入口. 金性不敗朽, 故爲萬物寶° 術士伏食之, 壽命得長久. 土遊於四季, 守界定規矩. 金砂入五內, 霧散若風雨. 熏蒸達四肢, 顏色悅澤好° 髮白皆變黑, 齒落生舊所. 老翁復丁壯, 耆嫗成咤女. 改形免世厄, 號之曰眞人.]

위백양과 그의 제자 우.
『중국의 과학과 문명*Science and Civilisation in China*』
제5권 2부Vol. 5 Part 2, p. 342

약을 입에 넣자마자 곧바로 쓰러져 죽었다. 이를 본 충직한 제자 우虞는 "우리 스승은 보통 분이 아니시니, 이리한 데는 분명 뜻이 있으셨을걸세."라고 말하며, 그 또한 약을 먹고 죽어버렸다. 남은 두 제자는 질겁하며 "우리는 불사를 얻으려고 단약을 만들었다. 그런데 이 약은 오히려 죽음을 가져왔다. 이럴 바에야 차라리 안 먹고 이승에서 수십 년 더 사는 편이 낫겠다."라고 말한 뒤 약을 먹지 않고 서둘러 산을 내려가 스승과 동료의 장례를 준비하려 관을 사러 갔다. 그러나 그들이 떠난 뒤에, 위백양은 다시 일어났다. 사실 약에는 불순물이 조금 남아 있었고, 그 때문에 잠시 가사 상태에 빠졌을 뿐이었다. 그는 완전히 정제된 금단을 죽은 제자와 개의 입에 넣었고, 그들은 곧장 살아났다. 이 셋은 함께 신선이 되어 사라졌다. 위백양은 산길에서 나무꾼을 만나자 그를 통해 두 제자에게 감사 편지를 보냈다. 그 편지를 받은 두 제자는 깊은 후회에 사로잡혔다. 이 이야기는 믿음과 신뢰 없이는 누구도 단약을 얻지 못하리라는 연단술의 핵심 교훈을 전한다.*

연단술사들은 금과 마찬가지로 주사朱砂 또한 단약의 주요 성분으로 높이 평가했다. 주사는 갈홍이 만든 소신단小神丹의 주재료이며, 그 효과는 금과 완전히 같다고 여겨졌다.

주사 3근과 흰 꿀 6근을 잘 저어 섞은 뒤, 햇볕에 말리며 달여서 환丸을 만들도록 한다. 아침마다 마자麻子(참깨나 대마 같은 식물의 씨앗)만 한 환을 10알씩 복용한다. (이렇게 복용한 지) 1년이 채 안 되어 흰머리가 검어지고, 빠진 이도 다시 나며, 몸이 원기를 회복하게 될 것이다. 이 약을 오래 먹으면 늙은이가 소년이 되고, 영원히 죽지 않고 오래 살게 된다.**

* (원주) J. Needham, *SCC*, V, Part 2, p. 295. [감수자 주: 갈홍, 『신선전』 「위백양편」. https://ctext.org/shen-xian-zhuan/2/weiboyang/zh]

** (원주) *The Nei P'ien*, p. 95. [감수자 주: 『포박자』, 「금단金丹편」 49. 원문: 小神丹方, 用真丹三斤, 白蜜六斤攪合, 日暴煎之令可丸, 旦服如麻子許十丸, 未一年, 發白者黑, 齒落者生, 身體潤澤, 長服之, 老翁成少年, 長生不死矣.]

주사는 단약의 이상적인 재료로 여겨졌는데, 그 이유는 붉은색이기에 피와 생명이 있다고 여겨졌으며 황화수은이기에 변화를 거쳐 수은으로 다시 변성할 수 있었기 때문이었다. 선사시대의 인류는 시신을 붉게 칠해 이승의 생명을 저승에까지 이어가고자 기원했다. 기원전 6세기에 조성된 중국의 무덤들에서도, 당대인들은 매장된 시신과 청동상을 주홍색vermilion으로 칠했고, 그 주위에는 엄청난 양의 주사를 뿌려두었다. 중국에서 연단술이 생기던 시대에 붉은색은 황실을 상징했다. 황제의 옷, 수레, 궁전, 깃발, 관棺 등을 붉은색으로 칠했고, 붉은색 먹은 중요 국가 문서와 주술적인 글에만 쓰였다. 이런 문화적 연관성은 연단술에서 붉은색, 즉 주사의 중요성을 설명한다.*
서양에서도 붉은색은 생명이나 왕족과 관계있었다. 연단술에서와 동일하게 연금술에서도 붉은색은 가장 중요한 색이었다.

연단술사들이 실제로 실험실에서 한 일에 대한 초기 기록으로 위백양의 『주역참동계』가 있다. 이 책에는 다음의 문구가 나온다.

금을 제방으로 삼아 물(이하 수은)이 빠져나가지 않게 하면 수은은 그 안에서 자유롭게 노닐 수 있다. 금의 분량은 열다섯이며, 수은의 양도 그와 같다. 화로에 올리기 전에 무게를 정확히 정하되, 수은은 본래 양보다 절반 정도 더 많이 넣어야 한다. 이 둘을 진짜(단약)로 삼으면, 금은 처음과 같아 무게가 변하지 않는다. 그 흙은 더 흩어지지 않으며, 두 물질이 함께 이 흙과 결합한다. 세 가지 물질이 서로를 포용하고 받아들여 변화하는 모습은 마치 신과 같다. 아래에는 태양의 기운이 자리 잡고 있어, 잠시 가열하면 증기가 피어오른다. 먼저는 액체가 되었다가 그 뒤에 굳어지니, 이를 '황색 수레黃輿'라 한다. 세월이 지나고, 해와 달이 기울면 이것의 본래 성질은 생명을 다해 형태가 파괴된다. 형체는 재와 흙이 되어 밝은 창가의 먼지처럼 가루가 된다.

이를 찧고 다듬어 섞은 뒤, 붉게 달아오른 화로에 넣고 틈새를 단단히 봉해 새지 않게 한다. 불길이 아래에서 타오르면, 용과 호랑이 소리

* (원주) J. Needham, *SCC*, V, Part 3, pp. 5ff.

가 힘차게 울려 퍼질 것이다. 처음에는 약하게 가열하되, 점차 강도를 높여 화력을 최고로 높여야 마침내 완성된다. 이를 매우 신중히 살펴야 하며, 온도를 세밀히 조절해야 한다. 하루 열두 시진(24시간)을 이같이 하되, 각 시진의 끝마다 친히 살펴야 한다. 화기를 낮추려 할 즈음이 되면 기운이 다하고 생명이 끊어지며, 육체는 죽고 혼백도 사라진다. 이후 색이 변해 보라색이 되고, 드디어 단丹으로 다시 태어난다. 가루를 덜어 하나의 환약丸藥으로 만들면, 한 도규刀圭*만 먹어도 신묘한 효과를 낸다.**

아무도 아직은, 어쩌면 영원히 위백양이 어떤 과정을 설명하려고 했는지 정확히 알지 못한다. 니덤 교수는 아마도 수은을 금 또는 납과 섞어 아말감을 만드는 법이나 금의 회분법灰分法, Cupellation***을 설명한 구절로 해석한다. 위백양이 쓰는 용어가 애매하거나 특이한데도 그가 변성에 대해 이해한 기본 지식은 서양 연금술과 상당히 닮았다. 그는 반응 용기에 담은 물질을 두고 육체와 영혼을 지닌, 살아 있는 존재라 했고, 변성을 위해 먼저 '죽음'의 과정을 거쳐야 한다고 믿었다. 그는 연금술사들만큼이나 연금로의 불 조절에 관심을 기울였고, 불의 세기가 최고에 이를 때까지 단계적으로 서서히 올려야 한다는 사실도 동일하게 언급했다. 또한, 위백양은 작업의 각 단계를 진행하면서 주의를 기울여야 한다고 경고했는데, 이는 천기天氣가 때에 따라 변하기 때문이다. 그가 스스로 "여러 차례 정제해서 변성된 단약"의 완성을 확인할 수 있는 징표가 바로 보라색紫이었으며, 이는

---

* 고대 중국에서 약의 용량을 측정하거나 가루약을 뜰 때 사용하던 도구. 끝이 뾰족하고 가운데가 오목한 것이 특징이다. 대략 0.2~0.1그램을 말한다. https://herba.kr/boncho/?m=view&t=dict&id=15134

** (원주) 같은 책, p. 73. [감수자 주: 『주역참동계』 14장 「금단도규金丹刀圭」. 원문 https://zh.wikisource.org/wiki/%E5%91%A8%E6%98%93%E5%8F%83%E5%90%8C%E5%A5%91/14%E7%AB%A0]

*** 금의 순도를 정확하게 측정하는 전통 방식. 산화마그네슘 또는 압축한 뼛가루로 만든 도가니에 무게를 잰 시료를 넣고 가열하는 방법이다.

연금술에서도 마지막 단계(적화Rubedo)를 상징한다.

그 후 몇백 년 동안 『참동계』만큼 실험적 연단술사(이하 외단外丹학)나 이후에 나타난 생리학적 연단술사(이하 내단內丹학)가 깊이 연구한 문헌은 없었다. 내단학을 따르는 연단술사들은 연단술을 실험실 밖으로 끌어내어, 자기 몸과 마음 안에서 일어나는 변화를 다루는 방식으로 접근했다. 여러 면으로 이는 불행한 일이기도 했는데, 위백양은 연단술 용어를 처음 만들어낸 인물이자, 후대의 연단술사들이 그의 문체를 따르게 되었기 때문이다. 그의 글은 지나치게 간결해 난해하기까지 하고, 낱말들이 서로 모순되는 함축으로 가득하며, 다른 연단술사들처럼 은유, 동의어, 암호 같은 표현을 즐겨 썼다. 이런 표현법은 그가 자신의 책을 이렇게 자평한 것과도 맞닿아 있다. "천 번 읽으면 조금씩 뜻이 보이고, 만 번 읽으면 또 다른 의미가 드러난다. 결국엔 계시처럼 깨달음이 찾아올 것이다."*

내용 자체가 이미 꽤나 난해하지만, 위백양은 굳이 "도를 즐기는 자는 그 근본을 찾는다. 그들은 오행을 면밀히 살펴 재료의 무게를 정한다. 깊이 사유하되, 토론할 필요는 없다. 깊이 감추고 지켜야 하며, 이 지식을 글로 전해서는 안 된다."**라며 비밀을 지켜야 한다고 조언한다. 비밀주의는 연금술에서와 마찬가지로 연단술에서도 중요 요소였고, 과학 탐구의 자유로운 정신에 대한 효과적 억제책이기도 했다. 갈홍은 이에 대해 "하늘과 땅의 가장 큰 덕은 생명을 낳는 것이며, 생명은 만물을 사랑하는 것이다. 그러므로 도가에서 가장 비밀스럽고 무겁게 여기는 것은 장생의 방법보다 더한 것이 없다. 이는 피의 맹세를 통해서만 전해지며, 자격 없는 자에게 전하면 천벌이 내릴 것이다."***라고 말한다.

---

*　(원주) 같은 책, p. 57.

**　(원주) 같은 책, p. 74. [감수자 주: 『주역참동계』 33장 「정기묘용鼎器妙用」 일부. 원문: 樂道者, 尋其根. 審五行, 定銖分. 諦思之, 不須論. 深藏守, 莫傳文.]

***　(원주) *The Nei P'ien*, p. 226. [감수자 주: 『포박자』 「내편」 근구勤求 1. 원문: 天地之大德曰生, 生好物者也. 是以道家之所至秘而重者, 莫過乎長生之方

연단술사들의 모호한 표현을 받아들인 매표梅彪*는 806년에 『석약이아石藥爾雅』를 편찬했다. 800년 뒤인 1612년에 유럽에서도 마르틴 룰란트Martin Rulandt**가 비슷한 작업을 한 끝에 『연금술 사전Lexicon Alchemiae』을 써서 연금술사들에게 아주 유용한 도움을 주었다. 매표가 작성한 수은의 동의어를 보면, 연단술사들이 자신들의 작업에 대해 얼마나 풍부한 상상력을 지녔는지를 알 수 있다.

수은水銀은 다음과 같은 이름들로도 불린다. 수은汞, 납의 정수鉛精, 신령한 접착제神膠, 아름다운 여자姹女, 근원의 물元水, 밝은 아들子明, 흐르는 진주流珠, 근원의 진주元珠, 태음의 흐르는 진주太陰流珠, 백호의 뇌白虎腦, 장생의 아이長生子, 근원의 밝음元明, 용의 진액龍膏, 양의 밝은 아들陽明子, 강 위의 아름다운 여자河上姹女, 하늘이 낳은 것天生, 근원의 여성元女, 청룡靑龍, 신의 물神水, 태양太陽, 붉은 수은赤汞, 모래 수은砂汞.***

이처럼 상당한 분량을 수록했음에도 매표는 연금술서에서 수은을 나타낸 표현을 모두 담지 못했다.****

위백양의 영향을 받은 사람 중에 중국의 위대한 시인 백거이白居易가 있다. 지인이자 도사인 곽허주郭盧舟가 그에게 위백양의 『참동계』를 빌려줬는데, 그는 이 책에 매료되어 개인 작업장을 꾸미고 단약을 만들려 했다. 어느 시에서 그는 결국 불행하게도 실패로 끝난 자신의 실험을 이렇게 묘사했다.

也. 故血盟乃傳, 傳非其人, 戒在天罰.]

* 생몰 불명, 당나라 연단가. 유교 13경의 하나인 『이아爾雅』의 문체를 본떠 연단술 관련 용어 및 서적들을 취합한 책을 썼다.

** 16~17세기 독일의 의사, 연금술사. 연금술 사전은 A. E. 웨이트가 영문으로 번역했으며, 카를 융은 이 책을 자신의 연금술 연구에 인용했다.

*** 매표, 『석약이아石藥爾雅』 수은 항목. https://ctext.org/wiki.pl?if=gb&chapter=259515

**** (원주) 같은 책, p. 153.

나는 날마다 (『참동계』를) 읽으며 깨달았고, 마음속 의심이 점점 사라졌네.

황아黃芽*와 자거紫車*는 가만히 앉아서도 얻을 수 있다더라.

자만하다 스스로 한탄하니, 인생을 사내라 부른들…

금인金印을 차지 못한다면, 옥지玉芝*나 숨기고 살아야지.

속세를 단호히 떠나 깊이 산속에 인연을 맺네.

진흙 제단은 네모반듯하게, 솥은 둥글게 규범대로 만들었네.

풀무질 한번 시작하니, 상서로운 기운 붉게 일어나네.

마음을 맑게 하고 홀로 경배하며, 한밤중에 몰래 들여다보니,

두 물질(음과 양)이 반가이 결합하는데, 그 모양이 어찌나 괴이한지.

부부처럼 얽혀 있고, 물고기와 용처럼 놀아나네.

간적관(도관道館)의 종소리 울리고, 자소봉에 새벽이 비치는데,

내 마음의 티끌 아직 가시지 않았기에, 불질火候(불/온도 조절)이 끝내 어긋났도다.

장생불사를 바랐지만, 털끝만 한 오차로 모든 공이 수포가 되었다.

스승은 손가락을 튕기며 일어나고, 아름다운 여인妊女(수은)은 연기 따라 하늘로 날아가네.

그제야 깨닫노니, 인연과 하늘의 뜻陰騭**은 쉽게 옮겨지는 게 아니더라.***

그날 밤, 백거이는 노발대발한 토머스 차녹과 달리 체념한 채 자신의 연금로를 치웠다. 다음 날, 그는 충주자사忠州刺史로 임명되었다는 소식을 들었다. 백거이는 연단술사가 될 운명이 아니었다.

* 연단술의 상징으로, 불사를 이룰 수 있다고 전해지는 단약이나 약초를 언급하고 있다.

** 『서경書經』의 「상서商書」, 「이훈伊訓」을 출전으로 하는 단어. 하늘이 몰래 사람의 운명을 정하는 것을 뜻한다.

*** (원주) 같은 책, p. 148-9. [감수자 주:『원진微之』과 함께, 연단사 곽허주에게 작별 선물로 지은 오십 운의 시同微之贈別郭虛舟煉師五十韻 일부. 중국 위키문고维基文库 https://url.kr/gbp8v8]

　백거이의 시를 보면, 연단술사들이 단약을 만드는 과정에서 일어나는 반대되는 성분 간의 결합을 연금술사들처럼 결혼이나 성교로 비유했음을 알 수 있다.

두 물질(음양)이 반가이 결합하는데, 그 모양이 어찌나 괴이한지.
二物正欣合, 厥狀何怪奇.
부부처럼 얽혀 있고, 물고기와 용처럼 놀아나네.
綢繆夫婦體, 狎獵魚龍姿.

　몇백 년간, 연단술사들은 단약 속 음양의 조화로운 결합을 표현하고자 은유적인 문구를 수없이 고안했다. 1284년, 유염兪琰*은 이 표현들을 수집했는데, 이들은 연금술사들이 현자의 돌로 수은과 황의 결합을 묘사하려 떠올린 완곡한 표현들과 상당한 공통점을 지닌다.

거북과 뱀이 서로 얽힘 龜蛇蟠紏
하늘과 땅의 통합 乾坤配合
적과 백의 교합 赤白相交
까마귀와 토끼가 한 동굴에 있음 烏兔同穴
부부가 즐겁게 화합함 夫婦歡合
해와 달이 같은 궁에 있음 日月同宮
견우와 직녀가 다시 만남 牛女相逢
암컷과 수컷이 서로를 따름 牝牡相從
수와 토가 같은 고을에 있음 水土同鄉
금과 화가 같은 화로를 씀 金火同老**

　수와 비율은 연금술사와 마찬가지로 연단술사들의 계산에서 매우

---

*　남송 말기, 원나라 초기의 도사. 『주역』,『주역참동계』판본을 비교 분석해 주해했다. 그의 저서들은 도교 경전 모음집인『도장道藏』에 수록되기도 했다.

**　(원주) 같은 책, pp. 69-70. [감수자 주:『주역참동계발휘周易參同契發揮』5장 3의 일부.]

중요했다. 백거이는 실험 전에 실험대가 정확히 네모지고 유리 용기가 동그란지 꼼꼼히 점검했다. 이들 모두 자신이 작업하는 미시 세계(소우주)가 세상, 즉 거시 세계(대우주)와 완벽하게 조화를 이루어야만 성공할 수 있다고 여겼다. 연단술사도 연금술사처럼 숫자를 조작해 복잡한 패턴을 만드는 데 능숙했고, 오늘날 우리가 보기에 직접적으로 관계없는 사물을 서로 관계짓고는 했다. 아래 구절은 피타고라스적 분위기를 풍기며, 양쪽 모두를 매료한 수의 신비를 전형적으로 보여준다.

하늘은 1, 땅은 2, 인간은 3이다. 3×3＝9. 9×9＝81.

1은 태양을 주관한다. 태양의 수는 10이다.

태양은 사람을 주관하니, 그러므로 사람은 10개월 만에 태어난다.

8×9＝72.　　2는 짝수를 주관하고, 짝수는 홀수를 잇는다.

홀수는 진辰(시간)을 주관하고, 진은 달月을 주관한다.

달은 말을 주관하니, 말은 12개월 만에 태어난다.

7×9＝63.　　3은 북두칠성斗을 주관한다.

북두는 개를 주관하니, 개는 3개월 만에 태어난다.

6×9＝54.　　4는 시간을 주관한다.

시간은 돼지豬를 주관하니, 돼지는 4개월 만에 태어난다.

5×9＝45.　　5는 소리를 주관한다.

소리는 원숭이를 주관하니, 원숭이는 5개월 만에 태어난다.

4×9＝36.　　6은 율려를 주관한다.

율관은 사슴을 주관하니, 사슴은 6개월 만에 태어난다.

3×9＝27.　　7은 별을 주관한다.

별은 호랑이를 주관하니, 호랑이는 7개월 만에 태어난다.

2×9＝18.　　8은 바람을 주관한다.

바람은 곤충을 주관하니, 곤충은 8월에 변화(탈피, 변태)한다. (중략) 세상 모든 생명은 저마다 그 종류와 성질이 다르다.*

---

* (원주)J. Needham, 같은 책, II, p. 271. [감수자 주:『회남자淮南子』「지형훈墜形訓」 13. 원문 https://ctext.org/huainanzi/di-xing-xun/zh]

연단술사 대부분은 백거이처럼 산과 숲의 고요함을 찾아 떠났고, 다른 이들에게도 자신들의 본보기를 따르라고 조언했다. 위백양은 제자들을 데리고 산으로 들어간 후에야 영약을 전해주었다. 갈홍은 속세를 떠나 은둔 생활을 했는데, 악천후나 내전이 일어났을 때는 아예 사람들과 단절한 채로 지냈고, 그토록 절실히 필요로 하던 단약의 재료조차 구할 수 없을 정도였다. 그는 은둔이야말로 연단술 성공의 필수 조건이라고 확신했으며, 이 주장을 뒷받침하고자 세속적인 삶을 살다가 실패한 연단술사의 사례를 들며 아래와 같이 썼다.

또한, 마땅히 깊은 산속, 맑고 깨끗한 장소로 들어가 배우지 못한 몽매한 뭇사람들이 네가 뭘 하는지 알지 못하게 해야 한다. 그러나 유향劉向*은 궁 안에서 연단술을 행했고, 궁인들에게 필요한 것들을 조달하게 했으니, 이는 재계齋戒와 정결의 조건에 부합하지 않으며, 또한 사람들이 오가는 상황이라 세상과 단절하지도 못했으니, 이런 상황에서 어찌 단약을 만드는 데 성공할 수 있겠는가?**

연단술사들도 수행자들에게 세속을 떠나라고 권했다. 이는 사회생활에 필연적으로 따라오는 질투와 호기심 때문이었다.*** 연금술사들이 금을 만들 수 있다고 오랫동안 믿었던 이유 중 하나는, 그들이 만든 금을 회분법으로 시험할 수 있는 금속 장인들과 철저히 거리를 두었기 때문이었다.****

실패한 도사들은 백거이의 말처럼, 자신의 실패가 술법(연단술)의

---

* 전한前漢 시대 유학자.『열녀전列女傳』,『전국책戰國策』 등 다수의 저작을 남겼다.

** (원주) J. Needham, 같은 책, V, Part 3 [감수자 주:『포박자』「내편」황백黃白 1 일부. 원문: 不虛美, 不隱惡, 不雷同以偶俗. 劉向命世通人, 謂爲實錄; 而班固之所論, 未可據也. 固誠純儒, 不究道意, 玩其所習, 難以折中. 夫所謂道, 豈唯養生之事而已乎?]

*** (원주) 이 책 97쪽 참고.

**** (원주) 이 책 280-284쪽 참고.

문제가 아니라 자신의 도덕적 결함 때문이라는 결론을 내렸다. 그가 "아직 내 마음의 먼지가 씻기지 않았던 것 같다."라고 체념하며 말했듯이, 불사의 길을 추구하는 이들은 마음과 정신에 많이 쌓인 세속의 먼지를 씻어내야 했다. 갈홍 또한 "이 술법을 닦으려는 자는, 먼저 적어도 1년간 순수한 마음을 길러야 한다."*라고 말했다. 이는 예비 단계일 뿐이었고, 그다음에야 도사는 본격적으로 '공덕'을 쌓기 시작할 수 있었다. 이 '공덕'은 엄격한 도덕적 기준에 따라 평가되었다. 지선地仙**이 되려면 선행을 300가지나 해야 했고, 천선天仙***이 되려면 선행을 1200가지나 해야 했다. 만약 1199번째 선행 후에 단 한 번이라도 잘못된 행동을 하면 "지금까지 쌓은 모든 것이 무효가 되며, 처음부터 다시 시작해야 한다."****라는 갈홍의 말을 보았을 때, 도사가 되려는 입문자는 실험실에 발을 들여놓기 전에 이미 성인聖人 같은 존재여야 했음을 알 수 있다.

무릇 여러 도가의 계율들을 살펴보면, 장생을 구하는 이는 반드시 선을 쌓고積善 공을 세우며, 만물에 자비로운 마음을 품고, 자신을 용서하듯 남을 용서하며, 하찮은 미물에게도 인仁을 베풀고, 남의 행운을 함께 기뻐하고 고통은 불쌍히 여기며, 위급한 이를 도우며, 궁핍한 이는 구제하고, 제 손으로 생명을 해하지 않고, 입으로 재앙을 부추기지 않으며, 자신을 귀히 여기지 않고, 스스로 칭찬하지 않으며, 나보다 나은 이를 질투하지 않고, 아첨하거나 음험한 계책으로 남을 속이지 않아야 한다. 이러한 자라야 덕을 갖춘 사람이라 할 수 있으며, 하늘로부터 복을 받고, 하는 일마다 반드시 이루어지며, 신선이 되길 기대할

---

*   (원주) *The Nei P'ien.*

**   지상에 머무르며 불사의 존재가 된 신선. 인간계와 가장 가까운 단계의 신선.

***   하늘로 승천해 신계에 들어간, 더 고차원적이고 완성된 단계의 신선.

****   (원주) 같은 책, pp. 66-7. [감수자 주: 『포박자』「내편」 대속對俗 9 일부 인용. 원문: 人欲地仙, 當立三百善; 欲天仙, 立千二百善. 若有千一百九十九善, 而忽復中行一惡, 則盡失前善, 乃當復更起善數耳.]

수 있다.*

　이처럼 연단술 입문자들은 도덕적으로 높은 경지에 이른 뒤에야 자신을 가르칠 자격이 있다고 여기는 스승을 찾아 나설 수 있었다. 이미 연단술의 비밀을 알게 된 자가 아니면 경전을 올바르게 해석할 수 없었다. 갈홍은 "비록 금을 만드는 방법을 설명한 책이 남아 있긴 하나, 그 요점을 모두 숨겨두었기에 구결口訣로만 전해지며, 이를 읽을 때는 반드시 스승이 곁에서 직접 풀어서 설명해주어야만 실제로 이를 따라 할 수 있다. 또한, 연단술에 쓰이는 재료들도 본래 이름을 바꿔 적은 경우가 많기에, 책 내용을 그대로 믿고 따르면 위험하다."**라고 말하며, 스승 없는 수행자는 "절름발이 당나귀를 타고 강한 바람을 쫓는 자와 같다."***라고 비유했다.

　연단술사들은 일단 단약을 먹으면 사람이 어떻게 보이게 되는가에 대한 분명한 상이 있었다. 갈홍은 "예전에 스승께 들으니, (중략) 옛날에 신선이 된 자들 가운데에는 몸에 깃털과 날개가 돋아나 날아다니는 자도 있었으니, 이는 사람의 본모습을 잃고 다른 형체를 얻은 것이다."****라고 말했다. 중국의 단약 추종자들도 전 세계 모든 인간처럼 자신이 바라는 바를 그럴듯하게 합리화했고, 마침내 깃털이 달려

---

* 　(원주) 같은 책, p. 116. [감수자 주: 『포박자』 「내편」 미지微旨 5 일부 인용. 원문: 然覽諸道戒, 無不云欲求長生者, 必欲積善立功, 慈心於物, 恕己及人, 仁逮昆蟲, 樂人之吉, 愍人之苦, 周人之急, 救人之窮, 手不傷生, 口不勸禍, 見人之得如己之得, 見人之失如己之失, 不自貴, 不自譽, 不嫉妒勝己, 不佞諂陰賊, 如此乃為有德, 受福於天, 所作必成, 求仙可冀也.]

** 　(원주) 같은 책, p. 51. [감수자 주: 『포박자』 「내편」 논선論仙 14 일부 인용. 원문: 雖有其文, 然皆秘其要文, 必須口訣, 臨文指解, 然後可為耳. 其所用藥, 復多改其本名, 不可按之便用也.]

*** 　(원주) 같은 책, p. 72. [감수자 주: 『포박자』 「내편」 금단金丹 1 일부 인용. 원문: 何異策蹇驢而追迅風]

**** 　(원주) 같은 책, p. 65. [감수자 주: 『포박자』 「내편」 대속對俗 8 일부 인용. 원문: 聞之先師云, (중략) 古之得仙者, 或身生羽翼, 變化飛行, 失人之本, 更受異形.]

날아다니는 신선이 되는 일이 세상에서 가장 이치에 맞으며, 어떤 노력을 해서라도 이룰 가치가 있다고 믿게 되었다.* 왕망王莽은 영생을 얻고자 그 어떤 짓도 서슴지 않았고, 거침없이 막대한 비용을 썼다. 식이요법, 운동, 약물, 기도와 같은 일반적인 방법 외에도, 그는 황제의 지위에 있었기에 자신이 신선이 되어야 한다는 칙령까지 내릴 수 있었다. 『한서漢書』에는 아래와 같이 기록되어 있다.

> 왕망이 제위를 찬탈한 지 2년째 되던 해(기원후 10년), 신선을 흠모하는 일을 벌였다. 방사方士인 소악蘇樂의 말에 따라 궁궐 안에 팔풍대八風臺를 세웠다. 그것을 짓는 데 만금萬金이 들었고, 그 위에서 음악을 연주하며 바람을 따라 액탕液湯(향기로운 증기)을 피웠다. 또 궁궐 안 전각에 오색의 기장五粱을 심었는데, 각기 색깔에 따라 방위에 맞춰 배치했다. 미리 학의 젓니鶴髓, 독버섯, 코뿔소 뿔과 옥 등 20여 가지 물건을 달여 기장 씨앗을 담갔으며, 이 기장 한 곡斛(약 80킬로그램) 값이 금 1근에 이르렀다. 이를 두고 황제黃帝의 곡식을 본받아 신선이 되는 방법이라 일컬었다. 왕망은 소악을 황문랑黃門郎으로 삼고 이를 전담케 했다. 그는 이처럼 귀신과 신령을 숭배하며 음란한 제사를 크게 일으켰다. 말년에는 천지육종天地六宗부터 온갖 작은 귀신까지 모두 1700곳에 제사를 지냈고, 제물로는 새와 짐승 3000여 종을 바쳤다. 후일 그마저도 제물을 다 준비할 수 없게 되자 오리나 기러기 대신 닭을 쓰고, 사슴 대신 개를 쓰기도 했다. 또한, 스스로 신선이 되었다고 여러 번 조서를 내려 선포했다. (후략)**

그의 선언에도, 왕망은 숙명을 피할 수 없었다. 그는 다른 사람들

* 원저자의 확대 해석으로 보인다. 앞의 주석은 다른 형체를 얻은 일을 인간의 도에서 벗어났다고 혹평하는 글로 이어진다(有似雀之為蛤, 雉之為蜃, 非人道也.). 나아가 단약으로 먼저 현실의 행복을 얻어야 하며, 신선이 되는 것은 어디까지나 선택일 뿐이라는 표현이 뒤이어 나온다.

** (원주) 같은 책, p. 37. [감수자 주: 반고班固, 『한서』, 교사지 하郊祀志 下, 45. https://ctext.org/han-shu/jiao-si-zhi/zh]

과 똑같이 죽었다. 이런 점에서 그는 연단술에 사로잡혔던 수많은 황제보다는 운이 좋은 편이었다. 820년과 859년 사이에 여섯 명이나 되는 황제들이 영생을 바라면서 복용한 단약에 중독되어 죽었다. 이 무시무시한 불행을 당한 첫 황제는 당 헌종憲宗으로, 그는 이 단약에 취해 정신이 혼란한 상태에 이르렀기에 그의 시종들이 그를 독살하는 편이 뭇사람에게 최선이라는 결론을 내렸다. 『속통지續通志』는 이 젊은 황제의 불행한 사연을 이렇게 전한다.

연단술사들의 주장에 미혹된 당 헌종은 금단金丹 복용에 열중하다가 중병에 걸렸다. 그는 나날이 초조해하고 갈증을 느꼈으며 대면해야 하는 신하들에게 분노를 터뜨렸고, 그 결과 감옥이 포화 상태가 되었다. 820년 2월 14일 자정, 왕수징王守澄과 환관 진홍지陳洪志는 중화전中和殿(또는 중화궁中和宮)에서 황제를 암살했다.*

안타깝게도 많은 황제가 북제北齊 문선제文宣帝**처럼 이성적이지 못했다. 그는 구전금단九轉金丹이라는 단약을 만들게 하고는 그것이 완성되자 "나는 세상의 즐거움을 탐하여, 곧장 하늘로 올라갈 수는 없다. 죽음이 가까이 오면 꺼내어 복용하리라."***라고 말하며 옥함에 넣고 곁에 두며 지냈다.

연단술사나 그 후원자들의 사망률은 연금술사보다 훨씬 더 높았던 듯하다. 중국인들은 불사의 개념을 순전히 물리적인 의미로 받아들였기에 끊임없이 불사의 물질을 먹거나, 마시거나, 빨아들이려 했다. 하지만 그들이 섭취한 것은 대부분 수은, 비소, 납 중독을 일으켰고,

* (원주) 같은 책, p. 151. [감수자 주: 이 내용은 『구당서』, 『신당서』와 『속통지』의 기록을 취합해 조지프 니덤이 편집한 듯하다. 『속통지』에는 이 문단과 정확히 일치하는 내용이 없다.]

** 중국 남북조시대 북제의 건국자.

*** (원주) 같은 책, pp. 131-2. [감수자 주: 이백약李百藥, 『북제서北齊書』, 49권 2 일부. 원문: 顯祖時令與諸術士合九轉金丹. 及成, 顯祖置之玉匣, 云:「我貪世間作樂, 不能卽飛上天, 待臨死時取服.」]

이 방법이 너무나 강력한 나머지 그 과정에서 생기는 중독도 놀라울
정도로 냉정하게 받아들여졌다.

단약을 복용한 후, 몸과 얼굴에 가려움이 느껴지고, 마치 벌레가 몸
을 기어가는 듯한 느낌이 들며, 손발이 부풀어 오르고, 음식 냄새가 역
겹게 느껴지며, 음식을 먹으면 구토와 메스꺼움이 일어나고, 사지가
약해지며, 설사나 구토를 하고, 머리와 배가 심하게 아프더라도 걱정
하지 말라. 이 모든 증상은 단약의 효능이 제대로 작용해 몸속에 있던
병을 배출하는 증거일 뿐이다.*

이런 증상은 현대의 시각으로 보면 납 중독 현상을 정확히 설명한
것이다. 즉, 오늘날의 관점으로 보면 이는 충분히 경고가 될 수 있다!
12세기에 활동한 유명한 작가인 섭몽득葉夢得은 치명적인 중독 사
례에 대한 두 가지 기록을 다음과 같이 직접 남겼다.

(전략) 임언진林彦振은 평소에 과식하고 음주하며, 옛 오나라 땅에
서吳下 제법 강한 체력을 자랑하곤 했다. 어느 날 그는 주공보周公輔라
는 의원이 "송도방宋道方의 단사丹砂(수은) 비법이 장수를 돕고 무해하
다."라고 하는 말을 믿었는데, 주공보는 공주拱州에서 평판 좋은 의사
였기 때문이다. 이를 믿은 임언진은 3년간 단사를 먹었다. 그 후, 그의
가슴에 종기가 생겨나기 시작했고, 이 종기는 처음에는 머리카락 굵기
마냥 작았으나 점차 커지고 부풀다 못해 목과 가슴, 등까지 넓게 퍼졌
으며, 열흘 후 죽고 말았다. 의사는 그의 병이 깊어지자 그의 상처에서
고름과 피를 닦아낸 천을 물에 씻었는데, 물 아래에 단사가 조금 가라
앉아 있었고, 이는 단사가 그의 몸 안에 쌓였다가 독과 함께 빠져나온
것이었다.
사임백謝任伯은 평소에 사람들이 가열해 고온에서 증발하거나 휘발

* (원주) J. Needham, *SCC*, V, Part 2, p. 283. [감수자 주: 초택선생楚澤先
生, 『태청석벽기太淸石壁記』 「복단각촉服丹覺觸」 전문 인용. 도교 경전인 『도
장道藏』에 포함되어 있다. https://ctext.org/wiki.pl?if=gb&chapter=219244]

되지 않도록 변환한 단사伏火丹砂를 먹는다는 말을 듣고, 그 처방이 무엇인지 묻지도 않고 꼭 구해다가 먹었는데, 혹시라도 약을 마저 다 먹지 못할까 봐 걱정할 정도였다. 한 해가 지나자, 그의 가슴에도 종기가 생겼다. 어떤 이가 그와 대화를 나누던 중, 그의 병세가 깊어져 막 발작하려는 낌새를 알아차렸고, 잠시 뒤 그의 외모나 행동이 변했다는 사실을 알아챘다. 그러나 정작 사임백 본인은 아직 이를 인지하지 못하고 있었다. 스스로 병세를 느꼈을 때 그의 상태는 폭풍우처럼 급격히 악화했고, 그대로 갑자기 죽고 말았다. 나는 지난 10년 동안 이 두 사례를 직접 보았으니, 이는 분명 타인에게 경계가 될 만한 일이다.*

연단술사들은 단약의 성분이 독성을 띤다는 사실을 모르지 않았다. 수많은 단약 중독 사례가 보고되고, 특정 물질이 사람을 죽일 수 있음을 확인한 이상, 이 사실을 무시하기는 어려웠을 것이다. 정사원鄭思遠이 8~9세기에(혹은 그 전에) 썼다고 추정하는 『진원묘도요략眞元妙道要略』에서, 저자는 위험하거나 치명적이라 판단한 35종의 인기 단약을 구분했다.** 그는 주사朱砂나 진사辰砂, 수은 중독으로 생기는 종기나 피부병을 정확하게 묘사했으며, 수은, 납, 은으로 만든 단약이 초래하는 죽음에 관해서도 썼다. 또한, 저자는 검은 납Lead을 볶은 물(니덤 교수는 이를 흑연graphite을 물에 넣어 끓인 탁한 액체라는 견해를 밝혔다)을 마신 사람에게 나타나는 중병도 언급했고, 인체에 치명적인 약을 만드는 제조법들도 길고 자세하게 기록했다. 그 예로는 호리병에 초석(질산칼륨)과 석영을 넣고 쪄서 장시간 내버려두는 방법, 초석과 청록색 암염을 물에 끓이는 방법, 철의 녹과 구리를 섞는 방법, 수은을 공작석孔雀石(말라카이트) 및 남동석藍銅石, Azurite과 함께 가열하는 방법, 웅황雄黃과 계관석鷄冠石, Realgar을 함께 가열하는 방법, 검

* (원주) 섭몽득, 『피서녹화避暑錄話』, 상권 76. 「단약을 먹고 죽은 사대부士大夫服丹砂死者」 전문 인용. https://ctext.org/wiki.pl?if=gb&chapter=444057 [감수자 주: 진원묘도요략, 『출가험진경제일黜假驗真鏡第一』]

** Ping Yu Ho & J. Needham, 'Elixir Poisoning in Medieval China', *Janus* 48 (1959) pp. 221ff.

은 납을 볶은 물과 은을 함께 가열하는 것, 말린 똥과 밀랍을 태우는 것 등이 있다. 그는 또한 유황, 웅황, 초석, 꿀을 함께 가열하면 이 혼합물이 얼굴과 손을 태울 수 있고, 심지어 집 전체를 불태울 수도 있다고 말한다. 니덤 교수는 정사원의 이 경고가 인류 최초의 화약 제조 관련 기록이라고 지적한다.* 아이러니하게도, 불사를 추구하던 연단술사들이 이를 우연히 발견했다는 점에서 더욱 흥미롭다.

연단술사들이 자신들의 단약이 독성을 띤다는 사실을 알고 있었다면, 왜 이를 처방했을까? 오늘날에는 강력한 효력을 지닌 약이 어떤 조건하에서는 극독이 될 수 있다는 사실이 흔히 알려져 있다. 그 약의 효과가 병의 치유일지 죽음일지는 환자의 상태와 약의 복용량에 달려 있다. 이 자명한 사실은 16세기 초 파라셀수스의 유명한 격언 "오직 복용량이 그것이 독이 아님을 보장한다Allein die Dosis macht, dass ein Ding kein Gift ist."로 표현되었다.** 바질 발렌틴 또한 『안티몬의 승리의 전차Triumphal Chariot of Antimony』에서 아래와 같은 사실을 적어 두었다.

당신은 주장하오. 안티몬은 독이고, 그러니 누구든 이를 사용할 때는 조심해야 한다고! 하지만 이 결론은 논리적이지 않소, 박사님이든, 석사님이든, 학사님이든 간에. 그대가 붉은 학사모를 자랑스럽게 여긴다고 한들, 박사님, 그 결론은 여전히 논리적이지 않소, (중략) 우리의 연금술 기법을 통해 안티몬의 독성을 제거할 수 있으며, 그러면 안티몬은 지극히 유익한 약이 될 수 있다오.***

연단술사들은 단약에 든 독이 오직 죽을 수밖에 없는, 소모할 수 있는 육신 일부에만 영향을 미치리라 믿었을 것이다. 비유하자면, 진흙투성이 발을 신선의 깃털 같은 날개로 바꾸는 일로 여겼던 셈이다.

* (원주) J. Needham, *SCC*, V, Part 3, pp. 78-9.
** (원주) 'Sieben Defensiones', *Sämtliche Werke*, ed. K. Sudhoff & W. Matthiessen, xi, p. 138.
*** (원주) 다음에서 인용. J. Read, *Through Alchemy to Chemistry*, p. 101.

어떤 독은 복용 초기에는 유익한 효과를 내는데, 이 또한 안타까운 일이었다. 예를 들어 비소는 처음에는 식욕을 돋우고 신체 성장을 촉진하며 골수 생성을 자극한다. 비소 중독자는 마지막 순간까지 식욕이 왕성한 채 음식을 먹는다. 비소가 혈관을 다소 팽창하는 효과를 내기에, 19세기까지 인도와 유럽에서는 이를 정기적으로 정력제로 처방했고, 정식 처방전에 들어 있었다. 심지어 1957년 판『영국 임상 의학 백과사전*British Encyclopaedia of Medical Practice*』에 나오는 정력제 처방전에도 비소가 들어 있었다. 기생충으로 생기는 질병이 흔했고 영양 결핍에 대한 이해와 해결책도 없던 시기에는, 식단에 광물, 비타민, 심지어 독극물을 넣는 것이 일시적으로 개인의 건강을 개선했을 가능성이 있고, 이 때문에 사람들은 무엇이 몸에 좋은지 매우 잘못 인식하게 됐을 수 있다. 또한, 단약 중독으로 사망한 시신은 보통 사람보다 훨씬 늦게 부패했다는 점도 주목할 만하다. 이는 몸속에 남아 있던 독성이 박테리아를 죽였기 때문인데, 연단술사들은 이 섬뜩한 사실을 자신들의 약이 효과가 있다는 증거로 잘못 해석했을 수 있다. 이런 점들을 고려하면 단약 중독 사례가 자주 발생했던 원인을 어느 정도 이해할 수 있겠으나, 그렇다고 이 비극이 덜해지지는 않았다.*

우수하고 창의적인 연단술사 대부분은 자신이 만든 단약이 위험한지도 모른 채 먹어 자살했을 수 있다. 만약 그렇다면, 단약 중독은 9세기 이후 연단술 쇠퇴의 원인이었을 수 있다. 연단술의 황금기는 4~9세기였다. 이 시기 이후에는 독창적인 연구가 사라지고 기존 지식을 편집한 2차 자료들이 주를 이뤘다. 초기 연단술 문헌이 비교적 명확했던 데 반해, 이후 문헌들은 일부러 난해하게 서술하는 경향으로 퇴보했다. 연단술사가 실험실에서 쓰는 물질의 숫자도 현저하게 줄어들었다. 많은 연단술사가 실험실을 완전히 떠나 '내단학內丹學'이라는 새로운 수행에 집중했다. 이 내단학은 화학의 전신이라기보다 요가에 더 가까웠다. 이들의 목표는 단약이 아닌 자기 몸 안에서 내단을 만들어 노화한 신체를 갓 태어난 아기 상태로 되돌리는 데 있

<hr>

* (원주) J. Needham, *SCC*, V, Part 2, pp. 287ff.

었다. '회귀', '부활', '복원', '수리', '보충'이라는 단어는 내단학파들이 주로 언급하던 개념이었다. 이 모든 개념은 인간의 단계적 성장을 되밟거나 육체적 쇠퇴 과정을 되돌리는 시도와 관계있었다. 이 목표를 달성하는 가장 중요한 방법으로 신체 내 체액, 특히 정액이나 타액을 역류시켜 '원초적 통일성', 즉 아이의 생명력과 활력 상태로 되돌리는 것이 있었다.

내단학 이론에 대한 간결한 설명으로 명나라의 저명한 의사 손일규孫一奎가 1596년에 쓴 『적수원주赤水元珠』의 한 장을 들 수 있다.

인간은 아버지의 정精과 어머니의 피血를 받아 태어난다. 갓 태어난 아기일 때는 태초의 정元精, 기元氣, 신元神이 모두 순수하고 완전하다. 그러나 나이가 들어감에 따라 눈, 귀, 입, 코가 외부의 색, 소리, 향, 맛에 자극받고, 오랜 습관이 쌓이며 본래의 정기가 점점 오염된다. 그리하여 태초의 정元精은 성적 교감만을 위한 정精으로 바뀌고, 태초의 기氣는 단순한 호흡으로 바뀌며, 태초의 신神은 계산적이고 분열된 신으로 변질한다. 이 세 가지 태초의 것이 흩어지고 소모되면, 하늘에서 받은 순수함天眞을 되돌릴 수 없게 된다.

이 때문에, 옛 스승께서 말씀을 내려 가르침을 세우고, 이를 『단경丹經』(도교 연단술 경전)에 기록해 사람들에게 그 손상을 보완하는 방법을 보이셨다. 정이 손상되었으면 정으로 보하고, 기가 손상되었으면 기로 보하고, 신이 손상되었으면 신으로 보한다. 이는 바로 근본으로 돌아가고 원래대로 회복하는 도리를 통해 되돌리는 방법이다. (중략) 예를 들어, 하늘과 땅을 화로와 솥으로 삼고, 해와 달을 물과 불로 삼으며, 까마귀와 토끼를 약물로 삼고, 용과 호랑이로 음양의 변화로 삼고, 자子와 오午를 두 극점으로 삼고, (중략) 이 모든 것은 자연의 법칙을 빌린 형상과 비유일 뿐이며, 실제로는 몸身, 마음心, 의식意 세 가지를 벗어나지 않는다. 몸은 정이며, 마음은 기, 의식은 신이다. 근본으로 돌아감이란 이 몸, 마음, 의식을 본래 자리로 되돌리는 것이고, 되돌림이란 이 세 가지를 다시 순수하고 온전한 상태로 회복하는 것이다. 이렇게 온전히 회복된 상태를 환단還丹(내단의 완성)이라 말한다.*

내단학파가 그들의 이론을 실제로 수행하기 위해 밟았던 구체적인 단계들은 1165년경의 책인『성명요지性命要旨』에 자세히 나온다.

내단內丹의 이론이란 다름 아닌 심장金과 신장水의 상호 결합, 정精과 기氣의 순환, 신神의 보존과 기운의 유지, 묵은 숨을 내쉬고 새로운 숨을 들이마시는 것이다. 이외에도 방중술을 익히거나, 해와 달의 빛과 기운을 흡수하거나, 특정 약초를 먹거나, 혹은 곡기를 끊고, 금욕禁慾할 수도 있다.**

내단학파는 기존에 단약을 만들던 연단술사들(외단학파)과 똑같이 호흡법, 방중술, 식이요법, 체조와 같은 방법으로 내단을 키우고자 했다. 그들은 단약을 만드는 일에 반대했는데, 그 이유는 단약이 효력을 내려면 연단술사 자신의 몸에서 만들어져야 한다고 믿었기 때문이었다. 따라서 단약을 만드는 일은 무의미하다고 여겼다. 한 권위자는 "노란 물질 세 가지三黃와 신비로운 재료 네 가지四神를 혼합 또는 변환하는 일을 멈추라.",*** "진정한 납眞鉛과 진정한 수은眞汞을 인식해야 한다. 그것들은 일반적인 진사와 일반적인 수은과 아무런 관계가 없다."****라고 단호히 명령한다.

내단학파들이 자신들의 사상을 아무리 혁신적이라 생각했더라도,

---

* (원주) Lu Gwei-Djen, 'The Inner Elixir(Nei Tan); Chinese Physiological Alchemy', in *Changing Perspectives in the History of Science*, Essays in Honor of Joseph Needham, ed. M. Teich & R. Young, London, 1973. [감수자 주:『적수원주』10권 총론 247. 원문 https://ctext.org/wiki.pl?if=gb&chapter=187141]

** (원주) 같은 책. [감수자 주:『태을금화종지』2장 일부와 다른 책 내용을 취합한 듯하다.]

*** 장백단張伯端,『오진편悟真篇』26권 칠언사운七言四韻 일부 인용. 원문: 休鍊三黃及四神, 若尋眾藥便非真.

**** (원주) 같은 책, pp. 80-81. [감수자 주:『오진편』서문 중반부를 요약한 것이다.]

어떤 논문이나 저술이 이 학파에 속하는지, 아니면 이들이 경멸했던 외단학파에 속하는지를 구분하기란 꽤 어렵다. 연단술사들은 몇백 년에 걸쳐 금속을 식물이나 신체 일부나 특정 상태와 연결하는 등의 상징 대응 체계를 만들어, 학파와는 상관없이 서로 완전히 다른 것을 말하면서도 모두 같은 용어를 쓸 수 있게 해주었다. 내단학파는 오히려 이런 혼란을 더욱 조장했는데, 그들은 비밀 서약에 묶여 있었고, 일부러 자신들의 글을 최대한 난해하게 만들려 했기 때문이다. 연금술에서도 비슷한 상황이 있었는데, 이는 영적 연금술사들이 실험실 연금술사들의 언어를 빌려 자신의 영혼 상태를 설명하려 했기 때문이었다. 그러나 영적 연금술과 중국의 내단학파를 동일시하는 것은 오류다. 중국에서 추구한 불로불사의 목표는 영적 연금술사나 영지주의자들처럼 이 세계를 초월하는 것이 아니었기 때문이다.

9세기 이후 외단학파의 쇠퇴는 내단학파가 발전했기 때문만은 아니었다. 명나라 건국 후 육체노동을 오래도록 멸시하던 유교가 다시 고개를 들었고, 이는 과학에 관한 도교의 관심을 약화했다. 여기에 정치적 격변 속에 도교 문헌이 잇따라 소실된 일도 외단학파의 전파를 크게 저해했다. 그러나 외단학파가 쇠퇴한 이유는 연단술사들이 몇백 년 동안 쌓은 화학 지식을 이론 틀에 제대로 통합해서 설명하지 못했다는 점이 가장 컸다. 초기에는 음양오행설이 관찰과 실험을 촉진했지만, 시간이 지나며 이 개념들은 점차 『역경易經』에 나오는 복잡하고 자의적인 상징 대응 체계에 얽매였다. 갈릴레이의 망원경조차 보려 하지 않았던 아리스토텔레스학파처럼, 연단술사들도 사물을 실제로 관찰하기보다 『역경』 속 글귀 해석에 얽매이는 작업으로 퇴화했다. 그러나 중국에는 이런 정체를 돌파할 과학혁명이 일어나지 않았다. 연단술이 쇠퇴하자, 연단술사들이 이룩한 지식은 야금학, 산업, 의학 등으로 흘러 들어갔고, 이는 아랍인이나 서양인 사이에서 중국 장인이 높은 명성을 얻는 데 크게 기여했다.*

중국인들은 연금술을 화학으로 격상하지 못했다. 타고난 기질이

* (원주) J. Needham, *SCC*, V, Part 3, pp. 208ff.

나 교육 때문에 그들은 사물을 유기적이고 전체적으로 사고하는 데 익숙했고, 서양에서 화학 이론의 발전에 크게 공헌한 원자론原子論을 절대 받아들이지 않았다. 서양의 경험에 비추어보면, 우주를 고정된 기계적 법칙에 따라 움직이는 물질로 본 뉴턴적 관점은 근대 물리학과 화학으로 발전하는 결정적 계기였다. 이 관점은 최근에 와서야 깨졌고, 우리는 지금도 상대성, 불확정성, 확률이라는 개념이 던진 충격 속에 비틀거리고 있다. 역설적으로 이런 개념들은 서양인보다는 중국인의 세계관에 훨씬 더 잘 어울린다. 니덤 교수가 "거대한 역사적 역설은, 중국 문명이 현대 자연과학을 자발적으로 탄생시킬 수 없었지만, 자연과학은 중국 문명의 특유한 철학 없이는 스스로 완성될 수 없었다."라고 지적했듯, 우리는 이제야 연단술사와 연금술사 들이 당연하게 여겼던 전체론적 개념을 다시 받아들이기 시작하고 있다.*

연단술과 연금술이 세부적으로는 크게 달랐으나 근본적인 면에서는 일치했다는 사실에 놀랄 수 있다. 양쪽 모두 변성의 가능성을 받아들였고, 이를 물질 내 원소의 비율이나 물질이 지닌 속성의 구성이 변해 일어나는 것으로 설명했다. 현자의 돌과 단약(엘릭서)이라는 개념은 이러한 사상에서 파생했다. 그러나 양쪽의 유사성이 꼭 그렇게 놀라운 일은 아닐지도 모른다. 변성은 삶의 일부이며, 인간은 세계를 음과 양, 황과 수은 같은 이분법으로 이해하려는 경향이 있다. 금은 모든 인류의 마음과 정신 속에서 오랫동안 특별한 위치에 있었으며, 인간은 언제나 죽음을 넘어서 영원히 살고자 하는 꿈을 품었다. 일부 역사가의 주장처럼 이런 생각이 극동, 인도, 중국, 이집트 중 어느 한 곳에서 기원해 퍼졌든, 아니면 서로 다른 지역에서 자생한 것이든,** 이 사상은 인간 본성에 깊이 공명했고, 그 울림은 세기를 넘어 이어졌다. 이처럼 연금술과 연단술이 불러일으킨 비전은 쉽게 사라지지 않았다. 세대를 거쳐 전해진 놀라운 성공담들은 이 모든 것이 단지

---

* (원주) 같은 책, II, p. 340. 다음도 참고. F. Capra, *The Tao of Physics: An Exploration of the Parallels between modern Physics and Eastern Mysticism*, Berkeley, 1975.

** (원주) H. Sheppard, 'Alchemy: Origin or Origins', *Ambix* 17 (1970), pp. 67-84.

상상이 아닌 실현 가능한 진실이라고 믿게 했고, 사람들은 그 신비한
세계로 점차 빠져들었다.

8. 여정의 끝

The End of the Quest

죽음에 대한 두려움은 인간 삶에 중요한 역할을 해왔다. 성 아우구스티누스는 사랑하는 친구가 죽은 후에 "나는 비참했다. 그리고 죽을 운명인 것들과 우정으로 얽힌 모든 영혼은 비참하다."*라는 말을 남겼다. 붓다는 왕자였던 시절에, 쾌적하고 안락했던 삶 속에 느닷없이 들어선 세 장면에 충격을 받았다. 처음에는 늙은이를, 다음에는 병자를, 마지막에는 시신을 마주한 것이다. 그는 "수레를 돌려라! 지금은 즐거이 유람할 때가 아니며, 이곳은 그럴 만하지 않다. 파멸이 다가오고 있음을 아는 사람이 이 재앙의 때에 어찌 무심할 수 있단 말인가?"**라고 말했다. 강대한 우루크Uruk*** 왕 길가메시도 절친한 엔키두가 눈앞에서 죽어가는 모습을 보며 이렇게 외쳤다. "내가 어떻게 진정할 수 있느냐? 내가 어떻게 편안할 수 있느냐? 절망이 내 마음을 가득 메우고 있다. 지금 내 형제의 모습이, 내가 죽어도 저럴 것 아닌가?"**** 그 깊은 슬픔 속에서 길가메시는 여행을 떠났다. 그 여정은 붓다, 아우구스티누스, 그리고 수많은 사람이 그 후 몇백 년에 걸쳐 영생의 비밀을 찾고자 뒤따랐던 여정이었다.

불사의 우트나피쉬팀*****에게 길가메시는 도움을 간청했다. "오,

*　(원주) 『고백록*Confessions*』, bk. iv, [VI], II

**　(원주) *Buddhist Scriptures*, selected and translated by Edward Conze, Penguin Books, 1971, p. 40. [감수자 주: 붓다의 사문유관四門遊觀 당시 일화를 해당 출처의 저자가 편집, 의역한 듯하다. 정확한 내용은 『수행본기경修行本起經』 및 『불본행집경佛本行集經』을 참고.]

***　고대 메소포타미아 지역에 있었던 수메르문명의 도시국가.

****　(원주) 『길가메시 서사시*The Epic of Gilgamesh*』, English version with an introduction by N. Sandars, Penguin Books, 1972, p. 97.

*****　『길가메시 서사시』의 등장인물로, 아트라하시스라는 이름으로도 등장한다.

아버지 우트나피쉬팀이시여, 당신은 신들의 회의에 들어가신 분입니다. 나는 당신께 산 자와 죽은 자에 대해 여쭈어보려고 합니다. 제가 찾고 있는 생명은 어떻게 해야 얻을 수 있겠습니까?” 길가메시의 간절한 호소는 노인의 마음속 어딘가를 울렸다. 그는 죽음의 불가피성에 대한 상투적인 말을 늘어놓았지만, 이내 마음을 열고 그를 달래면서 비밀을 털어놓았다. “내가 너에게 비밀을 하나 밝히겠다. 그것은 신들의 신비다. 물속 깊은 곳에 자라는 식물이 하나 있다. 장미처럼 가시가 있어 손을 찔릴 테지만, 이를 손에 넣는다면 인간은 잃어버린 젊음을 되찾을 수 있다.”* 그 식물은 가장 깊은 물 속에서 자라고 있었고 잘 꺾이지도 않았기에, 길가메시는 발에 무거운 돌을 매달고 차가운 물 밑바닥까지 잠수해야 했다. 그곳에서 그는 이 기적의 식물을 발견했다. 가시에 심하게 찔렸지만, 그는 손으로 그 식물을 뽑아냈고, 발에 매달린 돌을 떼어낸 뒤에 물 위로 헤엄쳐 나왔다. 마침내 육지에 오른 그는 뱃사공에게 이렇게 소리쳤다. “이리 와 보시오! 이 경이로운 식물을 보시오! 이 식물의 힘으로 사람은 잃었던 힘을 되찾을 수 있소. 나는 이걸 가지고 튼튼한 성벽의 도시 우루크로 돌아갈 것이오. 그곳에서 노인들에게 먼저 먹이겠소. 그 이름은 “노인이 다시 젊어지리라.”라고 하겠소. 그리고 마지막엔 나도 그것을 먹고, 잃었던 젊음을 되찾겠소.”**

그러나 길가메시의 승리는 잠시뿐이었다. 그는 시원한 물에 몸을 씻으려 연못으로 들어간 사이에 식물을 무방비하게 방치했고, 식물의 향긋한 냄새를 맡은 뱀이 물속에서 기어 올라와 식물을 낚아채더니 다시 물속으로 돌아갔다. 뱀은 곧장 자신의 허물을 벗고 젊은 모습을 한 채 사라졌다. 길가메시는 식물을 잃은 탓에 절망에 잠기고, 이내 무너졌다. 눈물이 그의 두 뺨을 타고 멈추지 않으며 흘렀다.

이러자고 내 손이 갈기갈기 찢기는 아픔을 겪었단 말인가? 이를 위

* (원주) 같은 책, p. 116.
** (원주) 같은 책, 같은 쪽.

해 내 심장의 피를 짜내듯 애썼단 말인가? 정작 나는 아무것도 얻지 못했다. 이제 그것을 누리는 것은 내가 아니라 땅 위의 짐승일 뿐이다. 이미 그 강물은 내가 처음 (식물을) 발견했던 강줄기에서 20리그(약 100킬로미터)나 멀리 흘려 보내버렸다. 난 하나의 징표를 찾았지만, 이제 그것을 잃고 말았다.*

수많은 사람이 길가메시가 부주의하게 잃어버린 것을 찾으려고 애썼다. 후안 폰세 데 레온Juan Ponce de León은 영원한 젊음의 샘**을 찾으려 '비미니Bimini'*** 섬을 찾다가 플로리다를 발견했다.**** 신화와 동화는 언제나 사람들의 상상력을 자극했다. 세상 어딘가에 늙고 지친 사람이 다시 젊어지고 활력을 찾게 해줄 식물, 샘물, 돌, 달빛에서 짜낸 마법의 물, 또는 마녀의 가마솥에서 끓여낸 무시무시한 액체가 존재하리라는 환상을 사람들에게 심어주었다. 마녀 메데이아는 연인 이아손의 아버지 아이손을 젊어지는 약으로 회춘하게 했다. 그 약은 동방의 돌, 달밤에 맺힌 서리를 모은 것, 올빼미의 머리와 날개, 늑대의 내장, 거북 등딱지 조각, 사슴의 간, 그리고 아홉 세대를 살아 넘긴 까마귀의 머리와 부리 등의 기묘한 재료들로 만들어졌다. 그녀는 이 모든 재료를 한꺼번에 끓였고, 마른 올리브 가지로 그 사악한 탕약을 저었을 때 가지에서 곧바로 푸른 잎이 돋아나고 어린 올리브 열매가 맺혔다. 그녀는 아이손을 깊은 잠에 빠뜨린 뒤, 그의 목을 베어 피를 모두 빼내고, 그 가마솥에서 끓여낸 탕약을 그의 상처와 입속에 부었다. 그러자 아이손의 하얀 머리카락은 검게 물들었고, 창백하고 수척한 육체는 젊음의 혈기로 왕성해졌다.

* (원주) 같은 책, p. 117.

** 고대 그리스 시대부터 마시거나 목욕하는 사람을 젊게 만든다고 여겨졌던 신화 속 장소.

*** 당시 유럽인들은 카리브해 어딘가에 있는 비미니라는 섬에 영원한 젊음의 샘이 있다고 믿었다.

**** (원주) Ballesteros Gaibrois, Manuel (1987). Juan Ponce de León. *Historia* 16. Quorum.

기원전 2500년경 메소포타미아에서 제작된 형식화된 인장에는 여신들이 입문자에게 불사의 잔을 건네고, 입문자는 잔을 깊이 들이켜 영생의 비밀을 배우는 장면이 묘사되어 있다. 이러한 상징은 오늘날에도 삶에 지친 영혼에게 위안을 준다. 『신약성경』에는 "받아 마시라, 이는 너희를 위하여 흘리는 나의 피니라. 많은 이들의 죄를 사하게 하려고 흘리는 새 언약의 피니라."(「마태복음」 26장 26-30절)라는 구절이 있다. 성찬식에서 사제가 읊조리는 이 관대한 소리가 언제나 모두에게 열려 있지는 않았다. 오히려 영원한 생명의 영약은 종종 필멸의 인간이 결코 손댈 수 없는 곳에 감춰져 왔다. 『구약성경』의 하느님은 아담과 이브가 생명나무 열매를 먹고 자신과 동등한 존재가 될까 봐 두려워하여 에덴동산에서 둘을 추방했다. "여호와 하나님이 이르시되, 보라 사람이 선악을 아는 일에 우리 중 하나같이 되었으니, 그가 이제 손을 들어 생명나무의 열매도 따 먹고 영원히 살까 하노라 하시고, 여호와 하나님이 에덴동산에서 그를 내보내셨다."(「창세기」 3장 22-33절) 이런 신의 처분에 의문을 품은 이들도 있었다. 그들은 자신을 위해 생명을 감추려 한 이기적인 신에게 등을 돌리고, 오히려 인간에게 영생을 주려 했던 뱀을 숭배하기 시작했다.*

영생을 추구하는 과정에서 현자의 돌에 관한 신화는 특별한 위치에 있다. 전하는 바에 따르면 연금술사들의 신비로운 물질인 현자의 돌은 죽음을 물리치고, 지상의 존재를 서서히 갉아먹는 부패를 멈출 힘을 지녔다. 현자의 돌은 인간이 항상 추구했으나 결코 찾지 못한 영속성과 완전함의 상징이었다. 기저 금속을 금으로 변성하고자 했던 연금술의 꿈은 단순히 부자가 되려는 것이 아니었다. 그 꿈에는 죽음이 끼어들 여지가 없었다.

어디에서든 사람들은 금을 대지에 온기와 빛과 생명을 주는 태양과 관련지었다.** 이집트에서는 신들의 몸이 금으로 되어 있다고 여겼으며, 파라오가 신이 될 때 그의 몸도 금으로 변한다고 믿었다. 원

----

* (원주) 이 책 205-207쪽 참고.

** (원주) 다음에서 인용. J. Read, *Prelude to Chemistry*, p. 123.

래는 오직 사제만이 이 귀한 금속을 채굴하거나 주조할 수 있었고, 오늘날에도 세계 일부 지역에서는 금을 다루는 일을 여전히 신성하기에 위험한 일로 여긴다. 금은 언제나 가장 완전하고 불멸하는 금속으로 여겨졌고, 전 세계 어디에서나 사람들은 그 완전함을 붙잡아 덜 완전한 것에 주입하려 애써왔다. 이를 위해 그들은 금을 가루로 만들어서 먹거나, 금빛 술을 마시고, 금이 지닌 완전한 성질을 담았다고 믿는 기묘한 영약(엘릭서)들을 만들어냈다. 아르날두스 데 비야 노바 Arnaldus de Villa Nova*는 "우리의 약은 (중략) 염증과 쇠약을 모두 치료할 힘이 있고, 노인을 젊은이로 바꿔놓는다. 한 달 된 병은 한 달 안에 치유할 수 있다. 그러므로 이 약을 세상 모든 보물 가운데 가장 귀히 여기는 것은 당연하다."**라고 기록했다. 요한 이삭 홀란두스Johann Isaac Hollandus***는 심지어 한발 더 나아가 "연금술의 대가가 밀알만한 크기의 현자의 돌을 9일에 한 번씩 먹는다면 그는 스스로 인간이 아니라 영혼이라 느낄 것이며, 마치 9일 동안 낙원에 살며 그 열매를 먹고 있는 듯한 기분이 들 것"이라고 했으며, 갈홍은 아예 한술 더 떠 "단약을 복용하라 (중략) 그러면, 끝없는 장수를 얻고 하늘과 땅과 함께 나이를 먹게 될 것이며, 구름을 타거나 용을 몰며 자유롭게 천상과 지상을 오갈 수 있게 된다."****라고 했다. 이러한 황홀한 느낌은 높은 도수의 알코올로 달인 영약을 마시던 흔한 관습을 반영한 것일 수도 있다. 순도 높은 알코올이 처음 등장했을 때, 일부 연금술사들은 이를 엘릭서로 착각하기도 했는데, 그 이유는 알코올의 호칭이 생명의 물

*   12~13세기 유럽의 의사, 종교 개혁가, 연금술사. 이븐시나와 갈레노스의 저서를 포함한 여러 의학 서적을 번역했고, 알코올을 소독제로 사용한 역사상 최초의 의사였다.

**   같은 책, 같은 쪽.

***   15세기에 활동한 것으로 추정하는 네덜란드의 연금술사. 저서로 *Opera Mineralia Joannis Isaaci Hollandi, sive de Lapide Philosophico, De Triplici Ordine Elixiris et Lapidis Theoria*가 있다.

****   (원주) *The Nei P'ien*, p. 75. [감수자 주:『포박자』「내편」금단金丹 13 일부 인용. 원문: 凡服九丹, 欲昇天則去, 欲且止人間亦任意, 皆能出入無間, 不可得之害矣.]

aqua vitae이었기 때문이다.*

연금술사들은『구약성경』에 나오는 야곱의 열두 아들이 장수한 비결이 현자의 돌에 대한 지식에 있다고 믿었다.『세계의 영광』에서는 "아담이 이 위대한 비밀을 알고 있지 않았다면 300년이나 장수할 수 없었을 것이다."**라고 했으며, 다른 연금술사들과 마찬가지로 수년 동안을 실패와 헛된 노력만 거듭하다가 끝내 현자의 돌을 손에 넣은 솔로몬 트리스모신은 이 돌의 힘으로 70세, 90세의 노파들을 젊고 꽃다운 여인으로 회춘하게 했다고 한다. 그는 자신의 수명도 늘릴 수 있었으나, 어떤 이유에서인지 그렇게 하지 않기로 했다고 덧붙인다. 연극『연금술사』에서 마몬은 현자의 돌이 지닌 수명 연장 능력에 대해 열광적으로 찬사를 보냈다.

그 누구든 태양의 꽃,

우리가 엘릭서라 부르는 완전한 루비를 손에 넣는다면…

명예, 사랑, 존경, 장수를 베풀 수 있으리라.

안전과 용맹, 더 나아가 승리까지도

그가 원하는 자에게 나눠줄 수 있으리라.

28일 안에, 나는 여든 살 노인을 아이로 바꾸리라.

설리: 의심할 여지 없군, 그는 이미 아이 같으니!

마몬: 아니, 내 말은 말이지, 그의 세월을 되돌려 독수리처럼 새롭게 하겠다는 것, 다섯 번째 인생 시기***로 되돌리는 것, 그가 아들딸을 낳게 하고, 젊은 거인들을 만들게 하겠다는 말일세. 우리 철학자들—홍수 이전의 고대 족장들—처럼 한 주에 한

---

* (원주) Lu Gwei-Djen, Joseph Needham & Dorothy Needham, 'The Coming of Ardent Water', *Ambix* 19 (1972), pp. 69-112. 이 논문 저자들에 따르면 높은 도수의 증류주는 중국에서 6세기부터 알려져 있었고, 서양에 알려지기까지 6세기가 더 걸렸다고 한다.

** (원주) *The Hermetic Museum*, i, p. 236.

*** 중장년기를 의미하며, 당시 사회적으로 가장 권위 있고 지혜롭다고 여긴 시기다.

번, 겨자씨만 한 양을 칼끝으로 떠먹어서, 힘센 마르스처럼
변해 젊은 큐피드들을 낳았지.*

존슨은 당대인의 진지한 믿음을 유쾌하게 조롱한다. 1550~1650
년은 서양 연금술의 절정기였다. 이 시기는 케플러, 갈릴레오, 하비,
데카르트, 보일, 뉴턴 같은 과학의 거장을 배출한 시대이면서, 다음과
같은 유명한 논문을 쓴 연금술사 에이레나이오스 필라레테스 같은
인물도 등장했다.

이 기술을 한 번이라도 완성한 자는 이 세상에서 더 어떤 것도 소망
할 필요가 없다. 그저 평안하고 안전한 가운데 신을 섬기며 살아가기
를 바랄 뿐이며, 그 외의 것을 더 바라지 않는다. 화려함이나 외관으로
사람을 압도하는 일에는 개의치 않을 것이다. 만일 그가 천 년을 살며,
매일 백만 명을 접대하더라도, 결코 부족함을 느낄 일이 없을 것이다.
왜냐하면, 그는 손쉽게 현자의 돌의 양과 효능을 무한히 늘릴 방법을
알기에 세상 모든 불완전한 금속을 금으로 바꿀 수 있기 때문이다. 둘
째로, 그는 자연에서 채취할 수 있는 그 어떤 보석보다도 훨씬 더 귀하
고 아름다운 돌과 다이아몬드를 만들 수 있다. 셋째로, 그는 모든 질병
을 치유할 수 있는 만병통치약이 있으며, 그 약을 워낙 많이 지녔기에
세상 모든 병자를 치료할 수 있을 것이다.**

필라레테스가 어떻게 이 모든 사실을 알게 되었는지는 영원히 알
수 없다. 현자의 돌은 인간의 가장 근본적인 환상을 자극했고, 오늘날
우리가 받아들이기 힘들 만큼 맹신을 불러일으켰다. 연금술에 대한
불신을 조장한 책 『회의하는 화학자 *Sceptical Chymist*』를 쓴 로버트 보일
조차 금속의 변성을 믿었고, 자신이 금속 변성의 공식을 발견했을지

* (원주) II, i, 45ff. 벤 존슨, 『연금술사』 2장 1막.
** (원주) *The Hermetic Museum*, ii, pp. 197-8.

도 모른다고 생각했다.* 아이작 뉴턴은 보일이 자신의 변성 실험 때문에 의회의 연금술 금지법 폐지에 관여했으리라고 의심했다. 사실 뉴턴도 그의 이름을 남긴 혁명적인 물리학 연구보다 연금술서에 더 많은 시간을 쏟아부었고, 에이레나이오스 필라레테스는 그가 좋아하던 저자였다.**

오래전부터 연금술 연구자들에게는 의문이 한 가지 있었다. 연금술사들은 자신들이 실제로 금속을 변성했다고 믿었지만, 금속 세공인들은 그들이 그저 모조품을 만들고 있다는 사실을 알고 있었다는 점이다. 그렇다면 연금술사들은 왜 자신들이 만든 금을 장인들 앞에 내놓아 증명하지 않았을까? '회분법'***이라고 부르는 정련법은 고대부터 있던 기술이었다. 기원전 14세기, 바빌론 제3왕조(카시트 왕조)의 왕 부르나 부리아스 2세Burna-Buriash II는 이집트 제18왕조의 아

---

* (원주) *The Correspondence of Isaac Newton*, ed. H. W. Turnbull, Cambridge, 1941, iii, p. 217.

** (원주) 뉴턴의 연금술 관련 원고는 약 65만 단어에 달한다. 뉴턴과 가까운 친척은 아니지만, 그의 실험실 조수로 일한 험프리 뉴턴Humphrey Newton은 뉴턴을 근면하고 헌신적인 연금술사로 묘사했다. 그는 "뉴턴은 자정 전에 자러 가는 일이 거의 없었고, 때로는 새벽 2시, 3시, 또는 심지어 5시, 6시까지 깨어 있고는 했습니다……. 특히 봄과 가을, 낙엽이 질 무렵이면 그는 거의 6주 정도를 꼬박 실험실에서 보냈고, 그동안 실험실의 불은 밤낮으로 꺼지지 않았습니다. 그가 화학 실험을 끝낼 때까지 그와 나는 하루씩 번갈아 가며 밤을 지새워야 했고, 실험하는 동안에는 그는 매우 정확하고 엄격하며 정밀히 행동했습니다."라고 말하며, "그가 무엇을 하려는 것인지 정확히 알 수는 없었지만, 그때 들이는 노력과 성실함은 그가 인간의 기술과 노력의 범위를 넘어서는 무언가를 추구하고 있다고 짐작할 수 있었습니다. (중략) 그는 때때로, 매우 드물게 실험실에 놓여 있던 곰팡내 나는 오래된 책을 들여다보았는데, 아마도 그 책은 『아그리콜라의 금속론*Agricola de Metallis*』이었던 것 같습니다. 그는 금속 변성을 주된 목표로 삼았으며, 그 목적을 위해 안티몬을 중요하게 여겼습니다."(B. J. T. Dobbs, *The Foundations of Newton's Alchemy*, pp. 7-8에서 인용)라고 덧붙였다. 실제로 뉴턴은 많은 연금술서와 필사본을 소장하고 탐독했다.

*** 납과 함께 금속을 녹여 불순물(특히 납에 잘 녹는 은, 납 등)을 제거하고 금이나 은만 남기는 방법.

멘호테프 4세Amenophis IV*에게 보낸 서신에 "20미나mina(약 11킬로그램) 중 겨우 5미나만 불을 견디고 남았다."**라며 자신이 받은 금의 품질이 너무 낮다고 항의했다. 기원전 500년경, 이집트 금속 세공인들은 이미 금을 순도 99.8퍼센트 정도로 정제할 수 있을 만큼의 기술이 있었다. 비록 회분법으로는 은과 금을 완전히 분리하지 못했지만, 연금술사 중 진짜와 가짜를 어느 정도 가려내기에는 충분했을 것이다. 고대에는 또 다른 기법인 '세멘테이션cementation' 또는 '건식 분리법'***으로 금과 은을 분리할 수 있었다.**** 따라서, 연금술이 오랫동안 계속된 이유를 단순히 당대인의 금속 정련·분석법 미비 때문으로 볼 수는 없다. 이는 연단술이 정련법에 대한 무지에서 비롯했다고 본 H. 더브스의 주장과는 다르다. 갈홍은 금의 특성과 정련법을 잘 알고 있었으며, "백 번을 단련해도 금은 없어지지 않는다."라고 기록했다.*****

아무리 정련술이 뛰어나더라도, 연금술사들은 자신을 속일 수 있었다. 고대인에게 금은 단일한 개념이 아니었으며, 어떤 금은 더 좋았고 어떤 것은 더 나빴다. 예를 들어 게버는 "태양(금)은 가장 섬세한 수은의 정수와 가장 안정적이고 순수한 성질에서 비롯하며, 금은

---

* 즉위한 후 아케나톤Akhenaton으로 개명했다. 자녀로 투탕카멘이 있으며 당대 조류인 다신교를 배격하고 세계 최초로 유일신 신앙을 도입하려 했다가 실패했다.

** (원주) J. Needham, *SCC*, V, Part. 2, p. 39.

*** 열과 고체 시약으로 금속을 분리하는 모든 기술. 대표적으로 세멘테이션, 회분법, 하소煆燒, calcination법 등이 있다.

**** (원주) 이 과정에서는 보통 소금(염화나트륨)과 보리 껍질(또는 다른 탄소 공급원), 벽돌 가루나 점토, 황산구리, 황산철 등을 귀금속 주위에 함께 채운다. 이 혼합물을 높은 온도로 가열하면 금은 거의 반응하지 않지만, 은을 비롯한 다른 금속은 염화물 형태로 변하거나 휘발성 화합물을 형성한다. 이러한 화합물들은 증발하거나 도가니의 재灰에 흡수되며, 그 결과 순금만 덩어리 형태로 남는다. 이렇게 금속에서 금만을 남기는 정제가 이루어진다.

***** (원주) *The Nei P'ien*, p. 71. [감수자 주: 『포박자』 「내편」 금단金丹 1 일부 인용. 원문: 黃金入火, 百煉不消]

소량의 유황으로 색을 얻는데, 이 유황은 고정된 상태의 맑고 깨끗하며 붉은 성질을 지닌 정제 물질이다. 그런데 유황의 색이 다양한 만큼 금의 황색citrinity도 다채롭게 나타난다. 어떤 것은 더 강렬한 노란색이고, 어떤 것은 노란빛이 덜하다.”*라고 말했다. 금을 판별하는데 흔히 쓰였던 두 가지 시험법인 시금석試金石, touchstone과 불은 절대적 기준이 아니라 상대적이었다. 시금석을 쓸 때는 단단하고 검은 돌에 남은 노란 줄무늬의 진한 정도와 그 굵기로 금의 순도를 판단했다. 불로 시험할 때는, 순금이라면 아무런 변화 없이 금이 남아 있어야 했지만, 자연산 금에는 일상적으로 구리나 다른 불순물이 섞여 있었고, 따라서 연금술로 만든 금이 이 시험을 통과하지 못하더라도 이를 결정적 결함이라고 지적하기 어려웠다. 물론 아르키메데스처럼 금의 비중을 측정할 수도 있었지만, 연금술 초기에는 아마도 정확한 측정이 이루어지지 않았을 것이다.

조지프 니덤은 연금술이 정련술 시험 앞에서도 끈질기게 살아남은 또 다른 이유를 제시했다. 장인 계층의 금속 세공인들과 더 부유하고 교양 있는 영적 연금술사들 사이에는 지적, 사회적 장벽이 있어, 이 때문에 서로 전문적인 접촉을 피하는 편이 자연스러울 뿐만 아니라 오히려 이런 접촉을 바람직하지 않게 여겼다는 것이다. 이에 대해 갈홍은 “또한 도道를 믿지 않는 자에게 이 일을 알게 해서는 안 된다. 그들이 신성한 약을 비방하면, 약이 완성되지 못할 것이다.”**라고 조언하는데, 연금술사나 연단술사는 약이나 그 구성 성분을 시험하는 일을 신성모독과 다름없게 여겼을 것이다.

금속 세공인들은 그들의 작업 성격상 귀금속을 실용적으로 구분하고 정의할 필요가 있었다. 그러나 연금술사들에게는 그런 실용적인 시험을 받아들일 이유도, 의지도 없었다. 그들이 생각한 금은 이론적인 개념이었고, 굳이 시장의 요구에 부응할 필요가 없었기에, 어떠한

---

*　(원주) *The Works of Geber*, Englished by Richard Russell, 1678, edited with introduction by E. J. Holmyard, London, 1928, pp. 129-30.

**　(원주) *The Nei P'ien*, p. 75. [감수자 주: 『포박자』 「내편」 금단金丹 3 일부 인용. 원문: 又不令不信道者知之, 謗毀神藥, 藥不成矣.]

사실도 시장에서 통용되는 진짜 금보다 그들이 만든 이론적 금의 질이 더 떨어진다고 받아들이게 만들 수 없었다. 이는 갈홍의 스승 정은鄭隱이 그에게 가르쳤던 내용이기도 하다. "연단술로 만든 금은 여러 약재의 정수를 모아낸 것이므로, 천연 금보다 뛰어난 것이다."* 바로 이 논리 때문에 갈홍은 아래와 같이 얼핏 보면 황당한 주장을 하게 되었을 것이다.

대저 금속이 제대로 만들어져 완성되면 참된 물건이 되니, 겉과 속이 하나같고, 백 번 단련해도 변함없다. 그래서 "못도 만들 수 있다"라고 하는데, 이는 그것이 얼마나 단단하고 굳센지를 드러낸 말이다. 이런 성질은 바로 자연의 도를 따른 것이다.**

갈홍은 틀림없이 금이 금속 가운데 가장 무르며 못을 만들기에는 적합하지 않다는 사실을 알고 있었을 것이다. 위 언급은 두 가지 서로 다른 실험을 말한 것일 때에야 비로소 이해할 수 있다. 하나는 실제로 소량의 금을 얻은 실험으로, 이는 연금술사들이 종종 금을 재료로 썼기 때문에 충분히 가능한 일이었고, 다른 하나는 금처럼 보이는 합금이 만들어진 실험이다.

연금술사들은 그들이 보기에 금처럼 보이는 것을 추구했을 뿐, 그 산물이 무조건 금의 모든 특성을 갖출 필요는 없었다. 이런 것은 어렵지 않게 찾을 수 있었다. 많은 합금이 금, 은처럼 보이지만, 그처럼 값진 성분이 실제 그 안에 들어 있지는 않았다. 예를 들어, 구리와 비소의 합금은 비소가 2퍼센트만 들어 있어도 아름다운 금빛을 띠며, 비소 함량을 약간만 높여 4.6퍼센트가 들어 있으면 은처럼 보이는 합금으로 변한다. 니덤 교수의 지적에 따르면, 단약 중독자들은 우리가 지

---

* (원주) J. Needham, *SCC*, V, Part. 3, p. 2. [감수자 주:『포박자』「내편」황백黃白 1 일부 인용. 원문: 又化作之金, 乃是諸藥之精, 勝於自然者也.]

** (원주) J. Needham, *SCC*, V, Part. 2, p. 67. [감수자 주:『포박자』「내편」황백黃白 1 일부 인용. 원문: 且夫作金成則爲眞物, 中表如一, 百煉不減. 故其方曰, 可以爲釘. 明其堅勁也, 此則得夫自然之道也.]

스웨덴 왕 구스타프 2세 아돌프가 주조한 1탈러 은화(아우크스부르크, 1632)
왼쪽에 금성 기호, 오른쪽에 수성 기호를 새겼다.

금 금 페인트(황화주석)로 알고 있는 것을 몇 갤런(1갤런은 약 4리터)씩 마셨고, 이를 먹을 수 있는 금으로 착각하며 이를 복용함으로써 신선이 될 수 있다고 믿었다.*

연단술사를 비롯한 연금술사들은 수많은 변성 성공 사례 때문에 더욱 자신들의 환상에 고무되었다. 이런 성공담들은 연금술서마다 넘쳐났을 뿐 아니라, 실제로 변성 작업을 기념하려 주조한 많은 동전에 그 증거가 남아 있다고 여겼다. 30년 전쟁에서 유럽 신교도의 영웅이었던 스웨덴 왕 구스타프 2세 아돌프Gustav II Adolf는 자신의 눈앞에서 변성한 금속들로 금화를 주조하도록 명했다. 그 금화의 한쪽

* (원주) 같은 책 p. 71.

에는 왕의 초상을, 한쪽에는 수성과 금성의 기호를 새겼다. 에드워드 2세Edward II(이야기가 불분명한 탓에, 에드워드 3세일 수도 있다.)는 라몬 류이Ramon Llull가 자신을 위해 연금술로 만든 22톤에 달하는 금으로 '로즈 노블rose noble'이라는 금화를 주조했다고 전한다. 그러나 실제로 이 동전은 1465년 이전에는 주조되지 않았다. 덴마크와 노르웨이의 왕이었던 크리스티안 4세Christian IV도 연금술과 화폐 주조에 집착했던 군주였다. 하지만 연금술을 가장 열렬히 지지했던 군주는 신성로마제국의 황제 페르디난트 3세Ferdinand III였다. 1647년에 그는 호프만J. P. Hofmann이라는 연금술사의 변성 작업을 직접 목격했고, 이 금속으로 아름다운 메달 하나를 주조하게 했다. 이 메달 앞면에 문장紋章 두 가지를 새겼는데, 하나는 백합 여덟 송이(플뢰르 드 리fleurs-de-lis, 프랑스 왕실 문장) 문양, 다른 하나는 왕관을 쓴 사자 문양이었다. 그 옆에는 라틴어로 "노란 백합이 눈처럼 흰 사자와 함께 내려온다. 사자는 길들고 백합은 활짝 필 것이다"라는 문구를 새겼다. 그 밑에 새긴 문구는 "현자의 돌, 즉 촉매제tincture 다섯 방울만으로도 기저 금속 1파운드를 변환했다Tincturae Guttae V Libram"이며, 메달 뒷면의 원형 도안 안에 한 손은 칼, 다른 손은 화성(또는 철) 기호를 든 마르스의 모습을 새겼다. 작은 원 6개가 중심에 있는 원을 둘러싸고 있으며, 작은 원에는 각각 다른 금속의 상징 기호가 들어가 있다. 이는 이 변환에서 철이 주원료였음을 뜻한다.

그로부터 1년 뒤에, 황제는 자신이 직접 연금술 변성을 해낸 것을 기념하고자 또 다른 메달을 주조했다. 이때는 최근에 사망한 연금술사에게 연금술을 배웠다고 주장한 리히트하우젠Richthausen이라는 인물에게서 받은 연금술 가루를 썼다. 사기를 막으려 모든 조처를 한 뒤에, 황제는 신비한 가루 알갱이 하나를 수은 3파운드 위에 뿌렸고, 녹아 있던 수은 덩어리는 순금으로 변했다. 이 사건을 기념해 주조한 금화는 300두카트*의 가치를 지녔다. 그는 금화 앞면에 머리에서 광

* 베네치아 금화이자, 1284년 주조 이래 18세기경까지 유럽의 기축통화로 자리 잡았던 화폐. 1두카트는 순금 3.56그램으로 주조되었고, 그 뒤 500년 이상 순도가 변하지 않았다. 15세기 중반에 유럽인들이 넉넉하고 여유롭게 성지

변성을 기념하는 동전

『예술과 연금술*L'Art et L'Alchimie*』, 1966

채가 뿜어져 나오고 발에는 날개 달린 샌들*을 신은 아폴론의 모습을
새겼다. 이는 한때 수은이었던 것을 이제 금으로 바꾸었음을 상징한
다. 또한, 라틴어로 "1648년 1월 15일, 프라하에서 황제 폐하 페르디
난트 3세의 면전에서 나타난 신성한 변형DIVINA METAMORPHOSIS
EXIBITA PRAGUAE 15 JANU. 1648 IN PRAESENTIA SAC. CAES. MAJEST.
FERDINANDI TERTII"이라는 문구를 새겼고, 뒷면에 "이 기술을 지닌
사람은 드물며, 이 기술이 세상에 드러나는 것 또한 드물다. 우리처럼

를 순례하는 데 필요한 비용이 150두카트였다.

* 날개 달린 샌들은 헤르메스를 뜻하는 전형적인 표상이다.

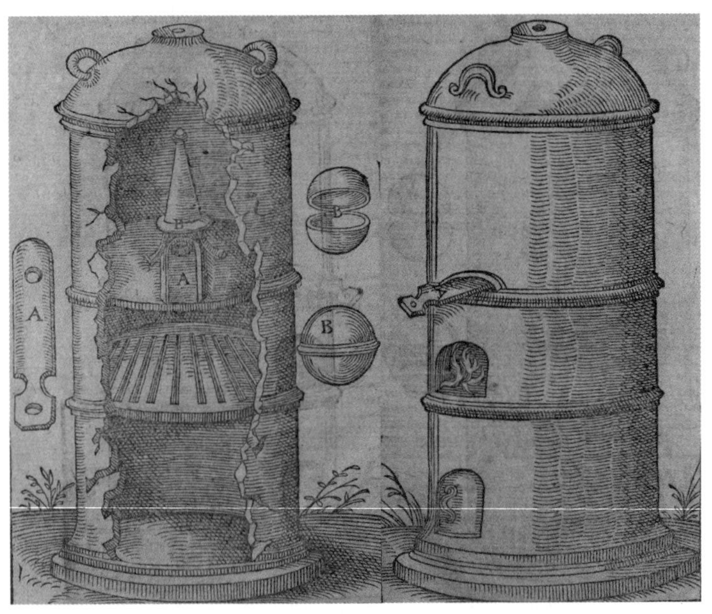

연금술 기기들

미천한 존재들에게 무한한 힘의 일부를 나누어주시는 신께 영원히 찬양을RARIS HAEC UT HOMINIBUS EST ARS, ITA RARO IN LUCEM PRODIT: LAUDETUR DEUS IN AETERNUM QUI PARTEM SUAE INFINITAE POTENTIAE NOBIS SUIS ADJECTISSIMIS CREATURIS COMMUNICAT"이라는 문구를 새겼다. 1650년에도 황제는 다시 한번 리히트 하우젠의 가루로 변성을 시도했고, 그 성공을 기념하는 메달을 또 주 조했다. 이번에는 "납으로 된 부모에게서 태어난 황금의 딸"이라는 문구를 새겼다. 황제는 이에 대한 감사의 뜻으로 리히트하우젠에게 카오스 남작Baron of Chaos이라는 칭호를 수여하고 귀족으로 책봉했 다.*

---

* (원주) 연금술 화폐에 대해서는 다음을 참고. J. van Lennep, *L'Art et L'Al-chimie* and E. Holmyard, *Alchemy*, pp. 128ff. 또한, 황제의 연금술 변성에 대한 생생한 기록은 다음을 참고. Lenglet Du Fresnoy, *Histoire de la Philosophie Hermetique*, ii, pp. 35-40.

이렇게 매혹적인 이야기가 내려오다 보니, 사람들이 연금술에 혹해 가난의 구렁텅이에 빠지는 것도 이상한 일이 아니다. 제프리 초서는 『캔터베리 이야기』의 「성당 참사회 위원의 자작농 이야기*The Canon's Yeoman's Tale*」에서 이렇게 썼다.

…… 우리 모두 필사적으로 현자의 돌, 엘릭서라 부르는 것을 찾고 있었습니다. (중략)

그것 때문에 우리는 가진 모든 것을 탕진했고,

그 사실을 생각하는 것만으로도 미쳐버릴 지경이지만,

절망의 끝에서도 언젠가 현자의 돌이 우리를 구원하리라는 희망이 마음속에 스며들곤 하지요.

그러나 아시다시피, 그러한 희망과 믿음은 고통스럽고도 지독한 것입니다.

단호히 경고하건대, 이는 끝없는 여정입니다.

장차 얻을 무언가에 대한 맹목적인 믿음이,

자기가 가진 모든 것을 기꺼이 내던지게 만드니까요!

대大 피터르 브뤼헐Pieter Bruegel the Elder*의 판화 〈작업 중의 연금술사An Alchemist at Work〉에는 남루한 옷차림의 연금술사가 연금로 앞에서 작업에 몰두한 모습이 그려져 있다. 그의 주위에는 깨진 증류기, 플라스크, 그릇들이 널브러져 있고, 곁에는 그의 지친 아내가 텅 빈 돈주머니를 흔들며 절망하고 있다. 굶주린 두 아이는 찬장을 뒤져 남은 음식 조각을 헛되이 찾고 있다. 그리고 배경 뒤 창문 너머로, 이 비극이 어쩔 수 없이 맞이할 결말을 볼 수 있다. 연금술사와 그의 가족이 결국 구빈원救貧院, poorhouse**에 들어서는 장면이다.

연금술에서도 빛난다고 해서 모두 금은 아니었다. 하지만 믿고자 하는 의지가 너무 강한 나머지, 많은 이가 수없이 기록된 사기 사례에

---

*   15~16세기 플랑드르의 화가.

**   이름은 빈자를 구하는 공간이나, 이 시기에는 실업자와 빈민이 사회와 격리된 채 열악한 위생 상태와 강제 노동에 시달리는 공간이었다.

대 피터르 브뤼헐Pieter Bruegel the Elder, 〈작업 중의 연금술사〉, 1558

도 끝까지 희망을 품었다. 정처 없이 떠도는 수상한 연금술사들과 엮이는 일이 얼마나 위험한지는 누구나 잘 알았지만, 순식간에 부자가 될 수 있다는 유혹 앞에서 사람들은 그 교훈을 잊기 일쑤였고, 그 때문에 연금술은 언제나 불명예스러운 평판을 피할 수 없었다. "내 눈은 아직도 가려졌던 털 뭉치 때문에 시리오."라고 실망한 성당 참사회 위원의 자작농은 통탄했다. 그래도 그의 주인은 정직하게 연금술의 꿈을 이루고자 노력했던 사람이었다. 그러나 모든 연금술사가 그렇게 양심적이지는 않았다. 많은 이가 언제나 순진한 대중을 노려 사기를 쳤다. 기록상 최초의 사기꾼 중 한 명은 300년경, 이런 말을 솔직하게 남겼다.

금과 납을 밀가루처럼 고운 가루로 만들어 금 1, 납 2의 비율로 섞는다. 그 둘을 잘 섞은 후 끈끈한 수지樹脂 같은 것을 이용해 반죽처럼

작업 중인 연금술사와 그의 조수
한스 베이디츠Hans Weiditz, 〈연금술사An Alchemist〉, c. 1530.

만들어 혼합한다. 이 혼합물을 구리 반지에 발라 덮고 가열한다. 이 반지가 금빛을 띨 때까지 반복 가열한다. 이렇게 만든 물건은 겉보기에 진짜 금처럼 보이며, 시금석으로 시험해도 금으로 판정된다. 이는 가열하면 납은 타서 사라지나 금은 남기 때문이다. 그래서 이 속임수를 간파하기는 매우 어렵다.*

또 다른 사기 기법으로는 이중 바닥으로 된 도가니 또는 금을 안쪽에 숨기고 밀랍Wax으로 막은 속이 빈 막대기를 사용하는 방법이 있었다. 화로의 열기와 구경꾼들의 탐욕스러운 눈길은 정말 마법을 일으키는 절묘한 짝이었다. 심지어 변성을 기념해 주조한 일부 주화나 메달조차 능숙한 사기꾼의 눈속임 덕에 탄생한 것들이었다. 대표적

* （원주）J. R. Partington, *A Short History of Chemistry*, New York, 1957.

인 속임수로는 은과 금의 합금으로 만든 백색 동전을 질산에 담가서 질산이 은만 녹이고 남은 절반이 순금처럼 보이도록 한 것이다.* 마치 동전 절반이 눈 깜짝할 사이에 순금으로 변한 것처럼 보이는 이 간단한 속임수는 매우 효과적이었고, 오늘날에도 이와 같은 사기 행위로 만들어진 동전 일부가 박물관에 전시되어 있다. 이는 현실적인 근거가 부족한데도, 자신이 바라는 대로 일이 이루어지리라는 생각이 얼마나 강력했는지를 보여주는 생생한 증거다.

죽음에 대한 생생한 기록조차 연금술사의 발걸음을 멈추게 할 수 없었다. 그들은 자신을 부유하게 만들거나 영생을 가져다줄 엘릭서를 계속 찾아 나섰다. 그들의 기술은 영적으로나 정신적으로나 너무 복잡하고 많은 것을 요구했기에, 반복적인 실패는 언제든 그럴듯한 핑곗거리가 늘 준비되어 있었다. 『캔터베리 이야기』에서 성당 참사회 위원은 실험이 거듭 실패하자 수행원들에게 "도가니에 황금이 생기지 않은 건, 아마도 그릇에 금이 가서 황금이 샜기 때문일 거야. 뭐, 어쨌든 멍하니 서 있지 말고! 어서 바닥 쓸어, 평소처럼. 힘내! 기운 빠지지 마!"라고 말한다. 연금술사들은 쉽게 낙담하지 않았다. 무려 2천 년 동안. 아마도 이런 불굴의 태도를 가장 애잔하게 보여주는 장면은, 갈홍이 『포박자』에서 언급한 자전적 진술일 것이다.

나는 가난하고 고통스러운 처지에 있으며, 또 여러 재난을 겪어 끝없이 막막하고 곤궁한 처지에 놓였다. 게다가 길마저 막히고 약재도 구할 수 없어, 결국 아무 일도 할 수 없게 되었다. 내가 사람들에게 "내가 금과 은을 만드는 방법을 안다."라고 말하지만, 정작 나는 굶주리고 추위에 시달리고 있으니, 이는 마치 스스로 걷지도 못하면서 절름발이를 치료하는 약을 팔고 있는 것과 같다. 이런 말로 사람들을 설득하기란 불가능한 일이리라. 하지만 세상일이 늘 뜻대로 되지는 않기에, 그런 이유만으로 이 말을 거짓이라 단정할 수는 없다. 그래서 부지런히 붓을 들어 글을 남기는 것은, 훗날 호기심 많고 새로운 것을 추구

* (원주) 같은 책, p. 36.

하며 진정한 가치를 알아보는 이들이 내 글을 보고 그 속에 담긴 도의 뜻을 이해하기를 바라는 마음에서이다.*

연금술은 여러모로 17세기 네덜란드의 튤립 열풍이나 중세 때에 유행한 마법 같은 대중적 망상의 하나로 보인다. 그러나 연금술이 건전한 철학과 정확한 관찰에 바탕을 두었다는 사실은 부인할 수 없다. 변성이란 어리석은 자들만 그것을 부인할 수 있고, 일상의 관찰에서 얻을 수 있는 사실 그 자체였다. 연금술사에게 자연의 모든 것은 살아 있고 탄생, 성장, 번식, 죽음의 순환을 거쳤다. 금속과 광물은 땅속에서 태어나고 자라나며 번식하고 죽었다. 관찰은 이론을 바탕으로 이루어졌고, 이론은 다시 관찰로써 검증되었다. 관찰과 이론이 충분히 의심받기 전까지, 갈홍과 그의 동료들이 어찌 감히 그들의 꿈을 포기했겠는가?

중국에서는 이런 의심을 품었던 사람이 없었지만, 서양에서는 17세기에 이에 관해 의심하는 사람이 생겨나기 시작했다. 이 시기는 아리스토텔레스의 물리학으로는 설명할 수 없던 문제들을 해결하고자 고대 원자론을 재발견하던 시기였다. 원자론의 재도입은 물리학에 지대한 영향을 주었고, 놀라울 만큼 빠른 변화를 일으켰다. 갈릴레이와 뉴턴은 이 이론에 자극받아 불과 100년도 안 되는 기간 동안에 기존의 세계관을 완전히 바꾸는 이론들을 제시했다. 원자론이 연금술에 미친 영향은 물리학보다 훨씬 더디고 덜 명확하게 나타났지만, 그 변화의 깊이는 절대 덜하지 않았다. 원자론은 연금술사들의 유기적이고 질적인 이론을 대체했고, 변화 과정을 기계적 모델로 설명함으로써 정밀하고 정량적인 실험을 장려하게 만들었다. 이런 변화는 결국 연금술의 쇠퇴로 이어졌다.

* (원주) *The Nei P'ien*, p. 262. [감수자 주: 『포박자』 「내편」 황백黃白 1 일부 인용. 원문: 而余貧苦無財力, 又遭多難之運, 有不已之無賴, 兼以道路梗塞, 藥物不可得, 竟不遑合作之. 余今告人言, 我曉作金銀, 而躬自飢寒, 何異自不能行, 而賣治躄之藥, 求人信之, 誠不可得. 然理有不如意, 亦不可以一概斷也. 所以勤勤綴之於翰墨者, 欲令將來好奇賞真之士, 見余書而具論道之意耳.]

원자론만으로는 원자와 변성을 둘 다 믿을 수 있었기에, 연금술에 대한 신뢰를 무너뜨릴 수는 없었다. 화학이 원소를 독특한 화학적, 물리적 특성을 띤 개별 물질의 최소 입자라는 현대적 정의가 공식화된 라부아지에 시대에 들어서기 전까지, 17, 18세기의 기계론* 철학자들은 물체를 불연속적인 원소나 미립자로 나뉜 균일한 물질이라고 믿었다.

로버트 보일은 1661년에 출간한 『회의하는 화학자』에서 기존 원소 개념—아리스토텔레스의 흙, 공기, 물, 불의 사원소설과 파라켈수스의 유황, 수은, 소금—을 대체할 새로운 정의를 제안하며, "나는 이제 원소를 다른 물질 또는 상호 영향으로 만들어지지 않은, 원초적이고 단순하며 완전히 섞이지 않은 물질이라고 정의하겠다. 이들은 완전히 혼합된 물질들을 직접 구성하는 재료이며, 결국 그 물질들은 분해 후 이 원소들로 돌아간다."**라고 썼다. 보일은 이런 원소 입자가 모두 모양이 같은지, 아니면 크기, 형태, 질감, 운동이 다르기에 성질도 다른지는 확신하지 못했다. 그러나 그는 원소들이 물리적 특성(형태, 운동 등)에 따라 서로 다르고, 이런 차이로 인해 물질의 성질이 결정된다는 이론에 더욱 매력을 느꼈고, 이를 바탕으로 변성을 순수한 기계론적 관점에서 설명하려 했다.

이 문제를 솔직하고 꾸밈없이 설명하자면, 모든 금속과 물질이 공통된 하나의 보편적인 물질로 만들어졌다고 가정해보자. 그리고 그 차이는 단지 그 안을 이루는 작은 입자들의 모양, 크기, 운동이나 정지 상태, 혹은 조직 방식에 따른다고 본다면, 나는 어떤 금속을 다른 금속으로 변성하는 것이 본질적으로 불가능하다고 생각하지는 않는다. 왜냐하면, 이는 결국 하나의 물질 조각(입자)이 다른 물질 조각과 똑같이

<hr>

* Mechanistic philosophy. 17, 18세기 유럽에서 주로 발전한 철학적 관점으로, 초기 과학혁명 시대의 핵심 사상이다. 자연과 우주의 모든 현상을 물리 법칙에 따라 움직이는 기계라고 설명하려 했다. 대표적인 철학자로 데카르트, 홉스, 보일이 있다.

** (원주) R. Boyle, *The Sceptical Chymist*, Everyman's Library, 1964, p. 187.

배열(조직)되는 것일 뿐이기 때문이다. 즉, 두 물질이 동일한 기본 재료로 이루어져 있고 배열만 다르다면, 배열만 바꿈으로써 다른 물질로 바꿀 수 있다는 뜻이다.*

보일은 순수한 빗물을 반복 증류해 하얀 흙으로 변성할 수 있으리라고 믿었다. 그는 이런 변성이 어떻게 일어났는지 설명하고자 완벽하게 합리적인 기계론 모델을 제안했다.

어떤 과감한 원자론자들은 이렇게 말할지도 모르겠다. 물속의 입자들이 아주 천천히 계속 움직이며 무수히 많은 충돌을 일으키는데, (중략) 이런 충돌로 입자들은 마찰하거나 깎이듯 갈려서 표면이 매끈해지거나 달라붙기 쉬운 상태가 되고, 아니면 서로 얽히고 엉켜 마치 작은 매듭처럼 결합하게 된다. (이는 내가 다른 곳에서 말한, 잘 닦인 유리 조각들이 맞닿으면 달라붙는 현상과 비슷하다.) (중략) 이렇게 결합한 입자 덩어리(작은 매듭 또는 응집체)는 점차 너무 크고 무거워져서 물이 더는 그 입자들을 떠받치지 못하게 되고, 결국 가루 형태로 바닥에 가라앉게 된다.**

보일은 물에서 가루가 생기는 현상을 관찰하면서, 연금술사들이 오랫동안 시도했던 변성이 실제로도 가능하리라고 확신했다. 만약 물에 고정성과 무게라는 두 성질을 추가해서 흙으로 바꿀 수 있다면, 이 두 가지 성질을 기저 금속에 부여해서 금으로 변성하는 것도 분명 가능하리라 본 것이다. 보일은 "만일 (중략) 이 가루를 정말로 물에서 만들었다고 확인할 수 있다면, 그것은 지금 당장 예측하지 못할 만큼 중대한 의미를 지닐 수 있고, 연금술사들이 다른 금속들을 금으로 바꾸려 했던 소망이 그리 헛된 일이 아닐 수도 있다."***라고 말했다. 보

* (원주) R. Boyle, *The Works of the Honourable Robert Boyle*, London, 1772-8, iii, pp. 93-4.

** (원주) 같은 책, p. 105.

*** (원주) 같은 책, p. 108.

일의 이런 생각과 추측은 훗날 아이작 뉴턴이 기계론적 변성 이론을 전개하는 기반이 되었다. 뉴턴은 이런 변성 가능성 자체를 의심하지 않았다.* 헤르만 부르하버 또한 변성의 가능성을 믿은 열정적인 원자론자였고, 그의 정밀한 실험과 경험주의적 접근은 그를 화학사에서 존경받는 인물로 자리매김하게 했다.

연금술의 근본 신념인 변성 개념을 훼손하지 않으면서도, 기계론은 화학반응 연구에 더 합리적인 접근을 권했다. 빈 공간 속을 튀면서 움직이는 작고 단단한 물질의 입자들을 다루는 일은, 기저 물질을 '죽이고' 그것을 더욱 고귀하고 완전한 생명으로 '부활'시키는 일보다 감정적으로 훨씬 덜 자극적이다. 보일의 기체 이론과 라부아지에의 화합물 이론은 영적 연금술사들의 발밑에서 기반을 걷어냈다. 그들이 종교적 또는 심리적 체험을 물질에 투사하려면 물질과 자신을 동일시할 수 있어야 했는데, 융의 지적대로 이는 물질이 모호하고 유기적이라 여길 때에만 가능한 것이었다. 보일과 라부아지에가 전혀 다른 개념을 제안함으로써, 기계론자들은 연금술을 화학이라는 실험과학과 신지학神知學으로 분리하는 데 성공했다. 화학은 점차 새로운 기계론을 수용했고, 신지학은 과거의 물활론 사상에 매달려 있었다. 이 분리로 연금술은 그 신비로움과 매력을 잃고 말았다.

기계론이 17세기에 강력한 입지를 다지게 된 이유로 파라켈수스파 연금술사들의 과장되고 허황된 주장들에 대한 반작용을 들 수 있다. 이성의 열렬한 옹호자이자 케임브리지 플라톤주의자였던 헨리 모어Henry More는 이들의 신비주의적인 열광을 반박하고자 책 한 권을 썼고, 수많은 책에서 언급했다. 그는 『열광주의의 승리Enthusiasmus Triumphatus』에서 "이것이야말로 연금술사를 한심한 철학자로 만드는 이유다. 자기 분야의 몇 가지 사소한 장난감이나 살펴본 것을 가지고, 신학과 자연의 모든 것에 대한 해답을 제시할 수 있다고 믿으니 말이다. 이건 마치 모래사장에서 부러진 노櫓의 조각을 하나 주운 사람이, 그것을 토대로 배 전체를 재구성하려고 머리를 쥐어짜는 것만큼이나

* (원주) B. J. Dobbs, *The Foundations of Newton's Alchemy*, pp. 199ff.

우스운 일이다."라고 썼다.* 예수회 교육을 받은 프란치스코회 수도 사이자 과학자, 문필가 마랭 메르센Marin Mersenne도 당대 연금술사들의 허풍스러운 언사와 웅대한 계획에 환멸을 느낀 많은 사상가 중 하나였다. 그는 이들을 다른 모든 오컬트주의자들과 한데 묶어서 별, 악마, 정령, 세계의 혼 등 온갖 환상적인 것에 힘이 있다고 주장함으로써 인간의 자유의지와 신의 무한한 능력을 훼손한다고 비판했다. 메르센의 관점에 따르면, 연금술사들이 내세운 해법은 해법이 아니었다. 명확하지도 않고 검증할 수도 없는 방법이었기 때문이다. 메르센은 아리스토텔레스와 교회의 전통 교리를 신뢰하며, 철학자와 과학자 들이 이를 바탕으로 냉정하고 성실하게 연구해야 한다고 주장했다.

또한, 그는 영적 연금술에 깊은 반감을 품었는데, 이는 영적 연금술이 믿음 없이도 구원을 얻을 수 있다는 착각을 불러일으킨다고 여겼기 때문이었고, 실제로도 그런 경향이 있었다. 그러나 그는 연금술 자체를 완전히 부정하지는 않았다. 오히려 비밀이나 신비주의 없이 연금술을 연구할 수 있는 아카데미 설립을 제안하기도 했다.**

17세기 들어 비밀이나 신비에 대한 거부감은 점점 더 커졌다. '진실을 감추고 신비한 말투로 말하는 방식mystie speech'은 과학, 의학, 정치, 종교, 교육, 언어, 농업 등 인간 삶의 모든 영역을 개혁하려는 열정이 뜨거웠던 시대에 설득력을 점점 잃어갔다.

16, 17세기에는 연금술이 엄청난 부흥기를 맞았다. 그 매력의 일부는, 분열된 기독교 세계가 남긴 공허함을 채워줄 수 있다는 점에 있었다. 신뢰를 잃은 교회의 교리 속에서 구원을 찾을 수 없었던 사람들은 종교 대신 연금술을 통해 자신만의 구원 체계를 구축했고, 이 체계는 종교를 넘어 과학과 사회의 개혁까지도 포괄하는 물활론적 철학에 기반하고 있었다. 이 연금술사들은 그 사상의 많은 부분을 르네상스의 신플라톤주의와 헤르메스주의에서 빌려왔다. 이 세 가지 사상

* (원주) H. More, *Enthusiasmus Triumphatus*, London, 1662, p. 36.
** (원주) M. Mersenne, *La Vérité des Sciences*, Paris, 1625, pp. 105-6.

은 모두 세계를 하나의 유기체로 보고, 그 안에 식물이나 동물, 인간
과 영적 세계를 관통하는 영적인 힘이 작용한다고 여겼다. 프랜시스
예이츠Frances Yates*는 이러한 사고방식에서 발전한 '마법사magus의
사고방식'을 훌륭하게 묘사했으며, 이 사고방식은 인간이 자연을 이
해하고 통제할 수 있다는 신념을 심어주었다.** 이러한 정신은 파라
켈수스의 저작에 잘 나타난다. 그는 신플라톤주의, 헤르메스주의, 연
금술을 결합해 당시에는 혁명적인 사상들을 만들어냈다. 파라켈수스
에게 신은 신성한 연금술사이자, 혼돈 속의 원소들을 하소假燒하고,
응고시키고, 증류하며, 승화시키는 과정을 통해 세상을 창조하신 분
이었다. 모든 것이 화학반응 때문에 창조, 변성, 소멸한다는 것이 그
의 관점이었다. 그에게 화학은 신학, 물리학, 의학의 비밀을 풀 수 있
는 우주의 열쇠였고, 연금술사는 자신의 실험실에서 일어나는 반응
을 더 큰 차원에서 읽기만 하면 창조의 신비를 이해할 수 있다고 믿
었다.***

　파라켈수스와 그의 추종자들은 연금술을 한낱 금이나 만드는 기
술에서 물질의 모든 변화에 관심을 두는 보편적인 물질과학****으로
바꾸었다. 니케즈 르페브르Nicaise Le Febvre*****는 자신의 유명한 저서

---

* 　20세기 영국의 역사가. 『지오다노 브루노와 헤르메스주의 전통』, 『기억의
기술』, 『장미십자회의 계몽』 등 르네상스 시대의 오컬트 또는 신플라톤주의
철학에 대한 광범위한 저서를 남겼다.

** 　(원주) F. A. Yates, *Giordano Bruno and the Hermetic Tradition*, London,
1964; Idem. 'The Hermetic Tradition in Renaissance Science', Art, *Science and History in the Renaissance*, edited by C. S. Singleton, 1968.

*** 　(원주) Paracelsus, *Philosophia ad Athenienses*, 1564. 많은 연금술사는 창조
를 일종의 연금술적인 분리 과정으로 묘사했던 파라켈수스의 의견을 따랐다.
관련한 논의는 다음 문헌에서 찾아볼 수 있다. Gerhard Dom, 'Liber de naturae luce physica, ex Genesi desumpta' in *Theatrum Chemicum*, iii; Robert
Fludd, *The Mosaicall Philosophy*, p. 175; A. E. Debus, *The Chemical Philosophy
of the Renaissance*, i, pp. 86-87, 125.

**** 　연금술에서 근대 화학으로 넘어가는 과도기적 자연철학.

***** 　루이 14세 시대 프랑스의 화학자, 연금술사.

『완전한 화학*Traité de la Chymie*』에 이렇게 썼다.

> 화학이란 다름 아닌 자연 그 자체의 기술이자 지식이다. 우리는 화학을 통해 자연의 실체가 무엇으로 구성되고 어떻게 결합하는지를 탐구하며, 그 생성과 소멸, 변화와 변형의 원인과 근원을 조사한다. 즉, 화학은 자연이 자신을 드러내는 방식이자, 모든 물질이 겪는 변화의 원리를 탐색하는 도구이다.

이 정의는 토마스 아퀴나스가 내렸던 정의와 상당히 다르다. "연금술사의 주된 역할은 금속을, 즉 불완전한 것을 속임수가 아닌 진정한 방식으로 변성하는 것이다."* 17세기 무렵이 되자, 현자의 돌은 더는 기저 금속을 금으로 변성하거나 질병을 치료하는 이상적인 물질이 아니었고, 그저 연금술사의 실험실에서 이루어지기만을 학수고대한, 수많은 실용적 발견을 뜻하는 말이 되어버렸다.

연금술의 역할을 새롭게 확장했던 이 관점은 16, 17세기 유럽 전역을 휩쓸었던 밀레니엄 운동** 속에서 깊은 공감을 불러일으켰다. 이 시기에 종교전쟁이 불러온 참화는 오히려 세상의 종말이 가까워졌다는 믿음을 더욱 강화했다. 새로운 재앙이 닥칠 때마다 사람들은 성경에 써 있는 것처럼 세상이 큰 혼란에 빠진 뒤, 의롭고 선한 이들이 다스리는 시대가 오리라는 믿음을 더 굳게 가졌다. 한편, 대항해시대와 망원경, 현미경, 공기 펌프, 기압계 같은 과학 도구의 발명은 사람들의 기대감을 더욱 키웠다. 새로운 기술들은 새로운 별, 동물, 식물, 이제까지 탐험하지 못한 미지의 대륙, 그리고 맨눈으로는 볼 수 없던 작은 생물까지 보여주었다. 이처럼 새롭고 놀라운 정보가 쏟아지자, 사람들이 믿던 고대의 폐쇄적 세계관은 점차 설득력을 잃었고, 사람들은 서서히 과학이 눈부시게 발전하는 새로운 황금시대가 열리고

---

* (원주) 다음에서 인용. F. Taylor, *The Alchemists*, London, 1976, p. 85.

** 역사 속에서 특정 집단이 종말론적 기대와 함께 다가오는 '천년왕국mil-lennium', 즉 신의 통치의 실현이 곧 도래하리라 믿으며 벌인 종교적·사회적 운동.

있다고 믿게 되었다. 이런 분위기 속에서, 「다니엘서」 12장 4절은 전쟁과 혼란에 지친 사람들에게 희망처럼 여겨졌다. "많은 사람이 빨리 왕래하며 지식이 더하리라."

「장미십자회 선언문」은 17세기 초에 유행하던 유토피아 사상을 잘 보여주는 대표 사례였다. 이 선언문은 영적 연금술의 언어와 상징을 빌려 사회의 영적 재생을 촉구했고, 이를 가능하게 만들 사회, 경제, 정치, 종교적 개혁에 대한 밑그림을 넓은 틀에서 제시했다. 이 선언문에 대한 반응은 실로 엄청났다. 수많은 사람이 본명 또는 익명으로 공개서한을 발표하며 장미십자회 회원으로 자칭하거나 이 비밀결사에 끼워달라고 간청했다. 하지만 이 호소 가득한 편지들은 마치 산타클로스에게 보내는 편지처럼, 실제 장미십자회 회원에게 답장받지는 못했던 것으로 보인다. 이 때문에 많은 학자는 이 단체가 실존하지 않았을 가능성을 제기한다. 그러나, 이 단체의 실존 여부는 불확실하지만, 이 선언문이 미친 영향은 확실하다. 왜냐하면, 이 선언문은 과학과 사회 개혁의 움직임에 불을 붙였고, 연금술을 포함한 모든 지식 분야에서 더 개방적이고 협력적인 태도를 만드는 데 이바지했기 때문이다.*

이 성명서를 작성한 이가 누구인지는 알려지지 않았으나 유토피아 사상과 영적 연금술을 결합한 내용을 저술한 요한 발렌틴 안드레에 Johann Valentin Andreae**가 썼다고 여기곤 한다. 그의 저서 중 가장 잘 알려진 『기독국가Christianopolis』에서는 시민의 건강, 교육, 복지를 증진하려면 이상적인 사회를 어떻게 조직해야 하는지 설명했다. 안드레에가 묘사한 제도의 하나로 '실험실'이 있는데, 이는 자연을 탐구하고 공익을 위해 모든 유용한 발견을 활용하는 데 전념하는 기관이다.

여기에서는 금속, 광물, 식물의 성질은 물론 동물의 생명까지 인류의 복지와 건강을 위해 조사되고, 정화되며, 증진되고, 결합한다. 하늘과 땅이 이곳에서 결합하고, 대지에 각인된 신성을 발견한다. 이곳에서 인간은 불을 다루고, 공기를 활용하며, 물의 가치를 인식하는 법과 땅을 시험하는 법을 배운다. 여기에는 자연의 모방자가 자연의 원리를 따라 놀 수 있는 장이 마련되어 있으며, 그리하여 거대한 자연의 작동 원리의 흔적을 좇아, 또 다른 작고 정교한 체계를 만들어낸다. 고대인들의 노력으로 자연의 심장에서 캐내고 추출한 모든 것이 이곳에서 면밀하게 검토되며, 우리는 자연이 진실로 충실하게 우리에게 드러났는지를 확인하고자 한다. 정말로 이는 인간적이고 고결한 과업이며, 모든 진정한 인간이 마땅히 찬동하는 일이다.*

안드레에가 그린 세상에서는, 헤르메스 트리스메기스투스가 "만물을 알고자 한다면 만물이 되어라."라고 전한 말이 이제 추상적 철학이 아니라 화학자의 실험실이라는 현실 공간에서 실현되고 있었다.**

프랜시스 베이컨은 「장미십자회 선언문」과 안드레에의 『기독국가』에 큰 영향을 받은 철학자였다.*** 베이컨은 '위대한 재건Great Instauration'이라는 이름으로 학문의 전면 쇄신을 구상했고, 그로써 인류는 다시 황금시대로 들어설 수 있으리라고 믿었다. 그의 이러한 비전은 인간 지식 전체를 정리하고, 특히 개선이 시급한 분야를 짚어내려는 방대한 작업의 원동력이 되었다. 그는 이 작업을 계획했으나 끝내 전부 완성하지는 못했다. 이 방대한 작업 중에 잠시 숨을 돌리고자, 그는 자신만의 유토피아 이야기인 『새로운 아틀란티스The New Atlantis』를 집필했다. 이 이상적인 사회에서 베이컨이 가장 매력을 느낀 기관은 '솔로몬의 집'이라는 대규모 과학 연구 기관이었다. 이곳은 안드레에가 상상한 실험실이 떠오를 만큼 규모도 크고 장비도 훌륭했다. 솔로

---

* (원주) J. V. Andreae, *Christianopolis*, translated with his torical introduction by F. E. Held, New York, 1916, pp. 196-7.

** (원주) 이 책 154쪽 참고.

*** (원주) F. A. Yates, *The Rosicrucian Enlightenment*, pp. 125ff.

몬의 집 역시 지구 곳곳의 하늘, 바다를 탐구하는 데 전념했고, 그 목적은 베이컨의 표현을 빌리자면 '인류 삶의 질 향상'이었다.

안드레에나 베이컨 모두 과학적으로 새롭거나 중요한 사실을 많이 언급하지는 않았다. 그들의 견해에서 참신했던 것은 각 구성원이 같은 목적에 따라 같은 방법으로 연구하는 과학기관에 대한 발상이었다. 비록 이 과학적 비전들이 영적 연금술의 거창하고 신비한 구상에서 영감을 받긴 했으나, 그때까지 연금술의 핵심 요소였던 비밀주의, 신비주의는 이들이 구상한 과학 아카데미에서 어떤 역할도 하지 못했다. 이는 17세기의 유토피아 문학이 일으킨 중요한 혁신이었고, 동시에 연금술의 쇠퇴에 가장 큰 영향을 미쳤다. 연금술이 더는 숨겨진 비밀이 아닌, 공개된 탐구의 영역으로 나오고, 연금술사들이 서로의 발견을 자유롭게 공유하기 시작하면서, 우리가 오늘날 자연과학에서 당연하게 여기는 엄청난 발전의 무대가 비로소 마련되었다.

연금술이 신비로운 과거의 어둠에서 벗어나 실용 화학으로 발전한 과정은 청교도혁명 시기에 잉글랜드 지역에서 활발히 활동했던 밀레니엄 운동가 집단의 계획에서 잘 드러난다. 프로이센 출신 이민자인 사무엘 하틀리브Samuel Hartlib*를 중심으로 모인 이 개혁가들은 베이컨이 제시한 황금시대로의 귀환이라는 비전에 열정적으로 동조하며 잉글랜드 사회 전반을 개혁하고자 했다. 인간의 자연에 대한 지배권 회복은 그들 저작의 중심 주제였고, 이는 그들에게 인간 본성과 사회에 대한 급진적이며 낙관적인 시각을 가지게 했다. 베이컨의 사상을 따른 이들은 과학과 기술을 유토피아 실현을 위한 실용적 수단으로 간주했고, 인간의 삶을 개선할 실질적 계획에 집중했다.**

이 집단의 중심인물 하틀리브는 과학자와 개혁가와 대중 사이의 소통 창구를 확립하고자 영웅적으로 지치지 않고 일했다. 그는 농업

* 17세기 프로이센 태생의 영국 교육 및 농업 개혁가. 보편 교육의 열렬한 옹호자였고, 지식 교류에 적극적으로 나서 2만 5000쪽에 달하는 서신 『하틀리브 문서』를 비롯해 많은 저서를 남겼다.

** (원주) C. Webster, *The Great Instauration: Science, Medicine and Reform (1626-1660)*, London, 1975.

과 의학, 화학, 빈민 구제, 교육, 언어, 화폐, 제조 기술을 개선할 제안을 직접 집필하거나 다른 이들이 출판하도록 격려했다. 그는 국회에 여러 차례 청원해 테오프라스트 르노도Theophraste Renaudot*의 모델을 따라 '주소국Bureau of Address' 설립을 요구했는데, 이 기관은 직업 소개소 기능뿐만 아니라 사회, 경제, 과학 분야의 정보를 수집, 보급하는 중심지 역할을 하도록 구상되었다.

개혁에 대한 하틀리브의 비전에서 핵심 개념은 개방성, 소통, 협력이었고, 이는 그의 집단 구성원이 제안한 연금술 계획에도 그대로 반영되었다. 벤저민 워슬리Benjamin Worsley가 제안한 초석(질산칼륨) 생성 계획은 이를 보여주는 좋은 예이다. 비록 이 계획은 성공하지 못했지만, 연금술이 어떻게 공동의 이익을 위한 협력적 사업으로 인식되기 시작했는지 잘 보여준다. 연금술사 대부분처럼, 워슬리도 적절한 조건만 갖추면 지하에서 금속, 광물, 소금이 생성된다고 믿었다. 그는 초석 생성에 적합한 조건을 인위적으로 조성해 이를 대규모로 생산하려는 계획을 세웠다. 초석의 생산은 충분한 화약 공급을 가능케 해 영국의 안보에 이바지할 뿐만 아니라, 이 초석을 비료, 살충제, 생선용 방부제, 그리고 영국산 양모의 품질을 뛰어나게 만들 특별한 성분으로도 쓸 수 있으리라 생각했다. 이러한 초석의 활용은 수입을 줄이고, 국내 생산을 늘리며, 귀금속의 유출을 막고, 물가를 낮추며, 농업 발전과 빈민 고용, 해운업 확장, 해외 식민지 확대에 활용하고, 영국의 부와 위신을 높이는 데 이바지할 수 있었다. 또한, 늘어난 수입으로 의회는 법률 개혁을 단행하고, 복음을 전파하며, 교육을 확대해 학문을 전반적으로 발전시킬 수 있는 여력을 갖게 될 것이다. 이러한 활동들은 결국 유대인의 종말론적 회심과 교회 간 화해로 절정에 이를 것이라는 희망으로 이어졌다!**

* 17세기 프랑스의 의사, 자선가, 언론인. 프랑스 최초의 신문 《라 가제트La Gazette》 발간자이자 신문 개인 광고를 발명한 사람이다.

** (원주) 같은 책, p. 374. [감수자 주: 당대 기독교 밀레니엄 사상에서 유대인의 기독교 개종은 예수 재림과 천년왕국 도래를 앞당기는 전조로 여겨졌고, 종교개혁 이후 분열된 기독교 종파가 통일되리라고 생각했다.]

워슬리의 계획은 실패로 돌아갔다. 안타깝게도 그 계획은 잘못된 이론에 근거했기 때문이었다. 그의 계획은 장미십자회의 개혁 계획처럼 밀레니엄 운동을 암시했지만, 연금술의 놀라운 효과를 기존처럼 신비주의적인 방식으로 이야기하는 대신, 공익을 위한 공개 실험으로 연금술의 지혜 하나를 실제로 검증하려 했다. 워슬리의 또 다른 계획은 연금술사들의 의미심장한 태도 변화를 더욱 뚜렷하게 보여준다. 그는 하틀리브의 연금술 관련 네덜란드 방면 연락책인 요한 모리안Johann Morian과 거금 1200파운드를 투자한 익명의 후원자와 함께 대량의 주석을 금으로 변성해 상업적으로 활용하려는 계획을 제안했는데, 불행히도 초석을 만들려던 계획처럼 이것도 별다른 성과를 내지는 못했으나 전례 없는 개방성과 정보 공유 의지가 드러났다는 점에 주목할 만하다.*

1655년,『사무엘 하틀리브 경에게 바치는 화학, 의학, 외과적 제언 *Chymical, Medical, and Chyrurgical Addresses: Made to Samuel Hartlib, Esquire*』이라는 소책자가 출간됐다. 이 얇은 책자에는 옛 연금술과 새 연금술이 나란히 자리하고 있다. 비밀스럽고, 신비하며, 과장된 옛 연금술은 에이레나이오스 필라레테스의『에드워드 국왕에게 보낸 리플리의 서간 해설 *Ripley's Epistle to King Edward unfolded*』로 대표되며, 공익을 위한 자연 탐구의 협력을 지향하는 새 연금술은 로버트 보일의 논문에서 옹호되는데, 이 논문의 제목은 의미심장하게도「의술의 비법과 처방의 공유를 권하는 호소문*An Invitation to a free and generous Communication of Secrets and Receits in Physick*」이다. 보일은 하틀리브가 강조한 과학 지식의 자유로운 교류라는 이상에 깊이 감명받아 연금술사들이 자신의 비밀을 자선적 목적과 공익을 위해 공유하도록 촉구한다.

만약 (중략) 그 엘릭서가 우리가 노력해 얻은 것이 아니라, 오로지 창조주의 계시로 주어진 비밀이라면, 이를 공유하는 데 그렇게 인색

---

* (원주) B. J. Dobbs, *The Foundation of Newton's Alchemy*, pp. 72ff. 연금술이 실용적으로 방향을 전환한 다른 사례는 다음을 참고. A. G. Debus, *The Chemical Philosophy of the Renaissance*, ii, pp. 410ff.

할 이유가 없다고 생각한다. 우리 주께서도 비슷한 상황에서 "너희가 거저 받았으니 거저 주어라."(「마태복음」 10장 8절)라고 말씀하셨기 때문이다. 만일 신께서 우리 중 어떤 신학자에게 복음에 대한 새로운 진리나 비밀을 알려주셨는데, 그가 이를 감춰버린다면 우리가 어찌 그를 비난하지 않겠는가? 우리 모두를 이롭게 하려고 주어진 비밀은 그 본래 목적을 이루는 데 쓰일 때에야 더럽혀지지 않고, 오히려 비밀의 확산을 막는 행위야말로 잘못이다. 그러므로, 비록 신께서 그런 특별한 은혜를 오직 한 사람에게만 주셨더라도, 그 은혜는 온 인류에게 이로움을 주려 하심이며, 신께서는 그 비밀을 맡은 자를 그 은혜의 소유자가 아닌, 그 은혜를 나누는 청지기로 삼으신 것이다.*

보일이 바랐던 협력을 형성하려면 연금술이 제공할 수 있는 수준을 넘어 더 명확하고 효과적인 의사소통 능력이 필요했다. 그는 연금술 용어의 모호함과 불분명함을 강하게 비판하며 이렇게 탄식했다. "그들은 소금, 유황, 수은 같은 용어를 지나치게 모호하고, 불명확하며, 거의 제멋대로 쓴다. 나는 이들이 그 개념에 대해 명확한 정의나 합의를 내린 적이 있는지를 전혀 알 수 없었다. 서로 다른 저자뿐만 아니라 종종 같은 저자가 쓴 책에서도, 심지어 같은 책에서도 용어를 매우 다른 의미로 쓰곤 한다."**

보일이 연금술 용어를 비판하고 화학 용어를 더 정밀하게 정의하려 했던 시도는 과학과 철학의 새로운 경향을 반영하는 것이었고, 결국 낡은 연금술 세계관을 무너뜨리는 결과로 이어졌다. 연금술사들이 비밀스러운 상징과 암호에 매료되었던 이유는, 우주를 하나의 거대한 유기체로 결속하는 숨겨진 조화를 밝히는 작업이 참된 지식이라는 그들의 신념에 있었다. 투구꽃aconite(강심, 진통제로 쓰이는 식물)이 눈에 좋다는 사실은 실험으로서가 아니라, 씨앗의 생김새—작고 어두운색이며, 하얀 피부 같은 껍질 안에 싸여 있는 눈꺼풀 모양—

* (원주) *Chymical, Medicinal and Chyrurgical Addresses: Made to Samuel Hartlib, Esquire*, London, 1655, pp. 129-30.

** (원주) R. Boyle, *The Sceptical Chymist*, p. 101.

로 알 수 있다고 여겼다. 파라켈수스의 표현을 빌리면, 사물은 그와 닮은 다른 것과의 관계에서만 그 본질, 즉 '표식signature'을 이해할 수 있었다. 연금술 용어도 이러한 상징적 대응의 그물망에 완전히 얽혀 있었는데, 이는 언어가 자연을 반영한다고 여겼기 때문이다. 언어는 사물과 같고, 따라서 사람은 언어와 사물 양쪽을 통해 지식을 얻을 수 있다고 믿었다. 중세 또는 르네상스 시대 학자들이 고문서, 특히 성경 해석에 엄청난 열정을 쏟은 까닭은, 어원학이 곧 과학이라는 그들의 확고한 신념에 동의해야만 비로소 이해할 수 있다. 그들에게 고대 언어와 단어는 변함없이 영원한 진리와 같았다. 시간이 흐르며 본뜻은 점차 흐려지고 감춰졌지만, 인내심을 가지고 연구하면 그 숨은 진리를 다시 밝힐 수 있다고 믿었다.

문자에 대한 이러한 숭배는 16, 17세기를 지나며 점차 설득력을 잃었다. 종교개혁은 회의주의 철학의 확산을 촉진했을 뿐만 아니라, 종교개혁 자체가 회의주의 철학에서 비롯된 산물이기도 했다. 이 철학은 과거의 모든 지혜를 의심했다. 프랜시스 베이컨은 유사성resemblances을 통해 지식을 얻으려는 시도를 두고 학문의 진보를 방해하는 마음의 '우상'으로 규정했다. 데카르트는 언어가 오랫동안 누리던 우월한 지위를 무너뜨리고, 역사라는 유동적인 영역으로 밀어냈다. 그는 "플라톤과 아리스토텔레스의 논증을 다 읽더라도, 우리는 과학이 아니라 그들의 사상을 담은 역사를 배울 뿐이다."*라고 말했다. 토머스 홉스는 단어와 사물 사이에 본질적인 연결 따위는 없다고 부정했다. 그러므로 과학이나 철학의 명제는 언제나 가설 이상일 수 없다고 보았다.** 이와 비슷한 입장에서 존 로크는 『인간 지성론Essay Concerning Human Understanding』에서, 모든 지식은 감각적 인상에서 비롯하며, 단어는 거기에 자의적으로 붙어 있을 뿐이라고 주장했다. 만약 누군가 이에 동의하지 않는다면, 로크는 그에게 이렇게 말한다. "말만 가

---

* (원주) 다음에서 인용. M. Foucault, *The Order of Things: An Archaeology of the Human Sciences*, Vintage Books, 1973, p. 56.

** (원주) 홉스는 이를 「데카르트에 대한 반론*Objections to Descartes*」 제4항에서 지적한다.

지고 파인애플의 맛을 느껴보라. 그 훌륭한 과일의 진짜 맛은 어떤 말로도 제대로 전달할 수 없을 것이다."*

이런 노골적 회의주의는 합리적 지식의 가능성을 낮게 평가한다는 이유로 격렬한 반대를 받았으나, 역설적으로 모든 과학에 혜택을 준 과학적 방법론의 발전에 기여했다. 이성과 논리가 실패할 수밖에 없는 곳에서는, 실험은 성공할 수도 있었다. 애초에 사물의 내재한 본질을 완전히 알 수는 없었지만, 이를 인위적으로 재구성함으로써 본질이 어떻게 작동하는지를 이해할 수는 있었다. 오랫동안 예술은 자연을 모방하는 창백한 그림자 정도로 여겨졌으나, 17세기에는 자연과 동등한 지위를 얻었다. 아리스토텔레스가 권장했던 방식, 즉 사물을 원래의 환경에서 관찰하는 일은 이제 모든 상황을 통제하는 실험 방식으로 대체되었다.**

17세기 철학자들은 당대 회의주의에 영향을 받아, 언어를 신이 부여한 것이 아니라 인간이 만든 도구로 보기 시작했다. 그들은 언어를 인간의 기지와 이성으로 다듬어 과학 지식을 정확하고 분명하게 표현할 수 있는 도구로 여겼다. 그들의 손을 거치며 연금술사들의 신비주의적 언어관은 점차 사라지고, 우주의 구조를 드러낼 수 있는 인공 언어를 창조하려는 의식적 시도로 대체되었다. 모든 사물을 명확히 표현할 수 있는 보편 언어를 고안하려는 발상은, 사회를 괴롭히는 모든 문제에 대한 만병통치약처럼 보였기에 거대한 이상주의의 물결을 일으켰다.*** 보헤미아(현재의 체코)의 철학자 얀 아모스 코멘스키 Jan Amos Komenský****는 30년전쟁 직후 이런 생각에 깊이 공감하며

---

*　(원주) J. Locke, *Essay Concerning Human Understanding*, bk. III, II, I.

**　(원주) H. G. van Leeuwen, *The Problem of Certainty in English Thought, 1630-1690*, The Hague, 1963.

***　(원주) A. Coudert, 'Some Theories of a Natural Language from the Renaissance to the Seventeenth Century', *Studia Leibniziana* 7 (1978), pp. 56-118; J. Knowlson, *Universal Language Schemes in England and France (1600-1800)*, Toronto, 1976; P. Rossi, *Clavis Universalis*, Milan, 1960.

****　17세기 보헤미아의 철학자, 신학자, 종교 개혁가. 근대 교육학의 선구자

다음과 같이 썼다.

사람들이 서로를 이해하면, 그들은 마치 하나의 인종, 하나의 민족, 하나의 가족, 하나의 신의 학교(영적 공동체)가 되어, 전 세계에 보편적인 평화가 찾아올 것이며, 증오와 그 원인은 사라지고, 사람 사이의 모든 불화도 사라질 것이다. 왜냐하면, 모든 이에게 동일한 진리가 명확히 제시되면, 다른 의견을 가질 이유가 없기 때문이다.*

이로부터 단순명료하면서 자연스럽게 말하는 방식이 학문 진보의 확고한 토대가 되리라는 결론까지 이르기는 어렵지 않았다. 당대의 위대한 철학자이자 수학자였던 라이프니츠는 자신이 고안한 무한소 계산법을, 이 보편 언어가 더 큰 규모로 이뤄낼 수 있는 성취의 작은 사례로 여겼다.

나는 운 좋게도 수학적 발명, 즉 분석 기술을 상당히 발전시킬 수 있었고, 그 덕에 인간의 모든 사고 과정을 일종의 계산처럼 바꿀 수 있는 완전히 새로운 방식들을 떠올리게 되었다. 이 방식은 주어진 증거나 알려진 사실을 바탕으로 최대한 진리에 다가가도록 도와줄 수 있고, 만약 정보가 부족해 결론을 내리기 어렵다면 주어진 것만으로도 어느 정도 개연성 있는 답을 찾아내, 그 가능성을 따져볼 수 있게 해준다.**

라이프니츠는 언젠가는 언어가 수학처럼 정리되어, 인간이 서로의 차이를 '계산'을 거쳐 해소할 수 있는 날이 오리라 기대했다.

언어를 수학의 확실성에 가깝게 만드는 것은 1660년 창립한 영국

로 데카르트와 베이컨의 존경을 받았다. 주요 저서로 『대교수학』, 『어학 입문』, 『빛의 길』 등이 있다.

* (원주) J. A. Comenius, *The Way of Light*, translated by E. T. Campagnac, London, 1938 (first published 1668), pp. 198, 202.

** (원주) *Die Philosophischen Schriften von Gottfried Wilhelm Leibniz*, vii, 1890, p. 25.

최초의 과학 아카데미인 왕립학회의 구성원들에게 영감을 준 이상의 하나였다. 왕립학회 최초의 역사가인 토머스 스프랫Thomas Sprat에 따르면, 학회 회원들은 수학적인 명료함으로 말하기를 원했으며, 그러한 언어는 출신, 국적, 종교의 차이를 극복할 수 있으리라 믿었다. 그들의 목표는 잉글랜드, 스코틀랜드, 아일랜드, 천주교 혹은 개신교식 철학을 세우는 것이 아니라 인류 전체의 철학을 구축하는 데 있었다.* 왕립학회 표어 "그 누구의 말도 함부로 믿지 말라Nullius in Verba"는 이런 태도를 잘 보여준다. 이런 분위기 속에서 연금술 문헌의 난해함은 매력을 잃어갔다. 엘리아스 애시몰이 그토록 즐겼던 비밀스럽고 난해한 언어는 이제 과학의 진보를 막는 또 하나의 장애물로 여겨졌다. 로버트 보일이 말했듯, 연금술사들이 한 말 중 가장 솔직한 표현은 아마도 "우리가 대놓고 말했을 때는, 실은 아무 말도 하지 않은 것과 같다ubi palam locuti sumus, ibi nihil diximus."였을 것이다.**

존 윌킨스John Wilkins는 언어와 학문에 대한 새로운 태도를 반영해 연금술사들을 비판했는데, 그들은 '실험보다 추측'을 기록한다고 지적했다. 그의 생각에 따르면, 상상력을 제어할 실험이 없다면 현자의 돌이라는 개념은 실현될 수 없는 유혹, 즉 "많은 이를 유혹하지만, 누구에게도 허락하지 않는" 존재가 되어버린다.*** 특히 문자로 기록된 권위에 기댄 추측은 더는 받아들여지지 않았다. 이것이 결국 연금술 몰락의 결정적인 이유였다. 정밀한 실험으로 부정적 증거가 쌓이면서, 연금술의 꿈은 역사의 뒤안길로 사라졌다. 그리고 오랜 시간이 지나, 최근에야 비로소 다시 조명받기 시작했다.

부정적인 실험 결과 대부분은 여전히 변성 가능성을 믿었던 연금술사들이 기술했다. 예를 들어, 확신에 찬 연금술사 한 사람은 자신이 체계적으로 시험했던 연금술 제조법 104개를 익명 기록으로 남겼다. 하지만 그의 노력은 성과를 얻지 못했고, 그는 여러 언어로 실망감을

* (원주) T. Sprat, *History of the Royal Society*, London, 1667, p. 63.

** (원주) R. Boyle, *The Sceptical Chymist*, p. 3.

*** (원주) J. Wilkins, *Mathematical Magick*, London, 1648, pp. 224ff.

표현했다. 한 번 실패하자 "궤변적이며 거짓됨"이라고 썼고, 몇 번 더 실패한 뒤에는 "거짓", "완전히 엉터리 속임수", "이 방법은 아무런 의미도 없다.", "지극히 거짓됨", "좋은 금이 아님" 등으로 다양하게 평가했다. 그중 가장 실패한 실험에서 그는 금을 만들지 못했을 뿐 아니라 재료였던 값비싼 은의 절반을 망쳐버렸다. 이에 격노한 연금술사는 "지독하게 거짓된 데다, 탐욕스럽기까지 하다."라고 썼다. 거듭 실패하면서도 그는 단 하나의 성공을 기록했다. 그 실험은 비소를 이용해 은을 제조하는 방법이었는데, 어떻게 된 일인지 이 방법은 효과가 있었고, 그는 이 제조법에 "이 방법으로 은을 많이 얻을 수 있다."라고 적었다.*

부르하버 역시 변성을 믿었던 실험가였으나, 그는 끈질기게 실험한 결과 연금술사들이 주장하던 많은 일이 실제로는 불가능함을 밝혀냈다. 한 실험에서 그는 수은을 화씨 100도(섭씨 약 38도)로 15년 6개월 동안이나 가열했다. 그 결과, 그는 평범한 수은을 단순한 가열만으로 '현자의 수은'으로 바꾸는 것도, 수은을 금이나 은에 가까운 물질로 고정하는 것도 불가능하다는 결론에 도달했다.** 부르하버의 실험처럼 신중하게 이루어진 연구들은 연금술의 비현실적인 상상에 설득력을 부여하기 더욱 어렵게 만들었다. 18세기 들어 더 정교한 실험 기법과 장비 들이 개발되며 연금술에 대한 검증은 계속되었고, 점점 확실하게 변성으로 가는 왕도들이 막다른 길로 밝혀졌다.

18세기까지도 화학은 물리학에 비해 한참 뒤처져 있었다. '원소란 무엇인가?', '화학적 조성과 변화란 어떻게 이루어지는가?'라는 복잡한 실험과 이론 과제를 해결해야만 진정으로 진보했다고 할 수 있었

---

* (원주) 'Experirmenta Chimica (1653/4)', MS 18 Harvard University, Cambridge, Massachusetts, described in W. J. Wilson, 'Catalogue of Latin and Vernacular Alchemical Manuscripts in the United States and Canada', *Osiris* 6 (1936), pp. 228-9.

** (원주) H. Boerhaave, *Some Experiments concerning Mercury*. Translated from the Latin, communicated by the Author to the Royal Society, London, 1734, in B. J. Dobbs, *The Foundations of Newton's Alchemy*, pp. 86ff.

다. 이 과제를 해결하는 과정에서 실험가들이 가장 주목한 현상은 연소燃燒였다. 토머스 노턴은 연금술의 '완벽한 거장'을 불의 비밀을 이해한 사람이라 묘사한 바 있다. 물질을 가열하거나 태울 때 나타나는 놀라운 변성을 설명해야 했고, 이를 위해 네 원소와 세 원리가 등장했다. 아리스토텔레스는 열이란 "물질을 구성 요소로 분해하는 것"이라 정의했으며, 연금술사들은 이 견해를 몇백 년 동안 받아들였다. 타는 나무는 물질이 불, 공기, 물, 땅으로 이뤄졌다는 것을 보여주는 사례로 여겼고, 이후에는 그것이 수은, 유황, 소금으로 이뤄졌다는 해석을 덧붙였다. 하지만 로버트 보일은 실험으로 이 통념에 도전했다. 그는 불이 물질을 네 원소, 세 원리로 분해한다는 이론을 부정했다. 그의 연구 결과, 연소 과정에서 다양한 물질이 생겨나고, 그중 대다수는 태우기 전에는 없었던 새로운 물질이었다.*

보일 자신이 직접 이 연소를 설명하려 했던 시도는, 그가 글을 쓸 당시에 갖가지 실험 증거를 해석하는 일이 얼마나 어려웠는지를 보여준다. 밀폐 용기에 주석을 넣고 태워 석회화했을 때, 보일은 석회화한 주석의 무게가 증가했으나, 밀폐 용기의 전체 무게는 석회화 전과 똑같았다는 점을 정확히 관찰했다. 그는 또한 용기가 밀봉되지 않았을 때는 외부의 공기가 용기 안으로 빨려 들어간다는 사실에도 주목했다. 그러나 그는 이 관찰 결과에서 올바른 결론(즉, 석회화된 주석의 무게 증가는 산소를 흡수해 일어난 일이라는 사실)을 끌어내지 못했다. 그 이유는 단순히 그가 산소의 발견 이전에 이 실험을 했기 때문이다. 그 대신 그는 유리 용기를 통과해 주석 안으로 '불 입자들'이 들어갔기 때문에 무게가 증가했다는 결론을 내렸다.** 보일이 주력했던 부분은 아리스토텔레스주의자들과 연금술사들이 내세운, 성질에 기반한 모호한 설명을 거부한 데 있었다. 그는 이렇게 물었다. "그러한 성질이 세 원리나 네 원소에 있은들, 내가 그 성질의 원인이나 생성 작용 방

---

* (원주) R. Boyle, *The Sceptical Chymist*, pp. 54ff, 161ff, passim.

** (원주) R. Boyle, *New Experiments to make Fire and Flame Stable and Ponderous*, 1673, in J. R. Partington, *A Short History of Chemistry*, p. 75.

식에 대해 전혀 모른다면, 그것이 내게 무슨 의미가 있겠는가?"* 그러나 보일은 그들의 설명을 대체할 만한 기계론적 설명조차도 아주 모호한 수준으로 제시할 수밖에 없었다.

보일의 관찰 결과는 라부아지에 시대에 이르러서야 비로소 올바르게 해석할 수 있었다. 그 사이 100여 년간 플로지스톤phlogiston 이론이 연소 현상에 대한 가장 널리 받아들여진 설명이었다. 1669년, 요한 요아킴 베커Johann Joachim Becher**는 『지하의 자연철학Physicae Subterraneae』에서 물질을 구성하는 기본 요소로 공기, 물, 세 종류의 흙이 있다고 주장했다. 그 세 종류의 흙 중 하나는 불타기 쉬운 흙으로, 그는 이를 지방질의 흙terra pinguis이라 불렀고, 나머지를 수은성 흙과 유황성 흙으로 불렀다. 그는 연소를 바로 이 '지방질의 흙'이 불타는 현상으로 설명했다. 베커가 말한 '지방질의 흙'은 사실 연금술에서 말하는 '현자의 유황'을 달리 말했을 뿐이고(연금술사 게버도 이를 땅의 기름기pinguedo terrae라고 불렀다), 그의 이론은 이후 사람들의 기억에서 사라졌을지도 모른다. 그러나 1703년, 게오르크 에른스트 슈탈Georg Ernst Stahl이 이 가설을 부활시켰다. 슈탈은 베커의 '지방질의 흙'을 '플로지스톤'이라 이름 붙였는데, 이 말은 그리스어로 단순히 '불타는 것'을 뜻한다. 그는 이 플로지스톤이야말로 물질을 불에 탈 수 있게 만드는 요소라고 주장했다. 어떤 물질이 연소할 때 플로지스톤을 방출하며, 연소 후 남은 물질은 플로지스톤을 포함한 다른 물질, 예를 들어 기름이나 밀랍, 숯, 그을음 등을 통해 다시 원래의 물질로 복원할 수 있다고 본 것이다. 물론 슈탈은 실제 일어나는 현상을 정반대로 파악하고 있었다. 그가 플로지스톤의 손실로 표현한 현상은 사실 산소의 흡수였고, 플로지스톤의 보충이라 본 현상은 실제로는 산소를 잃는 것이었다. 잘못 파악하기는 했지만, 슈탈의 이론이 가치가 아예 없던 것은 아니었다. 파팅턴Partington이 지적했듯, 이 이론은 수많은 사실을 하나의 일관된 (그것이 비록 잘못된 것이라도) 체

---

* (원주) R. Boyle, *The Sceptical Chymist*, p. 178.

** 17세기 독일의 화학자, 의사. 저서로 *Metallurgia, Character pro notitia linguarum universali, Oedipum Chemicum* 등을 남겼다.

계 속에 묶어내어 새로운 실험을 끌어내었고, 그럼으로써 끝내 산소의 발견으로 이어졌다.[*]

플로지스톤 이론을 받아들인 사람들은 두 가지 중대한 문제에 맞닥뜨렸다. 첫째, 금속 산화물이 환원될 때(플로지스톤을 얻을 때) 왜 무거워지지 않고 가벼워지는가? 둘째, 금속이 밀폐된 도가니 안에서 연소하면 플로지스톤을 방출할 텐데, 왜 내부 공기가 줄어드는가? 이처럼 불편한 모순을 설명하려 기발한 해법들이 제안됐는데, 그중 특히 상상력이 돋보였던 설명은 "플로지스톤은 새장에서 날아다니는 새처럼 행동한다."라는 말이었다. 금속 입자 사이의 공간을 날아다니며 무게를 추가하지 않고 날아다니다가 연소하는 동안 떨어져 죽는다는 것이다![**]

플로지스톤 이론은 라부아지에가 수은으로 했던 유명한 실험[***] 이전까지 화학계에서 지배적 영향력을 유지하고 있었다. 라부아지에는 밀폐 용기 안에서 수은을 가열했을 때 흡수된 공기량과 이 실험에서 얻은 산화수은을 다시 가열했을 때 방출된 공기량이 정확히 같다는 사실을 증명했다. 그는 이 두 실험에서 흡수·방출된 공기를 산소라 명명했다. 라부아지에의 업적은 블랙Black, 캐번디시Cavendish, 프리슬리Priestley의 발견 덕에 가능했지만, 그는 이들의 발견을 종합해 일관된 이론으로 정리했고, 이 이론은 화학에 혁명적 전환을 가져왔다. 그의 실험은 화학을 숫자와 실험으로 검증하는 과학으로 바꿨다.[****]

연금술과 화학을 완전히 분리하는 데 결정적 전환점이 된 마지막 위대한 발견은 존 돌턴John Dalton의 원자론 정립이었다. 돌턴은 뉴턴이 물질은 "고체이고, 질량이 있고, 단단하고, 관통할 수 없고, 운동하는 입자"로 구성되어 있다고 제안한 데서 영향을 받아, 서로 다른 원소의 원자 하나가 갖는 상대적인 크기와 무게를 구하려고 했다. 그는

---

[*]　(원주) J. R. Partington, *A Short History of Chemistry*, p. 88.

[**]　(원주) J. Read, *Through Alchemy to Chemistry*, London, 1957, p. 122.

[***]　1775년, 라부아지에가 산화수은을 작은 유리관에 넣고 가열해 생긴 기체를 모아 부피를 측정한 실험.

[****]　(원주) J. R. Partington, *A Short History of Chemistry*, pp. 124ff.

각 원소가 고유한 원자량을 지니며, 그 원자량은 해당 원소의 구조와 반응성에 반영된다는 사실을 발견했다. 이 발견은 현대 이론화학의 길을 여는 중요한 계기가 되었다.*

17세기 초, 프랜시스 베이컨은 연금술을 이렇게 날카롭게 평했다.

연금술은 다음과 같은 이야기로 비유할 수 있다.

어느 아버지가 죽기 전에 아들들에게 포도밭 어딘가에 금을 묻어두었다고 말한다. 아들들은 금을 찾으려 포도밭을 샅샅이 파헤쳤지만, 금은 찾지 못했다. 그러나 포도나무 뿌리 주변의 흙을 뒤엎는 과정에서 포도밭은 잘 가꿔졌고, 결국 그해에 풍성하게 수확할 수 있었다.

이처럼, 금을 만들고자 한 연금술사들의 노력은 비록 목적을 이루진 못했으나 그 과정 속에서 수많은 유용한 발명과 유익한 실험을 세상에 가져다주었다.**

연금술이 한창 번성하던 때 이런 글을 썼던 베이컨은, 마치 미래를 내다본 듯한 통찰을 보여주었다. 죽음과 가난이라는 인간의 영원한 두려움에서 영원히 벗어나게 해줄 물질이 있을지 모른다는 그 짜릿한 생각은, 과학적 탐구의 강한 동기가 되었다. 연금술사들이 철저히 조사하기 전에는, 그들이 찾던 현자의 돌이 실존하지 않는다는 사실을 알 방법이 없었다. 그들은 기저 금속을 금으로 바꾸거나 엘릭서를 발견하지는 못했지만, 그토록 간절히 시도했기에 우리에게 희망이라는 유산을 남겼다. 자연을 인류에게 헤아릴 수 없는 혜택을 주는 방식으로 바꿀 수 있다고 믿었던 연금술사들의 신념은, 오늘날 우리가 가진 진보에 대한 믿음의 바탕이 되었다. 화학을 통해 우리는 지표면과 지하자원을 놀라울 만큼 유용한 제품들로 변성할 수 있었고, 그 과정에서 연금술사 대부분이 꿈꾸지 못할 정도의 부를 창출했다. 의학을 통해 우리는 살아 있는 세포의 복잡한 법칙을 하나씩 풀어가며, 질병

* (원주) J. Read, *Through Alchemy to Chemistry*, London, 1957, pp. 148ff.
** (원주) 다음에서 인용. J. Read, *Prelude to Chemistry*, p. 277.

을 퇴치하고 생명을 연장하는 일도 거의 가능하게 되었다.

20세기의 시각에서 보자면, 연금술은 오류의 학문이었다. 그러나 따지고 보면 모든 과학이 그렇다. 현대 화학 역시 시행착오와 추측, 반박을 반복해온 긴 역사 속의 한 대목일 뿐이다. 그런데 우리는 이 중요한 사실을 오랫동안 잊고 있었던 듯하다. 17, 18세기—연금술이 마지막 시험대에 올랐다가 결국 실패한 시기—는 인간의 사유 방식이 결정적으로 갈라지는 분기점이었다. 우리가 선택한 길은 뉴턴, 라부아지에, 돌턴, 화이트헤드, 러셀로 이어지는 정밀하고 측정할 수 있는 합리주의의 길이었다. 200년 동안 그 길은 의심할 여지 없는 승리로 보였다. 그러나 아인슈타인과 쿼크quark가 뉴턴 역학의 기초를 공격하기 시작하고, 멘델레예프의 깔끔한 주기율표가 하이젠베르크의 '불확정성 원리' 앞에서 흔들리기 시작하며, 프로이트와 융이 인간 무의식 속에 도사린 괴물을 발견하면서 우리는 비로소 이 시스템을 의심하기 시작했다. 이것이야말로 현자의 돌을 과학의 쓰레기통에 던져 버렸던 바로 그것이었다. 물론 물리학, 화학, 역학, 공학은 물질적, 실용적 삶의 측면에 이루 말할 수 없는 이익을 가져왔다. 하지만 인간의 혼은 여전히 그 이전과 마찬가지로 어둠 속에 남겨졌다. 과학의 눈부신 성공은 결국 20세기에 커다란 위기를 불러왔다. 우리는 삶에 대해서도 기계적 설명을 강요하고, 신과 미지의 세계를 도려내며, 불확실성과 인간의 어리석음을 억압하려 했다. 그 결과, 우리 손에는 인구과잉, 극심해지는 빈곤, 핵무기, 핵폐기물이 남았다.

사람은 빵만으로 살 수 없다. 현대인의 마음을 채울 양식을 찾으려면, 과학적 합리주의의 현란함을 뒤로하고, 신화의 희미하고 흐릿한 빛 속으로 한 걸음 내디뎌야 한다. 신화에서 우리는 인류 공통의 언어 요소들을 발견하기 시작했다. 이 언어는 라이프니츠의 기대처럼 수학으로 표현되지 않고, 고대부터 전해 내려오는 원형상징 이미지들 속에 담겨 있다. 최근 심리학의 탐구는 갈홍과 게버가 익숙하게 여겼을 만한 용의 이야기나 두 얼굴의 야누스 같은 상징으로 설명되곤 한다.*

오늘날 우리는 여러모로 마지막 연금술사가 영생과 현자의 돌에 대한 추구를 포기한 대신 아스피린과 평범한 직업을 택했던 갈림길 앞에 돌아와 있는 듯하다. 신비주의의 여러 갈래들이 다시 살아나고 있으며, 입자물리학은 이제 설명하기보다는 오히려 설명할 수 없는 현상들을 새롭게 만들고 있다. 이제 우리는 컴퓨터, 미적분과 계산기, 라디오와 방사선, 레이저와 극저온 기술, 그리고 연금술사들이 그들의 실험에 강력한 영향력을 미친다고 믿었던 달까지 정기적으로 오가는 우주 비행 등 놀라운 도구들을 갖추고 있다. 그런데도 세상을 깊이 이해하는 데 진정한 돌파구를 열 수 있는 유일한 본질적인 수단은 연금술사들이 오랫동안 탐구한 바로 그것이다. 결코 비밀을 쉽게 드러내지 않고, 밤에는 잠들었다가 아침이면 다시 상쾌하게 깨어나며, 모든 것을 품고, 그 안에 모든 것을 하나로 연결하는, 바로 '마음'이다.

* (원주) C. Sagan, *The Dragons of Eden: Speculations on the Evolution of Human Intelligence*, New York, 1977; A Koestler. Janus, London, 1978.

감사의 말

이 책을 처음 쓰기 시작했을 때『중국의 과학과 문명』제5권 2부 교정지를 보내준 조지프 니덤 교수에게 깊이 감사합니다. 중국 연금술에 관한 장은 전적으로 니덤 박사와 그 동료들의 선행 연구에 기대 작성했고, 중국과 서양 연금술의 유사점과 차이점에 관한 그들의 통찰을 이 책의 다른 장들에도 반영했습니다. 저와 출판사는 케임브리지대학교출판부가 이 작업에서 광범위하게 인용할 수 있도록 허락하고, 221쪽과 249쪽의 그림을 재게재할 수 있도록 허락한 것에 깊이 감사합니다.

또한,『카를 구스타프 융 전집』을 인용할 수 있도록 허락한 라우틀리지 앤드 키건 폴Routledge and Kegan Paul 및 프린스턴대학교, 카마라 라예의『아프리카의 아이』를 인용할 수 있도록 허락한 콜린스Collins와 파러, 스트로스 앤드 지루Farrar, Straus and Giroux Inc., 제임스 웨어James R. Ware의『서기 320년 중국의 연금술, 의학, 종교: 갈홍의 내편』에서 인용한 부분을 재게재할 수 있도록 허락한 MIT 출판부에 감사합니다.

28쪽, 92쪽, 287쪽, 289쪽 삽화 외의 모든 삽화는 영국 도서관의 친절한 허락으로 책에 실었고, 영국 도서관에서 인쇄물을 제공했습니다. 28쪽 삽화는 월터 페이글Walter Pagel의『파라켈수스: 화학 입문』에서 가져왔고, 출판사 S. 카거Karger AG, 바젤의 허락하에 런던의 웰컴 연구소에서 제공한 인쇄물을 복사해 실었습니다.

해제

이 책의 출간 계기

1991년에 처음으로 이 책이 한국에 출간됐을 때만 해도 연금술이나 연단술에 대한 정보는 극히 제한적이었고, 관련 인명이나 인용 문헌에 대한 이해도 부족했다. 오래전 기억 속에 묻혀 있던 이 책을 엉뚱한 계기로 지인의 집에서 다시 보게 되었고, 그제야 재발간할 필요성을 느껴 소소한 내용을 바로잡아 다시 세상에 내놓게 되었다.

이 책은 연금술을 과학사의 관점에서 균형 있게 조망한 저작으로, 이번 판에서는 세부 내용을 바로잡고 각종 참고 문헌과 주석도 충실히 복원했다.

번역을 맡아주신 박진희 교수님과의 대담은 옛 기억을 되살리고, 타로카드 총서 시리즈가 지향하는 바를 설명할 수 있는 귀한 시간이었다. 잠시 시간을 내주신 교수님께 감사드리며, 번역 제안을 흔쾌히 받아주고 원본을 참고할 수 있도록 배려해주신 원저자 앨리슨 쿠더트 교수님께도 마음 깊이 감사드린다.

이 책은 연금술이 화학으로 이어진 과정과 그 과정 속 일화를 소개하며, 물질적·영적 연금술의 발생과 소멸이 현대 과학에 미친 영향을 조명한다. 다만 출간 당시에는 동아시아에 대한 이해가 부족한 탓에 연단술과 관련한 내용이 명확하게 서술되지 않은 부분이 있었는데, 이는 과도기에 발생할 수 있는 상황이라 이해하고 읽을 필요가 있다. 다행히 최근 학계에서는 이런 점들을 대부분 보완했고, 남아 있는 문제들도 점차 개선해나가고 있다.

연금술의 유입과 변화

게르만족의 대이동과 그로 인한 고대 세계의 혼란은 중세 초기 유럽의 상황을 형성했다. 기독교는 사회 안정을 되찾는 역할을 했다. 사람은 타인을 같은 세계관과 믿음을 가진 존재로 인식할 때 공격성이 낮아지기 때문이다. 그러나 교리 정착 과정에서 부작용도 있었다.

이 시기 잔존한 이교 신앙과 고대 철학은 점차 소실되었으나, 페르시아-아랍 문화권이 일부 수용했고, 교회는 이 유산들을 교리에 포함하려 많은 노력을 기울였다. 교부철학의 정착은 서양 정신세계를 안정시키고 **'어떤 것에 대한 공통된 믿음'**을 제공하는 사회적 기능도 수행했다.

투르·푸아티에 전투, 레콩키스타, 십자군 전쟁은 이슬람 문화권이 받아들였던 그리스·로마 유산이 유럽으로 역유입되는 계기가 되었고, 연금술은 장인의 비기에서 인간과 우주의 변형을 설명하는 상징 체계로 발전했다. 교회 영역 밖에서 신앙을 대체하려던 영지주의, 카발라, 연금술 등이 등장한 배경이기도 하다.

이베리아반도에서는 이슬람과 유럽 문화가 혼재하며, 비잔틴제국과 이집트 등 이슬람권에 남아 있었던 그리스·로마의 지식들이 유입되었다. 교회는 이러한 지식이나 교리를 주류 신학에 통합하려 했는데, 이런 시도들을 엿볼 수 있는 사례들이 플라멜과 모리에누스 등의 연금술 관련 일화들이다.*

연금술은 초기에 비밀주의적인 기술이었으나, 비잔틴제국의 멸망과 30년전쟁을 거치며 다시금 조명받았다. 이런 혼란 속에서 기성 종교가 자신이 가진 정신적 자산을 잃거나 사람들로 하여금 그 신앙에 회의를 품고, 이윽고 현실 세계에서 구원을 추구하려는 사람들이 많아질 때 연금술, 점성술, 카발라 등이 대체 수단으로 활용되었다. 특히 연금술은 다른 방법(점성술, 카발라 등)과 달리, 실체가 있는 물질로 구원을 직접 추구할 수 있다는 점이 사람들에게 엄청난 매력으로 다가왔을 것이며, 교회나 지배층에게는 그 자체로도 이단과 같은 일이었으리라.

연금술의 영향은 화학적 성취뿐 아니라 예술적 알레고리 형성에도

---

* 이 영향은 교부철학의 걸작 『신학 대전』의 형성에도 영향을 미쳤다. 교회가 이베리아반도의 (이슬람에서 배제, 이탈한) 유대인을 교화하려는 수단으로 태동한 것이 기독교적 카발라주의였다.

일정 부분 작용했다. 계몽주의 시기와 근대 초기, 연금술의 실용적인 내용은 점차 화학으로 통합되었으며, 영적 연금술은 비교적 긴 시간 명맥을 유지했으나, 현대에 와서는 유사과학으로 치부되거나, 장르 소설 속 세계관의 한 축을 이루는 설정 내용으로 남게 되었다.

연금술이 타로카드에 미친 영향

마르세유 덱Marseille Deck에서는 연금술적 상징이 일부 드러나지만, 라이더-웨이트 덱Rider Waite Deck에서는 직접적인 묘사가 많지 않다. 17~18세기 계몽주의, 종교개혁, 절대왕정 체제의 혼란 속에서 잠재된 이교 신앙과 영지주의, 오컬트의 부흥이 타로카드 형성에 영향을 미쳤기 때문이다.

라이더-웨이트 덱은 직접적 연금술 상징 활용은 적지만, 저자 및 저자가 소속했던 황금새벽회가 연금술을 신비주의적 측면으로 활용하면서 다른 지식과 중복되거나 일상적·관찰 가능한 방식으로 재배치했다. 이 과정이 덱의 완성도를 높였고 철학적 합치성도 (그들의 의도 여부와 무관하게) 달성했는데, 특히 메이저 아르카나의 정의와 힘 카드의 위치 변경 및 힘 카드의 도상 변화의 이유는 영적 연금술의 내용을 간단하게나마 이해하지 못한다면 유추할 수 없을 것이다.

황금새벽회Hermetic Order of the Golden Dawn는 타로카드를 헤르메스주의적 세계관 구현 수단으로 활용했다. 이러한 노력 덕분에 타로카드는 게임뿐만 아니라 점술 도구로도 기능하게 되었다.

타로카드 속의 연금술

연금술은 타로카드에서 직접적 상징 체계라기보다 헤르메스주의적 세계관을 표현하는 간접 언어로 작동했다. 연금술과 그 과정 속 삶의 편린은 원형상징적 흐름에 자연스럽게 합치되어 서양인들의 사고와 감수성에 스며들었다.

20세기 후반 뉴에이지New Age 운동은 고대 전통의 부활을 주장했으나, 그 실체는 현대사회의 문화적·정신적 요구 속에서 형성된 새로운 영성 운동 또는 유사 종교의 발흥, 사회 실험을 위한 하나의 이론적 토대를 제공하기 위한 핑계로도 이해할 수 있다. 특히 드루이드 관련 저작이나 위카/위치크래프트Wicca/Witchcraft 제의 체계 등은 근거가 부족하거나 기존 체계와 유사한 형태를 취해 한계를 드러냈고, 제대로 된 오컬트 체계도 갖추지 못한 채 정신적 자기 위로에 가까운 수준에 머물러 있다.

현대에 만들어진 덱 중 알리스터 크롤리Aleister Crowley의 이집트 콘셉트 덱*과 1980년대 이후에 등장해서 비교적 최근까지 유통되는 덱 중에서는 헤르메스주의 타로Hermetic Tarot, 기묘한 달 타로Deviant Moon Tarot의 경우에 제작자의 의도 방향과 무관하게 연금술을 이해하지 않고서는 해석하기가 어려운 편이며, 그만큼 덱의 메인 테마를 담당하고 있다. 또한, 라이더-웨이트 덱의 체계를 따르거나 응용한 덱들도 원본의 체계를 벗어나기 어렵기에, 연금술이 일정 이상의 비중을 차지한다. 이 점은 동양 문화권을 테마로 한 덱의 완성도가 떨어지는 결정적인 이유 중 하나다.

연금술은 과학 이론이 아닌 세계 이해 체계였다. 서양에서 우주 질서를 설명하는 상징 언어이자 무의식을 엿보는 창이었다. 과학계에서 폐기된 뒤에도 예술·상징·신비주의 전통 속에 남아, 동양의 음양오행설처럼 서양인의 무의식에 자연스럽게 자리 잡은 채로 이어졌다.

황금새벽회의 노력은 라이더-웨이트 덱과 토트 덱을 낳았지만, 모던 타로만 완성했을 뿐 포스트모던의 도래를 막아버렸다. 점술적 활용만 반복되는 상황에서, 포스트모던 타로는 '점으로 기능하면서도 RWS 등 특정 오컬트 체계와 작별하고, 다른 세계관 기반 덱으로도 정상적으로 기능하는 경우'에야 시작된다고 볼 수 있다.

애석하게도, 최근에 제작되는 대부분의 타로카드들은 점술의 최소 요건을 갖추지 못한 경우가 많다. 그림만 화려하거나 콘셉트만 억지로 끼워 맞춘 덱이 많은데, 이는 어떤 분야에서든 흔히 있는 과도기에 벌어지는 상업적 시도라고 이해해주어야 할 것이다.

* Egyptian Tarot, 이후 이 덱은 토트Thoth 덱으로 알려진다.

　타로카드 총서 2기에서는 이러한 난관을 뛰어넘을 수 있게 토대를 마련하며, 그동안 단편적으로만 인용되어왔던 자료와 한국에 제대로 소개되지 못한 지식들을 펴내고자 한다. 이 길에 도움을 준 모든 분과 독자 여러분께 감사드리며, 항상 말하듯, 이 작업이 뒤이어 올 이들에게 이정표가 되기를 바란다.

2026년 4월.
감수자 임상훈.

주요 참고 문헌

Select Bibliography

1차 자료

PRIMARY SOURCES

Abu'l Qasim al-Iraqui, ***The Book of Knowledge Acquired Concerning the Cultivation of Gold***, edited and translated by E. J. Holmyard, Paris, 1923.

Albertus Magnus, ***Book of Minerals***, translated by D. Wyckoff, Oxford, 1967.

Andreae, Johann Valentin, ***Christianopolis, an Ideal State of the Seventeenth Century***, translated with historical introduction by Felix Emil Held, New York, 1916.

> ***The Hermetick Romance: or the Chymical Wedding. Written in high Dutch by Christian Rosencreutz***, translated by E. Foxcroft, 1690. For a modern edition see J. W. Montgomery, ***Cross and Crucible***, vol. II.

Artis Auriferae, quam chemiam vacant (......) ***Basilaea***, 1610.

Aurora Consurgens, A Document Attributed to Thomas Acquinas on the Problem of Opposites in Alchemy, edited with commentary by Marie Louise von Franz, translated by R. F. C. Hull and A. S. B. Glover, Bollingen Series no. lxxvii, New York, 1966.

Avicenna, ***De Congelatione et Conglutinatione Lapidum***, edited by E. J. Holmyard, Paris, 1927.

Bacon, Roger (pseudonym.), ***The True Glass of Alchemy***, London, 1683.

Basil Valentine, ***The Twelve Keys. The Hermetic Museum***, edited and translated by A. E. Waite, vol. I.

Birch, Thomas, ***The History of the Royal Society of London for Improving Natural Knowledge*** (......), London, 1667.

Boerhaave, Herman, ***A New Method of Chemistry*** (......), translated by P. Shaw and E. Chambers, London, 1727.

> ***Some Experiments Concerning Mercury***, Translated from the Latin, communicated by the Author to the Royal Society, London, 1734.

Boyle, Robert, ***The Sceptical Chymist***, Everyman's Library, 1964 (first published 1661).

> ***The Works of the Honourable Robert Boyle***, To which is prefixed the Life of the Author, 6 vols ., London, 1772.

Bonus, Petrus, *Pretiosa Margarita Novella de thesauro ac pretiosissimo pltilosophorum lapide* (......) edited by Janus Lacinius, Venice, 1546. For translation see A. E. Waite (trans.), *The New Pearl of Great Price*, London, 1894.

Chaucer, Geoffrey, *The Canterbury Tales*, a modern prose rendering by David Wright, London, 1965.

Chymical, Medicinal, and Chyrurgical Addresses: Made to Samuel Hartlib, Esquire, London, 1655.

Dee, John, *Monas Hieroglyphica*. See C. H. Josten, 'A translation of John Dee's "Monas Hieroglyphica" (Antwerp, 1564), with an introduction and notes', *Ambix* 12 (1964), pp. 84-221.

le Fevre, Nicolas, *A Compleat Body of Chemistry* (......), London, 1670.

Flamel, Nicholas, *Nicholas Flamel, His Exposition of the Hieroglyphicall Figures which he caused to be painted upon an Arch in St. Innocents Church-yard in Paris*, Faithfully, and (as the Maiesty of the thing requireth) religiously done into English ... by Eirenaeus Orandus..., London, 1624.

Geber, *The Works of Geber Englished by Richard Russell*, London, 1678 (a new edition edited with an introduction by E. J. Holmyard, New York, 1928).

Helvetius, J. F., *The Golden Calf...* , translated by W. Cooper, London, 1673.

Hermes Trismegistus, *The Emerald Tablet*. See J. Ruska, Tabula Smaragdina, Heidelberg, 1926.

The Hermetic Museum (a translation of the *Musaeum Hermeticum*, 1678, by A. E. Waite), London, 1893 (reprint 1973).

Jabir Ibn Hayyan, see Kraus

Ko Hung, *The Nei P'ien of Ko Hung: Alchemy, Medicine, Religion in the China of A. O. 320*. Translated by J. R. Ware, Cambridge, Massachusetts, 1966.

Khunrath, Heinricus, *Amphitheatrum Sapientiae Aeternae*, Hanau, 1609.

Lenglet Du Fresnoy, *Histoire de la Philosophie Hermetique*, 3 vols., Paris, 1742.

Maier, Michael, *Atalanta Fugiens: hoc est, Emblemata nova de secretis naturae Chymica*, Oppenheim, 1618.

       Secretioris naturae secretorum scrutinium chymicum (......), Frankfurt a.M., 1687.

       Symbola Aureae Mensae duodedm nationum (......), Frankfurt a.M., 1617, (reprint 1972).

Manget, Johann Jacob, **Bibliotheca Chemica Curiosa, suum Rerum ad alchemicam pertinentium thesaurus instructissimus** (후략), 2 vols., Geneva, 1702.

Morienus, see Stravenhagen.

Musaeum Hermeticum Reformatum et Amplificatum ... continens tractatus chimicos XXI praestantissimos ... , Frankfurt, 1678. (For translation see The Hermetic Museum by A. E. Waite).

Mylius, J. D., **Philosophia Reformata ...** , Frankfurt a.M., 1622.

Nazari, Giovanni Battista, **Della Transmutatione Metallica Sogni tre**, Brescia, 1599.

Norton, Thomas, **The Ordinall of Alkimy**, facsimile reproduction from the **Theatrum Chemicum Britannicum**, with annotations by Elias Ashmole, edited by E. J. Holmyard, London, 1928. See also **Theatrum Chemicum Britannicum**.

Paracelsus (Theophrastus Bombast of Hohenheim), **Theophrast van Hohenheim gennant Paracelsus Siimtliche Werke**. First section: Medizinische, naturwissenschaftliche und philosophische Schriften, edited by Karl Sudhoff and Wilhelm Matthiessen, Munich and Berlin, 1922-33, 14 vols. Second section: Theologische und religionsphilosophische Schriften, edited by Karl Sudhoff, Wilhelm Matthiessen and K. Goldammer, Munich and Wiesbaden, 1923-. (For a translation of some of these works see A. E. Waite, **The Hermetic and Alchemical Writings of Paracelsus**, 2 vols., London, 1893.)

Pernety, Antoine-Joseph, **Dictionnaire mytho-hermetique, dans lequel on trouve les allégories fabuleuses des poétes, les métaphores, les énigmes et Les termes barbares des philosophes, Paris**, 1758.

Ripley, George, **The Compound of Alchymie. Theatrum Chemicum Britannicum**, ed. E. Ashrnole, London, 1652.

> **Rosarium philosophorum. Secunda pars alchemiae de lapide philosophorum vero modo prae parando** (......). (vol. 2 of De Alchimia) Frankfurt a.M., 1550. See also **Artis Auriferae**, xxi.

Rulandus, Martin, **Lexicon alchemiae sive Dictionarium alchemisticum** (......), Frankfurt a.M., 1612. (For translation see Ruland, Martin, **A Lexicon of Alchemy**, translated by A. E. Waite, London, 1892. Facsimile reprint 1964).

Sedivogius, Michael, **The New Chemical Light. The Hermetic Museum**, ii, pp. 79-158.

Sprat, Thomas, **History of the Royal Society**, edited with critical apparatus by Jackson I. Cope & Harold Whitmore Jones, Washington University (facsimile edition of London, 1667).

Stolcius. Daniel, **Viridarium Chymicum** (......), Frankfurt a.M., 1624.

Theatrum Chemicum, praecipios selectorum auctorum tractatus de chemiae et lapidus philosophici antiquitate, veritate, jure, praestantia, & operationibus (......), 6 vols, Argentorati, 1659-61.

Theatrum Chemicum Britannicum, containing severall Poetical Pieces of our Famous English Philosophers (......), Faithfully Collected into one volume with annotations thereon by Elias Ashmole, Esq., London, 1652.

Trismosin, Salomon, *Alchemical Treatises of Salomon Trismosin*, with explanatory notes by J. K., London, 1920.

Turba Philosophorum. edited and translated by Julius Ruska, Heidelberg, 1931 (reprint 1970). (For translation see A. E. Waite, *Turba Philosophorum*, London, 1896; reprint 1970.)

Wasserstein der Weysen, das ist, Ein chymish Tractatlein, Frankfurt a.M., 1619.

2차 자료

SECONDARY SOURCES

Alchemy and the Occult: A Catalogue of Rare Books and Manuscripts from the Collection of Paul and Mary Mellon, given to Yale University, 4 vols., New Haven, 1968-77.

Ambix, The Journal for the Society for the History of Alchemy and Chemistry.

Berroulli, R., 'Spiritual Development as Reflected in Alchemy', *Spiritual Disciplines*, Eranos Jahrbuch, 4 Bollingen Series no. 30, 1960 (originally published 1935).

Berthelot, M. P. E., *La Chimie au Moyen Âge*, 3 vols ., Paris, 1893.

Collections des Anciens Alchimistes Grecs, 4 vols., Paris, 1888.

Introduction à L'Étude de la Chimie des Anciens et au Moyen Âge, Paris, 1889.

Les Origines de l'Alchimie, Paris, 1885.

Bibliotheca Alchemica et Chemica: An annotated Catalogue of Printed Books on Alchemy, Chemistry and Cognate Subjects in the Library of Denis I. Duveen, London, 1949.

Boas (Hall), Marie, *Robert Boyle and Seventeenth-century Chemistry*, Cambridge, 1958.

Browne, C. A., 'Rhetorical and Religious Aspects of Greek Alchemy', *Ambix* 2 (1946), pp.

129ff; 3 (1948), pp. 15ff.

Burckhardt, T., *Alchemy*, Penguin, 1971 (originally published 1960).

Burland, C. A., *The Arts of the Alchemists*, New York, 1968.

Campbell, Joseph, *The Hero with a Thousand Faces*, Meridian Books, 1956.

The Masks of God: Primitive Mythology, revised edition 1969 (originally published 1959); *Occidental Mythology*, 1964; *Oriental Mythology*, 1962.

Capra, Fritjof, *The Tao of Physics: An Exploration of the Parallels between Modern Physics and Eastern Mysticism*, Berkeley, 1975.

(프리초프 카프라, 『현대 물리학과 동양사상』, 범양사, 2006)

Cline, Walter, *Mining and Metallurgy in Negro Africa*, Menasha, Wisconsin, 1937.

Crosland, Maurice, *Historical Studies in the Language of Chemistry*, London, 1962.

Debus, Allen, *The Chemical Philosophy of the Renaissance*, 2 vols., New York, 1977.

The English Paracelsians, London, 1965.

Science and Education in the Seventeenth Century: The Webster-Ward Debate, London, 1970.

Dijkersterhuis, E. J., *The Mechanization of the World Picture*, translated by C. Dikshoom, Oxford, 1969.

Dobbs, B. J. T., *The Foundations of Newton's Alchemy*, Cambridge, 1975.

Douglas, Robert K., 'Love and Alchemy', *Chinese Stories*, London, 1893.

Dubbs, H. H., 'Beginnings of Alchemy', *Isis* 38 (1947).

Duveen, D., 'Le Livre de la Très Sainte Trinité', *Ambix* 3 (1948), pp. 26-32.

Edsman, Carl-Martin, *Ignis Divinus: Le Feu comme Mayen de Rajeunissement et d'Immortalité: Contes, Legendes, Mythes, et Rites*, Lund, 1949.

Eliade, Mircea, *The Forge and the Crucible*, New York, 1971 (originally published 1956).

Rites and Symbols of Initiation: The Mysteries of Birth and Rebirth, New York, 1965 (originally published 1958).

Shamanism: Archaic Techniques of Ecstasy, London, 1964.

(미르치아 엘리아데, 『샤마니즘』, 까치, 1992)

Ferguson, John, *Bibliotheca Chemica: A Catalogue of the Alchemical, Chemical and Pharmaceutical Books in the Collection of the late James Young of Kelley and Durris*, 2 vols., Glasgow, 1906.

Festugiere, A-J & Nock, A. D., *Corpus Hermeticum*, 4 vols., Paris, 1945-54.

La Révélation d'Hermes Trismegiste, 4 vols., Paris, 1950-4.

Figuier, Louis, *L'Alchimie et les Alchimistes*, Paris, 1854.

Forbes, R. J., *Short History of the Art of Distillation*, Leiden, 1948.

Frankfort, H., *Before Philosophy: The Intellectual Adventure of Ancient Man*, Penguin, 1971 (originally published 1946).

French, P. J., *John Dee: The World of an Elizabethan Magus*, London, 1972.

Geoghegan, D., 'A License of Henry VI to practise Alchemy', *Ambix* 6 (1957), pp. 10-17.

Gribbs, F. W., 'Boerhaave's Chemical Writings', *Ambix* 6 (1958), pp. 117-35.

Goltz, Dietlinde, 'Alchemie und Aufklärung', *Medizin historisches Journal* 7 (1972), pp. 31-48.

    'Anfange der Alchimie', *Bild der Wissenschaft*, 1968, pp. 887-96.

    'Zur Geschichte der Sublimation', *CIBA*, Rundshau, 1970/3, pp. 38-48.

    Studien zur Geschichte der Mineralnamen, Wiesbaden, 1972.

    'Versuch einer Grenzziehung zwischen "Chemie" und " Alchemie"', *Sudhoffs Archiv* 52 (1968), pp. 30-47.

de Givry, Grillot, *Witchcraft, Magic and Alchemy*, Dover Publications, 1971 (originally published 1931).

Heym, G., 'Some Alchemical Picture Books', *Ambix* 1 (1937), pp. 69-75.

Holmyard, E. J., *Alchemy*, Penguin, 1968 (originally published 1957).

    Abu'l Qasim al-Iraqui, The Book of Knowledge Acquired Concerning the Cultivation of Gold, edited and translated by E. J. Holmyard, Paris, 1923.

    The Works of Geber Englished by Richard Russell, London, 1678, new edition with introduction by E. J. Holmyard, New York, 1928.

Hookyaas, R., 'Chemical Trichotomy before Paracelsus', *Archive internationale d'histoire des Sciences* 28 (1949), pp. 1063-74.

    'Die Elementenlehre des Paracelsus', *Janus* 39 (1935), pp. 175-88.

    Religion and the Rise of Modern Science, Edinburgh, 1972.

Hopkins, A. J., *Alchemy: Child of Greek Philosophy*, New York, 1934.

    'A Study of the Kerotakis Process as given by Zosimos and later alchemical writers', *Isis* 29 (1938), pp. 326-54.

Johnson, O. S., *A Study of Chinese Alchemy*, Shanghai, 1928.

Jonas, Hans, *The Gnostic Religion*, Boston, 1972 (originally published 1962).

de Jong, H. M. E., *Michael Maier's Atalanta Fugiens: Sources of an Alchemical Book of Emblems*, Leiden, 1969.

Josten, C. H., *Elias Ashmole (1617-1692)*, Oxford, 1966.

'A Translation of John Dee's Monas Hieroglyphica (Antwerp, 1564) with an introduction and annotations', *Ambix* 12 (1964), pp. 84-221.

'Truth's Golden Harrow: An unpublished Alchemical Treatise of Robert Fludd in the Bodleian Library', *Ambix* 3 (1949), pp. 97ff.

Jung, C. G., *The Collected Works of C. G. Jung*, edited by Herbert Read, Michael Fordham, Gerhard Adler, and William Mcquire, translated by R. F. C. Hull, Leopold Stein in collaboration with Diana Riviere and H. G. Baynes, Routledge, London, and Princeton University Press, N. J.

vol. 12: Psychology and Alchemy

vol. 13: Alchemical Studies

vol. 14: Mysterium coniunctionis: An Inquiry into the Separation and Synthesis of Psychic Opposites in Alchemy.

(칼 구스타프 융, 『융 기본 저작집』, 솔출판사, 2024 참고)

Memoirs, Dreams and Reflections, recorded by Aniela Jaffe, New York 1963.

(카를 융, 『카를 융, 기억 꿈 사상』, 김영사, 2007)

Kopp, H., *Die Alchemie in älterer und neuer Zeit*, Heidelberg, 1886.

Kraus, P., *Jabir Ibn Hayynn: Contribution à l'Histoire des Idées Scientifiques dans l'Islam*, 2 vols., Cairo, 1942-3.

Leicester, H. M., *The Historical Background to Chemistry*, London, 1957.

Leisegang, H., *Die Gnosis*, Leipzig, 1924.

'The Mystery of the Serpent,' in Joseph Campbell (ed.), *The Mysteries*, Papers from Eranos Yearbook, vol. 2, Bollingen Series no. 30, 1955.

Lennep, J. van, *L'Art et L'Alchimie : Étude de l'Iconographie Hermetique et de ses Influences*, 1966.

Lenoble, Robert, *Mersenne, ou la naissance du mecanisme*, Paris, 1943.

Lindeboom, G. A., *Herman Boerhaave. The Man and His Work*, London, 1968.

Lindsay, Jack, *The Origins of Alchemy in Greco-Roman Egypt*, New York, 1970.

von Lippman, E. O., *Enstehung und Asbreitung der Alchemie*, 3 vols., Berlin, 1919-54.

'Some Remarks on Hermes and Hermetica', *Ambix* 2-3 (1938-9), pp. 21ff.

Lu Gwei-Djen, 'The Inner Elixir (Nei Tan); Chinese Physiological Alchemy', *Changing Perspectives in the History of Science: Essays in honor of Joseph Needham*, edited by Mikulas Teich and Robert Young, London, 1973.

Ludy Fritz, *Alchemistische und Chemische Zeichen* (......), Berlin, 1928.

Montgomery, J. W., 'Cross, Constellation and Crucible; Lutheran Astrology and Alchemy in the Age of Reformation', *Ambix* 11 (1963), pp. 65-86.

    Cross and Crucible: Johann Valentin Andreas (1586-1654), Phoenix of the Theologians. Vol. 1 : Andreae's Life, World-view, and Relations with Rosicrucianism and Alchemy. Vol. 2 : The Chymische Hochzeit with Notes and Commentary. The Hague, 1973.

Multhauf, R. P., *The Origin of Chemistry*, London, 1966.

Needham, Joseph, *Science and Civilization in China*, Cambridge, 1956.

O'Leary, DeLacy, *How Greek Science was Passed to the Arabs*, London, 1949.

Pagel, Walter, *Paracelsus : An Introduction to Philosophical Medicine in the Era of the Renaissance*, Basel, 1958.

Partington, J. R., *A History of Chemistry*, 4 vols., London, 1961-70.

    A Short History of Chemistry, New York, 1957.

Plessner, Martin, 'Geber and Jabir ibn Hayyan: an authentic sixteenth century quotation from Jabir', *Ambix* 16 (1969-70), pp. 113-8.

    'The Place of the Turba Philosophorum in the Development of Alchemy,' *Isis* 14 (1954), pp. 331-8.

    'The Turba Philosophorum,' *Ambix* 7 (1959), pp. 159-63.

Rattansi, P. M., 'Paracelsus and the Puritan Revolution.' *Ambix* 11 (1963) pp. 24-32.

Read, John, *The Alchemist in Life, Literature and Art*, London, 1947.

    Humour and Humanism in Chemistry, London, 1947.

    Prelude to Chemistry, Mass., 1966 (originally published 1936).

    Through Alchemy to Chemisry, London, 1957.

Reason, Experiment and Mysticism in the Scientific Revolution, ed. M. L. Righini Bonelle and William R. Shea, New York, 1975.

Ruska, Julius, *Arabische Alchemisten*, 2 vols., Heidelberg, 1924.

    Tabula Smaragdina, Heidelberg, 1926.

    Turba Philosophorum, Heidelberg, 1931.

Sagan, Carl, *The Dragons of Eden: Speculations on the Evolution of Human Intelligence*, New York, 1977. (칼 세이건, 『에덴의 용』, 사이언스북스, 2006)

Schuler, Robert M., 'Some Spiritual Alchemists of Seventeenth century England', to be published in *The Journal of the History of Ideas*.

Sheppard, H. J., 'Alchemy: Origin or Origins', *Ambix* 17 (1970), pp. 67-84.

    'Colour Symbolism in the Alchemical Opus', *Scientia*, 1964, pp. lff.

    'Egg Symbolism in Alchemy', *Ambix* 6 (1958), pp. 140ff.

    'Gnosticism and Alchemy', *Ambix* 6 (1957), pp. 86-101.

    'The Origin of the Gnostic-Alchemical Relationship', *Scientia*, 1962, pp. 1-4.

    'The Redemption Theme in Hellenistic Alchemy', *Ambix* 7 (1959).

    'A Survey of Alchemical and Hermetic Symbolism', *Ambix* 10 (1962), pp. 83-96.

Silberer, H., *Problems of Mysticism and its Symbolism*, New York, 1970 (originally published 1917).

Singer, Dorothea Waley, *Catalogue of Latin and Vernacular Alchemical Manuscripts in Great Britain and Ireland Dating from Before the Sixteenth Century*, 3 vols., Brussels, 1928-31.

Sivin, N., *Chinese Alchemy: Preliminary Studies*, Harvard University Press, 1968.

Steele, R. and D. W. Singer, 'The Emerald Table', *Proceedings of the Royal Academy of Medicine*, 21 (1927), pp. 485-501.

Stravenhagen, Lee, *A Testament of Alchemy. Being the Revelations of Morienus, Ancient Adept and Hermit of Jerusalem to Khalid ibn Yazid ibn Mu'awiyya, King of the Arabs of the Divine Secrets of the Magisterium and Accomplishment of the Alchemical Art*, Hanover, New Hampshire, 1974.

Stillman, J. M., *The Story of Alchemy and Early Chemistry*, New York, 1960 (originally published 1924).

Taylor, F. S., *The Alchemists: Founders of Modern Chemistry*, London, 1951.

    'The Alchemical Works of Staphanos of Alexandria', *Ambix* 1 (1938), 116ff; 2-3 (1938-9), pp. 38ff.

    'The Origins of Greek Alchemy', *Ambix* 1 (1937), pp. 30-47.

    'The Origins of the Thermometer', *Annals of Science* 5 (1942).

    'Symbols in Greek Alchemical Writing,' *Ambix* 1 (1937-8), pp. 64-7.

    'Thomas Chamock', *Ambix* 2 (1946), pp. 148-76.

    'The Visions of Zosimos', *Ambix* 1 (1937), pp. 88-92.

Thorndike, Lynn, *History of Magic and Experimental Science*, 8 vols., New York, 1923-58.

Waite, A. E., *Alchemists through the Ages: The Lives of the Alchemystical Philosophers*, New York, 1970 (originally published 1888).

Webster, Charles, *The Great Instauration: Science Medicine and Reform 1626-1660*, London, 1975.

Wittkower, R., *Born Under Saturn*, New York, 1963.

Wilson, William J., 'Catalogue of Latin and Vernacular Alchemical Manuscripts in the United States and Canada', *Osiris* 6 (1936).

Yates, Frances A., *Giordano Bruno and the Hermetic Tradition*, London, 1964.

'The Hermetic Tradition in Renaissance Science', *Art, Science and History in the Renaissance*, Charles S. Singleton, Baltimore, 1968, pp. 255-74.

The Rosicrucian Enlightenment, London, 1972.